Über die Herausgeber

Paul Mecheril, Dipl. Psych., Dr. phil., geb. 1962, ist wissenschaftlicher Assistent an der Fakultät für Pädagogik der Universität Bielefeld, Arbeitsgruppe Pädagogische Beratung und Diagnose. Seine Forschungsschwerpunkte liegen in der Untersuchung von Identitätstypen im Kontext von Multi- und Interkulturalität mit besonderem Augenmerk auf die Untersuchung des individuellen Umgangs mit Rassismus- und Stigmatisierungserfahrungen. Zudem beschäftigt er sich mit praktischen und konzeptuellen Aspekten Interkultureller Beratung. Neuere Buchveröffentlichungen: «Andere Deutsche» (hrsg. zus. mit Thomas Teo), «Deutsche Geschichten».

Thomas Teo, Mag. rer. nat., Dr. phil., geb. 1963, ist «Assistant Professor» an der York University, Department of Psychology, Faculty of Arts, in Toronto, Kanada. Dort ist er mitverantwortlich für die Graduiertenoption «Geschichte und Theorie der Psychologie». Seine Arbeitsschwerpunkte liegen in der «Philosophie und Geschichte der Psychologie» – im besonderen kritische Ansätze in der Psychologie; «Sozialpsychologie» – mit dem Fokus auf Rassismus, Vorurteile und Probleme interkulturellen Lebens; und «Entwicklungspsychologie» – kognitive, moralische und Identitätsentwicklung. Veröffentlichungen in allen drei Gebieten.

Paul Mecheril / Thomas Teo (Hg.)

Psychologie und Rassismus

rowohlts enzyklopädie

rowohlts enzyklopädie
Herausgegeben von Burghard König

Originalausgabe
Veröffentlicht im Rowohlt Taschenbuch Verlag GmbH,
Reinbek bei Hamburg, Juli 1997
Copyright © 1997 by Rowohlt Taschenbuch Verlag GmbH,
Reinbek bei Hamburg
Umschlaggestaltung Jens Kreitmeyer
Satz Aldus (Linotronic 500)
Gesamtherstellung Clausen & Bosse, Leck
Printed in Germany
2490-ISBN 3 499 55569 7

Inhalt

Paul Mecheril / Thomas Teo
Einleitung ... 7

Kontinuität und Aktualität des Rassismus in der Psychologie

Pascal Grosse
Psychologische Menschenführung und die deutsche Kolonialpolitik, 1900–1940 ... 19

Gerhard Benetka
«Im Gefolge der Katastrophe...» Psychologie im Nationalsozialismus ... 42

Zack Z. Cernovsky
Pseudowissenschaftliche «Rassen»-Forschung der Gegenwart ... 73

Psychologisch relevante Ansätze zur Analyse des Rassismus

Ute Osterkamp
Institutioneller Rassismus. Problematik und Perspektiven ... 95

Klaus Ottomeyer
Psychoanalytische Erklärungsansätze zum Rassismus. Möglichkeiten und Grenzen ... 111

Siegfried Jäger
Zur Konstituierung rassistisch verstrickter Subjekte ... 132

Birgit Rommelspacher
Psychologische Erklärungsmuster zum Rassismus ... 153

Psychologische Analysen zur Erfahrung von Rassismus

Paul Mecheril
Rassismuserfahrungen von Anderen Deutschen – eine
Einzelfallbetrachtung — 175

Herbert Beckmann
Rassismuserfahrungen von Asylsuchenden — 202

Veronica Caspari
Rassismuserfahrungen von Deutschen «birassischer» Abstammung — 222

Möglichkeiten und Grenzen der Psychologie zur Überwindung von Rassismus

Maria del Mar Castro Varela
Psychologie und Antirassismus — 243

Iman Attia
Antirassistisch oder interkulturell? Sozialwissenschaftliche
Handlungskonzepte im Kontext von Migration, Kultur und
Rassismus — 259

Klaus Weber
Kann Psychologie zur Überwindung des Rassismus beitragen? — 286

Zu den Autorinnen und Autoren — 303
Namenregister — 306
Sachregister — 310

Paul Mecheril / Thomas Teo

Einleitung

Wenn man an die unterschiedlichen und vielfältigen Theorien, Methoden und Ergebnisse der Psychologie denkt und sich die Vielschichtigkeit des Problems Rassismus vergegenwärtigt, wird deutlich, daß ein Buch, das beide Gegenstandsbereiche erfassen will, nämlich Psychologie *und* Rassismus, nur bescheidene Sondierungen des Themas liefern kann. Es kann nur «Bodenproben» oder Ausschnitte vorlegen, die für Theorie und Praxis relevant sind. Auf theoretischer Ebene sind «Proben» dann bedeutsam, wenn sie einen Beitrag zur Entwicklung unseres Denkens aufgrund präziser Begriffe und Reflexionen ermöglichen, auf praktischer Ebene solche Ansätze, die unser Handeln verändern. Daß Reflexionen und Änderungen notwendig sind, zeigen nicht nur soziale Praxen und viele Ereignisse der letzten Jahre, sondern auch der Umstand, daß das kritische (deutschsprachige) Bewußtsein Rassismus jahrzehntelang kaum als theoretisch oder praktisch signifikantes Problem ernst genommen hat.

Eine intensive Auseinandersetzung mit dem Thema ist jedoch unumgänglich, weil Rassismus ein Merkmal der gesellschaftlichen Realität des deutschsprachigen Raums ist und alle – in der einen oder anderen Weise – von Rassismus betroffen sind. Der deutschsprachige Raum ist der Kontext, auf den sich die Analysen, die in diesem Buch versammelt sind, in erster Linie beziehen. Mit diesem Bezug ist aber keineswegs die Aussage verknüpft, Rassismus sei ein vornehmlich «deutsches» Phänomen. Wenn man im internationalen Vergleich Besonderheiten bei dem jüngeren Verhältnis der deutschen Gesellschaft zum Rassismus hervorheben will, dann bestehen diese wohl in erster Linie darin, daß Rassismus in Deutschland lange Zeit verdrängt wurde. Das Schweigen über den Nationalsozialismus – das Darüber-nicht-sprechen-Können ebenso wie das instrumentelle Nicht-Reden – hat lange Zeit verhindert, daß in Deutschland eine Auseinandersetzung nicht nur mit vergangenen, sondern auch gegenwärtigen Rassismen und dem Rassismus hat stattfinden können. Dies gilt auch für die deutschsprachige Psychologie, die Rassismus erst dann als Gegenstand ihres Interesses hat entdecken können, als sich Anfang der 90er Jahre das nie thematisierte, aber immer vorhandene rassistische Potential europäischer Gesellschaften mit Bildern der Roheit in viele Fernsehstuben gelangte.

Ausgangspunkt unseres Anliegens sind drei analytische Fragen, die realiter eine dialektische Einheit bilden oder, wie man heute sagen würde, miteinander «interagieren». Jede Frage wird zwar getrennt diskutiert, sollte aber innerhalb eines einheitlichen Kontextes begriffen werden: (a) Wie läßt sich Rassismus denken? (b) Wie läßt sich Rassismus leben? (c) Wie läßt sich Rassismus überwinden?

Wir wollen psychologisch relevante Antworten geben, wobei wir die Perspektive einer Psychologie einnehmen, die sich bemüht, Rassismus in Gedanken, Worten und Taten zu überwinden. Daß dabei andere sozialwissenschaftliche oder philosophische Ansätze nicht ausgeblendet werden können und es vielmehr einer sozialwissenschaftlichen Kooperation bedarf, sollte selbstverständlich sein.

In diesem Sinn geben die hier versammelten Aufsätze auch Auskunft darüber, welchen Beitrag sozialwissenschaftliches Denken im allgemeinen und psychologische Analyse im besonderen zur Beschreibung und Erklärung von Rassismus leisten können. Diese Leistung ist nicht zuletzt deshalb notwendig, um einen (wieder) stärker werdenden biologistischen Zeitgeist in die Schranken zu weisen, der Rassismus in seiner Logik zu klären und gegebenenfalls zu rechtfertigen vermeint. Dieser Zeitgeist ist freilich nicht aus dem Himmel gefallen. Er wurzelt u. a. in realen Interessen, historischen Kontinuitäten und politischen, juristischen und ökonomischen Entscheidungen. Eine Psychologie des Rassismus, die sich antirassistisch versteht, hat genau diese Zusammenhänge aufzudecken.

Die aufklärerische Dimension ist allerdings nur eine Seite des Verhältnisses von Psychologie und Rassismus. Wer dieses Verhältnis zum Thema macht, hat auch immer zu berücksichtigen, wie sich die Psychologie historisch und aktuell als Mitläuferin und -produzentin von rassistischen Diskursen geriert hat und geriert. Damit kommen wir auf die erste

Frage, wie sich Rassismus denken lasse, zurück. Die Beschäftigung mit dieser Frage erfordert historische, gesellschaftstheoretische und psychologische Analysen.

Im ersten Teil *Kontinuität und Aktualität des Rassismus in der Psychologie* werden geschichtliche und aktuelle Gemeinsamkeiten von Psychologie und Rassismus diskutiert – eindrucksvolle Beispiele dessen, wie sich «Wissen und Macht» zusammenfügen. Die Analysen reichen von der psychologischen Unterstützung des deutschen Kolonialismus (Grosse) über den Nationalsozialismus (Benetka) bis zur Gegenwart, in der ein Neo-Rassismus soziale Benachteiligungen von ethnischen Gruppen pseudo-biologisch rechtfertigen will (Cernovsky).

Im folgenden Teil *Psychologisch relevante Ansätze zur Analyse des Rassismus* werden einschlägige theoretische Untersuchungen vorgelegt. Die institutionelle Form des Rassismus wird thematisiert (Osterkamp). Behandelt wird hier auch die Frage nach der psychischen Funktionalität des Rassismus für Subjekte, die an rassistischen Denk- und Praxisformen teilhaben (Jäger). Berücksichtigt ist eine Analyse der Leistungskraft der am Subjekt besonders interessierten Psychoanalyse zur Erklärung von Rassismus (Ottomeyer) und eine kritische Diskussion der prominentesten psychologischen Erklärungsansätze zum Rassismus (Rommelspacher). In diesem Teil und im Buch insgesamt sind kritische Analysen enthalten, die auf unterschiedliche Traditionen und theoretische Perspektiven verweisen. Wenn wir auch selbst bestimmte Ansätze bevorzugen, haben wir doch, um die zum Teil kontroverse und sich ausschließende Interpretation des Rassismus im Umfeld der Psychologie wiederzugeben, keiner kritischen Stimme den Vorrang gegeben. Die Entscheidung über die Angemessenheit der hier versammelten Interpretationen verbleibt damit Privileg des Lesers und der Leserin.

Die zweite Frage – «Wie läßt sich Rassismus leben?» – mutet zunächst sonderbar an. Sie macht jedoch Sinn, wenn man daran denkt, daß Rassismus im deutschsprachigen Raum real gelebt und erlebt wird, sei es als Täter oder Täterin, sei es als Opfer. Eine Schwierigkeit in diesem zweiten Frage- und Antwortfeld besteht in der Tatsache, daß sich die meisten sozialwissenschaftlichen Studien auf die Täter beziehen, kaum auf die Opfer. Ein prinzipielles Anliegen dieses Buchs ist es, auch Erfahrungen und Erleben der faktischen und potentiellen Opfer von Rassismus in den Blick zu nehmen, ohne damit den Eindruck zu erzeugen, daß Opfer glorifiziert und Nicht-Opfer angeklagt werden. Dies aber ist kein einfaches Vorhaben. Denn Kommunikation über Rassismus (etwa in Form der Rezeption von Texten) zwischen unterschiedlich vom Rassismus Betroffenen wird augenblicklich von Verletzungen, vermuteten Angriffen und heftig abgewehrten Angriffsvermutungen, von Kränkungen und unmittelbar erfahrenen Ungerechtigkeiten beeinflußt.

Kommunikation über Rassismus zwischen unterschiedlich Betroffenen ist affektbelastet, weil in der einen oder anderen Weise die eigene Person grundlegend im Hinblick auf Aspekte der Moral und der Würde (vermeintlich) in Frage gestellt ist. Dieses Buch will zur Enteskalierung der Kommunikation über Rassismus zwischen unterschiedlich von Rassismus Betroffenen beitragen. Dies kann aber nur gelingen, wenn die Kommunizierenden bereit sind, sich in einer konstruktiven Weise kritisch in ein Verhältnis zu sich selbst und zu anderen zu setzen.

Vor dem Hintergrund, daß Rassismuserfahrungen Gegenstand der Psychologie sind, gewinnt die zweite Frage nach der Lebbarkeit des Rassismus eine neue Bedeutung: Menschen, die ihren Lebensmittelpunkt in Deutschland haben und von einer bestimmten Normalitätsvorstellung abweichen, sind täglich mit Formen von Rassismus und dem Zwang, diese leben zu müssen, konfrontiert. Dies ist ein Leben, das Unerträgliches psychologisch erträglich machen muß.

Gegenstand des dritten Teils, *Psychologische Analysen zur Erfahrung von Rassismus*, sind konkrete Erfahrungen von Menschen, die in Deutschland leben und Rassismus ausgesetzt sind. Zum Thema wird hier, welche Auswirkungen Rassismus auf das Denken, Fühlen und Handeln von Betroffenen hat. Es werden Erfahrungen von «Anderen Deutschen» (Mecheril), von Asylsuchenden (Beckmann) und Erfahrungen von «birassischen» Personen (Caspari) aufgearbeitet.

Die dritte Frage, wie sich Rassismus überwinden läßt, ist vor allem für die praktische Anwendung psychologischen Wissens von Relevanz. Sie ist freilich nur schwer innerhalb herkömmlich psychologischer Denkweisen zu beantworten. Die traditionelle Psychologie kommt hier mit ihren Theorien, Methoden und Techniken schnell an Grenzen, weil sie kaum in der Lage ist, das Intrapsychische der Täter und Opfer als Teil des Interpsychischen (im Sinne von Wygotsky) zu begreifen.

Das Buch enthält im vierten Teil, *Möglichkeiten und Grenzen der Psychologie zur Überwindung von Rassismus*, eine kritische Analyse der psychologischen Ansätze, die in antirassistischen Trainings und Workshops implizit oder explizit Verwendung finden (Castro Varela). Ferner findet sich, mit Blick auf deren Relevanz für die Psychologie, ein kritischer Überblick über «interkulturelle» und «antirassistische» Handlungsansätze aus der Pädagogik (Attia). Eine skeptische Analyse der Möglichkeiten der Psychologie zur Überwindung von Rassismus (Weber) beschließt diesen Teil.

Im Rahmen dieser Einleitung scheint es uns erhellend, aber auch notwendig, auf persönliche Hintergründe zu verweisen, die mit der Entstehung dieses Buchs unmittelbar zu tun haben. Warum interessiert uns, die Herausgeber, das Thema Psychologie und Rassismus? Wie verbinden wir das Thema Rassismus mit unseren wissenschaftlichen Interessen? Was wollen wir mit diesen Interessen bezwecken? Diese und andere Fragen werden implizit und explizit in zwei kurzen persönlichen Einführungen angesprochen, welche wir je unter ein Motto gestellt haben.

Rassismus, Subjektivität und Macht (Thomas Teo)

Wenn ich heute kognitiv oder emotional das Terrain des Rassismus betrete, und ich denke dabei an meine persönlichen Erfahrungen wie an ein wissenschaftliches Gebiet, dann liegt bereits ein langer und auch dorniger Weg hinter mir. Ein Weg an Erfahrungen als «biethnischer» Mensch; aufgewachsen in einem kleinen unikulturellen Ort im Salzburger Land. Ich denke an Verdrängungen, Verleugnungen und Rationalisierungen rassistischer Erfahrungen – ich erlaube mir hier in postmoderner Manier, psychoanalytisches Vokabular im Sinne einer Alltagssprache zu benutzen, ohne den konzeptuellen Rahmen zu teilen –, an Abwehrhandlungen, die nicht durch Anforderungen des «Es» entstanden, sondern in einer sozialen Wirklichkeit wurzelten, die mein «Ich» in vielerlei Hinsicht gefährdeten. Und so hingen und hängen noch immer die Konstruktion meiner Identität, meines Selbstwertgefühls und meiner Kompetenz von den sozialen Konstruktionen von «Rassen» und ihrer Bewertung ab.

Pseudowissenschaftliche Konstruktionen von «Rassen» und deren Wertung, wie sie wieder selbst in vielen neuen Veröffentlichungen zu lesen sind, erzeugen immer noch Traurigkeit und im ersten Moment auch Sprachlosigkeit. Es ist – so absurd es klingen mag – ein langer, psychischer Kampf zu begreifen, daß niemand das Recht hat, das Existenz- und Partizipationsrecht eines anderen Menschen auch nur implizit zu bestreiten. Es verleiht aber auch Motivation, die Hintergründe für Rassismus offenzulegen.

Durch das Psychologiestudium wurde deutlich, daß die herkömmliche deutschsprachige Psychologie kaum Theorien, Methoden oder Resultate zur Verfügung stellen kann, die es erlauben, Probleme des Rassismus zu verstehen – meine Erfahrungen zu verstehen. Natürlich kenne ich den geschickten Einwand, daß es in der Psychologie als Wissenschaft nicht darum gehe, persönliche Erfahrungen aufzuarbeiten. Was dabei vernachlässigt wird, ist die Tatsache, daß die Intention, Persönliches zu verstehen, eine ungeheure Motivation in der Aufarbeitung von psychologischen Themen impliziert. Und eine Psychologie, die ein Konzept wie «Subjektivität» nicht erlaubt und nichts damit anzufangen weiß, scheint mir nicht des Namens Psychologie würdig. Wo sind reale Erfahrungen, Gedanken, Gefühle und Handlungen von konkreten Menschen, Individuen oder Subjekten in der Psychologie vertreten? Wie sollte man andere Menschen beschreiben, erklären oder gar verstehen, wenn man nicht einmal die eigenen Erfahrungen innerhalb des konzeptuellen Rahmens repräsentieren kann?

Heute gehe ich davon aus, daß man psychologisch-wissenschaftlich an einem Konzept wie Sysjbektivität arbeiten kann un muß, daß man eine Theorie der Subjektivität nicht abstrakt als Subjektivität an sich, sondern als Subjektivität in Relation zu etwas anderem entwickeln kann. Die simple Antwort «zu einem Kontext» bleibt noch relativ abstrakt, denn es sind ja viele Kontexte denkbar. Hier möchte ich den Begriff des Rassismus wieder integrieren, der einen Aspekt von *Macht* darstellt und der einen Anschluß an eine kritische Tradition erlaubt, die auch politisch zu denken wagt. Subjektivität kann so in bezug auf Macht kontextualisiert werden, wobei Macht viel mehr Bereiche einschließt als Rassismus allein (z. B. Sexismus, Klassenherrschaft). Auch hier ist die herkömmliche Psychologie hilflos, da sie Macht nur in eigenartigen sozialpsychologischen Deformationen repräsentieren kann.

Auch so mancher postmoderne Versuch muß hier kritisiert werden, wenn er reale Machtverhältnisse als soziale Imaginationen uminterpretieren will. Was ich von der Postmoderne lernen kann, ist allerdings eine antifundamentalistische Haltung, die bei der Bestimmung von Rassismus, Subjektivität und Macht über kategoriale, starre Systeme hinwegsteigt. Die Vorstellung eines begrifflichen Netzwerks scheint mir ein gangbarer Weg, da sie nicht bestimmte empirische Erfahrungen ausklammert, aber an Begriffen als wichtigen Werkzeugen zum Verständnis von Subjektivität festhält.

Die deutsche Vereinigung und deren unreflektierte Wurzeln und Vergangenheit bedeuteten einen Schub meiner Interessen auf wissenschaftliche Probleme des Rassismus. Es bedeutet, auch Stellung für Betroffene zu beziehen, in jeglicher Hinsicht, und zu verstehen, daß meine theoretischen Interessen mit dem Problem des Rassismus, mit eigenen Erfahrungen verwoben sind. Marxismus, Neomarxismus und Postmarxismus bleiben für mich relevante Ansätze, die es mir erlauben, Grenzen und Möglichkeiten in diesem Feld von Rassismus, Subjektivität und Macht zu sichten und Theorieentwicklung zu betreiben.

Nicht zuletzt wegen der Realität rassistischer Diskriminierung bin ich nach Kanada ausgewandert. Aber bereits die kurze Zeit, in der ich hier lebe, zeigt, daß trotz einer real gelebten multikulturellen Gesellschaft Probleme des Rassismus nicht verschwinden – sie sehen anders aus, tarnen sich, arbeiten aus dem Untergrund, manchmal auch offen, und haben ein anderes Terrain gewählt. Es geht nun für mich darum, neue Bodenproben zu ziehen und zu sichten.

Rassismus, Zugehörigkeit und Teilnahme (Paul Mecheril)

Ich erinnere mich an eine Episode aus der Schulzeit. Auf die Frage unseres Erdkundelehrers, welche Naherholungsmöglichkeiten den Kölnerinnen und Kölnern zur Verfügung stünden, melde ich mich und sage, die

Eifel und auch der Taunus seien ja ganz in der Nähe. Unser Lehrer, ein sehr freundlicher, oft nahezu jovialer Mann, bekundet, wie bemerkenswert er es finde, daß ich mich in bezug auf dieses Land besser auskenne als meine einheimischen Mitschüler und Mitschülerinnen – ein schönes Kompliment und ein einigermaßen zweifelhaftes dazu.

Zweifelhaft, weil mir – im Goffmanschen Sinn – personale Identität zugestanden, soziale Identität durch die selbstverständlich gehandhabte, den Umstand, in Deutschland aufgewachsen zu sein, ignorierende Normalität der genealogisch und physiognomisch erlesenen Zeichen der Nicht-Zugehörigkeit – meine braune Haut, meine dunklen Augen, meine schwarzen Haare... – verwehrt wurde.

Der Aufforderung, so zu sein wie kein anderer, bin ich immer ohne Mühe, spielerisch, «natürlich» und gelegentlich unter dem Verdacht, nichts dafür zu können, nachgekommen; so zu sein wie alle anderen – das blieb mir erspart, und es blieb mir verwehrt.

Eine Zeit hat es gedauert, bis ich gelernt habe, die mehrwertige Botschaft solcher Komplimente – das berichtete liegt nun schon über 20 Jahre zurück – zu entziffern. Es hat eines wissenschaftlichen und intellektuellen Schwenks von der Psychotherapieforschung auf so etwas wie «cultural studies» gebraucht, um eine einigermaßen präzise Sprache zu finden, in der ich auch die Ambivalenz meiner Reaktion auf solche Komplimente anzuerkennen vermag. Denn mit der Anerkenntnis der Ambivalenz – daß mir meine Position gefällt und sie mich dauert – habe ich einen Teil meiner Unternehmungen als Sisyphushandlungen markiert: Die Steine des Dazugehören-Wollens, die ich den Berg Zugehörigkeit hinaufwälzte, rollten zurück, mir vor die Füße.

Absonderung aber ist auf Dauer kaum erträglich und Assimilation – aufgrund der physiognomischen Konstruktion des Andersseins – unmöglich; bleibt also nur eins: verändernde Teilnahme, oder mit einem anderen Wort: Einmischung.

Wenn «Betroffene» sich in das, wovon sie betroffen sind, einmischen, laufen sie Gefahr, dem Vorwurf der Voreingenommenheit und Aufgebrachtheit zu begegnen: Sie seien in ihren Erfahrungen verwurzelt, in ihrer Wahrnehmung eingeengt und in ihrem Urteil unerbittlich, kurzum: hysterisch und blind – denkbar ungünstige Voraussetzungen dafür, Wissenschaft zu betreiben. Wir betreiben sie dennoch, nehmen teil und verändern allein dadurch.

Der methodologische Ausgangspunkt dieser Art von Teilnahme besteht in der Einsicht, daß wir alle, so wir lebensweltlich relevante Forschung betreiben, «Betroffene» sind – das gilt allemal für das Thema «Rassismus», bei dem sich Betroffenheit in Form von Verleugnung, Ignoranz, Scham und Schuld, aber eben auch als Angst, Wut und Verzweiflung zum Ausdruck bringen kann. Von dem Thema «Rassismus» sind alle betroffen, und der Umgang mit dieser Betroffenheit im Kontext von Wissenschaft setzt voraus, daß eine Auseinandersetzung mit ihr stattfindet, die nicht der Neutralität oder der Distanzierung von den eigenen Erfahrungen und der eigenen Geschichte dient, sondern die Reflexion etwa des Entstehungs-, Begründungs- und Verwertungszusammenhangs von Forschungsergebnissen im Licht der eigenen Erfahrungen und des eigenen Standpunkts zum Ziel hat.

Doch zurück zur Erdkundestunde. Was hat die Episode mit Rassismus zu tun? Daß sie etwas mit verwehrter Zugehörigkeit zu tun hat, ist offenkundig, und auch mit Teilnahme, sogar in einem doppelten Sinn; denn erst durch Teilnahme werden die von anderen selbstverständlich erachteten Grenzen der Teilnahme greifbar und spürbar. Mit Rassismus hat die Unterrichtsepisode etwas zu tun, weil sie darauf verweist, daß Physiognomien als Kriterien der Zuordnung von Menschen zu Gruppen fungieren, die basal nach dem Schema «Wir»-«Nicht-Wir» auf dem Repräsentierteller der Ordnung plaziert sind.

Solange Menschen aufgrund ihrer Ressourcen und Rechte, ihres Selbstverständnisses oder aufgrund ihrer Interessen an dieser Ordnung nicht rühren, ist alles in Ordnung, in einer Ordnung, die eine Ordnung der «Rassen» ist.

In der Schulsituation habe ich mich nicht gerührt und hätte es auch nicht machen können, weil mir die intellektuellen Mittel zur Analyse dessen nicht verfügbar waren, was zwischen mir und meinem Lehrer als Repräsentanten unterschiedlicher Ordnungen vorgefallen ist.

Die Erdkundestunde hat etwas mit Rassismus zu tun, weil die darin aufscheinende «Wir»-«Nicht-Wir»-Gruppierung auf Identifikationsmerkmale zurückgreift, um die sich jahrhundertealte Bilder und Zuschreibungsmuster ranken, in denen Techniken der Zurichtung, Praktiken der Gewalt und Methoden der Selbstvergewisserung eingelassen sind, die andere lediglich als einen beschränkten Typ von Mensch zulassen.

Wer von Bildern und Zuschreibungen dieser Art negativ betroffen ist, der und die sucht nach Wegen nicht allein psychohygienischer Bewältigung, die pathetisch und befreiend, entschlossen und ignorant, moralistisch und sauer, kompensierend und aufbegehrend sein können. Auch diesen Motiven ist die Entstehung des vorliegenden Buchs geschuldet.

Bei allen Autoren und Autorinnen möchten wir uns schließlich für die produktive und geduldige Kooperation bedanken. Burghard König sei für die kritische Begleitung dieses Buchprojekts gedankt. Sabine Schlüter, Inge Pautz und Sonja Hißmann danken wir für die aufmerksame und sorgfältige Erledigung redaktioneller Aufgaben.

Kontinuität und Aktualität des Rassismus in der Psychologie

Pascal Grosse

Psychologische Menschenführung und die deutsche Kolonialpolitik, 1900–1940

Das Verhältnis von Kolonialismus und Psychologie weist aus historischer Perspektive in verschiedene Richtungen. Kurz nach dem Zweiten Weltkrieg stand das Bestreben im Vordergrund, den europäischen Kolonialismus als kollektives psychopathologisches Phänomen zu charakterisieren. In diesem Sinn untersuchten Mannoni (1950), Fanon (1952, 1961) und Memmi (1957) unter dem Eindruck des zeitgenössischen Antikolonialismus soziale Pathologien, die bei Kolonisierten wie Kolonisten im 19. und 20. Jahrhundert zutage traten. Obgleich sich einige der von den drei Autoren aufgeworfenen Fragen aus der Sicht des heutigen postkolonialen Diskurses in einem anderem Licht darstellen, ist von ihren grundlegenden Einsichten über das «koloniale Syndrom» nach wie vor nicht abzurücken. Aber anders als noch in den 50er Jahren kann aus der gegenwärtigen Sicht die Existenz eines universellen europäischen Kolonialismus bezweifelt werden. Nicht allein die Vielfalt der Wirtschaftsformen, der Rechtssysteme und der geographischen Räume ist zu berücksichtigen, sondern auch die ethnische und soziokulturelle Heterogenität der unter Kolonialherrschaft stehenden Bevölkerung. Die neuere Kolonialgeschichtsschreibung hat daher weniger übergreifende Strukturen im Blick; vielmehr setzt sich inzwischen das Mosaik der europäischen Kolonialherrschaft der vergangenen Jahrhunderte aus der Untersuchung kleinerer regionaler, sozialer und institutioneller Einheiten zusammen. Damit relativierte sich zugleich die ehemals im Vordergrund stehende Dichotomie von Kolonisierten und Kolonisten, die in sozialwissenschaftlich orientierte Typologien multiethnisch konstituierter kolonialer Gesellschaftsformen überführt wurde (Osterhammel, 1995).

Mit diesem Perspektivwandel wird der Tatsache Rechnung getragen, daß dem universellen europäischen Herrschaftsanspruch seit dem ausgehenden 19. Jahrhundert eine im hohen Maße diffenzierte koloniale Realität gegenüberstand, die diesen Anpruch immer in Frage stellte. Zur Charakterisierung kolonialer Gesellschaftsformen reicht es indes nicht aus, die Grenzen des europäischen Kolonialismus als Tatsache zur Kenntnis zu nehmen und mit Herrschaftsmethoden wie die der «indirekten Herrschaft» oder der «Assimilation» in Verbindung zu bringen. Vielmehr ist nach den Strategien zu fragen, die zur Überwindung der Diskrepanz zwischen Machtanspruch und gesellschaftlicher Realität verfolgt wurden. Unter diesem Gesichtspunkt ist weniger die bekanntermaßen unzulängliche Typologie von Herrschaftsmethoden, sondern das Problem der Herrschaftsvermittlung von Interesse. Hieraus ergibt sich auch eine andere Fragestellung in bezug auf das Verhältnis von Kolonialismus und Psychologie, die nicht die Psychopathologie des Kolonialismus thematisiert, vielmehr Psychologie als zeitgenössische soziale Technologie im kolonialen System begreift. Im Verständnis der Kolonialmächte bot gerade der gezielte Einsatz psychologischer Kenntnis im Sinne einer psychologischen Menschenführung die Möglichkeit, steuernd und regulierend auf den Prozeß der kolonialen Durchdringung außereuropäischer Gesellschaftssysteme einzuwirken. Diese soziale Konstruktion generierte sich aus den effektiven Grenzen, die der Kolonialherrschaft gesetzt waren, und reflektierte zugleich deren inkonsistenten Charakter.

In erster Linie trifft dieser Zusammenhang für die Kolonisation Schwarzafrikas im ausgehenden 19. und frühen 20. Jahrhundert in seiner ganzen Tragweite zu. Die koloniale Durchdringung dieses Raums bedeutete sowohl für die traditionellen Kolonialmächte (Großbritannien, Portugal, Frankreich) als auch für die erstmalig außerhalb Europas expandierenden Nationen (Deutschland, Belgien, Italien) politisches Neuland und konfrontierte sie schon früh mit den Grenzen ihres primär ökonomisch motivierten Herrschaftsanspruchs. Im Handel bestand für die Europäer eine erhebliche Abhängigkeit von einheimischen Produzenten und Zwischenhändlern. Großagrarische Betriebe wie Plantagen bedurften der einheimischen Arbeitskräfte, die oft nur durch Zwangsmaßnahmen zu verpflichten waren. Gleiches galt für den Bergbau. Extensive landwirtschaftliche Betriebe führten zur kollektiven Vertreibung der ansässigen Bevölkerung. Zur europäischen Besiedlung eigneten sich schließlich nur umschriebene Regionen im südlichen Afrika. Daher war die Arbeitskraft der einheimischen Bevölkerung auch nicht ohne weiteres durch Zuwanderung aus Europa zu kompensieren.

Mit dieser Skizze sind nicht nur einige der wesentlichen kolonialwirtschaftlichen Probleme umrissen, sondern ebenso eine spezifische Konstellation, die als das afrikanische «Eingeborenenproblem» in die Überlegungen der europäischen Kolonialpolitiker einging. Obgleich sich viele Europäer ein «Afrika ohne Afrikaner» wünschten (Osterhammel, 1995, S. 86), sahen sie sich nicht nur quantitativ in der Minderheit, sondern zudem auch von der einheimischen Bevölkerung als Wirtschaftsfaktor abhängig. Unter dem zeitgenössischen Begriff des «Eingeborenenproblems» ist in erster Linie die ökonomische Inwertsetzung humaner Ressourcen innerhalb des kolonialen Systems zu verstehen. Die Kernfrage lautet, wie eine den wirtschaftlichen Erfordernissen entsprechende Einbindung der einheimischen Bevölkerung in die koloniale Ordnung zu erreichen sei. Daß die Umsetzung dieses Ziels Spannungen und Widerstand provozieren würde, war den europäischen Kolonialpolitikern bewußt, weswegen sie Aushilfsstrategien bemühten, die sich vordergründig zwischen zwei Polen bewegten: Einerseits wurde ein Polizei- und Militärapparat etabliert, dessen Bedrohungspotential die kolonialen Untertanen unmittelbar in die europäische Kolonialwirtschaft einbinden sollte; andererseits diente die Einbeziehung der einheimischen Bevölkerung in langfristig angelegte pädagogische, medizinische und sonstige «Wohlfahrtsmaßnahmen» demselben Ziel. Zwischen diesen beiden gegensätzlichen Konzepten gab es jedoch in der Praxis keine scharfe Grenze. Vielmehr war die Kolonialherrschaft gerade in Afrika durch die Überlagerung beider Strategien mit einer situationsbedingten Prioritätensetzung charakterisiert. In diesem Sinn war der koloniale Staat eine Fortsetzung der Idee vom umfassenden «Polizeystaat» des 18. Jahrhunderts, in dem die Dualität von «Sicherheit und Wohlfahrt» zu einer Konzentration der produktiven Kräfte führen sollte. Dies bedeutete, die einheimische Bevölkerung in ein System sozialer Disziplin einzubinden, das ihre Arbeitskraft unter Leistungsgesichtspunkten zur Verfügung stellte.

Um seine ökonomischen Ziele zu erreichen, bedurfte der koloniale Staat adäquater Ordnungsinstanzen. Diese waren in der Regel institutioneller Art wie Justiz, Militär, Schulwesen u. a. m., eingebunden in idealisierte Herrschaftsformen wie der autoritären Herrschaft, der paternalistischen Herrschaft, der humanitären Herrschaft usw., die jedoch keinesfalls spezifisch für den Kolonialismus waren. Jeder Herrschaftsform wurde eine umschriebene sozialpsychologische Wirkung auf die einheimische Bevölkerung mit Konsequenzen für die Stabilität des kolonialen Systems unterstellt, was zu anhaltenden Debatten in den europäischen Metropolen über die Frage Anlaß gab, wie eine effektive Kolonialpolitik zu gestalten sei. Obgleich die Erörterungen zumeist folgenlos blieben, ebneten diese Reflexionen über den kolonialen Kulturkontakt den Weg zu einer intellektuellen Rationalisierung der kolonialen Sozialbeziehungen auf seiten der Europäer, standen doch ihre eigenen Interessen auf dem Spiel.

Diese Rationalität war jedoch nicht objektiv. Der von den Europäern als legitim verstandene Herrschaftsanspruch ließ keine Zweifel darüber aufkommen, daß im volkswirtschaftlichen Profit das Ziel der Kolonialherrschaft lag, immerhin war die überseeische Expansion eine erhebliche finanzielle Investition für die nationalen Staatshaushalte. Daß die hiervon zumeist abweichenden Eigeninteressen der einheimischen Bevölkerung die objektivierbare Grundlage des Kulturkonflikts darstellten, blieb indessen unberücksichtigt. Kolonialpsychologie war demnach als soziale Technologie von Relevanz, um das stets gefährdete Gleichgewicht von «Sicherheit und Wohlfahrt» im Dienst der Wirtschaftsinteressen zu vermitteln. Unter Sozialtechnologie ist der einem technokratischen und mechanistischen Denken verhaftete Versuch zu verstehen, gesellschaftliche Konflikte durch Verhaltenssteuerung – zumeist wissenschaftlich untermauert – zu beseitigen. Die dynamisierende Wirkung, die durch Interessenunterschiede in einem sozialen Gefüge entstünden, sollten damit präventiv abgefangen werden, um eine nach ethnischen Gruppen hierarchisierte soziale Ordnung zu fixieren.

Das Bestreben, den Kolonisationsprozeß auf der Basis psychologischer Menschenführung zu steuern, war eine Folge der engen Grenzen, die der Kolonialherrschaft gesetzt waren. Kolonialpsychologie diente als Strategie, universellen Herrschaftsanspruch und effektive Machtausübung zur

Deckung zu bringen. Im Ergebnis war sie jedoch ein gesellschaftliches Konstrukt, das die Widersprüchlichkeit des europäischen Kolonialismus reflektiert. In ihr reproduzierte sich die von Mannoni, Fanon und Memmi später analysierte koloniale Psychopathologie, zu deren Symptomen sie zu zählen ist. Dies zeigt sich vor allem bei den kulturanthropologischen Voraussetzungen, denen die meisten kolonialpsychologischen Überlegungen folgten. Diese erwuchsen aus der zeitgenössischen Diskussion über die geistigen und seelischen Eigenschaften der «Rassen». Kolonialpsychologie ist daher als ein Versuch zu verstehen, wissenschaftlich mehr oder weniger legitimierte Reflexionen über soziokulturelle Unterschiede menschlicher Existenz in ein rassenpsychologisches Programm umzusetzen, für das die koloniale Situation eine gesellschaftspolitische Matrix darstellte.

In der folgenden Skizze einiger grundlegender Aspekte der Kolonialpsychologie in Deutschland zwischen 1900 und 1940 steht die geschichtswissenschaftliche Perspektive im Vordergrund, in erster Linie die Einbindung der Psychologie in das vielschichtige Verhältnis von Kolonial- und Rassenpolitik. Anders als eine psychologie-immanente Betrachtung vermag die historische Sichtweise, die Dynamik gesellschaftlicher Entwicklungen und die Bedeutung, die psychologischen Kategorien als Ordnungskriterien wie auch als politisches Regulativ zugeschrieben wurde, näher zu charakterisieren.

Das «Eingeborenenproblem» und die deutsche Kolonialpolitik

Der deutsche Kolonialismus hat die Geschichtsschreibung vor zum Teil erhebliche Probleme gestellt. Die «späte Nation» reihte sich erst 1884/85 mit der Inbesitznahme von Togo, Kamerun, Deutsch-Südwestafrika, Deutsch-Ostafrika, Deutsch-Neuguinea und einiger pazifischer Inseln in den Kreis der Kolonialmächte ein. Das Deutsche Reich war seinerseits die erste europäische Kolonialmacht, die eine vollständige Dekolonialisierung erlebte, als ihm 1919 mit dem Versailler Vertrag seine überseeischen Besitzungen aberkannt wurden. Aber nicht nur der zögerliche Beginn und die Kürze des deutschen Kolonialismus erschweren die Bewertung im Gesamtkontext der deutschen Geschichte. Auch ist der historische Stellenwert der anhaltenden kolonialen Ambitionen in der Zwischenkriegszeit nur schwer einzuschätzen. Diese münden schließlich in das nationalsozialistische Kolonialprogramm, das die erneute Begründung eines umfassenden Kolonialreichs in Afrika zum Ziel hatte, ohne jedoch verwirklicht zu werden.

Die geschichtswissenschaftlichen Interpretationen bewegen sich wegen des ungewöhnlichen Verlaufs der deutschen Kolonialpolitik nicht selten zwischen Extremen. Einerseits findet sie als Episode am Rand der deutschen Geschichte kaum Erwähnung, andererseits wird sie als direkter Vorläufer der nationalsozialistischen Rassen- und Expansionspolitik aufgefaßt. Eine vermittelnde Position hat Bade (1983) formuliert, indem er den deutschen Kolonialismus als eine ideologische Projektion interpretierte. Trotz aller Richtigkeit dieser Einschätzung waren die deutschen Kolonien jedoch ebenso ein konkreter politischer Gestaltungsbereich, auf den nahezu alle maßgeblichen gesellschaftlichen Kräfte in Wirtschaft, Kirchen, Parteien und Wissenschaft ihren Einfluß sicherten. Daher spiegeln sich im deutschen Kolonialismus historische Prozesse wider, die sich nicht von der allgemeinen Entwicklung der deutschen Gesellschaftsgeschichte isolieren lassen.

Auch gab es keine Besonderheiten, die die deutsche Kolonialpolitik bis 1914 von der anderer europäischer Nationen grundsätzlich unterschieden hätte. Die häufig betonte Unerfahrenheit der deutschen Kolonialverwaltung ist zwar zutreffend, dieser Umstand galt aber in bezug auf Afrika ebenso für die traditionellen Kolonialmächte. Es kann daher kaum verwundern, daß der Kolonisationsprozeß in Schwarzafrika einem allgemeinen Muster folgte: Der Inbesitznahme der Küstenregionen nach 1885 folgte die militärische Durchdringung des Binnenlandes am Ende des 19. Jahrhunderts. Nach der Jahrhundertwende wurde schließlich die Ökonomisierung des Kolonialbesitzes vorangetrieben. Im deutschen Fall durchbrachen Kriege in Südwestafrika (1904–1907) und Ostafrika (1905/06) diese Periode vermeintlicher Stabilität. Den entscheidenden Ausbau der europäischen Herrschaft in Afrika nach dem Ersten Weltkrieg erlebten die deutschen Kolonialpolitiker dann allerdings nur noch als Zuschauer.

Die um 1900 vorangetriebene Inwertsetzung des überseeischen Besitzes stellte trotz der noch folgenden militärischen Konflikte die entscheidende Zäsur im deutschen Kolonialismus dar. Waren die Kolonien zuvor allenfalls als nationale Siedlungsgebiete für auswandernde Deutsche von Interesse, so galt die Aufmerksamkeit in dieser als koloniale Reformphase bezeichneten Periode der systematischen Verwertung der ökonomischen Ressourcen. Dies bedeutete, die vormalige Eroberungspolitik in eine gezielte «Eingeborenenpolitik» zu überführen. Der federführende Kolonialreformer, der Staatssekretär im Reichskolonialamt Bernhard Dernburg, der die Formel vom «Neger als dem wichtigsten Aktivum der Kolonialpolitik» prägte, führte 1907 hierzu aus:

Nun ist aber der Eingeborene der wichtigste Gegenstand der Kolonisation [...] Hat man früher mit Zerstörungsmitteln kolonisiert, so kann man heute mit Erhaltungsmitteln kolonisieren, und dazu gehören ebenso der Missionar, wie der Arzt, die Eisenbahn, wie die Maschine, also die fortgeschrittene theoretische und angewandte Wissenschaft auf allen Gebieten (Dernburg, 1907, S. 6 ff).

Sein Programm basierte auf dem intensivierten Einsatz von Kapital und praxisorientierten Wissenschaften. Zu letzteren zählten Medizin und Ingenieurswissenschaften als angewandte Naturwissenschaften ebenso wie die Psychologie als angewandte Humanwissenschaft, deren Institutionalisierung er als «Negerpsychologie» am Hamburger Kolonialinstitut förderte (Probst, 1990, S. 27). War die Verwendung moderner Technik in Übersee in erster Linie eine Herausforderung an die Innovationsfreude deutscher Ingenieure und Techniker, so stieß die generelle Verfügbarkeit von Menschen weit eher an ihre Grenzen. An diesem Punkt setzte die Bedeutung der Psychologie als Sozialtechnologie ein. Einer einfachen Logik zufolge wären die Reibungsverluste zwischen Kolonialmacht und kolonialen Untertanen zu reduzieren, indem die Kolonialbeamten, Händler, Offiziere und Missionare psychologisch geschult würden und die einheimische Bevölkerung ihren psychokulturellen Eigenheiten entsprechend führten. Psychologisches Wissen – als Kenntnis «der Anderen» und ihrer Kultur – sollte an die Stelle von Polizei und Militär als Ordnungsinstanz treten, ohne daß jedoch das Eingeständnis über die eigene Unkenntnis den Dominanzanspruch relativiert hätte. In seinem

Aufsatz «Die Negerseele und die Deutschen in Afrika» formulierte der Kolonialmediziner Oetker den Rahmen, der eine «Psychologie der kolonialen Untertanen» unter den Auspizien des sich abzeichnenden soziokulturellen Wandels begründen sollte:

> Was [...] trotz vieler Bücher und Aufsätze über ihre Sprachen, ihre Sitten und Gebräuche immer noch mangelhaft blieb [...], das ist unsere genauere Kenntnis über die Denkweise, das Vorstellungsvermögen, das Gefühlsleben, die Willensäußerungen sowie die Gründe für die Art ihres Handelns, kurz, die Lehre von dem Seelenleben, die Psychologie dieser Rassen. Dieser Mangel ist jedoch leicht erklärlich im Hinblick auf die Tatsache, daß die moderne wissenschaftliche Psychologie noch sehr jung ist und unter großen Schwierigkeiten und Hindernissen in der Erkenntnis nur langsam vorwärts kommt. [...] Und doch ist diese Aufgabe heute [...] dringend geworden: Erstens aus einer rein wissenschaftlichen Forderung, weil nämlich die schnell fortschreitende Berührung und Mischung der Völker die ursprünglichen geistigen und seelischen Eigenschaften viel schneller verwischen als die körperlichen; und es sich später schwer feststellen läßt, was ererbt und ursprünglich und was andererseits abgefärbt und angenommen ist. Und zweitens aus einer eminent praktischen Bedeutung, weil eine gute Kenntnis der geistigen Qualitäten und Eigenheiten dieser Völker – die mit ihnen in Verkehr treten – den Europäer vor folgenschweren Mißgriffen bewahren kann (Oetker, 1907, S. 8).

Oetkers Plädoyer für eine Erweiterung der psychologischen Kenntnisse über die einheimische Bevölkerung weist auf den dualen Charakter der Kolonialpsychologie hin, die gleichermaßen Erkenntniswissenschaft wie Sozialtechnologie sein sollte. Damit folgte er dem durch die Synthese von Theorie und Praxis geprägten idealisierten Wissenschaftsverständnis des ausgehenden 19. Jahrhunderts, durch das sich Psychologie erst als Wissenschaft etablieren konnte. Der Professor für Missionskunde Julius Richter konkretisierte in seinem Vortrag 1910 über «Das Problem der Negerseele und die sich daraus für die Emporentwickelung des Negers ergebenden Folgerungen» die Funktion der Psychologie im kolonialen System zur Durchsetzung kolonialwirtschaftlicher Ziele, denn

> für Afrika [ist] die Frage wenigstens vorläufig entschieden, daß seine Schätze mit Hilfe von Afrikanern gehoben werden. Damit steht vor uns als ein Kernproblem die Frage: welche Stellung und welche Funktionen soll in dem Organismus unserer Kolonien die farbige Bevölkerung einnehmen? Die Beantwor-

tung hängt in erster Linie von der Beurteilung des inneren Gefüges der Negerseele und ihrer Entwickelungsmöglichkeiten ab (Richter, 1910, S. 610).

Aus den durch eine «Eingeborenenpsychologie» gewonnenen Einsichten sollte eine rationale «Eingeborenenpädagogik und -politik» erwachsen. Denn, wie Richter ausführte, «so gewiß der Erzieher das Innenleben seines Zöglings kennen muß, um ihn recht zu leiten, liegt uns die Verpflichtung ob, der Negerseele in unserer Eingeborenenpolitik gerecht zu werden» (Richter, 1910, S. 619). Konzipiert als Instrument der effektiven Menschenführung, hatte die Psychologie der sozialen Kontrolle zu dienen. Ferner sollte eine auf die kolonialen Verhältnisse zugeschnittene Psychodiagnostik entwickelt werden, die die relevanten Indikatoren für die Leistungsfähigkeit der einheimischen Bevölkerung wie allgemeine geistige Fähigkeiten, spezifische kognitive Voraussetzungen, Akkulturationsfähigkeit usw. ermitteln würde. Diese Kriterien bestimmten den prospektiven «Wert» eines Individuums bzw. ethnisch definierter Kollektive für die koloniale Gesellschaft. In diesem Sinn bemerkte der führende Ethnopsychologe in Deutschland Richard Thurnwald, die «geistige Leistungsfähigkeit müßte zum Gegenstand besonderen Studiums gemacht werden [...], weil sie wirtschaftlich wie kolonialpolitisch die größte Tragweite besitzt» (Thurnwald, 1910, S. 609).

Die Forderung nach Etablierung einer wissenschaftlich betriebenen Kolonialpsychologie bzw. nach einer psychologisch geschulten Menschenführung kamen bezeichnenderweise aus dem Kreis der Staatsbürokratie, des öffentlichen Medizinalwesens und der Kolonialjustiz, aber auch von den hiervon teilweise unabhängig arbeitenden Missionen. Es waren die Vertreter dieser staatlichen und kirchlichen Institutionen, die in erster Linie eine Sozialbeziehung zu den kolonialen Untertanen aufbauten und die zugleich die Verfügungsgewalt über diese reklamierten. Ihre persönlichen Erfahrungen verarbeiteten diese «Kolonialpraktiker» in unzähligen Denkschriften, Aufsätzen und biographischen Skizzen, die beredte Beispiele für ihre eigene mentale Disposition, ihre Wahrnehmungsmuster und die komplexe Psychologie des Kulturkontakts darstellen. Sie selbst verstanden ihre Erfahrungen mit der einheimischen Bevölkerung jedoch als objektiven Beitrag zur «intuitiven Völker- und

Kolonialpsychologie» und daher als unumstößliche Wahrheiten. Demgegenüber nahmen sich die akademischen Wissenschaftler in systematischer Form der kolonialen Verhältnisse an.

Die praktische Relevanz der wissenschaftlich tätigen Psychologen wie auch der in dieser Hinsicht bedeutsameren Ethnologen und Anthropologen in der deutschen Kolonialpolitik war bis 1914 jedoch sehr begrenzt. Ihre Beiträge beruhten zumeist auf einer rhetorischen Synthese von Theorie und Praxis. Viele Wissenschaftszweige wie die Ethnologie oder die Anthropologie hatten jedoch keine unmittelbar verwertbaren Erkenntnisse anzubieten. Auch kann die Institutionalisierung des Fachs Psychologie am Hamburger Kolonialinstitut 1908 (Probst, 1990) nicht darüber hinwegtäuschen, daß eine «praktische Kolonialpsychologie» nicht entwickelt wurde. Zur eigenen Legitimierung gegenüber Staat und Öffentlichkeit wiesen daher nahezu alle Wissenschaftler gebetsmühlenartig auf die zu erwartende praktische Bedeutung ihres Fachs hin und erzeugten Hoffnungen, die sie nicht erfüllten. Es kennzeichnet die sozialtechnologisch ausgerichtete Wissensproduktion in den «angewandten» Humanwissenschaften, daß Erwartungen zur Lösung gesellschaftlicher Konflikte ohne Folgen aufgebaut wurden. In diesem Sinn blieb auch die Kolonialpsychologie als praktische Wissenschaft ein Kunstprodukt.

Kolonialpsychologie als angewandte Rassenpsychologie

Die Ökonomisierung humaner Leistungsfähigkeit basierte nach 1900 in Europa und den USA maßgeblich auf der Vorstellung, es gebe ein spezifisches kulturelles Entwicklungspotential der verschiedenen «Rassen». In diesem gedanklichen Konzept ließen sich aus biologischen Unterschieden soziale und rechtliche Ungleichheit als vermeintlich naturgesetzliche Tatsache ableiten, was das Individuum über ein kollektives Subjekt – die «Rasse» – definierte. «Rassen» und die ihnen unterstellten geistigen und seelischen Eigenschaften stellten Konstrukte dar, die jedoch durch die tatsächlich bestehenden Verhältnisse in Frage gestellt wurden. So bemerkte der polnisch-französische Publizist Jean Finot (1906, S. 418), daß «die Bezeichnung Rasse [...] nur ein Erzeugnis unserer Geistesgymnastik, der Tätigkeit unseres Intellekts außerhalb der Wirklichkeit» sei. Damit stand auch die auf rassenpsychologischen Annahmen basierende Kolonialpsychologie am Ende einer Spirale, die ihre immanenten Widersprüche konstant reproduzierte: Für rationale Lösungen aus den Zwangslagen des Kolonialismus wurde psychologische Kenntnis bemüht, deren Grundlagen jedoch auf der Scheinobjektivität rassenpsychologischer Axiome beruhten. Zur Auflösung dieses Widerspruchs hätte es nahegelegen, die eigenen intellektuellen Grundlagen in Frage zu stellen. Jedoch wurde die Spirale weiter vorangetrieben, was schließlich in einer argumentativen und politischen Sackgasse mündete.

Der Tradition nach war die Rassenpsychologie ein Produkt der Aufklärung im 18. Jahrhundert. Ihr zentrales Thema war, das Verhältnis von Gleichheit und Differenz der Menschheit auf der Ebene ihrer geistigen und seelischen Eigenschaften zu definieren, das den Kern des ambitionierten Projekts einer universellen Menschenkunde darstellte. Da dieses Vorhaben trotz der postulierten wissenschaftlichen Neutralität politischen Charakter hatte, reflektiert sich in ihm der ausgeprägte Wandel, dem die Ideen der Aufklärung im Verlauf des 19. Jahrhunderts unterlagen. Die zahlreichen Philosophen und Wissenschaftler des 18. Jahrhunderts, die an der körperlichen und kulturellen Verschiedenheit der Menschen interessiert waren, betonten überwiegend die Gleichheit eines in seinem Wesen einheitlichen Menschengeschlechts. Hier bedeutete der physische und geistige Rassenunterschied zumeist Variation bei prinzipiell gleicher kognitiver und soziokultureller Entwicklungsfähigkeit des Individuums. Zwar diente auch der «aufgeklärte» Rassenbegriff des 18. und frühen 19. Jahrhunderts als Grundlage einer nach «Rassen» hierarchisierten Entwicklungsgeschichte der Menschheit, dennoch war er in erster Linie eine Kategorie der beschreibenden Naturgeschichte. Erst im Verlauf des 19. Jahrhunderts rückte die Differenz der Menschheit – unter Vernachlässigung der Gleichheit – in den Mittelpunkt aller Überlegungen. Unter dem Primat der Differenz wurde jeglichem anthropologischem Universalismus naturrechtlicher oder christlicher Provenienz eine Absage erteilt. Dem nach ca. 1900 dominierenden biologischen Rassenbegriff lag die Überzeugung zugrunde, daß alle menschlichen Eigenschaften als erbliche, d. h. unveränderbare Merkmale aufzufassen seien.

Hierin bestand sein innovatives Potential. Zum einen war in dieser Logik individuelle Entwicklung durch Bildung nur mehr eine Funktion innerhalb der Grenzen der «rassischen» Befähigung. Zum anderen wurde «Rasse» zum Synonym für die kulturelle Gesamtleistung umschriebener Bevölkerungsgruppen. Mit dem maßgeblich vom Bürgertum geprägten zeitgenössischen Kulturbegriff war jedoch nicht die Pluralität von Lebensformen gemeint. «Kultur» war hier allein Ergebnis der wirtschaftlichen und geistigen Produktion in einer teleologisch verstandenen universellen Menschheitsgeschichte.

Die Kolonialpolitiker folgten nach 1900 dem Bedeutungswandel des Rassenbegriffs im 19. Jahrhundert. Es ist sogar wahrscheinlich, daß die vorangegangene europäische Überseepolitik diesen Wandel maßgeblich gefördert hatte. Jedoch hatte der Rassenbegriff in der kolonialen Situation unterschiedliche Konnotationen. «Rasse» war einerseits eine Kennzeichnung für den kulturellen Unterschied zwischen Europäern und einheimischer Bevölkerung und generierte sich aus dem aufgeklärten Diskurs der beschreibenden Menschenkunde. Damit wurde der Herrschaftsanspruch über die «Naturvölker» als «rassisch-kulturelle» Differenz zwischen Kolonisten und kolonisierter Bevölkerung formuliert, aus der sich das koloniale Untertanenverhältnis ableitete. Aus dieser soziokulturellen Hierarchie ergaben sich zwei gegensätzliche politische Strategien: einerseits der Zivilisierungsauftrag, der die kulturelle «Hebung» der einheimischen Kulturen im Sinne einer Assimilation zum Ziel hatte, andererseits die Bewahrung der soziokulturellen Differenz, um die Herrschaft aufrechtzuerhalten. In der Praxis überlagerten sich diese beiden Möglichkeiten und waren trotz ihrer Gegensätzlichkeit nicht exakt voneinander zu trennen. Dieser Umstand lag allerdings weniger in der Tatsache begründet, daß es in allen europäischen Kolonialmächten einflußreiche Fürsprecher für beide Richtungen gab. Vielmehr war es ein Problem «vor Ort», das darin bestand, wie sich Herrschaft ausüben läßt, wenn sich die unterworfene Bevölkerung ihren Herrschern angleicht. Umgekehrt führte Kolonialherrschaft ohne begleitenden soziokulturellen Wandel ins Leere. Damit stieß der beschreibende «aufgeklärte» Rassenbegriff in seiner herrschaftsbegründenden Bedeutung und Leitlinie in der politischen Praxis an seine immanenten Grenzen.

Der biologische Rassenbegriff reichte über die Beschreibung der kulturellen Differenz hinaus und versprach einen Ausweg aus dem offensichtlichen Dilemma. Über ihn wurde ein «rassisch» determiniertes Leistungspotential der verschiedenen ethnischen Gruppen postuliert. Das maximal erreichbare kulturelle Niveau wäre demnach biologisch – in der heutigen Terminologie genetisch – festgelegt. Diese Korrelation von «Rasse» und «Kultur» beinhaltete beispielsweise, daß die Vermittlung europäischer Schulbildung für die einheimische Bevölkerung volkswirtschaftlich zwar wünschenswert sei, aber nur in dem Maß, wie es die Grenzen ihrer «rassisch-biologischen Eigenschaften» zuließen. Eine solche Auffassung war eine Umkehrung der aus der Aufklärung abgeleiteten Vorstellung über die Möglichkeiten menschlicher Entwicklung, da nun die universelle Bildungsfähigkeit der Menschheit zur Disposition stand, die nur mehr innerhalb der «rassischen» Grenzen vorstellbar war. In bezug auf die kolonialen Untertanen bedeutete der biologische Rassenbegriff nichts anderes, als daß sie ihre Arbeitskraft auf dem für sie erreichbaren maximalen Niveau bereitzustellen und zu reproduzieren hätten, da ihnen eine weiterführende kognitive Entwicklung qua «Rasse» nicht möglich sei. Hier kam biologischer Rassendiskurs mit den kolonialwirtschaftlichen Zielen zur Deckung. Thurnwald brachte 1910 den skizzierten Zusammenhang auf den Punkt:

> Die richtige Verwertung der eingebornen Arbeitskraft führt zur Nutzung jeden Rassenschlags nach seiner Leistungsfähigkeit, zu einer geordneten Symbiose. Aus dem Chaos des Nebeneinander wächst die Ordnung des Übereinander entsprechend der individuellen Anlage und Eignung heraus. Das ist die Organisation, welche die Wirtschaft des Europäers bringt, der die Muskeln des Eingebornen nach seinem Geiste lenkt und ihre Leistung den von ihm erstrebten Zwecken einfügt (Thurnwald, 1910, S. 632).

Auf dieser gedanklichen Basis beruhten nahezu alle konkreteren kolonialpsychologischen Überlegungen. Daß es hierfür in Deutschland zahlreiche Bezeichnungen wie Ethnopsychologie, koloniale Völkerpsychologie oder koloniale Rassenpsychologie gab, zeugt lediglich von einem Wunsch nach Erkenntnis, der weder eindeutigen inhaltlichen Vorgaben noch dominierenden Autoritäten folgte. Auch verschwammen institutionelle Grenzen. Kolonialpsychologie war kein abgestecktes Feld der

Psychologie. Die maßgeblichen wissenschaftlichen Impulse kamen von Anthropologen, Ethnologen, Medizinern und Juristen. Ungeachtet der differierenden inhaltlichen Schwerpunkte und des unterschiedlichen Anspruchs auf Wissenschaftlichkeit (vgl. Beuchelt, 1974; Smith, 1991) lag allen Überlegungen als gemeinsamer Kern die Frage zugrunde, wie die soziokulturelle Verschiedenheit menschlicher Existenz zu erfassen und – das war das entscheidende nach 1900 – zu bewerten sei.

Bemerkenswert ist allerdings, daß psychologischen Deutungen überhaupt eine bedeutendere Rolle im Diskurs über Volk, Nation und «Rasse» zukam, wie sie in den umfangreichen Erörterungen über die Volks- und Nationalseele seit Beginn des 19. Jahrhunderts zum Ausdruck kamen. Aus dem intensiven Bemühen, die charakteristischen seelischen Kollektiveigenschaften zu bestimmen, erwuchsen die bekannten psychologisierenden Völker- und Nationaltypologien, die nicht mehr als eine spekulative Charakterpsychologie waren. Entscheidend ist jedoch, daß im zeitgenössischen Verständnis Körper, Geist und Seele als Einheit aufgefaßt wurden. Die individuellen und kollektiven psychischen Phänomene galten als eine Funktion des Körpers bzw. spiegelten sich in ihm wider. Demgegenüber blieb es sekundär, ob sich die seelischen Eigenschaften im Gehirn oder in den Genen materiell erfassen ließen. Auf dieser psycho-physiologischen Sichtweise beruhten die Grundlagen der Anthropologie als einer umfassenden Natur- und Kulturgeschichte des Menschen. In Deutschland wurde eine empirische rassenpsychologische Forschung, wie sie z. B. in den USA bereits um 1900 bestand, oder auch eine der psycho-physiologischen Forschung Wundts vergleichbare Ausrichtung kaum verfolgt. Dieser Umstand machte die deutschen Psychologen allerdings nicht anfälliger für Vorurteilsbildungen, denn die Empiriker in den USA kamen in auffälliger Weise zu ähnlichen Ergebnissen (Samelson, 1978; Gould, 1981). Das Paradigma, daß jede «Rasse» aufgrund ihrer sichtbaren körperlichen Unterschiede auch die ihr eigenen seelischen Eigenschaften aufweisen müsse, ließ sich immer bestätigen, gleich ob auf philosophisch-spekulativem Weg, als Ergebnis systematischer empirischer Analyse oder als intuitive Verallgemeinerung von Einzelerfahrungen.

Von der spekulativen Rassenpsychologie hob sich in Deutschland vor dem Ersten Weltkrieg lediglich das Programm der Differentiellen Psychologie im Umfeld des Berliner Instituts für angewandte Psychologie und psychologische Sammelforschung durch seinen empirischen Ansatz deutlich ab. Hier sollten die psychischen Elementarfunktionen unterschiedlicher ethnischer Gruppen in einem langfristig angelegten multidisziplinären Forschungsprogramm erfaßt werden. In diesem Kreis fanden Ethnologen, Anthropologen, Juristen, Mediziner und Psychologen zusammen und konzipierten das einzige innovative deutsche ethnopsychologische Projekt vor dem Ersten Weltkrieg, das Richard Thurnwald in den Jahren 1906 bis 1909 und 1912 bis 1915 mit seinen empirischen Wahrnehmungs- und Assoziationsuntersuchungen auf Neuguinea umsetzte. Sein Interesse galt den elementaren psychokulturellen Grundlagen sozialer Funktionszusammenhänge in außereuropäischen Gesellschaften, womit er Abstand vom üblichen evolutionsbiologischen Ansatz nahm, den z. B. Erich Franke in seiner zeitlich parallelen Studie verfolgte. Als Vertreter eines «rassisch-biologisch» verstandenen Evolutionismus wollte dieser die «typische geistige Entwicklung der Negerkinder» erfassen, um «die Frage nach den Hemmungen des Kulturfortschritts der Lösung näher zu führen» (1915, S. VII), und er untersuchte zu diesem Zweck Zeichnungen afrikanischer Kinder im Vergleich zu deutschen. Das ethnopsychologische Programm des Berliner Instituts und die Arbeiten Thurnwalds blieben in Deutschland vor dem Ersten Weltkrieg ein Einzelfall. Festzuhalten bleibt, daß seine Studien den Erfordernissen einer Kolonialpsychologie am ehesten entsprachen, indem sie Einblicke in diejenigen Organisationsformen außereuropäischer Gesellschaften erhoffen ließen, auf die der koloniale Staat einwirkte.

Ausklang oder Neubeginn? Deutscher Kolonialismus in der Zwischenkriegszeit

Während der Zwischenkriegszeit stand das Deutsche Reich an der kolonialpolitischen Peripherie. Obgleich in dieser Epoche überhaupt erst der Ausbau der europäischen kolonialen Herrschaft in Afrika erfolgte, gewannen zugleich antikoloniale Bestrebungen an Boden. Motiviert durch die Erwartung, daß mit einer baldigen Rückgabe der Kolonien an das Deutsche Reich zu rechnen wäre, registrierten deutsche Kolonialpolitiker und -wissenschaftler aufmerksam die Überlagerung dieser gegensätzlichen Vorgänge und stellten sie in einen kausalen Zusammenhang. In das Zentrum ihrer Überlegungen rückten sie das Problem, wie der Einfluß der europäischen Kultur auf die kolonisierte Bevölkerung in Asien und Afrika weiterhin zu steuern sei. In der Verquickung von ökonomischer Entwicklung und Akkulturation nach europäischem Muster sahen sie denjenigen gesellschaftspolitischen Sprengsatz, der latenten Emanzipationsabsichten unter der Führung europäisierter lokaler Eliten die nötigen Impulse verleihen und dem kolonialen System ein Ende bereiten würde. Der führende deutsche Afrikanist Diedrich Westermann bemerkte daher, es wäre erst «unter der zunehmenden Bildung und Proletarisierung [der Afrikaner] ein Rassengegensatz» entstanden, «der sich gegen die unbedingte Vorherrschaft der Weißen wendet» (Westermann, 1940, S. 121).

In den deutschen kolonialpolitischen Kreisen, die sich um die Revision der Versailler Bestimmungen bemühten, war man sich darüber einig, daß das Deutsche Reich als erneut etablierte Kolonialmacht nicht dieselben Fehler der anderen europäischen Nationen wiederholen dürfe, die ihrer Meinung nach zur Destabilisierung der Kolonialherrschaft führten. Da die Europäisierung der einheimischen Bevölkerung als das entscheidende Grundübel galt, beruhten die rhetorischen Vorgaben der prospektiven deutschen «Eingeborenenpolitik» auf der Bewahrung der sozialen und kulturellen Identität der kolonisierten Völker, um sowohl deren Bildung als auch Verelendung gleichermaßen zu begrenzen. Modellhaft lag diesen Vorstellungen die völlige Trennung der gesellschaftlichen Sphären zwischen Europäern und einheimischer Bevölkerung zugrunde, was zugleich eine Absage an jegliche Assimilationspolitik war. Als ab ca. 1935 in Deutschland mit einer baldigen Rückgabe der Kolonien gerechnet und die Überlegungen zur kolonialen Gestaltung konkret wurden, nannte sich diese Form der «Eingeborenenpolitik» in der nationalsozialistischen Diktion die «Förderung zur arteigenen Entwicklung der Rassen». Die «Kulturfrage» war nun definitiv auf die «Rassenfrage» reduziert, kulturelle Differenz ausschließlich eine Funktion des «rassisch-biologischen» Unterschieds, mit dem eine «artgemäße Lebensweise» korrespondierte.

Dieses Konzept entstand im politischen Vakuum, gleichsam unter Laborbedingungen. Seine Verfechter rekrutierten sich einerseits aus den kolonialpolitischen Veteranen des Kaiserreichs, andererseits aus den Funktionseliten der nationalsozialistischen Bürokratie. Die Überlegungen, die während des Nationalsozialismus im Hinblick auf die Etablierung des «Zweiten deutschen Kolonialreichs» entwickelt wurden, waren daher ein Amalgam, das sich aus den persönlichen Erfahrungen aus der Zeit vor dem Ersten Weltkrieg, während der Zwischenkriegszeit gewonnenen neuen Einsichten über den kolonialen Kulturwandel und den rassenpolitischen Grundsätzen des Nationalsozialismus speisten. Es wäre jedoch verfehlt, hier scharfe Grenzen zu ziehen. Schon vor 1914 bestand in der deutschen Kolonialpolitik die entschiedene Absicht, eine soziale und kulturelle Trennung zwischen Europäern und einheimischer Bevölkerung herbeizuführen. Diese Politik prägte auch die Wahrnehmung nach dem Verlust der Kolonien. Durch die antikolonialen Bestrebungen der Zwischenkriegszeit wurden in Deutschland vordergründig diejenigen politischen Kräfte bestätigt, die im Vorgang der Akkulturation eine Gefahr für das globale koloniale System sahen. Das Kolonialprogramm nach 1935 war demnach in seiner Substanz nicht innovativ. Es stellte lediglich die Fortsetzung der schon im Kaiserreich verfolgten Politik dar, die kolonialen Sozialbeziehungen auf «rassisch-biologischer» Grundlage zu regulieren. Neu war hingegen, Kolonialherrschaft mit «rassischem» Sendungsbewußtsein in Verbindung zu bringen. Folgt man dem Anthropologen Ernst Rodenwaldt, so ersetzte nun ein rassenpolitisches Missionsziel die christliche Offenbarung. Die deutschen Kolonialpolitiker hätten demnach

[...] die Völker und Rassen, deren Schutz wir wieder zu übernehmen beanspruchen, die nicht mehr aufzuhaltende Verschmelzung so heterogener Dinge wie europäischen und rasseneigenen Kulturgutes zu neuer Harmonie zu ermöglichen, ohne daß sie dadurch in den Wurzeln ihres Daseins Schaden erleiden. [...] Zu unseren Pflichten in der Führung dieser Völker tritt also weiter als etwas Neues hinzu, ihnen unsere Rassenerkenntnis zu bringen (Rodenwaldt, 1940, S. 14 f).

Diese Bemerkungen waren nicht bloße Rhetorik, sondern sie reflektierten den tatsächlichen Stand der kolonialen Planung zu Beginn des Zweiten Weltkriegs. Das Ziel, eine koloniale Rassenpolitik nach nationalsozialistischen Grundsätzen in Übersee durchzusetzen, war nicht zuletzt davon abhängig, diejenige Instanz, die in dieser Zeit am wirkungsvollsten Zweifel am «biologisch-rassischen» Unterschied erhob – die christlichen Missionen –, durch staatliche Institutionen zu ersetzen. Dies entsprach einer konsequenten Säkularisierung des traditionellen Zivilisierungsauftrags bzw. dessen Umkehrung in eine «rassische» Segregationspolitik. In diesem Sinn wurde in den ersten Kriegsjahren die Wiederübernahme von Kolonien in Afrika vorbereitet. Zu diesem Zweck existierte bereits eine eigene Administration mit einem designierten Kolonialminister an ihrer Spitze, die konkrete Programme zur Kolonisierung Afrikas ausarbeitete. Die in Deutschland dominierende Interpretation, daß der Stabilität der Kolonialherrschaft durch die Sozialbeziehung zwischen Kolonisten und einheimischer Bevölkerung enge Grenzen gesetzt waren, flossen in die Planung konkreter Maßnahmen zur «Eingeborenenbehandlung» seitens der NSDAP- und Ministerialbürokratie ein. Die Erkenntnisse von Wissenschaftlern, die sich mit der Problematik des soziokulturellen Wandels in Afrika beschäftigt hatten, wie Westermann (1940) und Thurnwald (1935), gaben dabei den Rahmen vor. Thurnwald ging weiterhin davon aus, daß

> uns jeder Versuch, an den Afrikaner oder irgendeinen anderen Vertreter der exotischen Völker heranzutreten, in das Gebiet der praktischen Völkerkunde [führt]. Diese muß die Art des Zusammenlebens, die Grundlagen ihrer Gesellschaftsformen und die in ihren Überlieferungen zutage tretenden spezifischen geistigen Kräfte und die seelischen Qualitäten der einzelnen Stämme zu erfassen suchen. Dabei kommt es weniger auf [...] Klassifizierungen an, als auf eine Menschenkenntnis, die bereit ist, das Fremde in seiner Andersartigkeit als hilfreich anzuerkennen. Nur der höher veranlagte Mensch ist dazu fähig. Es ist ein Zeichen der geistigen Überlegenheit des Europäers, die Eigenart fremder Leistungen und anderer Denkart zu sehen und sie im gegebenen Rahmen zu berücksichtigen. [...] Eine dynamische Betrachtungsweise eröffnet uns den Ausblick auf das Schicksal der Naturvölker, die nun unzertrennbar mit den fortgeschrittenen Völkern verbunden sind, die sie weise führen sollen, aber vorher sie auch kennenlernen müssen (Thurnwald, 1941, S. 253).

Thurnwald reproduziert hier lediglich die Forderung nach kolonialpsychologischer Kenntnis als Voraussetzung für eine stabile koloniale Ordnung unter europäischer Führung, wie sie schon vor dem Ersten Weltkrieg bestand. Diese Wiederholung zeugt von der Tatsache, daß sich das Grundproblem der europäischen Kolonialherrschaft – die Grenzen der eigenen Macht in Übersee anzuerkennen – nicht verändert hat. Der relevante Unterschied zwischen der deutschen Kolonialpolitik vor 1914 und ihrer Fortführung während des Nationalsozialismus besteht hingegen darin, daß im Kaiserreich die innenpolitische Konstellation die konsequente Durchsetzung einer (kolonialen) Rassenpolitik verhinderte, während die Nationalsozialisten diese zur Grundlage der sozialpolitischen Ordnung machten. Das nationalsozialistische Kolonialprogramm blieb trotz aller Radikalität in seinen rassenpolitischen Grundsätzen zunächst eine Kopie der Kolonialpolitik vor dem Ersten Weltkrieg. Seine vorläufige Umsetzung und Weiterentwicklung wurde wegen des Kriegsverlaufs in Osteuropa zunächst aufgeschoben und 1943 schließlich abgebrochen.

Ausblick

Nach dem Ende des Zweiten Weltkriegs sah sich die euro-amerikanische Welt durch die nationalsozialistischen Verbrechen mit den Konsequenzen einer Rassenpolitik konfrontiert, die mit den rationalen Denkmodellen der europäischen Aufklärung nicht mehr faßbar waren. «Rassenwahn» war einer der wenigen Begriffe, von denen man glaubte, er würde die Vorgänge in Deutschland zwischen 1933 und 1945 noch ausreichend als Akte außerhalb der europäischen Zivilisationsgeschichte definieren. Diese Pathologisierung kann aber auch als nachträgliche Selbstlegitimierung verstanden werden. Da der Nationalsozialismus den Rassenbegriff völlig diskreditiert hatte, stand die europäisch geprägte Welt vor einem Dilemma. Die als «Emanzipation der farbigen Völker» apostrophierte Dekolonisation in Asien, die Formierung antikolonialer Bewegungen in Afrika und auch die frühe afro-amerikanische Bürgerrechtsbewegung waren nach 1945 entschiedene Herausforderungen an die europäischen Kolonialmächte und die USA, ihre (kolonialen) Gesellschaftsordnungen im Licht der in Deutschland im Namen der «Rasse» begangenen Verbrechen zu überdenken.

Das sinnfälligste Beispiel für die globale Reflexion über den Rassenbegriff nach dem Nationalsozialismus war das von der UNESCO Ende der 40er Jahre weltweit in Gang gesetzte Bemühen, das weltweite «Rassenproblem» wissenschaftlich zu analysieren (vgl. Campt & Grosse, 1994, S. 58 ff). Anthropologen, Genetiker, Ethnologen und Soziologen wurden als Experten aufgefordert, zum Problem der physischen, psychischen und kulturellen Verschiedenheit der Menschheit Stellung zu nehmen. Die zahlreichen sich widersprechenden Deklarationen und Publikationen, die im Zuge der UNESCO-Kampagne erschienen, sind jedoch nur ein Beleg dafür, daß das «Rassenproblem» nicht wissenschaftlich erfaßbar war. Dieses Projekt scheiterte an seinen eigenen Vorgaben, da es diejenige Konstellation reproduzierte, die die Rassenpolitik im 19. und 20. Jahrhundert auf den Weg gebracht hatte: kulturelle Differenz als objektive Realität erfassen und systematisieren zu wollen. Eine überzeugende Kritik äußerte der deutsch-amerikanische Kulturanthropologe Franz Boas bereits 1931 mit seinen Thesen zum Verhältnis von «Rasse» und Kultur, Differenz und Gleichheit, die sich nicht allein aus wissenschaftlichen Ergebnissen, sondern auch aus persönlichen Überzeugungen und «common sense» ableiteten:

> Die Identifikation von Rasse und Kultur beruht auf zwei grundlegenden Denkfehlern. Einmal werden die Beobachtungen über individuelle Erblichkeit auf Völkergruppen übertragen, ohne daß man bedenkt, daß jede Volksgruppe aus unendlich vielen untereinander stark verschiedenen Erblinien besteht [...] Ferner wird die geographische Verteilung verschiedener Kulturen [...] als ein geistiger Ausdruck der Typen aufgefaßt, ohne daß der Versuch gemacht wird, einen inneren Zusammenhang nachzuweisen. Eine genaue Prüfung beweist, daß der Zusammenhang nur scheinbar ist, da dieselben Typen unter verschiedenen Verhältnissen auch verschiedenes Verhalten aufweisen, während verschiedene Typen unter gleichen Verhältnissen gleich reagieren. Die Anpassungsfähigkeit verschiedener Typen an dieselben Kulturbedingungen darf meines Erachtens nach als ein Axiom aufgestellt werden. Das Verhalten eines Volkes wird nicht wesentlich durch seine biologische Abstammung bestimmt, sondern durch seine kulturelle Tradition. Die Erkenntnis dieser Grundsätze wird der Welt und besonders Deutschland viele Schwierigkeiten ersparen (Boas, 1932, S. 19).

In diesen Worten sah Boas sicherlich nicht die letzten Konsequenzen einer Rassenpolitik voraus, wie sie in Deutschland Wirklichkeit wurden. Aber er bestimmte das dem Rassenbegriff immanente Grundproblem, das Individuum durch das kollektive Subjekt der «Rasse» zu ersetzen. Der europäische Kolonialismus war das Zerrbild rassisch geprägter Sozialbeziehungen, deren individual- und sozialpsychologische Folgen Mannoni, Fanon und Memmi in den eingangs erwähnten Studien untersuchten. Daß die problematische Hinterlassenschaft des Kolonialismus in Europa bis heute nicht überwunden wurde, ist kaum mehr als ein Allgemeinplatz. In besonderem Maß trifft dies auf die Bundesrepublik zu, wo diese Erbschaft nicht angetreten wurde. Wegen des als illegitim empfundenen «Raubes der Kolonien» nach dem Ersten Weltkrieg entstand in Deutschland nie ein Verantwortungsbewußtsein hinsichtlich seiner kolonialen Vergangenheit. Da auch die nationalsozialistische Kolonialpolitik keine neuen Fakten schuf, fiel der deutsche Kolonialismus nach dem Zweiten Weltkrieg dem Vergessen anheim und wich seit Mitte der 50er Jahre der bundesdeutschen «Afrikapolitik». Erst nach dem formalen Ende des europäischen Kolonialismus kam es um 1970 auch in der deutschen Geschichtswissenschaft zu einer grundlegenden Revision, die an die Stelle der Erzählungen über «Deutschlands glorreiche Tage in Afrika» trat. In der Gesamtbetrachtung der deutschen Geschichte ist der deutsche Kolonialismus daran zu messen, daß er als historische Erfahrung in der ersten Hälfte des 20. Jahrhunderts dazu beitrug, Kriterien für kulturelle Differenz unter «rassischen» Gesichtspunkten zu etablieren. Psychologie als Sozialtechnologie hatte in diesem Zusammenhang die doppelte Funktion, Ordnungskriterien für den «Wert» «rassisch» definierter Individuen und Kollektive nach Leistungsgesichtspunkten zu entwickeln und zugleich die Pathologien zu kurieren, die sie durch ihre eigene Ordnung erzeugte.

Ich danke Prof. Johanna Bleker (Institut für Geschichte der Medizin der FU Berlin), Klaus von Fleischbein (Institut für Geschichte der Medizin der FU Berlin) und Claus-Wilhelm Klinker für ihre kritischen und hilfreichen Kommentare.

Literatur

Bade, K. (1983). Das Kaiserreich als Kolonialmacht: Ideologische Projektionen und historische Erfahrungen. In J. Becker & A. Hillgruber (Hrsg.), *Die Deutsche Frage im 19. und 20. Jahrhundert* (S. 91–108). München: Ernst Vögel.

Beuchelt, E. (1974). *Ideengeschichte der Völkerpsychologie*. Meisenheim: Anton Hain.

Boas, F. (1932). *Rasse und Kultur*. Rede, gehalten am 30.7.1931 in Kiel bei Gelegenheit des 50jährigen Doktorjubiläums des Verfassers. Jena: Gustav Fischer.

Campt, T. & Grosse, P. (1994). «Mischlingskinder» in Nachkriegsdeutschland: Zum Verhältnis von Psychologie, Anthropologie und Gesellschaftspolitik nach 1945. *Psychologie und Geschichte, 6,* 48–78.

Dernburg, B. (1907). *Zielpunkte des deutschen Kolonialwesens*. Zwei Vorträge. Berlin: Mittler & Sohn.

Fanon, F. (1952). *Peau noire, masques blancs*. Paris: Éditions du Seuil.

Fanon, F. (1961). *Les damnés de la terre*. Paris: François Maspero Éditeur.

Finot, J. (1906). Das Rassenvorurteil (frz. unter dem Titel: Le préjugé des races. Paris 1905). Berlin: Hüpeden & Merzijn.

Franke, E. (1915). *Die geistige Entwicklung der Negerkinder. Ein Beitrag zur Frage nach den Hemmungen der Kulturentwicklung*. Leipzig: Voigtländer.

Gould, S.J. (1981). *The Mismeasure of Man*. New York: W. W. Norton & Co.

Mannoni, O. (1950). *Psychologie de la colonisation*. Paris: Éditions du Seuil.

Memmi, A. (1957). *Portrait du colonisé précédé du portrait du colonisateur*. Paris: Bucket, Chastel.

Oetker, K. (1907). *Die Negerseele und die Deutschen in Afrika. Ein Kampf gegen Missionen, Sittlichkeitsfanatismus und Bürokratie vom Standpunkt der modernen Psychologie*. München: J. F. Lehmanns.

Osterhammel, J. (1995). *Kolonialismus. Geschichte-Formen-Folgen*. München: C. H. Beck.

Probst, P. (1990). «Den Lehrplan tunlichst noch durch eine Vorlesung über Negerpsychologie ergänzen» – Bedeutung des Kolonialinstituts für die Institutionalisierung der akademisch-empirischen Psychologie in Hamburg. *Psychologie und Geschichte, 2,* 25–36.

Richter, J. (1910). Das Problem der Negerseele und die sich daraus für die Emporentwickelung des Negers ergebenden Folgerungen. In *Verhandlungen des Deutschen Kolonialkongresses 1910* (S. 609–619). Berlin: Reimer.

Rodenwaldt, E. (1940). Die nationalsozialistische Rassenerkenntnis als Grundlage für die koloniale Betätigung des neuen Europa. *Neues Volk. Blätter des Rassenpolitischen Amtes der NSDAP, 8,* 14f.

Samelson, F. (1978). From ‹Race Psychology› to ‹Studies in Prejudice›: Some Observations on the Thematic Reversal in Social Psychology. *Journal of the History of the Behavioral Sciences, 14,* 265–278.

Smith, W. D. (1991). *Politics and the Sciences of Culture in Germany 1840–1920*. Oxford: Oxford University Press.

Thurnwald, R. (1910). Die eingeborenen Arbeitskräfte im Südseeschutzgebiet. *Koloniale Rundschau, 2,* 607–632.
Thurnwald, R. (1935). *Black and White in East Africa. The Fabric of a New Civilization. A Study in Social Contact and Adaption of Life in East Africa.* London: Routledge & Sons.
Thurnwald, R. (1941). Praktische Völkerkunde. *Koloniale Rundschau, 31,* 247–253.
Westermann, D. (1940). Die Stellung der Naturvölker in Afrika. In Ders. (Hrsg.), *Die heutigen Naturvölker im Ausgleich mit der neuen Zeit* (S. 1–125). Stuttgart: Enke.

Gerhard Benetka

«Im Gefolge der Katastrophe ...»
Psychologie im Nationalsozialismus

«Die Gesellschaft hatte im Gefolge der Katastrophe ihr kleines Vermögen verloren und konnte zu einer neuen Vermögensbildung, zumal bei ihrem verringerten Mitgliederstande, noch nicht gelangen.» Mit diesem Satz begründete Albert Wellek (1953, S. 3) den Umstand, daß der Bericht über den ersten Nachkriegskongreß der Deutschen Gesellschaft für Psychologie 1948 erst mit fünfjähriger Verspätung veröffentlicht werden konnte. Die Frage sei gestattet: Was meinte Wellek mit dem Terminus «Katastrophe»? Die zwölf Jahre der Dauer des «Dritten Reichs»? Mitglieder hatte der Psychologen-Verband zu dieser Zeit allerdings mehr als zuvor. Also nur die letzten Jahre oder überhaupt nur das Ende, den «Zusammenbruch»? «Im Gefolge der Katastrophe» – welch kunstvolle Konstruktion von Doppelsinn: «Gefolge» in der Bedeutung von «infolge» oder im ursprünglichen Sinn von «begleitende Personen, Hofstaat»? Das kleine Vermögen verloren – man war in jedem Fall auch ein «Opfer», ein «Opfer» der Zeitumstände halt. Wie alle anderen mußten auch die akademischen Psychologen wieder klein, wie von vorn, also *neu* beginnen. Dieses «beredte Schweigen», das Wellek so beispielhaft vorexerzierte, bereitete der Entstehung des Mythos den Boden: Mit zunehmender zeitlicher Distanz – und unter beharrlichem «Vergessen» der historischen Fakten – ließ sich die Frage, wessen Opfer man nun denn eigentlich gewesen sei, dem eigenen Wunsch gemäß beantworten: Im Kampf um das Ansehen des Fachs in der (westdeutschen) Öffentlichkeit erwies sich die Denkfigur, daß die Disziplin von den Nationalsozialisten unterdrückt worden sei, als funktional. Wenigstens in diesem einen Punkt sahen es Psychologen nicht gar so ungern, wenn die eigene Zunft mit jener der Psychoanalytiker verwechselt wurde (Geuter, 1989, S. 126–127).

Tatsächlich hatte auch eine nicht unerhebliche Zahl an Psychologen während der NS-Zeit Verfolgung und Vertreibung erlitten. Deshalb, weil sie Psychologen waren? Denn das soll die stillschweigend hingenommene Gleichsetzung des «Schicksals» des eigenen Fachs mit jenem der Psychoanalyse ja implizieren: daß die eine Disziplin wie die andere ein «Ärgernis für die Nazis» gewesen wäre.[1]

Entlassung und Emigration

Am 7. April 1933 erließ die nach dem Sieg der NSDAP bei den Märzwahlen auf der Grundlage des sogenannten Ermächtigungsgesetzes unter Ausschaltung des Reichstags regierende Allianz zwischen Nationalsozialisten und Nationalkonservativen das «Gesetz zur Wiederherstellung des Berufsbeamtentums». Nach §3 der neuen gesetzlichen Bestimmungen waren Beamte von «nicht arischer Abstammung» in den Ruhestand zu versetzen. §4 verfügte, daß verbeamtete Staatsbedienstete, «die nach ihrer bisherigen politischen Betätigung nicht die Gewähr dafür bieten, daß sie jederzeit rückhaltlos für den nationalen Staat eintreten», aus dem Dienst zu entlassen seien.[2] Von den 15 damals die Psychologie auf Universitätslehrstühlen vertretenden ordentlichen Professoren wurden fünf noch 1933 aufgrund dieses Gesetzes ihres Lehramts enthoben: Adhemar Gelb in Halle, David Katz in Rostock, Wilhelm Peters in Jena, William Stern in Hamburg und Max Wertheimer in Frankfurt. Der einzige Psychologie-Ordinarius an einer Handelshochschule, Otto Selz in Mannheim, wurde ebenfalls in den Ruhestand versetzt. Auf die Gesamtzahl aller Universitäts- und Hochschulordinariate bezogen, waren damit sechs von ingesamt 20 Professoren von den neuen gesetzlichen Bestimmungen betroffen. Nach Erlaß des «Deutschen Beamtengesetzes» Ende Januar 1937, das den Passus enthielt, daß auch Staatsbeamte zu entlassen seien, deren Ehefrauen «nicht deutschen oder artverwandten Blutes» waren, kam mit dem Pädagogikprofessor und Vorstand des Psychologischen Instituts an der Universität München, Aloys Fischer, eine siebente Dienstenthebung hinzu.[3]

Darüber hinaus wurde sieben außerordentlichen Universitätsprofessoren die Lehrbefugnis entzogen: Curt Bondy in Göttingen, Jonas Cohn in Freiburg, Richard Hellmuth Goldschmidt in Münster, Erich von Hornbostel in Berlin, Traugott Konstantin Österreich in Tübingen, Erich Stern in Gießen und Heinz Werner in Hamburg. Ein achter, Kurt Lewin, legte die Venia von sich aus – bevor die Behörden einschreiten konnten – zurück (Geuter, 1984a, S. 100). Wolfgang Köhler, damals der international wohl prominenteste deutsche Psychologe, trat 1935, weil er politische Übergriffe auf sein Institut nicht zu unterbinden vermochte, «freiwillig» von seinem Lehramt in Berlin zurück (vgl. Ash, 1985). Gustav Kafka, ordentlicher Professor für Philosophie und Pädagogik an der Technischen Hochschule Dresden, hatte bereits zwei Jahre zuvor – erst fünfzigjährig – aus «gesundheitlichen Gründen» um seine vorzeitige Emeritierung gebeten.

Von den sieben entlassenen und zwei zurückgetretenen ordentlichen Hochschulprofessoren blieben nur Adhemar Gelb und Gustav Kafka in Deutschland.[4] Aloys Fischer verstarb nur wenige Monate nach seiner Entlassung in München. Seine Frau wurde 1944 in Theresienstadt ermordet (Laugstien, 1990, S. 92). Otto Selz emigrierte nach Holland, von wo er nach der deutschen Besetzung nicht mehr fliehen konnte. Er wurde im August 1943 in Auschwitz umgebracht. David Katz ging über England nach Schweden, Wilhelm Peters in die Türkei, William Stern, Max Wertheimer und Wolfgang Köhler emigrierten in die USA (Geuter, 1987, S. 69–70).

Nach der Annexion Österreichs wurde der Wiener Ordinarius Karl Bühler vorübergehend in «Schutzhaft» genommen und nach seiner Freilassung zwangspensioniert (Benetka, 1992). Seine Frau Charlotte Bühler, außerordentliche Professorin an der Universität Wien, verlor ihre Lehrbefugnis. Über Norwegen emigrierte das Ehepaar in die Vereinigten Staaten. An der Universität Innsbruck entließ man Hubert Rohracher aus dem Institutsdienst und entzog ihm die Venia (vgl. Goller, 1989).

Entlassung und Vertreibung sind also auch für die Geschichte der Psychologie im Nationalsozialismus kennzeichnend. Verglichen mit anderen Disziplinen war aber der Prozentsatz der zur Emigration gezwungenen Fachvertreter nicht überdurchschnittlich hoch (Ash, 1983, 1984 und 1988). Auffallend ist, daß einzelne psychologische Richtungen besonders stark betroffen waren: Das Hamburger Stern-Institut wurde völlig zerschlagen (vgl. Geuter, 1984b). Am Berliner Institut – dem vor 1933 international viel beachteten Zentrum der Gestalttheoretischen Schule – lehrte nach dem Weggang Köhlers kein Gestaltpsychologe mehr (vgl. Ash, 1985). An der Universität Frankfurt verlor die Gestalttheorie ihren zweiten wichtigen Lehrstuhl. In Wien wurden mit Karl und Charlotte Bühler auch viele ihrer ehemaligen Schüler und Schülerinnen aus ihrer Heimat vertrieben (vgl. Benetka & Kienreich, 1989a, S. 150).

Berlin, Hamburg, Wien und Frankfurt waren eben jene psychologischen Forschungsstätten des deutschen Sprachraums, die während der Zwischenkriegszeit das größte internationale Ansehen besaßen. Läßt man das internationale Renommee als Kriterium gelten, so ist die Phase der nationalsozialistischen «Machtergreifung» durchaus als die Epoche eines gravierenden Verlustes an Forschungspotenz zu bilanzieren: Die einst so bedeutende deutsche Psychologie war infolge der «Säuberungen» des Lehrkörpers an den Hochschulen zu einer provinziellen Disziplin geworden (Graumann, 1985, S. 6). Daß die vertriebenen Personen aufgrund der wissenschaftlichen Positionen, für die sie einstanden, verfolgt worden wären, kann aus dem bisher Gesagten nicht geschlossen werden. Mit Ausnahme von Traugott Konstantin Österreich und Hubert Rohracher wurden alle oben im Text genannten Psychologen aus rassistischen Gründen entlassen.

«Selbstgleichschaltung» der Wissenschaft. Deutsche Psychologen und die sogenannte Machtergreifung

Unter Wissenschaftshistorikern versteht man das «Gesetz zur Wiederherstellung des Berufsbeamtentums» für gewöhnlich als einen ersten und nachhaltig wirksamen Akt «nationalsozialistischer Hochschulpolitik» (z. B. Lundgren, 1981). Mit dieser allein auf die Folgen für den Wissenschaftsbetrieb eingeschränkten Betrachtung des Gesetzeswerks gerät aber dessen eigentliche politische Funktion aus dem Blickfeld: Das Berufsbeamtengesetz stellte zum einen ein wichtiges Instrument für politische «Säuberungen» vor allem im Bereich der höheren Verwaltung, zum anderen ein Mittel zur Eindämmung ungeregelter Eingriffe der Partei in die Staatsverwaltung und damit zur Beruhigung der nationalkonservativen Regierungspartner dar. Die Nationalsozialisten konnten sich damals – Anfang April 1933 – eben nicht sicher sein, daß die Beamtenschaft in unbedingter Loyalität dem «neuen Staat» gegenüber verbleiben würde (vgl. Broszat, 1969, S. 250, 306–307).

Der Prozeß der «faschistischen Machtkonstitution» war im Frühjahr 1933 bereits weit fortgeschritten, sein Ausgang aber längst noch nicht entschieden. Vorangebracht wurde die sogenannte Machtergreifung durch den Terror von SA und SS. Das andere treibende Moment in diesem Prozeß war die enorme Anziehungskraft, die die Hitlerbewegung gerade auch auf die alten Eliten der bürgerlichen Gesellschaft ausübte. Spätestens nach den Wahlen vom 5. März 1933 drängten sich die nationalkonservativ gesinnten Teile des (Bildungs-)Bürgertums dem Nationalsozialismus entgegen: Dieser «stürmische Machtzustrom und die allseitige Ankristallisierung» gaben schließlich mit «den Ausschlag, daß sich die eindeutige Dominanz der Nazis herausbildete» (Haug, 1989, S. 6).

Ein Absehen von diesem historischen Kontext impliziert letztlich eine verzerrte Sicht der «Wissenschaftsverhältnisse» des Jahres '33. Ungeachtet aller (nachfolgenden) Versuche zur Instrumentalisierung der Wissenschaft durch Partei- bzw. Regierungsstellen ist zu betonen, daß gerade die vielzitierte «Gleichschaltung» des akademischen Lebens zu einem guten Teil «Selbstgleichschaltung» war.

An den Ereignissen um die Vorbereitung und Durchführung des 13. Kongresses der Deutschen Gesellschaft für Psychologie läßt sich exemplarisch verdeutlichen, wie konsequent etablierte Universitätsgelehrte die «Ankristallisierung» ihrer Wissenschaft von sich aus betrieben. Ursprünglich hätte das Zusammentreffen der Psychologenzunft vom 4. bis 8. April 1933 in Dresden stattfinden und – gemäß der an den letzten Kongressen gepflogenen Praxis – der dort amtierende Professor und Leiter des Vorbereitungsausschusses, Gustav Kafka, zum neuen Vorsitzenden des Verbandes gewählt werden sollen. Nachdem Mitte März in dem lokalen NS-Organ *Freiheitskampf* ein Hetzartikel gegen die «jüdische Überfremdung» des Psychologen-Verbandes erschienen war und die zuständigen Behörden sich geweigert hatten, einen reibungslosen Ablauf der geplanten Veranstaltung zu gewährleisten, wollte Kafka den Kongreß absagen. Das Vorstandsmitglied Walther Poppelreuter telegraphierte seinen Einspruch: «Kongreß ohne Juden abhalten [...] übernehme volle Verantwortung». Auf der Vorstandssitzung vom 28. März 1933 legten William Stern und David Katz gleich zu Beginn ihr Mandat nieder. Kafka trat zurück, nachdem ihn Poppelreuter dazu aufgefordert hatte, «die Gesinnung des Artikels [im *Freiheitskampf*] nicht als parteipolitische, sondern als die des neuen Deutschland anzuerkennen».[5] Anstelle von Stern, Katz und Kafka wurden – von der NS-Presse heftig akklamiert – Otto Klemm, Johann Baptist Rieffert und Erich Rudolf Jaensch in den Vorstand kooptiert. Felix Krueger, der Nachfolger Wilhelm Wundts in Leipzig, übernahm den Vorsitz (Jaeger, 1993, S. 221–222).

Halten wir fest: Bereits Ende März 1933 – exakt zehn Tage vor dem Erlaß des «Gesetzes zur Wiederherstellung des Berufsbeamtentums», 16 Tage bevor die ersten «Beurlaubungen» nach dem Beamtengesetz gegen als prominente Regimegegner eingestufte Universitätsprofessoren ausgesprochen wurden (Laugstien, 1990, S. 85), war der Vorstand der Deutschen Gesellschaft für Psychologie von seinen jüdischen Mitgliedern «gesäubert» worden. Kein Wunder, daß von dieser Seite niemand gegen die im Frühsommer einsetzende Welle von Entlassungen jüdischer (Ex-) Kollegen Einwände erhob[6]: Von Staats wegen wurde gleichsam nachgeholt, was man im eigenen Bereich längst schon selbst besorgt hatte.

Mehr als das Schicksal der ehemaligen Kolleginnen und Kollegen interessierte die Wiederbesetzung der frei gewordenen Lehrstühle. «Lästige» Konkurrenz war – wie man mit Befriedigung feststellte – ausgeschaltet: «Anderthalb Jahrzehnte», schrieb etwa der Parteigenosse Erich Rudolf Jaensch in Ernst Kriecks Kampfblatt *Volk im Werden*, seien «die Deutschen unter dem Drucke einer Gewaltherrschaft, ja eines Terrors, [gestanden], den die vorwiegend jüdische Gruppe, von den damaligen Regierungen begünstigt, in unserem Fache ausübten» (Jaensch, 1934, S. 407). Geprägt von den Enttäuschungen der vorangegangenen Jahre, in denen man das eigene Fach von seiten des Staates vernachlässigt und ungerecht behandelt gesehen hatte[7], schienen die deutschen Psychologen die Geburtswehen des «neuen Deutschlands» als Chance zu begreifen, um sich selbst und damit ihrer Disziplin in Zukunft vermehrte staatliche Förderungen zu verschaffen. Voraussetzung war, die Psychologie vor den neuen Machthabern ins beste Licht zu rücken. Auf dem auf Oktober 1933 verschobenen und nach Leipzig – dem Amtssitz Felix Kruegers – verlegten 13. Kongreß der Deutschen Gesellschaft für Psychologie bot sich dazu eine gute Gelegenheit. Jüdische Kollegen traten dort keine mehr auf. Mit ihnen fehlten auch die Angehörigen der Wiener Bühler-Schule, die in den vergangenen Jahren die inhaltliche Gestaltung der Fachtagungen wesentlich mitbestimmt hatten. Dafür fand sich so mancher Psychologie-Professor in SA-Uniform ein. Felix Krueger rief in seinem Einleitungsreferat seine Kollegen dazu auf, als Wissenschafter zur «seelischen Erneuerung des deutschen Volkes» beizutragen. Die vier unter dem Leitthema «Von deutscher Art» stehenden Hauptvorträge sind beispielhaft dafür, wie die Psychologen die Faschisierung Deutschlands im Rahmen ihres Fachs theoretisch zu verarbeiten suchten: Walther Poppelreuter sprach über den Nutzen von Hitlers *Mein Kampf* für die Entwicklung einer politischen Psychologie, Erich Rudolf Jaensch präsentierte mit seinem Konzept des «Gegentypus» eine wahrnehmungspsychologisch «fundierte» Rechtfertigung des Antisemitismus, Ludwig Ferdinand Clauß referierte über seinen Ansatz zu einer ausdruckskundlich argumentierten Rassenpsychologie, Wilhelm Prinz von Isenburg bot Überlegungen zum Thema «Erbbiologische und genealogische Beiträge zur Psychologie der Rassenreinheit»[8].

Ulfried Geuter hat diese Art von «Theoriebildung» unter dem Gesichtspunkt der «Anpassung» beschrieben: als eine «fachpolitische Strategie», die darauf abzielte, durch den Nachweis der «ideologischen Relevanz» des Fachs dessen Förderungswürdigkeit herauszustellen. Der Versuch, Art und Ausmaß der «Akkomodierung» psychologischer Theorien an den (Un-)Geist des Nationalsozialismus zu bestimmen, sieht sich vor die Schwierigkeit gestellt, daß eine «nationalsozialistische Weltanschauung» im Sinne eines in sich geschlossenen Aussagesystems nicht existierte. Der Posten eines «Chefideologen» war in der Konstruktion von Partei und Staat aus gutem Grunde nicht vorgesehen: Der Verzicht auf eine «philosophische» Fundierung förderte letztlich die Entstehung einer Vielzahl von zum Teil einander widersprechenden Versionen «des»

Nazismus, die – jede für sich – zur Legitimierung der Wechselfälle nationalsozialistischer (Tages-)Politik herhalten konnten. Mit großem Eifer beteiligten sich die verbeamteten Ideologieproduzenten an den Universitäten am Streit um die «richtige» Auslegung der Politik der «nationalen Erhebung»: «Das fast allseitige Gerangel der Philosophen war funktional für den Faschismus; indem jeder unter Ausschluß anderer dessen Macht philosophisch begründen wollte, leisteten alle ihren Beitrag zur Konstitution dieser Macht» (Haug, 1989, S. 8).

Ein Beitrag ist schlecht an dem zu messen, zu dessen Gesamt er eben nur ein Beitrag war. Der Umstand etwa, daß in Felix Kruegers psychologischer Theorie Denkfiguren wie «die Über- und Unterwertigkeit der Rassen» oder «der Krieg als Mittel der Lösung angeblicher Rassengegensätze» keinen Platz hatten (Geuter, 1985a, S. 74–75), ändert nichts daran, daß seine «Genetische Ganzheitspsychologie» gerade in der Phase der Konsolidierung der Herrschaft der Nationalsozialisten ideologisch von großer Bedeutung war: In ihr fand sich die für das kulturkritische Empfinden weiter Teile des deutschen Bildungsbürgertums so bezeichnende Sehnsucht nach Erneuerung der durch lebensfeindliche Ratio und wirtschaftliches Kalkül geprägten Kultur der Moderne auf der Grundlage «organisch» gewachsener Gemeinschaften wie «Familie», «Sippe», «Dorf», «Bünde», «Staat» und «Volk» auf einen «wissenschaftlichen» Begriff gebracht. In der Übertragung des schon vor 1933 die gesamte deutsche Psychologie bestimmenden Ganzheitsgedankens auf soziale Gebilde ließ sich die Beziehung zwischen «Glied» und «Ganzem» autoritären Interessen gemäß bestimmen: Wie im Seelischen, so habe man auch im Sozialen von der Dominanz des Ganzen über seine Teile auszugehen. Die Einordnung in die «echte» Gemeinschaft wurde damit zu etwas «Ursprünglichem», zu einer «Grundtatsache» allen artgemäßen Lebens erklärt (vgl. dazu etwa Scheerer, 1985, und Geuter, 1985a).

Die legitimatorische Funktion [solcherart Denkens] scheint auf der Hand zu liegen. Krueger selbst sah die Sache umgekehrt: In einer uns heute grotesk anmutenden, für viele der selbsternannten Vordenker der damaligen Zeit aber geradezu typischen Verkennung der politischen Realität faßten Krueger und einige seiner Schüler die Verwirklichung des nationalen Staates als eine Bestätigung für die Richtigkeit ihres psychologischen Ansatzes auf. «Was wir [...] bei der Erforschung seelischer Wirklichkeit im kleinen gefunden haben», schrieb Friedrich Sander, «das erleben wir jetzt in dem überwältigenden Aufschwung der Bewegung unseres Führers im großen.» Bemerkenswert ist, von welchem «Ergebnis ganzheitspsychologischer Forschung» aus Sander diese Analogie aufstellte: «Wo ein geformtes Ganzes seelischer Wirklichkeit in seinem Bestande bedroht ist», wußte der Psychologe zu berichten, da «stößt es alles Wesensfremde ab und drängt dahin, seine eigene Gestalt in Reinheit und wirkungskräftig zu erhalten» (Sander, 1933, S. 12). Vier Jahre später formulierte Sander denselben Gedankengang schärfer:

> Wer der Sehnsucht der Volksseele, ihr eigenes Wesen rein auszuprägen, zum Ziele verhelfen will, der muß alles Gestaltfremde ausschalten, insonderheit muß er alle fremdrassischen zersetzenden Einflüsse unwirksam machen. Die Ausschaltung des parasitisch wuchernden Judentums hat ihre tiefe ethische Berechtigung in diesem Willen zur reinen Gestalt ebenso wie die Unfruchtbarmachung der Träger minderwertigen Erbgutes im eigenen Volke (Sander, 1937, S. 642).

Nach Geuter (1985b, S. 180) hat Sander derart offen antisemitische Äußerungen nur «punktuell» in seine psychologischen Anschauungen eingeflochten. Das «Verdienst», den Antisemitismus systematisch in die Psychologie eingebaut zu haben, blieb Erich Rudolf Jaensch vorbehalten. Aber auch Jaensch war offenbar kein «ganzer» Nazi-Psychologe: Eine Propagierung des «Krieges der Rassen» oder eine psychologische Rechtfertigung des «Führerprinzips» würden – wie Geuter (1985b) demonstrierte – in seiner Theorie fehlen. Das «Führerprinzip» findet sich wiederum in der rassistischen Typologie Gerhard Pfahlers integriert (vgl. dazu Chroust, 1979). Die Beispiele ließen sich fortsetzen. In dieser Form haben eben auch die Psychologen – jeder für sich und zum Teil auch gegeneinander – das Ihre zur ideologischen Konstitution der Macht des Faschismus beigetragen.

Selbstindienstnahme für praktische Zwecke

Überblickt man die Entwicklung der deutschen Wissenschaften in den späten 30er und frühen 40er Jahren, so läßt sich sowohl in kognitiver als auch in sozialer Hinsicht eine Tendenzwende konstatieren: Die allseits entworfenen Programmatiken zum Aufbau «völkischer Wissenschaft» verloren rasch an Bedeutung. Anwendungsbezogene Forschungen traten statt dessen in den Vordergrund. Außerhalb der Hochschulen taten sich für Akademiker neue Berufsfelder auf. Neben den unmittelbar rüstungsrelevanten Bereichen in Naturwissenschaft und Technik (vgl. dazu Mehrtens & Richter, 1980) wurden auch die Geistes- bzw. Sozialwissenschaften von diesem Trend erfaßt. Der Fall der Soziologie ist nur ein Beispiel unter vielen: Das Interesse an theoretischen Diskussionen um die Entwicklung einer «deutschen Soziologie» wurde in dem Maß geringer, in dem das Fach als zweckorientierte Sozialtechnologie praktische Wirksamkeit zu beanspruchen begann. Die «Sozialforschung», die man jetzt betrieb, war als Informationsbeschaffung für Partei-, Polizei- und andere Regierungsstellen dienlich. Zu den Aufgaben des neuen Berufsstandes der praktischen Soziologen zählte schließlich die Beschaffung von Daten zur «Observanz des (inneren und äußeren) Feindes» ebenso wie die «Entwicklung von Verfahren zur Aufrechterhaltung der sozialen Ordnung» (vgl. dazu Rammstedt, 1981 und 1986).

Bei alldem könnte leicht der Eindruck entstehen, daß es dem nationalsozialistischen Staat bzw. der Partei gelungen wäre, die Wissenschaften gänzlich zur Durchsetzung von politischen Zielsetzungen in die Pflicht zu nehmen. Der Schein trügt: Von einer zentralen, nach rationalen Gesichtspunkten erfolgten Steuerung der «Wissenschaftsentwicklung» kann in bezug auf den deutschen Faschismus nicht die Rede sein. Eine Reihe von Behörden, Verbänden, parteiamtlichen Dienststellen – vom Reichsministerium für Wissenschaft, Erziehung und Volksbildung über den Reichsforschungsrat, vom NSD-Dozentenbund über die NS-Studentenschaft bis hin zum «Amt Rosenberg» und zur SS-Stiftung «Ahnenerbe» – versuchte, Einfluß auf den Wissenschaftsbetrieb auszuüben. Der Umstand, daß es zwischen den verschiedenen Instanzen und Einrichtungen keine klaren Kompetenzabgrenzungen gab, förderte das Entstehen von persönlichen Rivalitäten und Intrigen. Verbindliche Leitlinien einer «nationalsozialistischen Wissenschaftspolitik» waren in diesem Gewirr konkurrierender Einzelinteressen nicht zu entwickeln. Der Wissenschaft entstand daraus eine Art von «Freiraum», innerhalb dessen sie ihre professionelle Autonomie zumindest teilweise verteidigen konnte. An die Einzeldisziplinen bleibt damit aber die Frage zu stellen, inwieweit ihre Orientierung auf wirtschaftliche, militärische oder politische Zwecke nicht auch das Resultat einer «Selbstindienstnahme» gewesen sein könnte (vgl. dazu Lundgren, 1981).

Psychologen in der Wehrmacht

Vergleicht man die Lage der Psychologie im Jahr 1944/45 mit jener von 1932, so zeigt sich, daß das Fach im Nationalsozialismus eine deutliche Aufwertung seiner Position innerhalb des deutschen Hochschulsystems erfahren hatte.[9] Dieser Fortschritt im Prozeß der Institutionalisierung war in erster Linie der praktischen Bewährung der Psychologie in militärischen Zusammenhängen geschuldet.

Die Psychologie hatte sich aber nicht erst im Nationalsozialismus in den Dienst der sozialen Institution Militär gestellt. Die Anfänge der deutschen Heerespsychologie reichen bis in die Zeit des Ersten Weltkriegs zurück.[10] Einzelnen Psychologen war damals im Zuge ihres Kriegseinsatzes die Möglichkeit eröffnet worden, die praktische Brauchbarkeit ihrer bisher nur im Labor betriebenen Forschung zu erproben: Indem sie die Funktionalität sinnespsychologischer Untersuchungen für die Auslese von technischem Personal – von Kraftfahrern, Funkern, Spezialisten im Bereich des Licht- und Schallmeßdienstes und schließlich auch von Fliegern – bzw. für die Bestimmung des Grades von «Ausfällen» und für die Rehabilitation der Funktionstüchtigkeit von Hirnverletzten und anderen Kriegsversehrten demonstrieren konnten, begannen sie, Problemfelder abzustecken, deren Bearbeitung den Einsatz von psychologischem Expertenwissen erforderlich zu machen schien.

Schon bald nach Kriegsende fand die Kooperation zwischen Psychologen und Militärs eine Fortsetzung. In den frühen 20er Jahren war aufgrund der wirtschaftlichen Lage der Andrang von Bewerbern für den

Mannschaftsersatz der auf 100 000 Mann beschränkten Berufsarmee groß. Psychologische Eignungsuntersuchungen trugen dazu bei, die «Fähigsten» bzw. «Tüchtigsten» auszuwählen. Im April 1927 führte die Heeresleitung eine obligatorische psychologische Prüfung auch für Offiziersanwärter ein. Dies sollte für die kognitive Entwicklung der deutschen Psychologie weitreichende Folgen haben. Bei der Auslese von künftigen Offizieren ging es nämlich nicht mehr bloß um die Feststellung von Eignungsschwerpunkten in technischen Bereichen, sondern vor allem um die Beurteilung von Charaktereigenschaften und Führungsqualitäten. Da – wie einer der Militärpsychologen der ersten Stunde im Rückblick schrieb – «das von der wissenschaftlichen Seelenkunde zur Verfügung gestellte Rüstzeug [...] zu dürftig» gewesen sei, «um die Mannigfaltigkeit und Fülle menschlicher Charaktere [...] hinreichend zu erfassen» (Lersch, 1938, S. V), mußten entsprechende Verfahren und deren theoretische Begründung *aus der Praxis* heraus erst entwickelt werden. Noch in den Jahren der Weimarer Republik war damit die Offiziersauslese im Rahmen der Heerespsychologie zum Motor für den Aufstieg ausdruckskundlicher und charakterologischer Forschung geworden.

Im Fortgang der Geschichte der deutschen Militärpsychologie stellte dann das Jahr 1933 nur insofern eine Zäsur dar, als die nun offen einsetzende Aufrüstungspolitik der Nationalsozialisten den Prozeß der Professionalisierung der Psychologie in der Armee rasch vorantrieb. Waren 1929 insgesamt 14 Psychologen bei Heer und Marine beschäftigt, so 1933 bereits 33. Im Zuge der Enttarnung des seit 1933/34 verdeckt erfolgten Aufbaus der Luftwaffe und der Wiedereinführung der allgemeinen Wehrpflicht im Frühjahr 1935 stieg die Zahl der Planstellen explosionsartig an: Im Juli 1935 arbeiteten 69 Psychologen bei der Wehrmacht, zwei Jahre später schon 170. 1942 soll die Luftwaffe allein etwa 150 Psychologen beschäftigt haben. Für dieses Jahr schätzt Geuter die Gesamtzahl der bei den einzelnen Truppenteilen bestehenden Planstellen auf 450.

Die rasch steigende Nachfrage der Wehrmacht nach «Fachpsychologen» wirkte schließlich auf die inhaltliche Ausrichtung der Lehre an den Hochschulen zurück. Um die Heranbildung des Nachwuchses sicherzustellen, brachten frisch habilitierte Wehrmachtspsychologen entsprechendes Fachwissen in den Hochschulunterricht ein. Einer von ihnen gelangte zu großem Einfluß: Philipp Lersch.[11]

1938 war Lerschs Buch über den *Aufbau des Charakters* erschienen, das in der Folgezeit von den Praktikern in der Wehrmachtspsychologie als ein System zur Ordnung und Interpretation ihrer ausdruckspsychologischen Einsichten breite Verwendung fand. Lersch ging in seiner «Schichtenlehre» davon aus, daß sich über einem «endothymen Grund», aus dem Gefühle und Strebungen «den Menschen überkommen», ein «Oberbau des Denkens und des bewußten Wollens» erhebe, der gegenüber den «endothymen Erlebnissen Stellung nimmt, die einen hemmt und unterdrückt, andere dagegen zur vollen Auswirkung [...] kommen läßt» (Lersch, 1938, S. 188). In der Explikation des Verhältnisses von Affekt und Willen offenbarte sich dann, wie sehr dieses Persönlichkeitsmodell auf das soldatische Ideal von Selbstbeherrschung und blindem Befehlsgehorsam abgestellt war: Der «erzieherische Zwang zum Verzicht auf Genüsse und zum Ertragen körperlicher Strapazen» stelle «eine wirksame Maßnahme der Willensschulung» dar und führe «zu jenen positiven Formen der inneren Willenshaltung» hin, «die wir mit den Begriffen [...] Selbstdisziplin, Selbstüberwindung, Selbstzucht, Strenge gegen sich selbst und Selbsterziehung meinen» (Lersch, 1938, S. 202–203). Der Wille, der hier durch eine strenge Erziehung stark gemacht werden sollte, war letztlich nichts anderes als der Wille zur Durchsetzung des Gesollten gegen einen selbst (Haug, 1986, S. 92).

Lerschs charakterologisches Konzept ist mithin ein Beispiel dafür, wie eng die Erarbeitung von psychologischem Wissen zur Lösung praktischer Probleme mit der Produktion von Ideologie einherging. Der Umstand, daß sein Buch in zahlreichen, gegenüber der Erstausgabe von 1938 nur geringfügig veränderten Neuauflagen Generationen von Nachkriegsstudenten als Grundlagentext zur Einführung in die Psychologie der Persönlichkeit dienen konnte, wirft ein bezeichnendes Licht auf das völlig bedenken- und daher gedankenlose Verhältnis des Fachs zu seiner eigenen Geschichte.[12]

Die rasche Ausdehnung der Wehrmachtspsychologie war schließlich nicht nur im Hinblick auf die «kognitive», sondern auch in bezug auf die institutionelle Entwicklung der Psychologie an den deutschen Universitäten folgenreich. Um die von ihr beschäftigten Psychologen ordnungsgemäß verbeamten zu können, drängte die Wehrmacht auf die Einführung eines den allgemeinen rechtlichen Anforderungen für den Eintritt in die Laufbahn des höheren Dienstes entsprechenden staatlichen Examens. Dabei konnten die Militärs schließlich auch mit der Unterstützung des Berliner Reichsministeriums rechnen, das in den ersten Kriegsjahren über Reformen im Bereich der Studienorganisation eine Rationalisierung und stärkere Berufsorientierung der akademischen Ausbildung insgesamt zu forcieren versuchte. Die Psychologen wußten die Gunst der Stunde zu nutzen: Unter der Federführung von Oswald Kroh und Max Simoneit [13] arbeitete eine Kommission einen Entwurf zu einer Prüfungsordnung aus, der das künftige Fachstudium der Psychologie ganz auf die Bedürfnisse der Diagnostik in der Wehrmacht abstellte.[14]

Die mit 1. April 1941 in Kraft getretene Diplomprüfungsordnung brachte zum einen die von den Psychologen lang ersehnte Vereinheitlichung der akademischen Psychologenausbildung. Zum andern führte sie aber dazu, daß an einigen Universitäten neue Psychologie-Professuren geschaffen bzw. seit Jahren vakante Lehrstühle wiederbesetzt wurden. Angesichts dieses «bedeutsamen Fortschritts der deutschen Psychologie» (Kroh, 1941) machte sich unter der Psychologenschaft Euphorie breit. Die Zukunft ließ Großes, nämlich – wie der Vorsitzende der Deutschen Psychologie, den Jargon der militärischen Kooperationspartner imitierend, formulierte – «eine erhebliche Verstärkung der wissenschaftlichen Front unseres Faches» erwarten.[15]

«Abschaffung» der Psychologie? Das Beispiel des Wiener Psychologischen Instituts

Nicht einmal ein Jahr nach dem Erlaß der Diplomprüfungsordnung wurde die Heeres- und Luftwaffenpsychologie kurzerhand aufgelöst. Die Hintergründe sind bis auf den heutigen Tag nicht eindeutig geklärt und geben nach wie vor Anlaß zu Diskussionen. Geuter (1984a, S. 390–404) wies darauf hin, daß zum einen im Kriegsjahr 1941/42 ein akuter Mangel an Fliegern und Offizieren eingetreten sei, zum anderen die praktische Bewährung im Felde als Auslesekriterium für die Rekrutierung des Flieger- bzw. Offizierskorps eine psychologische Prognose über das Verhalten im Kriegsfall zunehmend dysfunktional habe werden lassen. Zu Recht wurde dagegen eingewendet, daß seine These nicht erklären könne, warum mit der Einstellung der Offiziersauslese gleich auch die psychotechnischen Eignungsprüfungen für Spezialisten den Psychologen entzogen wurden (Traxel, 1990b, S. 237).[16] Für Traxels Gegenthese, daß «wohl eine in Führungskreisen [der Partei und der Armee] verbreitete Geringschätzung der Psychologie der Grund für den Verzicht auf deren Dienste» gewesen sei (Traxel, 1990a, S. 226), lassen sich allerdings keine schlüssigen historischen Belege anführen (Geuter, 1990).

Daß die Auflösung der Wehrmachtspsychologie «beinahe» einer «Abschaffung» des ganzen Fachs gleichgekommen wäre (Traxel, 1990a, S. 225), kann nicht behauptet werden. Dagegen spricht etwa die Tatsache, daß sich die Psychologenschaft bereits von 1940 an im Rahmen der Erziehungsberatung der Nationalsozialistischen Volkswohlfahrt (NSV) «ein neues schönes und volkswichtiges Wirkfeld» zu eröffnen begonnen hatte.[17] Die Psychologie profitierte dabei von den politischen Kompetenzkämpfen zwischen Partei und kommunalen Jugendämtern um den Zugriff auf das im Fortgang des Krieges immer bedeutsamer werdende Feld der Kinder- und Jugendfürsorge (vgl. Geuter, 1984a, S. 406–409). Dem von der Reichsleitung der NSV von Berlin aus vorangetriebenen Aufbau von Erziehungsberatungsstellen kam dabei insofern eine wichtige strategische Bedeutung zu, als dadurch eine im Bereich der kommunalen Fürsorge vielfach bestehende Lücke des Betreuungsangebots geschlossen werden sollte.

Geuter (1987, S. 132) schätzte, daß während des Krieges insgesamt «sicher mehr als vierzig» Psychologen und Psychologinnen von der NSV angestellt worden waren. Eine weitaus größere Zahl an psychologischen Fachkräften dürfte nebenamtlich mitgearbeitet haben. In Wien wurden die psychologischen Aufgaben innerhalb der NSV-Erziehungsberatung von den beiden Assistenten des Universitätsinstituts wahrgenommen. Sie hielten Schulungskurse in den verschiedenen Aus- und Weiterbildungseinrichtungen der NSV ab und führten «die Begutachtung schwieriger Erziehungsberatungsfälle» in den Räumen des Instituts durch.[18]

Die Erstellung von Gutachten für Entscheidungen über die weitere Form der Befürsorgung von Kindern und Jugendlichen, die von der NSV erfaßt wurden, zählte zu den Schwerpunkten der psychologischen Arbeit in der Erziehungsberatung. Gerade am Wiener Psychologischen Institut hatte diese Art von kinderpsychologischer Diagnostik Tradition: In Zusammenarbeit mit den Fürsorgebehörden der sozialdemokratischen Stadtverwaltung waren hier in den späten 20er und frühen 30er Jahren die berühmten «Kleinkindertests» (Ch. Bühler & Hetzer, 1932) entwickelt worden. Charlotte Bühler hatte dieses Testsystem zur Entwicklungsprüfung von 1935 an in eigens von ihr gegründeten Privatinstituten zur Grundlage einer psychologischen Erziehungsberatung gemacht (Benetka, 1995). Der inhaltlichen Anpassung der Testreihen an die Aufgaben in der NSV war nach 1940 in Wien dann auch ein großer Teil der Institutsarbeit gewidmet. Die Testmaterialien wurden am Institut hergestellt und Verzeichnisse der lieferbaren Bestände an Interessenten verschickt. Ein schwunghafter Handel entstand. Hauptabnehmer war die NSV (Benetka, 1992, S. 62).

Die – quellenmäßig bestens dokumentierte – Geschichte des Wiener Psychologischen Instituts in der NS-Zeit eignet sich gut dazu, die Rede von der «Abschaffung» des Fachs anhand von Fakten zu widerlegen. Zwei für die Entwicklung während des Krieges exemplarische Aspekte seien kurz dargestellt.

Der erste Punkt betrifft die im Zusammenhang mit der Durchführung der Diplomprüfungsordnung erfolgte Einrichtung eines Extraordinariats für Psychologie. Der entprechende Fakultätsbeschluß datierte vom 30. Mai 1942, kam also eineinhalb Monate bzw. acht Tage nach der Auflösung von Luftwaffen- und Heerespsychologie zustande. Im Sommer 1942 wurden zwei erprobte Wehrmachtspsychologen in Vorschlag gebracht: Walter Beck und Hubert Rohracher.

Die Nominierung Rohrachers ist bemerkenswert: Immerhin hatte eineinhalb Jahre zuvor noch die Gestapo seine Überstellung in ein Konzentrationslager gefordert.[19] Die Aussicht auf kriegsrelevante Forschung zählte in jenen Jahren aber bereits mehr als die «ideologische» Loyalität des Bewerbers: An Rohrachers EEG-Untersuchungen bekundete vor allem die Wehrmacht ein großes Interesse. Um einer Berufung an die

Universität Wien nichts in den Weg zu legen, war dann sogar der örtliche Dozentenbundführer dazu bereit, seine ursprünglich eher negativ gehaltene politische Beurteilung nochmals zu überdenken und schließlich umzuschreiben (Benetka, 1992, S. 58–61).

Bei den Berufungsverhandlungen im Berliner Reichsministerium war rasch ein Einvernehmen hergestellt: Zur Fortführung seiner Untersuchungen über die gehirnelektrischen Erscheinungen erhielt Rohracher Sondermittel im Umfang von 10 000 bis 15 000 Reichsmark bewilligt. Viel Geld für einen Wissenschaftler, dessen Fach man in den Führungskreisen von Partei und Wehrmacht – angeblich – mit «Geringschätzung» (Traxel, 1990a, S. 226) begegnete.

Der zweite Aspekt, der hier erörtert werden soll, bezieht sich auf jene Form von angewandter «Arbeitswissenschaft», wie sie seit Kriegsbeginn am Institut für Arbeitspsychologie und Arbeitspädagogik im Rahmen der Deutschen Arbeitsfront gepflegt wurde. Psychologen waren dort vor allem mit der Entwicklung und Verbreitung von Testverfahren für die Zuweisung von deportierten und kriegsgefangenen Arbeitskräften zu Arbeitsplätzen in der deutschen Rüstungsindustrie beschäftigt.[20] Im Zuge des Auf- bzw. Ausbaus großer Produktionsstätten im Süden Wiens bot nun auch das Wiener Psychologische Institut seine Dienste zur Lösung von praktischen Fragen des Zwangsarbeitereinsatzes an. Ab 1943 zählten etwa die Flugzeugwerke Heinkel, die Junkers Flugzeug- und Motorenwerke, die Flugmotorenwerke Ostmark und die Semperit-Gummiwerke zu seinen Kunden. Auf der Grundlage von Arbeitsplatzanalysen wurden «kurze, rasch durchführbare Methoden zur Grobauslese bei Masseneinsätzen» entwickelt und leitende Firmenmitarbeiter in die Handhabung der Testverfahren eingeführt. Darüber hinaus wollte man Vorschläge «über zweckmäßige, die Einstellungs- und Anlernverfahren verkürzende Änderungen» der Betriebsorganisation erarbeiten.[21] Neben studentischen Hilfskräften war nahezu die gesamte Institutsbelegschaft – von der Bibliothekarin über die Schreibkraft bis zum Institutsmechaniker – in die Kooperation mit den Rüstungsbetrieben eingebunden.

Der Institutsvorstand Hubert Rohracher wußte diese Art von praktischer Bewährung universitätspolitisch zu nutzen. Während nach der

Verlautbarung der Maßnahmen zum «totalen Kriegseinsatz» im September 1944 die Institute geisteswissenschaftlicher Fachrichtungen an der Philosophischen Fakultät reihenweise zugesperrt wurden, konnte er seinen Studenten und Studentinnen noch die Möglichkeit zu einem geordneten Abschluß ihres Diplomstudiums bieten. Aus dem noch vorhandenen Prüfungsprotokollbuch geht hervor, daß von November 1944 bis zum März 1945 immerhin noch sechs Kandidaten die Hauptprüfung ablegten (Benetka, 1992).

Psychologie und Verbrechen gegen die Menschlichkeit

Eine «professionelle Mitwirkung von Psychologen bei Verbrechen gegen die Menschlichkeit» sei – so meinte Ulfried Geuter (1987, S. 132) – für die NS-Zeit anhand der bislang geprüften Quellen nicht zu belegen:

> Mir ist [...] bei all meinen Forschungen [...] kein Fall bekannt geworden, in dem ein Psychologe in seinem Beruf als Psychologe in einem Konzentrationslager oder bei der Gestapo gearbeitet und sich an Menschenversuchen oder an der Verbesserung von Methoden der politischen Unterdrückung beteiligt hätte, und auch kein Fall, in dem Psychologen an der Euthanasie mitwirkten. Vielleicht war es ihr Glück, in dieser Zeit in Berufsgebieten wie dem der Psychiatrie noch nicht Fuß gefaßt zu haben. [...] Nach allem, was wir wissen, haben Psychologen daher heute andere Fragen an ihre Geschichte zu stellen als Mediziner oder Juristen (Geuter, 1989, S. 130).

Zu diesen «anderen Fragen» zählen auch solche, die auf die Funktionalität von psychologischem Wissen für verbrecherische Handlungen abzielen. Was war mit den «Werkzeugen», die die Psychologen von Berufs wegen entwickelt und angewendet haben? Wurden entsprechende Techniken von anderen Berufsgruppen in verbrecherischen Zusammenhängen zum Einsatz gebracht? Haben Psychologen diese Art der Anwendung ihres Expertenwissens befürwortet oder gar selbst gefördert und unterstützt? Es gilt also zu untersuchen, inwieweit *psychologische Verfahren* bei den Maßnahmen zur Umsetzung von Rassenpolitik im Nationalsozialismus eine Rolle spielten und wie sich Psychologen gegenüber einer derartigen Indienstnahme ihres Expertenwissens verhielten.

Die Thematisierung der Beziehungen der Psychologie zu Nachbarwissenschaften wie Psychiatrie oder Eugenik ist in der bisherigen historischen Forschung weitgehend vernachlässigt worden. Trotz offenkundiger Berührungspunkte der Entwicklung der modernen Testpsychologie mit jener der Eugenik[22] findet etwa in der umfassenden Monographie über die Geschichte der «Rassenhygiene» in Deutschland von Weingart et al. (1988) der Begriff «Psychologie» nur ein einziges Mal – und das nur nebenbei – Erwähnung. Gleiches gilt für Geuters Professionalisierungsbuch (1984a): Einen Eintrag «Eugenik» oder «Rassenhygiene» sucht man in dessen Sachwortregister vergeblich. Die nachstehenden Erörterungen beanspruchen nicht mehr zu sein als eine Anregung, die bestehenden Lücken im Kenntnisstand durch zukünftige Forschung zu schließen.

Polen

Geuter engt den Begriff der «Mitwirkung an Verbrechen» auf jene Fälle ein, in denen Psychologen in «Ausübung ihres Berufs» unmittelbar an verbrecherischen Handlungen beteiligt gewesen sein könnten: also etwa in Polen, wo die SS im Rahmen einer Aktion zur «Germanisierung» von polnischen Kindern ein Verfahren festlegte, in dem zur Identifizierung von «wertvollen Blutsträgern für das Deutschtum» auch eine Begutachtung durch eine Psychologin vorgesehen war. Gemäß eines Erlasses des Stabshauptamtes beim Reichskommissar für die Festigung des deutschen Volkstums, Heinrich Himmler, wurde mit der psychologischen Prüfung die NSV-Mitarbeiterin Hildegard Hetzer betraut.[23] Hetzer selbst behauptete später, man habe sie bei ihrem Dienstantritt am Gaukinderheim in Brockau in dem Glauben gelassen, daß sie Untersuchungen an «*deutsche[n]* Kinder[n], die z. T. im polnischen Milieu aufgewachsen oder die verwahrlost waren» und die für «die Aufnahme in deutschen Familien oder Heimen vorbereitet» werden sollten, durchzuführen gehabt hätte. Bald schon wären ihr aber Zweifel gekommen, «ob es sich bei den dort untergebrachten Kindern wirklich um deutsche Kinder handelte, oder nicht vielmehr um *polnische* Kinder, die *eingedeutscht* werden sollten». Als sie ihre «Bedenken» der zuständigen Behörde mitgeteilt habe, sei sie nach nur zweieinhalb Monaten «ohne Angabe von Gründen» zu der NSV-Gauleitung nach Posen zurückgeschickt worden (Hetzer, 1988, S. 60).

Ungeklärt ist, ob an Hetzers Stelle vielleicht andere Psychologen tätig wurden. Im Fall von Hetzer selbst bleibt schließlich zu fragen, was sie vor bzw. nach ihrer Versetzung an das Kinderheim in Brockau als NSV-Mitarbeiterin in Westpolen beruflich getan hat.[24] Nach eigenen Angaben arbeitete sie u. a. auch in SS-Umsiedlungslagern:

> In diesen Umsiedlungslagern befanden sich die Menschen, die aus dem Osten in den Warthegau gebracht worden waren, wie die Wolhynier, um an Stelle der Polen, die aus dem Warthegau ausgesiedelt wurden, zu treten. Das war eine der Maßnahmen zur «Festigung des Deutschen Volkstums», die in den Händen der SS lag. Im Umsiedlungslager befanden sich auch die Insassen einer Reihe von Anstalten der deutschen evangelischen Gemeinden in Polen, wie des Stanislauser Waisenhauses [...]. Damit hing wohl auch die Tatsache zusammen, daß Vertreter der evangelischen Kirche in Umsiedlungslagern erschienen und sich aller rassisch und erbbiologisch suspekten [sic!] Kinder annahmen, bei deren Unterbringung sich Schwierigkeiten ergaben, was die SS-Führung des Lagers zuließ. Allerdings [?] entsetzte mich hier wie andernorts die Leichtfertigkeit, mit der Menschen im Hinblick auf ihre Erbgesundheit und andere über ihr weiteres Schicksal entscheidende Eigenschaften beurteilt wurden. So wurden die älteren Geschwister eines taubstummen Kleinkindes, deren Vater während der Umsiedlung gestorben war, als Mitglied einer vermutlich erbkranken Familie betrachtet. [...] Oft wurde das unharmonische körperliche Erscheinungsbild, das die Heranwachsenden dem Betrachter boten, als Symptom biologischer Minderwertigkeit angesehen. Die Tatsache, daß solche unharmonischen Körpergestaltformen vorübergehend als normale Entwicklungstatsachen auftreten, [...] wurden [sic] nicht beachtet (Hetzer, 1988, S. 59).

Offenbar hatte Hetzer bessere, d. h. weniger «fehlerhafte» Diagnosen über die «Erbgesundheit» der ihr anvertauten Kinder zu stellen gewußt. Am «weiteren Schicksal» jener, die als biologisch minderwertig identifiziert werden konnten, änderte der Umstand, daß sie mit geringerer «Leichtfertigkeit» ausgelesen worden waren, allerdings nichts. Über das, was Kindern, die – um einen von Hetzer selbst gern gebrauchten (Fach?-)Begriff zu verwenden – als «aufwandunwürdig» (z. B. Hetzer, 1941, S. 1; 1942, S. 175) erkannt wurden, bevorstand, klärt sie uns gerade in jenen Passagen ihrer Autobiographie auf, in denen sie ihre eigene Widerständigkeit gegen die verbrecherischen Praktiken herauszustreichen versuchte:

> In der Jugendheimstätte Schönort waren auf Bitten des Vaters, einem Volksdeutschen [!], der bei der Wehrmacht war, seine 5 Kinder untergebracht worden, die seine polnische [!] Frau gröblichst vernachlässigt hatte. Das jüngste der Geschwister, Erika, hatte bei der Einlieferung einen so erheblichen Entwicklungsrückstand, daß wir es vor allen Fremden, nicht zuletzt vor dem Arzt des Gesundheitsamtes, verbargen, weil wir Sorge hatten, man könnte es uns als lebensunwert wegnehmen (Hetzer, 1988, S. 61).

Auch in diesem Fall erwies sich die «Diagnose» der Psychologin als richtig: Erika sei, so glaubte Hetzer hinzufügen zu müssen, «übrigens zu einem sehr lebenstüchtigen Menschen geworden» (ebenda, S. 61).

Geuter (1984a, S. 412) betont zu Recht, daß eine Untersuchung der Tätigkeit von Psychologen im Rahmen der NSV in Polen noch aussteht. Eine Mitwirkung bei der Selektion von – wie sich Frau Hetzer noch im Jahr 1988 auszudrücken pflegte – «rassisch und erbbiologisch suspekten Kindern» wird durch die zitierten Passagen aus ihrer Autobiographie zumindest nahegelegt.

Testpsychologie

Auf die Brauchbarkeit der Bühler-Hetzer-Tests als «Werkzeug» zur Ermittlung kindlicher Schwachsinnszustände im Zusammenhang mit dem im Juli 1933 verabschiedeten und seit Januar 1934 geltenden «Gesetz zur Verhütung erbkranken Nachwuchses» ist zunächst an der Universitäts-Kinderklinik Kiel aufmerksam gemacht worden. Elisabeth Vowinckel beschrieb in ihrem Erfahrungsbericht die Aufgaben, vor die sich die Klinik nach dem Inkrafttreten des «Erbgesundheitsgesetzes» gestellt sah:

> Dem Amt war daran gelegen, die Auswirkungen der minderwertigen Anlage am Phänotyp im möglichst frühen Alter festgestellt zu sehen und andererseits zu wissen, ob bei weniger belasteten Familien bereits schwachsinnige Kinder geboren wurden oder nicht. Die Ermittlung des Schwachsinns ist nicht nur für die Entscheidung über die eventuelle spätere Sterilisation der betroffenen Kinder wichtig, sondern ermöglicht es auch, pädagogische Hilfe und geldliche Mit-

tel sinngemäß in Form der Stützung und Förderung der Leistungsfähigsten zu verteilen (Vowinckel, 1936, S. 33).

Nachdem man an der Kieler Klinik «eine Weile» mit dem «Binet-Simonschen Staffelsystem zur Intelligenzprüfung in den Modifikationen von Bobertag und Termann [sic]» experimentiert habe, sei man schließlich «zu der Profilmethode von Bühler und Hetzer übergegangen», da damit «weit zuverlässigere Ermittlungsergebnisse» zu erzielen gewesen wären (ebenda, S. 1–2). Die Frage, inwiefern nun die Kleinkindertests «eine Hilfe für das Erbgesundheitsgesetz» darstellen könnten, beantwortete Vowinckel zum einen damit, daß sie einen wichtigen Beitrag zur Unterscheidung von «angeborenen und erworbenen Schwachsinnszuständen» leisten würden.[25] Zum anderen wies sie darauf hin, daß man aufgrund der Testergebnisse in die Lage versetzt würde, «den Zeitpunkt für die Unfruchtbarmachung in vielen Fällen frühzeitig», nämlich schon ab dem dritten Lebensjahr festzulegen (ebenda, S. 52–53).[26] Hatte eine Prüfung mit den Bühler-Hetzer-Tests bereits im frühen Kindesalter die Diagnose «angeborener Schwachsinn» ergeben, so konnte man später in dem Verfahren zur Einleitung der Sterilisation auf zeitaufwendige Erhebungen im Umfeld des Kindes bzw. des Jugendlichen verzichten. Das Gesetz sah vor, daß die «Unfruchtbarmachung» von Kindern selbst bei einer «freiwilligen Antragstellung» der Erziehungsberechtigten erst nach dem 10. Lebensjahr erfolgen konnte. Eine vom Amtsarzt beantragte Zwangssterilisierung durfte ab dem 13. Lebensjahr vorgenommen werden. Das Vorliegen eines entsprechenden psychologischen Gutachtens würde es, wie Vowinckel meinte, den Erbgesundheitsgerichten[27] in strittigen Fällen erleichtern, zu einer Entscheidung zu gelangen und den Eingriff auch gegen den Einspruch der gesetzlichen Vertreter durchzusetzen.

Vier Jahre nach dem Erscheinen von Vowinckels Arbeit gelangte die Mitarbeiterin des Rassenbiologischen Instituts der Universität Würzburg, Gertrud Mordhorst (1940a und b), zu ähnlichen Schlußfolgerungen. Als sie in einem Artikel in der *Psychiatrisch-Neurologischen Wochenschrift* die Möglichkeit, mit den Bühler-Hetzer-Tests «Schwachsinn bei vorschulpflichtigen Kindern» zu ermitteln, prinzipiell bejahte, zur praktischen Durchführung des Verfahrens aber u. a. auch «Lehrer, Kindergärtnerinnen und Hortnerinnen» (1940 b, S. 387) heranziehen wollte, meldete Hildegard Hetzer Einspruch an: Aufgrund ihrer «eigenen Erfahrungen» könne sie der These Mordhorsts, daß die «Kleinkindertests [...] ein wertvolles Hilfsmittel zur Durchführung des Erbgesundheitsgesetzes vorstellen», nur zustimmen. Eine Handhabung der Testmethode durch «psychologische Laien» würde aber zu einem «Kurpfuschertum schlimmster Art» führen. Hetzer sah ihr Lebenswerk und mit ihm gleich auch die Kompetenz des ganzen Berufsstandes in Frage gestellt:

> Vor der Herabziehung wissenschaftlicher Methoden, zu deren Handhabung wissenschaftliche Ausbildung und Kritik gehören, in die Niederungen einer «Kindermädchenpsychologie» kann im Interesse der zu beurteilenden Kinder und Familien nicht eindringlich und laut genug gewarnt werden (Hetzer, 1941, S. 3).

Geuter sprach vom «Glück» der Psychologen, «in dieser Zeit in Berufsgebieten wie dem der Psychiatrie noch nicht Fuß gefaßt zu haben». Was wir heute «Glück» nennen, war damals in den Augen so mancher Vertreter der Zunft offenbar ein untragbarer Zustand.

Hat sich der Einsatz von psychologischem Wissen auch noch an anderer Stelle als funktional erwiesen? Von der «Ausschaltung minderwertigen Erbgutes» war es nur ein kleiner Schritt bis zur «Ausmerzung lebensunwerten Lebens»: Im Februar 1939 wurde in der Kanzlei des Führers mit der Organisation der «Kinder-Euthanasie», im Sommer desselben Jahres mit der verwaltungstechnischen Planung der sogenannten Erwachsenen-Euthanasie begonnen. Im Winter 1941/42 waren die Vernichtungslager in Westpolen und im «Generalgouvernement» betriebsbereit. Zur Durchführung der Massentötungen wurde vor allem in Belcez, Sobibor und Treblinka die bereits «erfahrene» Belegschaft aus den früheren «Euthanasieanstalten» eingesetzt. Verfolgen wir unsere Fragestellung entlang dieser Chronik der Entfaltung nationalsozialistischer Rassenpolitik weiter, so stoßen wir sogleich auf große Lücken in unserem derzeitigen Wissensstand. Der einschlägigen Literatur ist etwa zu entnehmen, daß Verfahren zur Intelligenzprüfung, vor allem Adaptationen des Binet-Simon-Tests, zumindest gelegentlich bei der Diagnoseerstellung im Rahmen der «Kindereuthanasie» Verwendung fanden (vgl. z. B. Aly, 1985,

S. 39–40; Klee, 1985, S. 382–384). Systematische (psychologiehistorische) Untersuchungen über Art und Ausmaß des Einsatzes von psychologischen Tests in diesem Zusammenhang wurden bislang aber nicht durchgeführt.

Desgleichen ist die Rolle, die die Psychologie in der psychiatrischen Forschung an Euthanasie-Opfern gespielt haben könnte, noch völlig ungeklärt. Von 1941 an hatte z. B. der berüchtigte «T4»-Gutachter Carl Schneider mit der Organisation eines großangelegten Forschungsprojekts begonnen, das unmittelbar vom fortgesetzten Massenmord an Behinderten profitieren sollte (vgl. dazu Aly, 1985, S. 49–63). Er bestellte – und erhielt – die Gehirne von Erwachsenen und Kindern, an denen in den umliegenden Anstalten zuvor medizinische Experimente durchgeführt worden waren oder bei denen man einfach eine «interessante» psychiatrische Symptomatik festgestellt hatte. Kindergehirne wurden vor allem aus der «Kinderfachabteilung» der Anstalt Eichberg bei Eltville bezogen. «Kinderfachabteilung» war in der Diktion der damaligen Psychiater ein Synonym für «Tötungsabteilung» (Klee, 1985, S. 300–301).

Schneider, der offenbar bereits seit den 30er Jahren an der Psychiatrisch-Neurologischen Universitätsklinik in Heidelberg über ein eigenes Psychologisches Laboratorium verfügen konnte[28], wollte in seine Euthanasieforschung auch die Psychologie stärker eingebunden haben: Er beantragte die Einrichtung einer Planstelle für einen Psychologen und sprach in seiner Korrespondenz immer wieder von der beabsichtigten Ausweitung von kinderpsychologischen Untersuchungen (Aly, 1985, S. 57 bzw. 61). Mag sein, daß er eben deshalb zu einem «Kunden» des Wiener Psychologischen Instituts wurde: Am 16. Januar 1942 gab Schneider dort die Anfertigung von Bühler-Hetzer-Testreihen in Auftrag.[29]

Was taten deutsche Psychologen als Psychologen nach 1933? Sie boten sich als Interpreten der nationalen Erneuerung an, lasen kriegstüchtige Soldaten und «aufwandwürdige» Kinder aus und halfen mit, den Einsatz von Zwangsarbeitern zu organisieren. Niemand hat sie dazu gezwungen. Im Gefolge der Rassen- und Kriegspolitik der Nationalsozialisten eröffneten sie sich selbst Möglichkeiten, ihr Wissen praktisch zu erproben. So trugen sie das Ihre bei zur Konstituierung der Realität des deutschen Faschismus. Ihre Gefolgschaft hatte sich letztlich auch bezahlt gemacht. In institutioneller Hinsicht erlebte das Fach im Vergleich zu den vorangegangenen Jahren geradezu eine Blütezeit.

Anmerkungen

1 Zur Geschichte der Psychoanalyse im Nationalsozialismus vgl. Cocks (1985), Lockot (1985) und Lohmann (1984).
2 Nach § 5 mußten sich Beamte die Versetzung «in ein Amt von geringerem Rang und planmäßigem Diensteinkommen» gefallen lassen. Absatz 2 bestimmte, daß die von dieser Regelung Betroffenen innerhalb eines Monats die Versetzung in den Ruhestand beantragen konnten. § 6 des Beamtengesetzes ermöglichte «zur Vereinfachung der Verwaltung» die vorzeitige Pensionierung von nicht-dienstunfähigen Beamten. Deren Stellen durften aber nicht mehr nachbesetzt werden. Auch diese beiden Paragraphen wurden zur «Säuberung» des Beamtenapparats angewandt (vgl. Leaman, 1993, S. 101–102).
3 Vgl. Geuter (1984a, S. 99–102).
4 Gelb erhielt Anfang 1935 eine Gastprofessur an der Universität Lund in Schweden. Krankheitshalber kehrte er noch im Juli desselben Jahres nach Deutschland zurück. Er starb im August 1936 (vgl. Leaman, 1993, S. 42).
5 Das Vorstandsmitglied Karl Bühler war bei der betreffenden Sitzung nicht zugegen. Zu seinem – offenbar erst Monate später erfolgten – Austritt aus der Vereinsführung vgl. die Diskussion bei Benetka (1995, S. 253–254 und Anm. 8 auf S. 310).
6 Am 28. April 1933 veröffentlichte Wolfgang Köhler in der *Deutschen Allgemeinen Zeitung* einen mit «Gespräche in Deutschland» überschriebenen Artikel, in dem er die gegen Juden gerichteten Passagen des Beamtengesetzes vorsichtig kritisierte. Köhlers Wortmeldung blieb der einzige «Protest», der aus dem Bereich der Universitätsphilosophie bzw. -psychologie zur Veröffentlichung gelangte. Ein Wiederabdruck dieses Artikels findet sich in Graumann (1985, S. 305–306). Zur ideologiekritischen Analyse von Köhlers Argumentation vgl. Ash (1985, S. 121–122), Jaeger (1993, S. 222–223) und Laugstien (1990, S. 52–53).
7 Vgl. die am 11. Kongreß der Deutschen Gesellschaft für Psychologie vom damaligen Vorstand verabschiedete «Kundgebung über die Pflege der Psychologie an den deutschen Hochschulen» in Volkelt (1930, S. VII–X) und Karl Bühlers Eröffnungsansprache am 12. Kongreß in Hamburg (Bühler, 1932).
8 Vgl. dazu Geuter (1979).
9 Vgl. dazu ausführlich Geuter (1984a, S. 132–140).
10 Vgl. dazu und im folgenden z. B. Geuter (1985c).
11 Zum akademischen Werdegang von Philipp Lersch vgl. z. B. Mattes (1989, S. 2–3).
12 Vgl. dazu ausführlich Mattes (1989), Weber (1992).

13 Oswald Kroh war dem 1940 verstorbenen Erich Rudolf Jaensch als Vorsitzender der Deutschen Gesellschaft für Psychologie nachgefolgt. Max Simoneit hatte seit 1931 die wissenschaftliche Leitung der Wehrmachtspsychologie inne.
14 Zur Entstehungsgeschichte der Diplomprüfungsordnung vgl. Geuter (1984a, S. 309–351).
15 Vgl. dazu das von Geuter (1987, S. 119–120) abgedruckte Rundschreiben Oswald Krohs von Weihnachten 1941.
16 Diese wurden – außer bei der Marine – von nun ab von Nichtpsychologen vorgenommen (vgl. Traxel, 1990b, S. 237).
17 Vgl. das von Geuter (1987, S. 131) abgedruckte Rundschreiben Oswald Krohs vom 29.1.1941.
18 «Entwurf d. Berichtes des NS-Doz.bundes an Partei über Institut Feber 1942»; AIP-Korrespondenz Thumb.
19 Vgl. dazu ausführlich Benetka & Kienreich (1989a und b), Benetka (1992) und Dietrich (1992).
20 Mit den am Institut für Arbeitspsychologie und Arbeitspädagogik entwickelten Testprogrammen sollen nicht weniger als 400000 deportierte Zwangsarbeiter in 1100 Werken untersucht worden sein (vgl. Geuter, 1984a, S. 250–255). Zu den – zum Teil in Anlehnung an die sprachfreien Army-Beta-Tests zur Prüfung der Intelligenz von US-Soldaten im Ersten Weltkrieg – entwickelten Verfahren vgl. beispielsweise Schorn (1942).
21 Rohracher an den Geschäftsführer des Arbeitsingenieurs für den Gau Wien vom 10.11.1944; AIP-Korrespondenz Rohracher.
22 Es sei daran erinnert, daß Sir Francis Galton nicht nur als Begründer der Eugenik, sondern auch als ein Wegbereiter der Entwicklung der modernen Testpsychologie gilt. Daß Galtons psychologierelevante Arbeiten unmittelbar durch rassistische Züchtungsutopien motiviert waren, wird aber von jenen Psychologen, die ihn als Ahnherren ihres Handwerks reklamieren, zumeist übersehen. Auf den Umstand, daß die Adaptation des Binet-Simonschen Systems zur Intelligenzprüfung in den USA durch Goddard und Terman vor allem auch im Zusammenhang mit «rassenhygienischen» Zielsetzungen erfolgt war, hat beispielsweise Gould (1988) hingewiesen.
23 Vgl. dazu Geuter (1984a, S. 410–412). Der Erlaß ist vollständig abgedruckt bei Freundlich (1987, S. 30–31).
24 Vgl. dazu Geuter (1984a, Anm. 18, S. 511) und Hetzer (1988, S. 57–63). Kritisch mit der Biographie Hetzers setzen sich Bruns und Grubitzsch (1992) und Kempf (1989) auseinander.
25 Über die Bedeutung dieser Unterscheidung klärt uns etwa Mordhorst (1940a, S. 372–373) auf: «Ein angeboren Schwachsinniger fällt unter das Gesetz zur Verhütung erbkranken Nachwuchses. Vielleicht wird man sagen, es schade nichts, wenn man auch einen exogen Schwachsinnigen sterilisiere, er sei ohnehin zur Familiengründung untauglich. Für ihn persönlich trifft dies allerdings zu, aber das Urteil ‹exogen schwachsinnig› spricht zugleich alle seine Familienmitglieder vom Makel der Erbkrankheit los.»

26 Ein «sicheres Urteil über den Probanden» ließe sich, wie Hildegard Hetzer ihr «in einer mündlichen Rücksprache» mitgeteilt habe, «erst im dritten Lebensjahr abgeben» (Vowinckel, 1936, S. 53).
27 Die Entscheidung über die Durchführung des medizinischen Eingriffs oblag den eigens zu diesem Zweck bei den bestehenden Amtsgerichten eingerichteten «Erbgesundheitsgerichten». Diese setzten sich jeweils aus einem Amtsrichter als Vorsitzenden sowie einem beamteten und einem approbierten Arzt, der «mit der Erblehre vertraut» sein sollte, zusammen (vgl. Klee, 1985, S. 38).
28 Gemeint ist das ehemalige Psychologische Laboratorium von Otto Selz in Mannheim, das mit der Übernahme der Einrichtungen der Handelshochschule durch die Universität Heidelberg an die Psychiatrisch-Neurologische Universitätsklinik transferiert wurde (vgl. Gundlach, 1985, S. 174–175 und 185–186).
29 Schneider an das Wiener Psychologische Institut vom 16.1.1942; AIP-Institutskorrespondenz, Mappe «Bühler-Hetzer-Tests».

Literatur

Aly, G. (1985). Der saubere und der schmutzige Fortschritt. In G. Aly, K. F. Masuhr, M. Lehmann, K. H. Roth & U. Schultz (Hrsg.), *Reform und Gewissen. «Euthanasie» im Dienst des Fortschritts* (S. 9–78). Berlin: Rotbuch.
Ash, M. G. (1983). Die deutschsprachige Psychologie im Exil: Forschungsansätze und -ergebnisse zum Problem des Wissenschaftstransfers. In G. Lüer (Hrsg.), *Bericht über den 33. Kongreß der Deutschen Gesellschaft für Psychologie* (S. 106–113). Göttingen: Hogrefe.
Ash, M. G. (1984). Disziplinentwicklung und Wissenschaftstransfer – Deutschsprachige Psychologen in der Emigration. *Beiträge zur Wissenschaftsgeschichte, 7*, 207–226.
Ash, M. G. (1985). Ein Institut und eine Zeitschrift. Zur Geschichte des Berliner Psychologischen Instituts und der Zeitschrift «Psychologische Forschung» vor und nach 1933. In C. F. Graumann (Hrsg.), *Psychologie im Nationalsozialismus* (S. 113–137). Berlin: Springer.
Ash, M. G. (1988). Österreichische Psychologen in der Emigration. Fragestellungen und Überblick. In F. Stadler (Hrsg.), *Vertriebene Vernunft II. Emigration und Exil österreichischer Wissenschaft* (S. 252–267). Wien: Jugend und Volk.
Benetka, G. (1992). «Dienstbare Psychologie»: Besetzungspolitik, Arbeitsschwerpunkte und Studienbedingungen in der «Ostmark». *Psychologie und Gesellschaftskritik, 16*, (61), 43–81.
Benetka, G. (1995). *Psychologie in Wien*. Wien: WUV-Universitätsverlag.
Benetka, G. & Kienreich, W. (1989a). Hochschulpsychologie in der Ostmark: Das Wiener Psychologische Institut. In K. Fallend, B. Handlbauer & W. Kienreich (Hrsg.), *Der Einmarsch in die Psyche. Psychoanalyse, Psychologie und Psychiatrie im Nationalsozialismus und die Folgen* (S. 147–167). Wien: Junius.
Benetka, G. & Kienreich, W. (1989b). Der Einmarsch in die akademische Seelenlehre.

In G. Heiß, S. Mattl, S. Meissl, E. Saurer & K. Stuhlpfarrer (Hrsg.), *Willfährige Wissenschaft. Die Universität Wien 1938–1945* (S. 115–132). Wien: Verlag für Gesellschaftskritik.

Broszat, M. (1969). *Der Staat Hitlers.* München: Deutscher Taschenbuch Verlag.

Bruns, G. & Grubitzsch, S. (1992). Hildegard Hetzer – Pionierin der Entwicklungstestverfahren. *Psychologie und Gesellschaftskritik, 16,* (61), 83–95.

Bühler, C. & Hetzer, H. (1932). *Kleinkindertests. Entwicklungstests für das erste bis sechste Lebensjahr.* Leipzig: Hirzel

Bühler, K. (1932). Eröffnung des XII. Kongresses der Deutschen Gesellschaft für Psychologie in Hamburg am 13. April 1931. Ansprache des Vorsitzenden Prof. Dr. Karl Bühler. In G. Kafka (Hrsg.), *Bericht über den XII. Kongreß der Deutschen Gesellschaft für Psychologie in Hamburg vom 12.–16. April 1931* (S. 3–6). Jena: G. Fischer.

Chroust, P. (1979). Gleichschaltung der Psyche. Zur Faschisierung der deutschen Psychologie am Beispiel Gerhard Pfahlers. *Psychologie und Gesellschaftskritik, 3,* (12), 29–40.

Cocks, G. (1985). *Psychotherapy in the Third Reich. The Göring-Institute.* New York: Oxford University Press.

Dietrich, G. (1992). *Psychologie an der Universität Wien 1938–1945.* Diplomarbeit, Universität Wien.

Freundlich, E. (1987). Deutsches Bundesverdienstkreuz für Kinderraub. *Forum, 34,* (406–408), 29–31.

Geuter, U. (1979). Der Leipziger Kongreß der Deutschen Gesellschaft für Psychologie 1933. *Psychologie und Gesellschaftskritik, 3,* (12), 6–25.

Geuter, U. (1984a). *Die Professionalisierung der deutschen Psychologie im Nationalsozialismus.* Frankfurt: Suhrkamp.

Geuter, U. (1984b). «Gleichschaltung» von oben? Universitätspolitische Strategien und Verhaltensweisen in der Psychologie während des Nationalsozialismus. *Psychologische Rundschau, 35,* 198–213.

Geuter, U. (1985a). Das Ganze und die Gemeinschaft – Wissenschaftliches und politisches Denken in der Ganzheitspsychologie Felix Kruegers. In C. F. Graumann (Hrsg.), *Psychologie im Nationalsozialismus* (S. 55–87). Berlin: Springer.

Geuter, U. (1985b). Nationalsozialistische Ideologie und Psychologie. In M. G. Ash & U. Geuter (Hrsg.), *Geschichte der deutschen Psychologie im 20. Jahrhundert* (S. 172–200). Opladen: Westdeutscher Verlag.

Geuter, U. (1985c). Polemos panton pater – Militär und Psychologie im Deutschen Reich 1914–1945. In M. G. Ash & U. Geuter (Hrsg.), *Geschichte der deutschen Psychologie im 20. Jahrhundert* (S. 146–171). Opladen: Westdeutscher Verlag.

Geuter, U. (1987). Psychologie in der Zeit des Nationalsozialismus. In H. E. Lück, H. Grünwald, U. Geuter, R. Miller & W. Rechtien (Hrsg.), *Sozialgeschichte der Psychologie. Eine Einführung* (S. 61–140). Opladen: Leske & Budrich.

Geuter, U. (1989). Psychologie im nationalsozialistischen Deutschland. In K. Fallend, B. Handlbauer & W. Kienreich (Hrsg.), *Der Einmarsch in die Psyche. Psychoana-*

lyse, Psychologie und Psychiatrie im Nationalsozialismus und die Folgen (S. 125–145). Wien: Junius.

Geuter, U. (1990). Aus den «Wurzelschichten» alter Vorurteile – Eine Antwort auf Werner Traxels Thesen zur Psychologie im Nationalsozialismus. In A. Schorr & E. G. Wehner (Hrsg.), *Psychologiegeschichte heute* (S. 229–233). Göttingen: Hogrefe.

Goller, P. (1989). *Die Lehrkanzeln für Philosophie an der Philosophischen Fakultät der Universität Innsbruck.* Innsbruck: Wagner'sche Kommissionsbuchhandlung.

Gould, S. J. (1988). *Der falsch vermessene Mensch.* Frankfurt: Suhrkamp.

Graumann, C. F. (Hrsg.) (1985). *Psychologie im Nationalsozialismus.* Berlin: Springer.

Gundlach, H. (1985). Willy Hellpach; Attributionen. In C. F. Graumann (Hrsg.), *Psychologie im Nationalsozialismus* (S. 165–195). Berlin: Springer.

Haug, W. F. (1986). *Die Faschisierung des bürgerlichen Subjekts. Die Ideologie der gesunden Normalität und die Ausrottungspolitiken im deutschen Faschismus.* Hamburg: Argument.

Haug, W. F. (1989). Philosophie im Deutschen Faschismus. In W. F. Haug (Hrsg.), *Deutsche Philosophen 1933* (S. 5–28). Hamburg: Argument.

Hetzer, H. (1941). Über die Anwendung von Kleinkindertests durch den psychologischen Laien. *Psychiatrisch-Neurologische Wochenschrift, 43,* (14), Sonderdruck, 1–4.

Hetzer, H. (1942). Der Einsatz der Psychologen in der Erziehungsberatung der NSV-Jugendhilfe. *Die Ärztin, 18,* 171–175.

Hetzer, H. (1988). *Eine Psychologie, die dem Menschen nützt. Mein Weg von Wien nach Gießen.* Göttingen: Hogrefe.

Jaeger, S. (1993). Zur Widerständigkeit der Hochschullehrer zu Beginn der nationalsozialistischen Herrschaft. *Psychologie und Geschichte, 4,* 219–228.

Jaensch, E. R. (1934). Eindrücke von den letzten beiden Kongressen der Deutschen Gesellschaft für Psychologie, als Beispiele für die Wandlung in einem wissenschaftlichen Fache. *Volk im Werden, 2,* 407–416.

Kempf, W. (1989). «Eine Psychologie, die dem Menschen nützt» – In-Dienst-Nahme der Psychologie durch den NS-Staat und ihre subjektive Bewältigung. *Zeitschrift für Sozialpsychologie und Gruppendynamik, 14,* (4), 22–31.

Klee, E. (1985). *«Euthanasie» im NS-Staat. Die «Vernichtung lebensunwerten Lebens».* Frankfurt: Fischer.

Kroh, O. (1941). Ein bedeutsamer Fortschritt in der deutschen Psychologie. Werden und Absicht der neuen Prüfungsordnung. *Zeitschrift für Psychologie, 151,* 1–32.

Laugstien, Th. (1990). *Philosophieverhältnisse im deutschen Faschismus.* Hamburg: Argument.

Leaman, G. (1993). *Heidegger im Kontext. Gesamtüberblick zum NS-Engagement der Universitätsphilosophen.* Hamburg: Argument.

Lersch, Ph. (1938). *Der Aufbau des Charakters.* Leipzig: Barth.

Lockot, R. (1985). *Erinnern und Durcharbeiten. Zur Geschichte der Psychoanalyse und Psychotherapie im Nationalsozialismus.* Frankfurt: Fischer.

Lohmann, H.-M. (Hrsg.) (1984). *Psychoanalyse und Nationalsozialismus. Beiträge zur Bewältigung eines unbewältigten Traumas*. Frankfurt: Fischer.

Lundgren, P. (1981). Hochschulpolitik und Wissenschaft im Dritten Reich. In Ders. (Hrsg.), *Wissenschaft im Dritten Reich* (S. 9–30). Frankfurt: Suhrkamp.

Mattes, P. (1989). Zur Kontinuität in der deutschen Psychologie über die Zeit des Nationalsozialismus hinaus. *Psychologie und Geschichte, 1*, (3), 1–11.

Mehrtens, H. & Richter, S. (Hrsg.) (1980). *Naturwissenschaft, Technik und NS-Ideologie. Beiträge zur Wissenschaftsgeschichte des Dritten Reichs*. Frankfurt: Suhrkamp.

Metzger, W. (1979). Gestaltpsychologie – ein Ärgernis für die Nazis. *Psychologie heute, 6*, (3), 84–85.

Mordhorst, G. (1940a). Die Brauchbarkeit der Tests nach Bühler-Hetzer zur Ermittlung des Schwachsinns bei vorschulpflichtigen Kindern. *Psychiatrisch-Neurologische Wochenschrift, 42*, (37), 372–376.

Mordhorst, G. (1940b). Die Brauchbarkeit der Tests nach Bühler-Hetzer zur Ermittlung des Schwachsinns bei vorschulpflichtigen Kindern. *Psychiatrisch-Neurologische Wochenschrift, 42*, (38), 384–388.

Rammstedt, O. (1981). Theorie und Empirie des Volksfeindes. Zur Entwicklung einer «deutschen Soziologie». In Peter Lundgren (Hrsg.), *Wissenschaft im Dritten Reich* (S. 253–313). Frankfurt: Suhrkamp.

Rammstedt, O. (1986). *Deutsche Soziologie 1933–1945. Die Normalität einer Anpassung*. Frankfurt: Suhrkamp.

Sander, F. (1933). Die Idee der Ganzheit in der deutschen Psychologie. *Der Thüringer Erzieher, 1*, (1), 10–12.

Sander, F. (1937). Deutsche Psychologie und nationalsozialistische Weltanschauung. *Nationalsozialistisches Bildungswesen, 2*, 641–649.

Scheerer, E. (1985). Organische Weltanschauung und Ganzheitspsychologie. In C. F. Graumann (Hrsg.), *Psychologie im Nationalsozialismus* (S. 15–53). Berlin: Springer.

Schorn, M. (1942). Die praktische Durchführung eines Ausleseverfahrens für den Ausländereinsatz. *Industrielle Psychotechnik, 19*, 207–216.

Traxel, W. (1990a). Seelentum, Volkheit, Wurzelschicht – Aufschwung und/oder Absturz der deutschen Psychologie im «Dritten Reich»? In A. Schorr & E. G. Wehner (Hrsg.), *Psychologiegeschichte heute* (S. 217–228). Göttingen: Hogrefe.

Traxel, W. (1990b). Bemerkungen zu Ulfried Geuters «Vorurteilsforschungen». Eine Erwiderung. In A. Schorr & E. G. Wehner (Hrsg.), *Psychologiegeschichte heute* (S. 234–238). Göttingen: Hogrefe.

Volkelt, H. (Hrsg.) (1930). *Bericht über den XI. Kongreß der Gesellschaft für experimentelle Psychologie in Wien vom 9.–13. April 1929 in Wien*. Jena: G. Fischer.

Vowinckel, E. (1936). *Erbgesundheitsgesetz und Ermittlung kindlicher Schwachsinnszustände*. Stuttgart: Enke.

Weber, K. (1992). Die Faschisierung der deutschen Psychologie – eine Untersuchung zu Philipp Lerschs «Aufbau des Charakters». *Psychologie und Gesellschaftskritik, 16*, (61), 5–30.

Weingart, P., Kroll, J. & Bayertz, K. (1988). *Rasse, Blut und Gene. Geschichte der Eugenik und Rassenhygiene in Deutschland*. Frankfurt: Suhrkamp.

Wellek, A. (1953). Vorwort. In Ders. (Hrsg.), *Bericht über den 17. und 18. Kongreß der Deutschen Gesellschaft für Psychologie in Göttingen 1948, in Marburg 1951* (S. 3–4). Göttingen: Hogrefe.

Zack Z. Cernovsky[1]

Pseudowissenschaftliche «Rassenforschung» der Gegenwart[2]

Im sozio-kulturellen Kontext in Nordamerika genießt die traditionelle empirische Psychologie einen hohen Status und ist besonders öffentlichkeitswirksam. Der Verweis auf «wissenschaftliche» Ergebnisse hat hier besonderes Gewicht. Unter diesen Umständen ist es wichtig, die Aussagen der etablierten psychologischen «Rassen»-Forscher aus dem englischsprachigen Raum an ihren eigenen Wissenschaftskriterien zu messen.

In jüngster Zeit postulieren und lehren eine Reihe angelsächsischer Psychologen, daß «Schwarze» aufgrund ihrer Genbeschaffenheit weniger intelligent, mit kleineren Gehirnen ausgestattet, sexuell aktiver und anfälliger für Geisteskrankheiten und kriminelle Handlungen seien als «Weiße». Diese «Rassen»-Theorie wurde dabei auf offensichtlich veralteten Methoden (z. B. Messung des Kopfumfangs als Indikator für Intelligenz) und der Fehlinterpretation einfacher statistischer Methoden (z. B. der Gebrauch von Korrelationskoeffizienten als eindeutiger Beweis kausaler Beziehungen) aufgebaut. Bemerkenswert ist auch der Unwille, eigenen Annahmen zuwiderlaufende Daten zu erwähnen (z. B. Daten, die eher zugunsten amerikanischer Schwarzer als amerikanischer Weißer sprechen). Viele dieser Autoren wurden in ihrer beruflichen Laufbahn von dem verstorbenen Sir Cyril Burt oder von seinen ehemaligen Schützlingen gefördert.

Manche Psychologielehrbücher diskutieren, inwieweit menschliche Intelligenz und andere Persönlichkeitsmerkmale vererbt oder inwieweit sie durch soziokulturelle Umweltfaktoren (Erziehung, Schulbildung, Einfluß durch Gleichaltrige, gesellschaftliche Normen und Vorstellungen) bestimmt werden. Der diesbezügliche Wissenschaftsstreit ist langjährig und ziemlich leidenschaftlich. In einigen dieser Lehrbücher werden jedoch auch verschiedene methodische Probleme diskutiert, die die Psychologie davon abhalten, die Vererbbarkeit von Intelligenz und anderen Persönlichkeitsmerkmalen empirisch eindeutig zu bestimmen (z. B. Wade & Tavris, 1996).

Der gängigste Ansatz zur Bestimmung der Vererbbarkeit eines bestimmten menschlichen Merkmals, einer Eigenschaft oder einer Verhaltensweise beruht auf dem Vergleich der Ähnlichkeiten dieser Verhaltensweisen oder Merkmale innerhalb verschiedener genetisch abgestufter Verwandtschaftsgrade. So wurden in Studien zur Vererbbarkeit von Intelligenz die Intelligenzquotienten von Kindern mit denen der leiblichen Eltern, der Adoptiveltern und der Geschwister und hier besonders mit dem des ein- und zweieiigen Zwillings verglichen.

Eineiige oder «identische» Zwillinge entstehen aus demselben befruchteten Ei und erben identische Gene (eventuelle spätere spontane Genmutationen ausgenommen), während zweieiige Zwillinge aus zwei verschiedenen befruchteten Eiern entstehen. Obwohl zweieiige Zwillinge bis zur Geburt im selben Mutterleib heranwachsen, sind ihre Gene nicht identisch und können von unterschiedlichem Geschlecht sein. Eineiige Zwillinge zeigen größere Verhaltensähnlichkeiten als zweieiige, was jedoch nicht ausschließlich auf die ursprünglich identischen Gene zurückzuführen sein muß. Denn eineiige Zwillinge werden von der Familie, den Nachbarn, den Lehrern und den gleichaltrigen Freunden häufig gleich behandelt und oft auch verwechselt. Deshalb ähneln sich die Umwelteinflüsse, in denen eineiige Zwillinge aufwachsen, stärker als die der zweieiigen (vgl. die Diskussion bei Wade & Tavris, 1996).

Besonders vielversprechend sind Studien, in denen eineiige Zwillinge, die in derselben Umgebung aufgewachsen sind, mit solchen verglichen werden, die in der frühen Kindheit getrennt wurden und in verschiedenen Familien aufgewachsen sind. Diese Fälle sind jedoch extrem selten, ganz besonders unter der Voraussetzung, daß die Umgebungen der Kinder hinreichend unterschiedlich sind, um sich in der intellektuellen Entwicklung der Kinder bemerkbar zu machen.

Nach dem Zweiten Weltkrieg behauptete der britische Psychologe ril Burt, die größte Stichprobe von auf diese Weise getrennt aufgewachsenen Zwillingen untersucht zu haben. Er kam zu dem Schluß, daß bei der Bestimmung menschlicher Intelligenz genetische Faktoren weitaus wichtiger als Umwelteinflüsse seien. Seine Methoden erfuhren höchstes Lob von einer Reihe einflußreicher Psychologen mit rechtsextremen Ansichten wie z. B. Hans Eysenck und Arthur Jensen.

Die anschließende Untersuchung von Leon Kamin (1977) hat jedoch gezeigt, daß Burts veröffentlichte Berichte über seine Forschungsmethoden als bestenfalls nachlässig zu bezeichnen sind. So versäumte es Burt beispielsweise anzugeben, welche Intelligenztests in seinen Zwillingsstudien eingesetzt wurden, um Intelligenz tatsächlich zu messen. Burt veröffentlichte seine Studien mit «Koautoren» (z. B. «Miss Conway»), die nie ausfindig gemacht werden konnten. Diese «Koautoren» waren sowohl in den als Wirkungsstätte angegebenen Institutionen als auch sonst in der damaligen Wissenschaftswelt völlig unbekannt. Bei ihnen handelt es sich wahrscheinlich um «Erfindungen» von Burt, die dazu dienten, seiner «Forschung» mehr Glaubwürdigkeit zu verleihen. Unglücklicherweise wurde Burt Herausgeber des *British Journal of Statistical Psychology* und konnte viele seiner eigenen Manuskripte in dieser Zeitschrift veröffentlichen. Dabei versorgte er auch die Zeitschrift mit anderen Artikeln aus seiner Feder, die jedoch unter fiktiven Namen (z. B. «James Lafitte») veröffentlicht wurden und sein eigenes Forschungswerk großzügig lobten (siehe Fancher, 1985).

Vom statistischen Standpunkt aus litt die Glaubwürdigkeit von Burts Zwillingsdaten am meisten unter den sich seltsam wiederholenden Korrelationskoeffizienten: In wiederholten Datenanalysen der Intelligenzquotienten von getrennt aufgewachsenen Zwillingen, wobei die Stichproben jedoch größer wurden (Fancher, 1985), sind Koeffizienten bis zur dritten Stelle hinter dem Komma identisch oder nahezu identisch. Die statistische Wahrscheinlichkeit, bei ordentlich durchgeführten IQ-Messungen in unterschiedlich großen Stichproben identische Koeffizienten zu erhalten, ist aber nahezu Null. Vielleicht hatte Burt zu geringe eigene Erfahrung mit der Berechnung grundlegender Statistiken an *ungefälschten* Daten und bemerkte deshalb nicht, daß seine gefälschten Korrelationskoeffizienten unglaubwürdig waren. Aufgrund seiner politischen

Ansichten wurde Burt gefördert und gelangte so in der Wissenschaftswelt der britischen Psychologie in führende Positionen. Da er zur Untermauerung seiner persönlichen politischen Ansichten Daten offensichtlich fälschte, kann man davon ausgehen, daß er seine Schützlinge eher aufgrund ihrer politischen Einstellung als aufgrund ihrer wissenschaftlichen Fertigkeiten auswählte. Man hat es heute auf diesem Gebiet mit einer Generation angelsächsischer «Psychologen» zu tun, deren Karriere durch den charismatischen Einfluß von Burt (oder seiner Sympathisanten) gefördert wurde, sowie mit einer zweiten und dritten Generation, die auf ähnliche Weise von Burts früheren Schützlingen oder den Schützlingen seiner Sympathisanten beeinflußt wurden. Dies erklärt auch den gegenwärtigen Boom methodisch schwacher «soziobiologischer» oder «verhaltensgenetischer» Veröffentlichungen, in denen auf der Grundlage zwielichtiger statistischer Modelle und unrealistischer methodischer Voraussetzungen (siehe die Kritiken von Crusio, 1990; Roubertoux & Capron, 1990a, b; Schönemann, 1989, 1990, 1992, 1995; Taylor, 1980) «erbliche Eigenschaften» für eine große Palette von Verhaltensweisen verantwortlich gemacht werden.

Der vorliegende Beitrag befaßt sich mit dem Konzept der Erblichkeit sowie mit gegenwärtigen pseudowissenschaftlichen Behauptungen gewisser Psychologen zu Unterschieden zwischen sogenannten Negriden und Weißen hinsichtlich Intelligenz, Kriminalität, Geisteskrankheiten und Sexualverhalten.

Probleme bei Erblichkeitsschätzungen

Wade und Tavris (1996, S. 96–97) betonen mehrere Probleme in der Interpretation von Erblichkeitsschätzungen. Einige dieser methodischen Schwierigkeiten können auf folgende Weise zusammengefaßt werden:

Eine Erblichkeitsschätzung bezieht sich immer nur auf eine bestimmte Gruppe, die in einer bestimmten Umgebung lebt, und kann sinnvollerweise keineswegs auf andere Gruppen (als die ursprüngliche Stichprobe) verallgemeinert werden. Erblichkeitsschätzungen beziehen sich nicht auf Individuen, sondern nur auf Variationen innerhalb einer bestimmten Gruppe. Vererbbare Verhaltensmerkmale werden meist durch eine Vielzahl kombiniert wirkender Gene indirekt beeinflußt. Selbst hoch vererbbare Eigenschaften können durch die Umwelt eingehend verändert werden. So werden beispielsweise in der Medizin mehrere vererbte Krankheiten durch Umweltinterventionen erfolgreich behandelt.

Die Problematik statistischer Erblichkeitsschätzungen ist aufgrund ihrer Instabilität offensichtlich: Die Schätzungen für Intelligenz variieren erheblich von Studie zu Studie (und von Stichprobe zu Stichprobe) von 0,10 als niedrigstem bis zu 0,87 als höchstem Wert. Damit werden gleichsam die denkbaren statistischen Extreme erreicht, die sehr «niedrige» und sehr «hohe» Vererbbarkeit einschließen. Ähnliche Instabilitäten werden auch bei somatischen Eigenschaften festgestellt. So reichen zum Beispiel die Erblichkeitsschätzungen des Körpergewichts und der Körperform aus Zwillingsstudien von 25 bis 80 Prozent.

Angebliche Intelligenzunterschiede

Die Relevanz von Umwelteinflüssen für die Intelligenzentwicklung ist anhand verschiedener Studien gut dokumentiert. Dazu zählen Studien über zusammen bzw. getrennt voneinander aufgewachsene Zwillingspaare, Längsschnittstudien von Kindern, die in förderlichen Umgebungen aufgewachsen sind, und Untersuchungen langfristiger Auswirkungen kognitiver Stimulationsprogramme für Vorschulkinder. Diese empirischen Untersuchungen werden oft in Psychologielehrbüchern besprochen (z. B. Atkinson, Atkinson, Smith & Bem, 1993; Baron, Byrne & Kantowitz, 1980). Die Tatsache, daß Intelligenz und andere Persönlichkeitsmerkmale von genetischen Faktoren mitbestimmt werden, bedeutet nicht, diese Merkmale seien unveränderlich.

So sind beispielsweise schwächere Schulleistungen und niedrigere IQ-Werte bei schwarzen Ghettokindern wahrscheinlich, weil sie aus Angst vor Gewalt auf dem Schulweg oder auch aufgrund unpassender Kleidung und unzureichender Ernährung häufig nicht zur Schule kommen können oder aufgrund mangelnder elterlicher Unterstützung zu Hause sehr wenig lernen. Selbst die unerschütterlichsten und dogmatischsten Erbtheoretiker würden ihren Kindern eine hochqualifizierte formale Schulbildung nicht vorenthalten unter der Annahme, daß Intelligenz gänzlich vererbt sei und die menschlichen Fähigkeiten im Laufe der kindlichen Entwicklung von selbst zum Vorschein kämen! Obwohl in mehreren Studien Weiße höhere IQ-Werte als Schwarze erhielten, können wir diese Unterschiede keineswegs eindeutig als genetisch bedingt interpretieren, da Schwarze in bezug auf ihre Lebensumwelt drastisch benachteiligt werden. Deshalb beziehen sich mittlerweile einige Forscher vermehrt auf biologische Variablen wie die Gehirngröße, um die Minderwertigkeit der Schwarzen, hinsichtlich der Intelligenz, zu «beweisen».

Seit 1985 berichtete J. Philippe Rushton immer wieder in zahlreichen Artikeln, daß Menschen mit schwarzer Hautfarbe aufgrund ihrer Genbeschaffenheit weniger intelligent seien. Nur einige der zahlreichen methodischen Mängel seiner Arbeit werden hier diskutiert.

Seiner pseudobiologischen Schwerpunktsetzung entsprechend, verläßt sich Rushton auf Kopfumfang und Gehirngröße als Intelligenzindikatoren. In seinen frühen Veröffentlichungen werden Schädelgröße (am Kopfumfang geschätzt), Gehirngewicht und Testergebnisse als Anhaltspunkte für Intelligenzmessungen angeführt (vgl. Rushton, 1988, Tabelle 1). Dabei ersetzte er praktischerweise die Gehirngröße häufig durch die weniger genau meßbare Schädelgröße oder durch noch ungenauere mit dem Zentimetermaß vorgenommene Kopfumfangmessungen. Nur ein Teil des Schädelinhalts ist jedoch mit Gehirnmasse gefüllt. Nach einer Untersuchung von Tobias (1970) schwankt dieser Anteil zwischen zehn und 33 Prozent und verändert sich in der Regel im Laufe eines Lebens, da das Gehirn während des Alterungsprozesses gewöhnlich schrumpft. Außerdem wird die Größe des Gehirns bei Kindern durch Mangelernährung deutlich beeinträchtigt (Monckeberg, 1973). Tieruntersuchungen belegen, daß die Größe und die Struktur eines Gehirns auch durch psychologische Umweltfaktoren, wie die Komplexität der Umwelt und ihr Stimulationsgrad (vgl. Literaturübersicht bei Tobias, 1970), beeinflußt werden können. Rushton ignoriert diese methodischen Schwierigkeiten, wenn er seine zweifelhaften Schätzungen der Gehirngröße aufgrund von Kopfumfangmessungen per Zentimetermaß als «wissenschaftliche» Belege der genetisch bedingten Unterlegenheit der Schwarzen hinsichtlich der Intelligenz veröffentlicht.

Während uns Rushton (1988, 1990a, 1990b, 1991) wiederholt informiert, daß Schwarze aufgrund ihrer Gene kleinere Gehirne haben als Weiße, widersprechen die wichtigsten von ihm als Belege angeführten Studien seiner Theorie. So verleitete Rushton (1988) seine Leser beispielsweise zu der Annahme, daß eine von Tobias (1970) durchgeführte Literaturübersicht von Schädelgröße-Untersuchungen seine Theorie unterstütze. In der Diskussion der Literaturübersicht von Tobias gibt Rushton aber nur die Daten wieder, die mit seiner Theorie übereinstimmten, und versäumt, die ebenfalls angeführten Daten zu erwähnen, die zeigen, daß Kopfgröße und auch proportionale Neuronenanzahl von nordamerikanischen Schwarzen die von Franzosen, Engländern und amerikanischen Weißen übertreffen (vgl. Tobias, 1970, Tabelle 3, S. 9).

Die Untersuchungen von Rushton weisen weitreichende Ähnlichkeiten zu denen von Richard Lynn von der Universität Ulster auf (Lynn, 1993). Lynn verläßt sich auch auf äußere Kopfumfangmessungen nichtrepräsentativer Stichproben und auf alte Datenquellen, um offen über die vermeintliche Unterlegenheit von Schwarzen gegenüber Weißen und von Frauen gegenüber Männern zu spekulieren. Insbesondere schließt er aus der Lektüre und aus seiner Re-Analyse eines alten Datensets von Krogman (1970) aus den Jahrzehnten vor 1970 bezüglich physischer Merkmale bei Schulkindern von Philadelphia, daß der Kopfumfang bei Weißen größer sei als bei Schwarzen und bei Männern größer als bei Frauen. Von der Annahme ausgehend, daß zwischen Gehirngröße und Intelligenz eine signifikante Beziehung bestehe, kam er zu der Schlußfolgerung: «there should be corresponding race and sex differences in intelligence».

Sowohl Rushton (1990a, b, c) als auch Lynn (1993) haben die anthropometrischen Forschungsergebnisse von Beals et al. (1984) zur geographischen Variation der Kopfgröße als bedeutsamen Beleg der intelligenzmäßigen Unterlegenheit von Schwarzen interpretiert. So berichtete Rushton (1990b):

Beals et al. (1984, p. 306, Table 2) computerized the entire world database of 20,000 crania gathered by 1940 (after which data collection virtually ceased because of its presumed association with racial prejudice), grouped them by continental area, and found statistical differences. Sex-combined brain cases from Asia averaged 1380 cm^3 (SD = 83), Europe averaged 1362 cm^3 (SD = 35), and Africa averaged 1276 cm^3 (SD = 84).

Rushton und auch Lynn interpretierten diese Durchschnittswerte als repräsentativ für folgende drei «Rassen»-Gruppen: die Schwarzen, die Weißen und die Asiaten. Obwohl es am Anfang des Artikels von Beals tatsächlich eine Tabelle mit kranialen Durchschnittswerten für verschiedene Kontinente gibt, versäumt es Rushton, Beals' ausdrückliche Warnung an den Leser, auf derselben Seite, zu erwähnen, daß in solchen Daten (d. h. in Daten für «Rassen»-Gruppen oder für geographische Zonen) die Einflüsse der Genanlage und der Umwelt hoffnungslos zusammengewürfelt sind («if one merely lists such means by geographical region or race, causes of similarity by genogroup and ecotype are hopelessly confounded», Beals et al., 1984). Beals' Datenanalyse zeigt, daß innerhalb der «Rassen»-Gruppe die kraniale Größe je nach Klimazone variiert. So leben beispielsweise die amerikanischen Indianer in einer Vielzahl von Klimazonen und weisen entsprechend unterschiedliche Schädelgrößen auf. Indianer aus wärmeren Klimazonen haben kleinere Schädel. Dieses Muster trifft auch auf andere «Rassen»-Gruppen zu. Beals et al. (1984) zog aufgrund extensiver statistischer Analysen den Schluß, daß vermeintliche Korrelationen zwischen Gehirngröße und «Rasse» nur sekundäre Widerspiegelungen der engeren Beziehung zwischen dem Klima und der Schädelgröße sind. In der Regel werden in wärmeren Klimazonen, unabhängig von der «Rasse», kleinere Schädel gefunden. Sogar Rushtons eigene tabellarische, auf Herskovits' (1930) Monographie gestützte Zusammenfassung kranialer Daten bestätigen klar diesen Trend. In Rushtons Tabelle (Rushton, 1990b, Tabelle 2) ist die durchschnittliche Kraniumgröße nordamerikanischer Schwarzer (1622 cm^3) der der Weißen (1621 cm^3) aus vergleichbaren Klimazonen sehr ähnlich. Rushtons Tabelle zeigt auch, daß die Schädelgröße der Weißen aus wärmeren Zonen wie Kairo (1502 cm^3) der von gewissen Schwarzafrikanern ähnelt, z. B. den Masai (1508 cm^3). Erst durch das Zusammenwürfeln der Daten nordamerikanischer Schwarzer mit den Daten von Schwarzen aus Ländern innerhalb heißer Klimazonen (wo bekanntlich sehr oft Hungersnot und Unterernährung das Gehirnwachstum von Kindern hemmen) erhielt Rushton auf falschen Belegen beruhende Argumente für seine «genetischen» Postulate.

Die Rushtons und Lynns Arbeiten zugrundeliegende Prämisse, daß Intelligenz anhand Kopfumfangdaten meßbar sei, ist falsch: Die Korrelationen zwischen Kopfumfang und Intelligenz sind offensichtlich zu gering, um ersteren als Maßstab für letztere zu rechtfertigen. In dem Bemühen, den Zusammenhang zwischen Schädelgröße und Intelligenz zu belegen, zitiert Rushton (1990a) 20 Studien von verschiedenen Autoren. Die Korrelationskoeffizienten in Rushtons Liste reichen von 0,03 bis 0,35. In 15 von diesen 20 Studien waren die Koeffizienten niedriger als 0,20. Der durchschnittliche Koeffizient in Rushtons Liste liegt lediglich bei 0,18 (Cernovsky, 1991). Ein solcher Koeffizient erklärt nur 3,2 Prozent der Varianz und ist sicherlich zu gering, um einen per Zentimetermaß gemessenen Kopfumfang als einen praktischen Ersatz für IQ-Meßwerte in der Arbeitspsychologie, Schulpsychologie oder in der Klinischen Psychologie zu verwenden. Dies wäre offenbar Scharlatanerie.

Ergebnisse aus der klinischen Forschung in den letzten zwei Jahrzehnten lassen auch ganz klar darauf schließen, daß der Zusammenhang zwischen Gehirngröße und Intelligenz schwach oder sehr unzuverlässig ist. So zeigen z. B. Lorbers klinische Studien, daß manche Personen mit extrem kleiner Hirnrinde (dokumentiert anhand moderner Scanning-Techniken) hohe IQ-Werte (über 120) erreichen und außerordentlich gute akademische Leistungen an den Universitäten zeigen können (vgl. Lewin, 1980). Rushton und Lynn sind sich der Bedeutung dieser klinischen Phänomene nicht genügend bewußt, sonst würden sie den Kopfumfang als Intelligenz-Indikator nicht weiter verwenden. Es ist zudem erwähnenswert, daß Rushton (in seinem auf dem Internationalen Psychologiekongreß in Brüssel 1992 vorgetragenen Referat) explizit Kopfgrößedaten als Ersatz für Intelligenzdaten in seinen Spekulationen über die intellektuelle Unterlegenheit von Frauen aufgrund ihrer relativ kleineren Kopfgröße benutzt.

Rushtons Methoden wurden unlängst von einigen Wissenschaftlern mit Hinweisen auf Rosenthals methodische Analysen verteidigt (z. B. von Thomas Bouchard, University of Minnesota, während Diskussionen auf dem Internationalen Psychologenkongreß in Brüssel 1992), die zeigen, daß auch sehr kleine Korrelationskoeffizienten unter Umständen sehr nützlich sind. Bekanntermaßen können auch sehr geringe Korrelationskoeffizienten pragmatisch sinnvoll und wertvoll sein, z. B. in folgenden Extremsituationen, wie eingehend und brillant von Rosenthal und Rubin (1985) erklärt wurde. Sie geben folgendes Beispiel:

> Suppose that, of 20 critically ill patients in a small, randomized experiment, 10 are assigned to a treatment condition and the other 10 are assigned to a control condition. If none of the control patients survive and 3 experimental patients survive, our results will not be significant at p.05 by a chi-square (1) test or a Fisher exact test. However, we believe it is essential on scientific as well as ethical grounds that such results should be published (S. 528).

Selbst wenn in dem von Rosenthal und Rubin angeführten Beispiel nur ein Patient aus der behandelten Gruppe und keiner aus der Kontrollgruppe überlebt, würden sich dennoch die meisten von uns im Falle einer tödlichen Krankheit für die Behandlung, d. h. für eine Überlebenschance, wie gering sie auch sein mag, entscheiden. In Rosenthals Beispiel sind die zwei Alternativen ganz klar: Entweder wählen wir die experimentelle Behandlung, die möglicherweise 30 Prozent todkranker Patienten das Leben rettet, oder alle Patienten sterben ziemlich sicher. Der entsprechende Korrelationskoeffizient für Rosenthals Daten (3 von 10 in der experimentellen Gruppe überleben und keiner von 10 in der Kontrollgruppe) ist 0,42 (p<.05, einseitig). Rosenthals Daten, Methoden und Begründungen sind von hoher Qualität.

In Rushtons (und auch Lynns) Werken haben wir es dagegen mit schwachen Methoden und dementsprechend zweifelhaften Daten zu tun. Die Alternativen in diesem Zusammnehang sind klar: Entweder werden Schwarze aufgrund zweifelhafter und möglicherweise sehr irreführender Daten und schwacher Logik verleumdet (aufgrund kausaler und pseudogenetischer Interpretationen von kleinen Korrelationskoeffizienten an veralteten Daten), wie es von Rushton und Lynn intensiv betrieben wird, oder wir organisieren neue Untersuchungen, diesmal mit zeitgenössischen wissenschaftlichen Methoden, um uns bessere Daten zu beschaffen. Während Rushtons Schlußfolgerungen, falls sie falsch sind, die Sozialpolitik zu einer enormen Vergeudung menschlichen Potentials führt, rettet in Rosenthals Beispiel die experimentelle Behandlung möglicherweise die bereits todkranken Menschen, die ansonsten sterben würden.

Um weitere Belege für die angeblich genetisch bedingte geringere Intelligenz von Schwarzen zu liefern, weist Rushton (1988, 1991) auf die Arbeiten von Arthur Jensen hin. Es ist jedoch bekannt, daß Jensens Ergebnisse bezüglich «Rassen»-Unterschieden in «reaction times» (als Maß von Intelligenz) wissenschaftlich wertlos sind, da er es versäumt, seine eigenen Forschungsergebnisse zu veröffentlichen, wenn diese Resultate seinen politischen Überzeugungen (hinsichtlich der Minderwertigkeit von Schwarzen) widersprachen, und nur Daten veröffentlichte, die mit seiner Überzeugung übereinstimmen (Kamin & Grant-Henry, 1987). Jensens Erblichkeitsschätzungen hinsichtlich Intelligenz beruhen auf zu vielen Voraussetzungen, die kaum alle zugleich eintreffen können (Taylor, 1980). Im allgemeinen stehen zeitgenössische psychologische Theorien, die die Vererbung als Erklärungsmodell favorisieren, methodisch und konzeptuell auf außerordentlich schwachen Füßen (vgl. Kamin, 1981; Schönemann, 1989; Wahlsten, 1994). Gewisse statistische Anwendungen solcher Erblichkeitsschätzungen haben erwiesenermaßen absurde Konsequenzen (Flynn, 1987a). Die Intelligenzerblichkeit wird oft einseitig überschätzt. Längsschnittliche Forschungsdaten zeigen während der letzten Jahrzehnte einen allmählichen IQ-Anstieg in den technisch fortschrittlichen Ländern (z. B. in Westeuropa), wahrscheinlich als eine Folge verschiedener Umwelteinflüsse (Flynn, 1987c). Amerikanische Schwarze genießen relativ wenige dieser ökonomischen Errungenschaften, da sie durch das weitverbreitete (und von «Forschern» wie Rushton, Lynn, Jensen und Bouchard untermauerte) Vorurteil psychologisch, sozial und ausbildungsmäßig systematisch in unterlegene soziale Schichten verdrängt werden (siehe Jones, 1972). Unter diesen Umständen ist es sicher zu voreilig, anhand gegenwärtiger Daten, einseitig Erblichkeitstheorien oder Umwelttheorien in bezug auf Intelligenzentwicklung zu bevorzugen (vgl. die Diskussion in Kamin, 1981, und in Flynn, 1987a, b).

Thomas J. Bouchard von der University of Minnesota hat kürzlich berichtet, daß seine Studien über getrennt aufgewachsene Zwillinge einen starken genetischen Einfluß auf zahlreiche Persönlichkeitsmerkmale zeigen (z. B. ein Erblichkeitskoeffizient von 0,70 für Intelligenz). Es ist jedoch bekannt, daß Bouchard anderen, selbst berühmten und weltbekannten Psychologen nicht erlaubt, seine Daten zu prüfen. So hat der Psychologe Leon Kamin (der Cyril Burts Fälschungen vor zwei Jahrzehnten aufdeckte) erfolglos Bouchards Team wiederholt um eine Kopie der Daten gebeten (Fallgeschichten getrennt aufgewachsener Zwillinge), um festzustellen, ob das Ausmaß an Kontakt während der Kindheit (oder auch Ähnlichkeit der Erziehung) unterbewertet wurde (siehe Horgan, 1993). Bouchards Einstellung zeigt Parallelen zu der von Sir Cyril Burt. Wie bereits erwähnt, hat Burt seine Zwillingsdaten gefälscht, um seine persönlichen politischen Ansichten zu stützen. Als verschiedene Forscher Burt um seine Daten baten, wurden sie durch allerlei Ausreden hingehalten (z. B., daß die Daten nicht verfügbar und unkodierbar seien) oder durch Hinweise auf obskure Dokumente aus den Jahren 1900 bis 1920 irregeführt (vgl. Fancher, 1985).

Vermutlich genetisch bedingte Unterschiede in der Kriminalität

Die Hautfarbe ist zur Voraussage von Verbrechen ungeeignet, da zu wenige Menschen, gleich welcher Hautfarbe, je Verbrechen begehen. Rushtons (1990c) Zusammenfassung von Interpol-Statistiken bezeugt ganz klar, daß 99,9 Prozent der Menschen weder Mord noch Vergewaltigung noch schwerwiegende Körperangriffe begehen. Die meisten Personen, gleich welcher «Rasse», begehen keine Verbrechen.

Vom statistischen Standpunkt aus sind die Standardabweichungswerte innerhalb jeder «Rassen»-Gruppe offenbar zu hoch, um diese Gruppen als homogen hinsichtlich Verbrechensfrequenzen zu betrachten. Dementsprechend waren auch die Korrelationskoeffizienten zwischen «Rasse» und Verbrechenshäufigkeit zu gering und deshalb für die praktische Arbeit der Kriminalpolizei unbrauchbar. Die Beziehung zwischen Geschlecht und Verbrechen (Männer werden öfter als Verbrecher ertappt; siehe Monahan, 1981) ist bedeutend stärker als die zwischen «Rasse» und Verbrechen, aber die meisten Polizisten würden sich weigern, die Personen bloß aufgrund des Geschlechts (d. h. Männer) eines Verbrechens zu beschuldigen.

Unsere eigene statistische Analyse der Daten aus Rushtons Tabellen (Verbrechenshäufigkeiten für drei «Rasse»-Gruppen; Rushton, 1990c) ergibt einen durchschnittlichen Korrelationskoeffizient von nur 0,25 (Cernovsky & Litman, 1993a). Rushtons Tabellen sind jedoch methodisch verdächtig. Rushton hat willkürlich und ohne jede Erklärung eine ganze Reihe von Daten aus seiner Tabelle ausgelassen. Unsere diesbezügliche statistische Analyse (Cernovsky & Litman, 1993b) hat diese ausgelassenen Daten gemeinsam mit Rushtons veröffentlichten Daten berücksichtigt. Die Mehrheit der Ergebnisse weist nunmehr in die umgekehrte als die von Rushton postulierte Richtung und zeigt, daß die Verbrechenshäufigkeit Weißer signifikant höher als die Schwarzer ist.

Für hohe Kriminalitätsraten werden von der Bevölkerung häufig Ausländer verantwortlich gemacht. Schnapkas (1985) Studien in Deutschland zeigen jedoch, daß Ausländer, obwohl sie in Deutschland restriktiveren Gesetzen als deutsche Staatsbürger unterliegen, eine niedrigere Kriminalitätsrate aufweisen als vergleichbare Stichproben aus der deutschen Bevölkerung.

Vermeintlich genetisch bedingte Unterschiede im Sexualverhalten

Unterdrückten ethnischen Bevölkerungsgruppen wird oft vorgeworfen, ein ungezügeltes Sexualleben zu führen, zu viele Kinder zu «produzieren» und die herrschende «Rasse» durch Verführung und Promiskuität genetisch zu verunreinigen. Rushton (1988) wiederholt diese Ideen elegant in einem eigenartig pseudobiologischen Rahmen. Seine deutlich einseitige Literaturzusammenstellung ergibt – dokumentiert anhand von Daten zur Größe der Genitalien, Häufigkeit des Geschlechtsverkehrs, sexuellen Verhaltensweisen und Anzahl der Schwangerschaften (Rushton, 1988) – vermeintlich zahlreiche Belege für sowohl anatomische als auch verhaltensmäßige Unterschiede in der Sexualität der «Rasse»-Gruppen.

Im allgemeinen sind jedoch die Unterschiede in der Penisgröße zwischen weißen und schwarzen Männern gering und vieldeutig (siehe den Kommentar von Weizmann et al., 1990). So stützen sich beispielsweise Rushton und Bogaert (1987) auf Nobiles Veröffentlichung. Nach Nobile beträgt – beim erigierten Penis – die Differenz nur 0,74 cm in der Länge und nur 0,33 cm im Umfang. Wissenschaftliche Literaturrecherchen wiesen auf eine mögliche Inkonsistenz der Daten hin. So verglichen z. B. Weizmann et al. (1990) die Daten zur Penisgröße von tschechischen Rekruten (Farkas, 1971) mit denen nigerianischer Studenten (Ajami, Jain & Saxena, 1985). Die t-Tests an diesen Daten ergaben, daß die Penisse der schwarzen Gruppe signifikant länger, die der weißen Gruppe dagegen signifikant dicker im Umfang waren.

Rushtons Artikel über «Rassen»-Unterschiede im sexuellen Verhalten beinhalten gleichsam nur Informationen, die mit seiner «Rassen»-Theorie übereinstimmen. So enthält Rushtons Zusammenfassung von Fishers (1980) Vergleichen zwischen schwarzen und weißen Frauen nur Resultate, die Rushtons Theorie bestätigen. Rushton versäumt es weiterhin, Fishers Schlußfolgerung zu erwähnen, nach der im allgemeinen das Sexualverhalten von schwarzen und weißen Frauen ähnlich ist. Aus diesen Gründen kann Rushton kaum als verläßliche wissenschaftliche Quelle betrachtet werden.

Rushtons Berichte zu vermeintlichen «Rassen»-Unterschieden in der Genitalgröße enthalten Hinweise auf «ethnographische Untersuchungen» eines «französischen Armeearztes», die 1896 anonym veröffentlicht wurden und angeblich von einem Geschlechtskrankheiten-Facharzt mit 30jähriger Erfahrung stammen (Rushton, 1988; Rushton & Bogaert, 1987). Dieses anonyme Werk erwies sich jedoch als ein quasi-pornographisches Buch (vgl. Weizmann et al., 1990, 1991) voller faktischer Widersprüche. So beträgt zum Beispiel, nach der Information von Seite 56, die durchschnittliche Länge eines schwarzafrikanischen Penis 19,6 bis 20,3 Zentimeter. Dasselbe Buch beschreibt jedoch die Penislänge der Schwarzen, auf Seite 242, als mehr als 22,9 Zentimeter.

Für ernsthafte Wissenschaftler dürfte es außerdem schwierig sein, Rushtons Literaturangaben (Rushton & Bogaert, 1987) zu Nobiles Studie über die Penisgröße bei schwarzen und weißen Amerikanern nachzuprüfen. Rushton gab an, daß Nobiles Daten in der Zeitschrift *Forum: International Journal of Human Relations* aus dem Jahre 1982 veröffentlicht wurden. Es gibt jedoch keine wissenschaftliche Zeitschrift dieses Namens. Wie später geklärt wurde (vgl. Weizmann et al., 1990, 1991), hatten sich Rushton und Bogaert mit ihrem Hinweis auf Nobiles Artikel in *The Penthouse Forum* (Weizmann et al., 1991) bezogen, einem erotischen Magazin für Laien.

Rushtons Behauptungen, daß die Fruchtbarkeitsrate bei Schwarzen höher sei, steht im starken Kontrast zu den hohen Fruchtbarkeitsraten bei gewissen Gruppen der Weißen wie den nordamerikanischen «Hutterites» (eine ethnische Minderheit deutschschweizerischer Herkunft). Ebenso sind Rushtons Behauptungen zu «Rassen»-Unterschieden in der Zwillingsgeburthäufigkeit irreführend (Lynn, 1989a und b; Weizmann et al., 1990, 1991).

Vermeintlich genetisch bedingte Unterschiede bei Geisteskrankheiten

Aufgrund von Aufnahmestatistiken von staatlichen Krankenhäusern in den USA kommt Rushton (1988) zu dem irrigen Schluß, daß Schwarze häufiger geisteskrank seien als Weiße. Mitglieder aus niedrigeren sozioökonomischen Schichten sind in offiziellen staatlichen Krankenhäusern und somit in diesen staatlichen Statistiken überrepräsentiert, weil diese Statistiken die teuren privaten und vertraulicheren Behandlungsstätten nicht mit einschließen, in denen gewöhnlich nur Weiße aus der oberen sozio-ökonomischen Schicht behandelt werden. Die moderne epidemiologische Forschung in der Psychiatrie ist Rushton offensichtlich unbekannt. Wissenschaftlich gut angelegte epidemiologische Studien mit zufällig ausgewählten Stichproben finden keinen signifikanten Zusammenhang zwischen Hautfarbe und Geisteskrankheiten (lifetime prevalence data) – mit der Ausnahme von simplen Phobien (Robins et al.,

1984). Es gibt keine signifikanten Unterschiede in bezug auf schwere psychische Erkrankungen und Drogenmißbrauch (vgl. die ausführlichere Kritik an Rushtons «Forschung» bei Zuckerman & Brody, 1988). Rushtons (1988) Behauptungen zu «Rassen»-Unterschieden in der Häufigkeit der Geisteskrankheiten stützten sich offensichtlich auf eine erstaunlich inkompetente Durchsicht von Literatur.

Schlußfolgerungen

«Wissenschafliche» Belege zur Unterstützung neuer Theorien, selbst solcher, die offensichtlich absurd sind, können relativ leicht gesammelt werden. Man braucht dabei nur den in den Arbeiten von J. Philippe Rushton, Richard Lynn und Arthur Jensen verwendeten Methoden zu folgen und ausschließlich die Daten zu berichten, die mit den Hypothesen übereinstimmen. Thelen und DiLorenzo (1992) betrachten derartige selektive Datenberichte als eine Form von Betrug, weil dieses Verfahren die Beweisführung verdreht und den Fortschritt in der Wissenschaft systematisch verhindert. Veraltete Methoden, irreführende Literaturverweise auf empirische Studien und unzulässige oder offensichtlich falsche Interpretation grundlegender statistischer Prozeduren werden in gewissen akademischen Kreisen anscheinend akzeptiert, gefördert und verbreitet – zumindest solange die jeweiligen Schlußfolgerungen des «Wissenschaftlers» die privat gehegten politischen Überzeugungen stützen. So lobte zum Beispiel Hans Eysenck Rushtons Methoden in einem (später von Rushton in einer kanadischen Zeitung zitierten) Brief folgendermaßen: «There is no question in my mind that Professor Rushton has been very careful in his collection of data, in his evaluation of the data, and in his presentation of his results» (*London Free Press* vom 23. Juni 1990). Es ist dabei ernüchternd, wenn wir uns daran erinnern, daß Eysenck bereits Cyril Burts schlampige und offensichtlich gefälschte, aber politisch Eysencks eigenen Ansichten sehr nahe stehende Werke für ihre «hervorragende Qualität im methodischen Design und statistischer Verarbeitung» (vgl. Kamin, 1981) lobte. Solche pseudowissenschaftlichen Aktivitäten haben bereits einen unermeßlichen psychologischen

Schaden in den Beziehungen von ethnischen Gruppen verursacht und ihre Zusammenarbeit beträchtlich behindert. Empirische Forschung in diesem Gebiet sollte nicht anhand des privaten «Rassen»-Vorurteils, sondern anhand objektiver, methodologischer Maßstäbe beurteilt werden, z. B. nach der konzeptuellen und logischen Konsistenz der Postulate und der Qualität von Datenerhebungsmethoden und von Datenanalysen. Wichtig ist dabei auch, daß alle Daten berücksichtigt und analysiert werden, gleich ob sie den Hypothesen (und politischen Überzeugungen) widersprechen oder mit ihnen übereinstimmen.

Anmerkungen

1 Der englischsprachige Originaltext wurde von Dagmar Fecht übersetzt. Der Beitrag stützt sich zum Teil auf Beiträge des Autors auf den Jahresversammlungen der «American Psychological Association» 1992 und 1993, dem «International Congress of Psychology» 1992 und dem «International Congress on Law and Mental Health» 1992 und 1993.
2 Die Realität der «Rassen» ist eine Realität dominanter Konstruktionen. Um dies deutlich zu machen, wird der deutsche Ausdruck «Rasse» distanzierend in Anführungszeichen verwendet [Anm. d. Hrsg.].

Literatur

Ajami, M. L., Jain, S. P. & Saxena, S. K. (1985). Anthropometric study of male external genitalia of 320 healthy Nigerian adults. *Anthropologischer Anzeiger*, 43, 179–186.

Atkinson, R. L., Atkinson, R. C., Smith, E. E. & Bem, D. J. (1993). *Introduction to psychology*, 11th edition. Orlando, Florida: Harcourt Brace Jovanovich.

Baron, R. A., Byrne, D. & Kantowitz, B. H. (1980). *Psychology*. New York: Holt, Rinehart & Winston.

Beals, K. L., Smith, C. L. & Dodd, S. M. (1984). Brain size, cranial morphology, climate, and time machines. *Current Anthropology*, 25, 301–330.

Cernovsky, Z. Z. (1991). Intelligence and race: further comments on J. P. Rushton's work. *Psychological Reports*, 68, 481–482.

Cernovsky, Z. Z. & Litman, L. C. (1993a). Re-analyses of J. P. Rushton's crime data. *Canadian Journal of Criminology*, 35, 31–36.

Cernovsky, Z. Z. & Litman, L.C. (1993b). *Interpol crime statistics, race, and Rushton's racial conclusions*. Paper presented at the 19th International Congress of the International Academy of Law and Mental Health, Lisbon, June 13–17, 1993.

Crusio, W. E. (1990). Intelligent quantitative genetics: Asking the right questions. *Cahiers de Psychologie Cognitive*, 10 (6), 619–625.

Fancher, R. E. (1985). *The intelligence men: Makers of the IQ controversy*. New York/London: W. W. Norton & Co.

Farkas, L. G. (1971). Basic morphological data of external genitals in 177 healthy Central European men. *American Journal of Physical Anthropology*, 34, 325–328.

Fisher, S. (1980). Personality correlates of sexual behavior in black women. *Archives of Sexual Behavior*, 9, 27–35.

Flynn, J. (1987a). Race and IQ: Jensen's case refuted. In S. Modgil & C. Modgil (eds.), *Arthur Jensen: Consensus and Controversy* (page 221–232). New York: Falmer.

Flynn, J. (1987b). Flynn replies to Nichols. In S. Modgil & C. Modgil (eds.), *Arthur Jensen: Consensus and Controversy* (page 234–235). New York: Falmer Press.

Flynn, J. (1987c). Massive IQ gains in 14 nations: what IQ tests really measure. *Psychological Bulletin*, 101, 171–191.

Herskovits, M. J. (1930). *The Anthropometry of the American Negro*. New York: Columbia University Press.

Horgan, J. (1993). Eugenics revisited. *Scientific American*, 268 (6), 123–131.

Jones, J. M. (1972). *Prejudice and Racism*. Reading, Massachusetts: Addison-Wesley.

Kamin, L. (1981). Chapters 12 to 20, and 22. In H. J. Eysenck & L. Kamin (eds.), *Intelligence: The Battle For The Mind. H. J. Eysenck versus Leon Kamin*. London: MacMillan.

Kamin, L. J. & Grant-Henry, S. (1987). Reaction time, race, and racism. *Intelligence*, 11, 299–304.

Kamin, L. (1977). *The Science and Politics of I.Q.* Harmondsworth: Penguin Books.

Krogman, W. M. (1970). *Growth of head, face, trunk, and limbs in Philadelphia White and Negro children of elementary and high school age*. Monographs of the Society of Research on Child Development, 35, No. 136.

Lewin, R. (1980). Is your brain really necessary? *Science*, 210, 1232–1234.

Lynn, M. (1989a). Race differences in behavior: a critique of Rushton and Bogaert's evolutionary hypothesis. *Journal of Research in Personality*, 23, 1–6.

Lynn, M. (1989b). Criticisms of an evolutionary hypothesis about race differences: a rebuttal to Rushton's reply. *Journal of Research in Personality*, 23, 21–34.

Lynn, R. (1993). Further evidence for the existence of race and sex differences in cranial capacity. *Social Behavior and Personality*, 21, 89–92.

Monahan, J. (1981). *The Clinical Prediction of Violent Behavior*. Rockville, Maryland: National Institute of Mental Health.

Monckeberg, F. B. (1973). Effects of nutrition on brain and intellectual development. In F. Richardson (ed.), *Brain and intelligence* (page 207–236). Hyatsville: National Educational Press.

Robins, L. N., Helzer, J. E., Weissman, M. M., Orvaschel, H., Grünberg, E., Burke, J. D. & Regier, D. A. (1984). Lifetime prevalence of specific psychiatric disorders in three sites. *Archives of General Psychiatry*, 41, 949–958.

Rosenthal, R. & Rubin, D. B. (1985). Statistical analysis: summarizing evidence versus establishing facts. *Psychological Bulletin*, 97, 527–529.

Roubertoux, P. L. & Capron, C. (1990a). Are intelligence differences hereditarily transmitted? *Cahiers de Psychologie Cognitive*, 10 (6), 555–594.

Roubertoux, P. L. & Capron, C. (1990b). Now to the future: The heritability of IQ versus the cognitive-genetic analysis. *Cahiers de Psychologie Cognitive*, 10 (6), 715–721.

Rushton, J. P. (1988). Race differences in behavior: a review and evolutionary analysis. *Personality and Individual Differences*, 9, 1009–1024.

Rushton, J. P. (1990a). Race, brain size, and intelligence: a reply to Cernovsky. *Psychological Reports*, 66, 659–666.

Rushton, J. P. (1990b). Race, brain size, and intelligence: a rejoinder to Cain and Vanderwolf. *Personality and Individual Differences*, 11, 785–794.

Rushton, J. P. (1990c). Race and crime: a reply to Roberts and Gabor. *Canadian J. Criminology*, 32, 315–334.

Rushton, J. P. (1991). Race, brain size, and intelligence: another reply to Cernovsky. *Psychological Reports*, 68, 500–502.

Rushton, J. P. (1992). *Cranial capacity correlated with sex, rank, and race in a military sample*, Brussels, Belgium, July 19–24, 1992.

Rushton, J. P. & Bogaert, A. F. (1987). Race differences in sexual behavior: testing an evolutionary hypothesis. *Journal of Research in Personality*, 21, 529–551.

Schnapka, M. (1985). Straffälligkeit von Ausländern. Herausforderung an Kriminal- und Gesellschaftspolitik. *Theorie und Praxis der sozialen Arbeit*, 36, 427–435.

Schönemann, P. (1989). New questions about old heritability estimates. *Bulletin of the Psychonomic Society*, 27 (2), 175–178.

Schönemann, P. (1990). Environmental versus genetic variance component models for identical twins: a critique of Jink and Fulker's reanalysis of the Shields data. *Cahiers de Psychologie Cognitive*, 10 (5), 451–473.

Schönemann, P. (1992). Extension of Guttman's result from g to PCI. *Multivariate Behavioral Research*, 27 (2), 219–224.

Schönemann, P. (1995). *Totems of the IQ myth and its heritabilities: g and h2*. Paper presented at meeting of the American Association for the Advancement of Science, Atlanta, Georgia, February 19, 1995.

Taylor, H. F. (1980). *The IQ Game: A Methodological Inquiry Into The Heredity-Environment Controversy*. New Brunswick, New Jersey: Rutgers University Press.

Thelen, M. H. & DiLorenzo, T. M. (1992). Academic Pressures. In D. J. Miller & M. Hersen (eds.), *Research fraud in the behavioral and biomedical sciences* (page 161–181). New York: J. Wiley & Sons.

Tobias, P. V. (1970). Brain size, grey matter, and race: fact or fiction? *American J. Physical Anthropology*, 32, 3–25.

Wade, C. & Tavris, C. (1996). *Psychology*. 4th edition. New York: HarperCollins College Publishers.

Wahlsten, D. (1994). The intelligence of heritability. *Canadian Journal of Psychology*, 35, 244–260.

Weizmann, F., Wiener, N. I., Wiesenthal, D. L. & Ziegler, M. (1990). Differential K theory and racial hierarchies. *Canadian Psychology*, 31, 1–13.

Weizmann, F., Wiener, N. I., Wiesenthal, D. L. & Ziegler, M. (1991). Eggs, eggplants, and eggheads: a rejoinder to Rushton. *Canadian Psychology*, 32, 43–50.

Zuckerman, M. & Brody, N. (1988). Oysters, rabbits, and people: a critique of «race differences in behaviour» by J. P. Rushton. *Personality and Individual Differences*, 9, 1025–1033.

Psychologisch relevante Ansätze zur Analyse des Rassismus

Ute Osterkamp

Institutioneller Rassismus.
Problematik und Perspektiven

Rassismus als Anpassung an institutionalisierte Diskriminierungen bestimmter Menschengruppen

Der Begriff «institutioneller Rassismus» soll deutlich machen, daß rassistische Denk- und Handlungsweisen nicht Sache der persönlichen Einstellung von Individuen, sondern in der Organisation des gesellschaftlichen Miteinanders verortet sind, welche die Angehörigen der eigenen Gruppe systematisch gegenüber den Nicht-Dazugehörigen privilegieren. Indem man sich solchen Bedingungen anpaßt, die einen gegenüber anderen bevorzugen, beteiligt man sich an deren Diskriminierung, ohne daß persönliche Vorurteile im Spiel sein müssen. Ausdruck des institutionellen Rassismus ist z. B. eine Ausländergesetzgebung, die bestimmten Gruppen von Nichtdeutschen wesentliche Rechte vorenthält und diese damit im Vergleich zu den Einheimischen zu Menschen zweiter Klasse macht. Mit dem Begriff des institutionellen Rassismus verschiebt sich die Suche nach rassistischen Dispositionen der Individuen auf die Frage nach gesellschaftlich organisierten bzw. institutionalisierten Diskriminierungen bestimmter Menschengruppen, so daß sich die einzelnen in Anpassung an die gesellschaftlichen Vorgaben an diesen Diskriminierungen beteiligen, ohne sich unbedingt dessen bewußt zu sein oder dies zu beabsichtigen.

Dabei darf jedoch der Begriff des «institutionellen Rassismus», wenn er nicht verfälscht werden soll, nicht dem persönlichen Rassismus, wie dies allgemein geschieht, als unabhängige Größe gegenübergestellt werden, wobei sich die beiden Rassismen in ihrer Wirkkraft summieren sollen. Diese Sichtweise verfestigt zum einen die Vorstellung, daß die Institutionen dem Einfluß der Individuen entzogen und diese damit nicht für sie verantwortlich sind (Osterkamp, 1992, S. 742); zum anderen fördert sie die Haltung, sich weniger mit den Ursachen rassistischer Erscheinungen als vielmehr mit der Frage zu beschäftigen, welche Gruppen in der Bevölkerung ihre wesentlichen Träger sind. Rassismus wird demzufolge vorwiegend unter dem Aspekt der Schuld verhandelt, die jeder und jede möglichst von sich auf andere zu schieben sucht und weniger als ein Problem gesehen, für dessen Überwindung man selbst mitverantwortlich ist (vgl. auch Bauman, 1992).

Die Gegenüberstellung von Individuum und Gesellschaft bzw. die verbreitete Praxis, das Verhalten der Individuen unabhängig von ihrer gesellschaftlichen Position zu fassen, ist in der Trennung von Soziologie und Psychologie institutionalisiert, von der sich die eine vermeintlich nur mit «Individuen», die andere nur mit «Gesellschaft» zu beschäftigen hat. Elias und Scotson (1993) nennen eine solche Trennung eine «Denkverirrung», die sich auch nicht durch die Versicherung beheben lasse, daß man um ihre Fiktivität wisse. Sie beziehen sich dabei auf Untersuchungen, die sie um das Jahr 1960 in einer kleinen englischen Vorortgemeinde, Winston Parva, durchgeführt haben und die die Inadäquatheit der Vorstellung eines «persönlichen Rassismus» unmittelbar sichtbar werden lassen. Ich werde im folgenden auf diese Untersuchungen ausführlich Bezug nehmen, weil sie eine der wenigen sind, die das Problem der Stigmatisierung anderer nicht – in letztlich rassistischer Manier – durch Defizite persönlicher Charakterstärke oder kognitiver Kompetenz erklären, sondern, im Sinne eines institutionellen Rassismus, als gesellschaftlich nahegelegte Form der Herrschaftssicherung zu verstehen suchen.

In der von Elias und Scotson untersuchten Gemeinde bestand eine scharfe Trennung zwischen einer alteingesessenen Gruppe und Zugewanderten, die sich von den Etablierten nur dadurch unterschieden, daß sie «neu» und, da sie aus verschiedenen Gegenden kamen, auch untereinander isoliert waren. Die Zuwanderinnen und Zuwanderer wurden von den Etablierten – obwohl es sich dabei um eigene Landsleute handelte – als Bedrohung ihres über mehrere Generationen hinweg eingespielten Machtgefüges bzw. der jeweils eigenen Position innerhalb dieses Gefüges wahrgenommen, die nachdrücklich in ihre Schranken zu verweisen bzw. zur Anerkennung ihrer untergeordneten Position ihnen gegenüber zu bringen waren. Dies schien um so berechtigter, als die «Außenseiter» in ihrem Bemühen, Fuß zu fassen, offensichtlich nur ihren individuellen bzw. «egoistischen» Interessen folgten, die Etablierten sich jedoch mit der Verteidigung ihrer Machtpositionen auch als Verteidiger der herrschenden Ordnung fühlen konnten, innerhalb deren sie diese Position innehatten. Alle, die sich jenseits dieser Ordnung bewegten oder «von außen» Anspruch auf den Status der Etablierten erhoben, erschienen in deren Wahrnehmung als Eindringlinge und als «anomisch», d. h. gesetzlos, durch bloße «Machtgelüste» bzw. irrationale Aggression gegen die bestehende Ordnung motiviert, zu deren Verteidigung man sich selbst aufgerufen fühlte.

Die Auffassung, daß die jeweils eigene Ordnung die einzig mögliche ist, die sich von vornherein jeder Kritik entzieht, entsteht nicht nur spontan in den Köpfen jener, die ihre Machtüberlegenheit gegenüber «Nicht-Dazugehörigen» zu verteidigen suchen, sondern sie bestimmt auch, wie Elias und Scotson deutlich machen, das Denken in den Sozialwissenschaften. Dies zeige sich nicht zuletzt darin, daß es eine nicht zu überschauende Anzahl von Untersuchungen über «abweichendes» Verhalten gebe, ohne die geltende Ordnung, von der abgewichen wird, in die Analyse einzubeziehen. Diese würde damit stillschweigend als Maß des Moralischen erscheinen, so daß Nonkonformität als unmoralisch gilt und mit allen Mitteln zu unterdrücken ist (vgl. auch Bauman, 1992, S. 189 f; Neckel, 1991, S. 204; Wetherell & Potter, 1992, S. 155 ff).

«Rassismus» als Symptom einer ideologischen Abwehr?

Aufgrund ihrer Untersuchungen in Winston Parva formulieren Elias und Scotson auch Vorbehalte gegen den Begriff Rassismus bzw. gegen die «rassische» oder «ethnische» Begründung von Ausgrenzungen. Die Begriffe «rassisch» und «ethnisch» seien eher Symptome einer ideologischen Abwehr, welche die Aufmerksamkeit auf Nebeneffekte (wie Unterschiede der Hautfarbe) lenken und von dem zentralen Aspekt, nämlich dem der Machtunterschiede, wegführen. Was als «Rassebeziehungen» verhandelt wird, seien in Wirklichkeit Etablierte-Außenseiter-Beziehungen: Die Gruppe mit den größten Machtmöglichkeiten versucht, ihren monopolistischen Zugriff auf die Macht dadurch zu wahren, daß sie die Mitglieder anderer Gruppen von den Bastionen ihrer Macht auszuschließen und damit in die Außenseiterposition zu drängen sucht.

Eine wesentliche Waffe der Etablierten, ihre Machtüberlegenheit zu behaupten, besteht darin, die persönliche Integrität derer, die an ihren Lebens- und Einflußmöglichkeiten teilzuhaben verlangen, anzuzweifeln und diese damit zu stigmatisieren. Mit dem Begriff der Stigmatisierung heben sich Elias und Scotson bewußt von der traditionellen Vorurteilsforschung ab, welche die Voreingenommenheiten gegenüber anderen als bloß kognitive Fehleinstellung von Individuen faßt und die ihnen zugrundeliegenden Machtverhältnisse außer acht läßt. Stigmatisierungen kommen, wie Elias und Scotson betonen, ins Spiel, wenn die von der Macht Ausgeschlossenen Ansprüche formulieren, die über das Maß der ihnen zugestandenen Rechte hinausgehen; sie sind Rechtfertigungen der Beeinträchtigungen der Lebensmöglichkeiten anderer. Sie wirken, so Elias und Scotson, immer nur von «oben» nach «unten»; in umgekehrter Richtung fehle ihnen der Stachel bzw. die Macht, die anderen merklich in ihren Lebensmöglichkeiten einzuschränken.

Voraussetzung für die Wirksamkeit von Stigmatisierungen ist nach Elias und Scotson die Gleichsetzung von Macht und Verdienst im moralischen Sinn, der zufolge allen das beschieden ist, was ihnen gebührt. Der Prozeß der Stigmatisierung sei abgeschlossen, wenn es der herrschenden Klasse oder etablierten Gruppe gelungen ist, auch große Teile der von der Macht Ausgeschlossenen von ihrer menschlichen, moralischen und politischen Minderwertigkeit zu überzeugen, also dazu zu bringen, «freiwillig» ihre Lebensansprüche zurückzunehmen und sich mit dem ihnen beschiedenen Platz abzufinden bzw. ihre Situation, um ihr den beschämenden Charakter zu nehmen, als selbstgewählt zu beschönigen (Neckel, 1991). Stigmatisierungen dienen somit dazu, so auch Neckel unter Bezug auf Moore, soziale Empörung über die eigene Diskriminierung in Scham ob der eigenen Minderwertigkeit umzuwandeln, d. h., die gesellschaftlichen Einschränkungen nicht als Ursache, sondern als Folge subjektiver Beschränktheit erscheinen zu lassen. Diese Wendung der Aggressionen, die in Reaktion auf die gesellschaftlichen Repressionen entstehen, gegen die Individuen selbst ist nach Freud der zentrale Zivilisationsmechanismus, der mit der Teilhabe an den Machtmöglichkeiten der Etablierten belohnt wird. Zwischen der Ausgrenzung und der Unterwerfung unter die herrschende Ordnung gibt es in dieser Vorstellung keine Alternative.

Die These von der Notwendigkeit der Verinnerlichung äußerer Gewalt als Prototyp menschlicher Sozialisation ist von vielen Autoren, unter anderem auch von Elias, übernommen worden, der damit letztlich seinen eigenen emanzipatorischen Anspruch zunichte macht: Wie sich auf der Basis der Verinnerlichung der Normen auf der Grundlage der Angst, anderenfalls ausgegrenzt zu werden, die von ihm geforderte kritische Distanz zu den gesellschaftlichen Werten entwickeln läßt, bleibt im Dunkeln.

Ausgrenzung als Preis für Dazugehörigkeit

Stigmatisierungen sind, wie Elias und Scotson immer wieder betonen, keine individuelle, sondern eine kollektive Haltung, auf welche die Mitglieder der dominanten Gruppe mit einer äußerst wirksamen Zuckerbrot-und-Peitsche-Strategie verpflichtet werden: Dem Versprechen, bei Wahrung des Gruppenkonsenses an den ökonomischen, sozialen und politischen Möglichkeiten einschließlich des damit verbundenen Prestiges der Gruppe zu partizipieren, steht die mehr oder minder latente Drohung gegenüber, bei Ausscheren aus der gemeinsamen Front gegen diejenigen, welche das eigene Machtmonopol bedrohen, «sämtlichen Druckmitteln und Sanktionen ausgeliefert zu werden, über die ein derart geschlossener Sozialverband gegenüber nichtkonformen Mitgliedern verfügt» (1993, S. 177). Sich diesem Gruppendruck zu entziehen oder gar zu widersetzen würde ein ungewöhnliches Maß an Kraft und persönlichem Mut erfordern. So hätten auch die Angehörigen der Etablierten-Gruppe in Winston Parva es eher vorgezogen, «das kollektive An-die-Brust-Klopfen und Naserümpfen mitzumachen, mit dem der höhere Status der eigenen Gruppe (oder manchmal auch der eigenen Elitegruppe innerhalb ihrer) behauptet wurde, als ihm entgegenzutreten» (ebd., S. 108). Bemerkenswert sei allerdings die «gnadenlose Härte» und Gehässigkeit gewesen, mit der selbst Menschen, die «für sich genommen» gutherzig, vernünftig und fair erschienen, sich an den Stigmatisierungen beteiligten, insbesondere dann, wenn sie nicht als Individuen, sondern als Vertreter ihrer Gruppe sprachen und handelten (ebd., S. 172).

Die Aussichtslosigkeit der individuellen Abwehr rassistischer Unterstellungen

Die überindividuelle Qualität jeder Stigmatisierung zeigt sich nicht nur auf seiten der aktiv an ihr Beteiligten, sondern auch auf die «Opfer» bezogen: Nicht das reale Verhalten der einzelnen, sondern ihre Zugehörigkeit zur Gruppe der «Außenseiter» bestimmt das Werturteil über sie. Damit ist der Möglichkeit, dem Vorurteil durch persönliches Wohlverhalten entgegenzuwirken, von vornherein der Boden entzogen. Diese Problematik ist im Zusammenhang mit dem Antisemitismus und dem «jüdischen Selbsthaß» als seine vermeintliche Folge vielfach untersucht worden. Die widersprüchliche Botschaft der «Etablierten» an die «Außenseiter» lautet, wie Gilman (1993) am Beispiel der Juden aufzeigt: «*Werde wie wir, höre auf, dich von uns zu unterscheiden, und du wirst zu uns gehören*». Und: «*Je mehr du versuchst, zu sein wie ich, umso klarer wird mir der wahre Wert der Macht, die du mit mir teilen willst, und umso deutlicher wird mir bewußt, daß du nichts bist als ein Emporkömmling, ein Abklatsch, ein Außenseiter*» (ebd., S. 12 f). Gerade die Angleichung an das Vorbild jener, von denen man als anders klassifiziert wird, würde einen in deren Augen um so weniger akzeptabel erscheinen lassen und diese dazu bringen, die in Aussicht gestellte Billigung zurückzuziehen. Eigentlich hätte man, so Gilman, um akzeptiert zu werden, niemals ein anderer sein dürfen. Die konvertierten Juden sind dieser Auffassung nach «die schlimmsten», wurzellose Gestalten, die sich von der eigenen Gruppe losgesagt haben und von denen erst recht keine Loyalität gegenüber der Gruppe zu erwarten ist, der sie sich um billiger Vorteile willen bzw. in dem naiven Glauben anzuschließen suchen, durch äußeres Wohlverhalten ihrer prinzipiellen Mißachtung entgehen zu können.

Aus solchen Erfahrungen hat schon Lewin den Schluß gezogen, daß das Problem der Stigmatisierung bzw. die «jüdische Frage» kein individuelles Problem des guten Benehmens, sondern ein soziales Problem sei und erst überwunden sein wird, «wenn eine wirkliche Gleichrangigkeit mit dem Nichtjuden erreicht ist» (1953, S. 274). Statt den hoffnungslosen Versuch zu unternehmen, individuell der Stigmatisierung begegnen zu wollen, sei «eine klare und ohne Vorbehalte anerkannte Zugehörigkeit» zur eigenen Gruppe erforderlich sowie «ein Weitblick, der die Vergangenheit und die Zukunft des jüdischen Lebens umfaßt und die Lösung des Minderheitenproblems mit dem Problem des Wohlergehens aller menschlichen Wesen verknüpft» (ebd., S. 275).

Kritische Analyse des «Normalen» statt Ausgrenzung der Abweichenden

Die Betonung, daß Rassismus nichts mit der «Rasse» bzw. der «Andersartigkeit» der «Außenseiter» zu tun hat, sondern diese zur Rechtfertigung ihrer Ausgrenzung konstruiert, lenkt die Aufmerksamkeit auf die Situation derer, die andere als «abweichend» definieren; sie bettet Rassismus in die alltägliche Form der Daseinsbewältigung ein, die von Ausgrenzungen «Nicht-Dazugehöriger» durchzogen und der Angst vor eigener Ausgrenzung bestimmt ist. Wenn man die Möglichkeit zuläßt, daß das, was normal ist, sich nicht prinzipiell von dem unterscheidet, was als rassistisch gilt, genügt es nicht, «Rassisten» dingfest zu machen, sondern wäre vielmehr die Normalität der herrschenden Verhältnisse und das eigene Arrangement mit ihnen kritisch zu reflektieren. Statt dem vielfältigen Druck nachzugeben und die eigene Wohlanständigkeit und Kompetenz, den herrschenden Anforderungen zu genügen, zu demonstrieren, wäre vielmehr die Berechtigung von Verhältnissen zu hinterfragen, unter denen man es sich nicht leisten kann, die Problematik des eigenen Verhaltens offen zuzugeben bzw. sich, um der eigenen Ausgrenzung zu entgehen, von denen zu distanzieren genötigt sieht, die bereits ausgegrenzt sind – womit die Angst, die man auf diese Weise überwinden zu können meint, immer wieder neue Nahrung erhält. Oder positiv formuliert: Es wären die Voraussetzungen zu diskutieren, unter denen die Menschen die eigenen Fehler wie auch die der anderen nicht als Beweis ihrer Minderwertigkeit, sondern als Ansporn ihrer Überwindung sehen und es sich leisten können, dem «animalischen» Mitleid nachzugeben, statt dieses unter dem Druck der Situation immer wieder verdrängen zu müssen (vgl. Bauman, 1992).

Die Reflexion der Konsequenzen des eigenen Verhaltens – darauf bezieht sich der hier gebrauchte Verantwortungsbegriff – bedeutet, sich bzw. das, was man tut, ernst zu nehmen, nicht nur zu funktionieren, sondern das eigene Funktionieren in seiner gesellschaftlichen Einbettung zu reflektieren. Dies schließt die Durchbrechung der allgemeinen Tendenz ein, sich selbst als Verkörperung der «Norm» zu sehen und damit alle, die davon abweichen oder diese gar in Frage stellen, als inkompetent oder irrational, durch schiere Dummheit oder Aggression bestimmt, abzuqualifizieren. Die Verantwortung für das eigene Verhalten ist nur auf dem Umweg über die Verantwortung für die Verhältnisse möglich, die dieses Verhalten bestimmen; es setzt demzufolge das Bemühen bzw. den Kampf um entsprechende Einflußmöglichkeiten voraus. Die gängige Reduzierung individueller Verantwortung auf das persönliche Handeln und Fortkommen bedeutet nichts anderes als das – irreführende – Versprechen, durch Wohlverhalten gegenüber den jeweils Mächtigen, das immer die Ausgrenzung der Außenseiter aus dem eigenen Verantwortungsbereich impliziert, die persönlichen Lebensmöglichkeiten zu sichern.

Die Ideologie individueller Autonomie als Rechtfertigung von Ausgrenzung

Der ausgrenzende Charakter jeder Kategorisierung zeigt sich nicht zuletzt darin, daß die Vernachlässigung der konkreten Bedingungen individuellen Verhaltens durchaus selektiv ist: Während man das Verhalten anderer durch ihre «Eigenschaften» zu erklären pflegt, ist man beim eigenen Verhalten – zumindest dann, wenn es unterhalb der Norm bleibt – eher geneigt, die «Umstände» dafür verantwortlich zu machen (vgl. Wicklund & Eckert, 1992).

Die Ideologie von der «Autonomie» der Individuen, der zufolge diese unabhängig von ihrem konkreten Status sagen und machen können, was sie wollen, hat die Funktion, die eigenen Privilegien gegenüber weniger Bevorzugten zu verteidigen und diese möglichst auf Distanz zu halten (Lykes, 1985); sie ist keineswegs nur «ideologisch» vermittelt, sondern unter den gegebenen Bedingungen durch die Notwendigkeiten individueller Lebenssicherung aufgezwungen. Psychotherapeutinnen und Psychotherapeuten würden sich z. B. um ihre eigene Existenzgrundlage bringen, wenn sie versuchten, ihre Therapie den Lebensbedingungen und den durch diese vermittelten unterschiedlichen Handlungsmöglichkeiten ihrer Klientinnen und Klienten anzumessen, statt diese entsprechend der Anwendbarkeit ihres Instrumentariums in Behandelbare und Nichtbehandelbare einzuteilen (vgl. Wicklund & Eckert, 1992, S. 74 f).

Die Tendenz, das Verhalten der anderen auf deren persönliche oder kulturelle Eigenschaften zurückzuführen, ist offensichtlich sowohl entwicklungs- wie auch kulturbedingt. Sie steigt in westlichen Kulturen mit dem Alter signifikant an und ist bei nicht-westlichen Erwachsenen weit weniger häufig anzutreffen (Hewstone & Augoustinos, 1995, S. 84 ff). Aber auch Angehörige der «unteren Schichten» und diskriminierten Gruppen, die die beschränkenden Bedingungen unmittelbar erfahren, neigen dazu, sich bei der Einschätzung des Verhaltens anderer eher auf die konkreten Lebensumstände als auf deren vermeintliche Persönlichkeitseigenschaften zu beziehen. Der Jude ist, so Sartre, Gesellschaftsmensch par excellence, weil es die Gesellschaft ist, an der er leidet (1960, S. 180). Diese Sichtweise Sartres, die vom Leiden der Menschen an den Verhältnissen statt von ihrem Ungenügen, diesen zu entsprechen, ausgeht, ist jedoch der etablierten Psychologie weitgehend fremd. Zugleich ist es für sie klar, daß die eigene Sichtweise die entwickeltere sein muß und es denen, die auf die konkreten Umstände individuellen Verhaltens verweisen, an den kognitiven Voraussetzungen mangelt, um hinter unterschiedlichen Verhaltensweisen konstante Persönlichkeitsstrukturen zu erkennen (vgl. etwa Shweder & Bourne, 1982; Miller, 1984).

Die Illusion des «reinen Rassismus»

Wie Elias und Scotson (1993), wenn auch mit etwas anderem Akzent, stellt auch Scheuerer (1989) den Rassismus-Begriff in Frage: Indem man diesen übernehme, kultiviere man – allen kritischen Intentionen zum Trotz – den Rassegedanken und lenke von den Machtverhältnissen bzw. den sozialen und ökonomischen Gründen der gegenwärtig weit relevanteren nationalstaatlich motivierten Ausgrenzungspraxis ab. Während es heutzutage relativ wenige «klassische» Rassisten gebe, würde die nationalstaatliche Absicherung der Privilegien – über alle politischen Differenzen hinweg – von einer großen Mehrheit der Bevölkerung akzeptiert.

Dieser Einwand gegen die Verwendung des Rassismus-Begriffs geht insofern an der Realität vorbei, als Rassismus ohnehin nichts mit «Rasse» zu tun hat, sondern als Vorwand zur Rechtfertigung des eigenen asozialen Verhaltens gegenüber anderen dient, die zu diesem Zweck als «anders-» oder «abartig», d. h. «nicht ganz so entwickelt» und «nicht ganz menschlich» eingeordnet werden (vgl. Goffman, 1970, S. 13). Die Bindung des Begriffs «Rassismus» an «Rasse» birgt die Illusion eines «reinen» Rassismus, der sich in der nicht weiter begründbaren persönlichen Abneigung gegen die «Art» der anderen äußert. Wenn man diesen Begriff so eng faßt, kann man in der Tat zu der Feststellung kommen, daß es Rassismus «bei uns» nicht gibt. Die Aussage «ich habe nichts gegen Ausländer, aber . . .» ist geradezu zu einem geflügelten Wort geworden. Mit der Verkürzung des Rassismus-Begriffs auf die nicht weiter begründbare und somit irrationale Ablehnung «Fremder», die sich auch dann äußert, wenn diese angeblich eine «Bereicherung» darstellen, ist automatisch die Ausgrenzung anderer gerechtfertigt, sofern sie «vernünftig», d. h. im eigenen Interesse bzw. unter dem Druck der Situation geschieht (vgl. auch Wetherell & Potter, 1992). Dieses Denken bestimmt nicht nur Stammtischparolen, sondern das politische Denken und Handeln insbesondere in der Ausländerpolitik, die unverblümt nach der Maxime funktioniert, daß die Interessen der Zuwanderer und Flüchtlinge denen der Einheimischen unterzuordnen sind.

Statt den «Rassismus» vom «Nationalismus» zu trennen, wie dies Scheuerer vorschlägt, wäre er vielmehr als dessen implizite Konsequenz zu verdeutlichen: Die Überzeugung von der Vorrangigkeit der «deutschen» bzw. eigenen Belange gegenüber denen der Nicht-Dazugehörenden ist zwar unter den gegebenen Bedingungen «normal» und «rechtens», aber dennoch unmenschlich und spätestens dann «rassistisch», wenn man die Ausgrenzung anderer durch deren «Eigenart» zu rechtfertigen sucht, indem man etwa unter Verweis auf einzelne Übeltäter die Gruppe insgesamt kriminalisiert und damit öffentlich Stimmung gegen sie macht.

Statt die Äußerungsformen der Menschen als Indiz ihrer rassistischen Motive zu werten und zu kategorisieren, käme es, so Wetherell und Potter (1992), vielmehr darauf an, die Konsequenzen ihres Denkens und Handelns zu analysieren – eine Aufgabe, die mit dem traditionellen Instrumentarium der Einstellungsforschung kaum zu bewältigen ist und ein gründliches Umdenken wissenschaftlicher Methodik und Zielstellung erfordern würde (vgl. auch Ridley, 1995).

Rassismus: eine Gesamteinstellung anderen Menschen gegenüber?

Der Antisemitismus ist, so Sartre, eine Gesamteinstellung nicht nur den Juden, sondern den Menschen im allgemeinen gegenüber (1960, S. 113). Diese Aussage läßt sich durchaus auch für die anderen Formen der Diskriminierungen verallgemeinern: Unter der Voraussetzung, daß die Verhältnisse unveränderbar und das Arrangement mit ihnen als einzige Möglichkeit erscheinen, verkürzt sich die Sicht auf die Mitmenschen entsprechend den von ihnen zu erwartenden Vor- und Nachteilen: Wer mir nutzt, ist gut, wer mir schadet oder zur Last fällt, muß weg.

Die Verwendung des Rassismus-Begriffs für alle Formen von Ausgrenzung birgt jedoch die Gefahr, ihn um seine kritische Potenz zu bringen. «Wenn alles, was wir kennen, Auschwitz ist, ließe sich dann nicht mit Auschwitz leben, und sogar leidlich?» (Bauman, 1992, S. 101). Der Holocaust war, so Bauman, ein singuläres und zugleich ein alltägliches Geschehen, die extreme Konsequenz gesellschaftlicher Normalität. Aber nicht jeder Fall von Unterdrückung und Unrecht ist bereits ein Holocaust

(S. 101 f, 109). Wenn man jedoch von der Kontinuität der Normalität ausgeht, die zum Faschismus geführt hat, bedeutet die Betonung der möglichen Vorstufen nicht die Verharmlosung von Auschwitz, sondern bringt die Verhinderung seiner potentiellen Wiederholung in den Bereich eigener Verantwortung. Dies ist abzuheben von der herrschenden Praxis, angesichts der Verbreitetheit rassistischer Verhältnisse den Rassismus selbst zu «normalisieren» und damit zu leugnen (vgl. Osterkamp, 1996).

Die Konzentration auf die Extreme lenkt einerseits von ihren vielfältigen Vorstufen und damit von der Mitwirkung «normaler» Individuen an ihrer Realisierung ab, wie andererseits die Nivellierung der unterschiedlichen Ausmaße und Formen der Diskriminierung für die davon Betroffenen nicht akzeptierbar sein kann. Die Stigmatisierungen von Frauen, Alten oder anderen Gruppen von Menschen innerhalb einer «Volksgemeinschaft» oder Nation sind z. B. nicht mit der Haltung gegenüber jenen zu vergleichen, die offiziell als «nicht-dazugehörig» deklariert sind. Die Überzeugung, vor dem Schicksal der «Außenseiter» sicher zu sein (sofern man genügend Distanz zu ihnen wahrt und somit nicht von außen mit ihnen in einen Topf geworfen bzw. zu einer Kategorie zusammengefaßt werden kann), läßt die Verantwortung, die für die «eigenen» Leute, in wie gebrochener Form auch immer, trotz aller Ausgrenzungen noch besteht, für alle jenseits dieser Grenze gar nicht erst aufkommen. «Der Abgrund zwischen Betrachter und Betrachtetem ist», so Gilman, «in der Rassetheorie absolut, es handelt sich um eine Form der vollständigen Distanzierung. Der Andere wird weit jenseits des eigenen Raumes angesiedelt, indem man die Unveränderbarkeit seines Selbstverständnisses betont. Das Bild des Anderen, das auf diese Weise entsteht, ist die Antithese zum Selbstbild des jeweiligen Betrachters» (1993, S. 114).

Die existentielle Bedeutung der Tiefe des Abgrunds läßt sich an der unterschiedlichen Haltung der «Reichsdeutschen» gegenüber der Ermordung von «eigenen» Behinderten einerseits und «fremden» Gruppen andererseits zeigen. Während die Mehrheit der Bevölkerung der Vernichtung der Juden tatenlos zusah, gab es gegen die «Euthanasie»-Aktion, die systematische Ermordung Behinderter als «unwertes Leben» bzw. «Ballastexistenzen», durchaus erfolgreichen Widerstand. Die «Dazugehörigkeit» definiert sich offensichtlich durch eine potentiell gleiche Betreffbarkeit, die staatlicherseits bzw. «institutionell» verfügt ist: Geistig und körperlich gebrechlich kann schließlich jeder werden, während «anständige» Bürgerinnen und Bürger vor dem Schicksal der Juden, Sinti und Roma, aber auch der Kommunisten oder Homosexuellen gefeit waren – so wie man heute als Deutsche und Deutscher weitgehend davor sicher sein kann, aus der Bundesrepublik ausgewiesen oder abgeschoben zu werden. In der antisemitischen Propaganda wurde demgemäß, so Bauman, großer Wert darauf gelegt, den «Abgrund» – auch in räumlicher Hinsicht – zwischen den Juden und dem Rest der Bevölkerung möglichst tief erscheinen zu lassen. Die Botschaft lautete: «Wie hart mit den Juden auch umgegangen wird, es trifft nur diese, niemand sonst hat etwas zu befürchten» (1992, S. 139, 171). Die mangelnde Unterstützung durch die «arische» Bevölkerung erstickte für die Juden weitgehend die Möglichkeiten zum Widerstand und ließ somit die auf ihre Entwürdigung gezielten Maßnahmen erst wirksam werden – wobei die Erfahrung der eigenen Machtlosigkeit und Ausgeliefertheit die denkbar größte Entwürdigung darstellte (Neckel, 1991, S. 222; vgl. auch Kershaw, 1981).

Die etablierte Psychologie: eher Teil des institutionellen Rassismus als eine Waffe gegen ihn?

Wenn sich Sozialwissenschaftler und Sozialwissenschaftlerinnen überhaupt mit dem Thema Faschismus beschäftigten und es nicht von vornherein als «Geschichte» abtaten – durch die man zwar tief betroffen, aber für die man nicht verantwortlich und zuständig ist –, dann, wie Bauman (1992) am Beispiel der Soziologie verdeutlicht, im wesentlichen mit der Absicht, sich durch diese Erfahrung nicht weiter von den gewohnten Bahnen und «bewährten» Verfahren abbringen zu lassen. Entweder habe man das Thema Faschismus in Spezialbereiche abgeschoben oder es mit der traditionellen Vorurteilsforschung und ihren Klassifikationsschemata für abweichendes Verhalten anzugehen versucht. Der wissenschaftliche Fortschritt bestand in der Verfeinerung alter oder der Konstruktion neuer Kategorien, wobei die Frage nach der Berechtigung bzw. den Voraussetzungen sowie Konsequenzen solcher Kategorisierung von vornherein nicht gestellt wurde. Damit sei jede Möglichkeit vertan worden, einen effektiven Beitrag zur Verhinderung einer prinzipiell möglichen Wiederholung einer auschwitzartigen Katastrophe zu leisten.

Die Vorwürfe, die Bauman gegenüber der Soziologie erhebt, gelten in verschärfter Form für die etablierte Psychologie, deren Wissenschaftsverständnis nach die Berücksichtigung der gesellschaftlichen Voraussetzungen individuellen Verhaltens als professionelle Grenzüberschreitung bzw. Flucht vor den «eigentlichen» wissenschaftlichen Aufgaben erscheint. Sie erweist sich damit eher als Stütze rassistischen Denkens denn als Bollwerk dagegen (vgl. auch Wetherell & Potter, 1992). Dies ließe sich nur durch einen prinzipiellen Perspektivwechsel verhindern, dem zufolge die Menschen nicht als Objekte gesellschaftlicher Formierung, sondern als potentielle Subjekte ihrer Entwicklung gesehen werden; dies schließt die Untersuchung der vielfältigen Behinderungen individueller Lebens- und Ausdrucksmöglichkeiten ein. Statt die Verhältnisse von vornherein als unhinterfragbare Rahmenbedingungen individuellen, aber auch wissenschaftlichen Denkens und Handelns zu akzeptieren und die Individuen entsprechend ihrer «Entwickeltheit» bzw. Verwendbarkeit für die herrschenden Zwecke zu kategorisieren und sich somit an der Legitimierung der Ausgrenzung der «Nicht-Dazugehörigen» zu beteiligen, wären die Verhältnisse selbst auf ihre Berechtigung zu hinterfragen bzw. den Lebensnotwendigkeiten der Individuen anzupassen. Dieser Perspektivewechsel ist erst vollzogen, wenn er ausnahmslos allen Menschen, also auch jenen gilt, die andere ausgrenzen – schon weil die Ausgrenzung der Ausgrenzer die Grenzen zu ihnen auflöst. Der erforderliche Perspektivwechsel hat, um mit Sartre zu sprechen, die Erkenntnis zur Voraussetzung, daß es nicht genügt,

> durch Propaganda, Erziehung und legale Verbote an den *freien Willen* des Antisemiten zu appellieren. Da er, wie jeder Mensch, einen durch die Situation bedingten freien Willen darstellt, so ist es die Situation, die wir von Grund auf ändern müssen. Man muß nur die Chancen dieser Selbstbestimmung von Grund auf ändern, um die Ich-Wahl zu verwandeln. Man trifft dadurch nicht den freien Willen, aber der freie Wille entscheidet auf Grund anderer Gegebenheiten und im Hinblick auf andere Formationen (1960, S. 187).

Von dieser Einsicht sind die Sozialwissenschaften zur Zeit jedoch noch weit entfernt. Im Gegenteil: Allen, die die gesellschaftliche Dimension individuellen Handelns in die Debatte zu bringen suchen, droht der Ausschluß aus dem Kreis der «Etablierten» bzw. der «scientific community». Spätestens dann, wenn sie die Veränderung der gesellschaftlichen Verhältnisse als Voraussetzung der Veränderung individuellen Verhaltens hervorheben, werden sie als politisch gleich unwissenschaftlich stigmatisiert. «Reine» Wissenschaft wie «wirkliches» Können besteht traditionellem Verständnis nach offensichtlich in dem Kunststück, die Probleme zu managen, ohne die realen Bedingungen, die sie verursachen, zu berühren.

Die Illusion, daß man, sofern man sich nicht in «die Politik» einmischt und den Dingen ihren Lauf läßt, überparteilich und damit «wissenschaftlich» ist, enthebt «etablierte» Wissenschaftler offensichtlich von vornherein der Notwendigkeit, die Konsequenzen ihres eigenen Tuns und Forschens zu reflektieren. Solange aber die gesellschaftlichen Voraussetzungen und Folgen des eigenen Handelns außerhalb der Diskussion bleiben, ist man nicht an Erkenntnis, sondern an der Absicherung der eigenen Position interessiert, für die die Ausgrenzung anderer der Preis ist.

Literatur

Bauman, Z. (1992). *Dialektik der Ordnung. Die Moderne und der Holocaust*. Hamburg: Europäische Verlagsanstalt.
Elias, N. & Scotson, J. L. (1993). *Etablierte und Außenseiter*. Frankfurt: Suhrkamp.
Gilman, S. L. (1993). *Jüdischer Selbsthaß. Antisemitismus und die verborgene Sprache der Juden*. Frankfurt: Jüdischer Verlag.
Goffman, E. (1970). *Stigma. Über Techniken der Bewältigung beschädigter Identität*. Frankfurt: Suhrkamp.
Hewstone, M. & Augoustinos, M. (1995). Soziale Attributionen und soziale Repräsentationen. In U. Flick (Hrsg.), *Psychologie des Sozialen. Repräsentationen in Wissen und Sprache* (S. 78–99). Reinbek bei Hamburg: Rowohlt.
Kershaw, I. (1981). Alltägliches und Außeralltägliches: ihre Bedeutung für die Volksmeinung 1933–1939. In D. Peukert & J. Reulecke (Hrsg.), *Die Reihen fast geschlossen. Beiträge zur Geschichte des Alltags unterm Nationalsozialismus* (S. 273–292). Wuppertal: Peter Hammer.

Lewin, K. (1953). *Die Lösung sozialer Konflikte*. Bad Nauheim: Christian.
Lykes, M. B. (1985). Gender and individualistic vs. collectivist bases of notions about the Self. *Journal of Personality, 53*, 356–383.
Miller, J. G. (1984). Culture and the development of everyday social explanation. *Journal of Personality and Social Psychology, 46*, 961–978.
Neckel, S. (1991). *Status und Scham. Zur symbolischen Reproduktion sozialer Ungleichheit*. Frankfurt/New York: Campus.
Osterkamp, U. (1992). Antirassismus: Weitere Fallstricke und Problematisierungen. *Argument, 195*, 733–745.
Osterkamp, U. (1996). *Rassismus als Selbstentmächtigung*. Berlin/Hamburg: Argument.
Ridley, C. R. (1995). *Overcoming Unintentional Racism in Counseling and Therapy. A Practioner's Guide to Intentional Intervention*. London: Sage.
Sartre, J. P. (1960). Betrachtungen zur Judenfrage. In Ders., *Drei Essays*. Frankfurt: Ullstein.
Scheuerer, F. (1989). Der mühsame Abschied vom Rassedenken. *Informationsdienst zur Ausländerarbeit, 4*, 61–66.
Shweder R. A. & Bourne, E. J. (1982). Does the concept of person vary crossculturally? In A. J. Norsello & G. M. White (eds.), *Cultural Conceptions of Mental Health and Therapy* (S. 97–137). Boston: Reidel Publishing.
Wetherell, M. & Potter, J. (1992). *Mapping the language of racism. Discourse and the legitimation of exploitation*. New York: Columbia University Press.
Wicklund, R. A. & Eckert, M. (1992). *The Self-Knower. A hero under control*. New York: Plenum.

Klaus Ottomeyer

Psychoanalytische Erklärungsansätze zum Rassismus. Möglichkeiten und Grenzen

Wenn wir die neuere psychoanalytische Diskussion über Rassismus anschauen, die u. a. Antworten auf die rechtsextreme Gewalt und rechtspopulistische Demagogie im wiedervereinigten Deutschland und Europa der 90er Jahre zu geben versucht, so fällt deren bruchstückhafter Charakter ins Auge. Plausible Thesen und einzelne beeindruckende Fallgeschichten stehen eher unverbunden nebeneinander. Mir scheint ein Bezug auf Rudolph Loewenstein weiterzuhelfen, dessen in den 40er Jahren entstandenes Buch «Psychoanalyse des Antisemitismus» (1968) im Vergleich zur Theorie vom «autoritären Charakter» (Adorno u. a., 1969) wenig verbreitet wurde. Bei Loewenstein heißt es an einer Stelle:

> Es ist sonderbar, daß die Juden in den Augen der Antisemiten so viel Disparates und Widersprüchliches darstellen konnten. Bald erschienen sie ihnen entfernt und fremd, bald so nah und ihnen selbst zu ähnlich, daß sie kein Mittel fanden, um sie zu erkennen. Bald betrachtete man sie als mächtig und gefährlich, bald als schwach und verachtenswert. Manchmal vertreten sie das Böse, andere Male das menschliche Gewissen. All dies ist austauschbar, sogar gleichzeitig anwendbar. Insgesamt verleiht man ihnen eine Rolle in all den Konflikten, die das Ich des Menschen bedrängen. Im Konflikt des Ichs mit der äußeren Realität kann der Jude als mächtig und bedrohlich auftreten; im Konflikt des Ichs mit dem Es kann e das Böse, die Triebe vertreten, die man unterdrücken muß; im Konflikt des Ichs mit dem Über-Ich wird Israel als ein altes Volk gesehen, das seinem Gott durch die Jahrhunderte von Leiden und Verfolgungen hindurch treu geblieben ist und dank seiner moralischen Qualitäten überlebt hat. Die traditionelle Identifikation der Juden mit dem Volk der Bibel, mit den Propheten, mit den in den Evangelien geschilderten Ereignissen und mit Christus selbst verbindet sie ganz natürlich mit dem Gewissen, mit dem Über-Ich (1968, S. 154).

Das Freudsche Modell, nach welchem das Ich eine Art Dreifrontenkrieg gegen das Über-Ich, das Es und die Realität zu führen hat, der es oft überfordert und nach Entlastung suchen läßt, vermag uns auch zu helfen, verschiedene psychologische Erscheinungsformen des Rassismus zu ordnen und besser zu verstehen. Der folgende, durch eine Graphik unterstützte Systematisierungsversuch sollte aber das «szenische Verstehen», die irritierende Begegnung mit den wirklichen rassistischen Lebensäußerungen um und in uns nicht erschlagen. Es werden zunächst die Bedrohung durch die Realität, dann die durch das Über-Ich und schließlich die durch die bedrohlichen Es-Impulse behandelt.

Äußere Realität

Gesteigerter Rassismus oder Ethnozentrismus ist auch eine Antwort auf bedrohliche Verschiebungen in der äußeren Realität. Die Angst vor dem Fremden setzt sich aus «neurotischer Angst» sowie «Gewissensangst» einerseits – welche auf ungelöste innere Konflikte verweisen – und aus «Realangst» andererseits zusammen, mit der das Ich auf schmerzhafte und gefährliche Reize und Konstellationen in der Außenwelt antwortet. In unserem Fall sind dies vor allem reale Konkurrenzverhältnisse und ökonomische Trends. Befürworter der Integration haben diesen Aspekt mit Hilfe psychologisierender Argumente in den letzten Jahren oft abgewertet. In die «Überzähligkeitsangst» (Jean-Paul Sartre) des modernen und postmodernen Subjekts, das u. a. von struktureller Arbeitslosigkeit und weltweiter Überbevölkerung betroffen ist, gehen beide Aspekte ein. In ihrer globalen Standortpolitik spielen die großen Unternehmen mehr denn je Bevölkerungen gegeneinander aus. Staatliche «Sparpakete» und Abbau von Sozialleistungen schüren Absturz- und Verarmungsängste. Auf dem Wohnungsmarkt entsteht eine reale, kapitalistisch hergestellte und genutzte Konkurrenz zwischen den weniger zahlungskräftigen Teil-Populationen. Und das Argument, daß die Inländer an den unattraktiven Arbeitsplätzen, auf denen Migranten arbeiten, sowieso nicht interessiert seien, stimmt in Zeiten der Arbeitslosigkeit und verschärfter «Zumutbarkeitsregelungen» immer weniger.

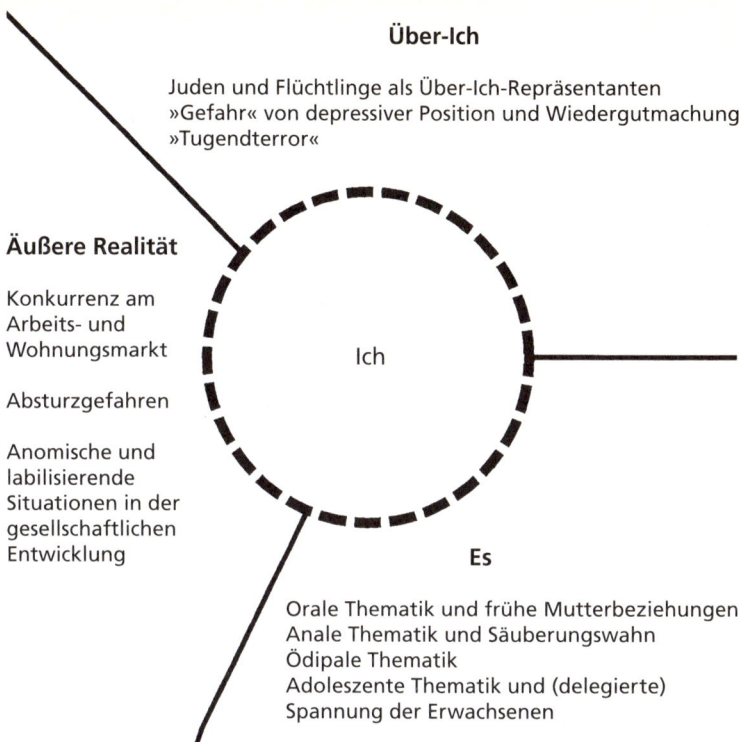

Der «Dreifrontenkrieg» des Ich und Aspekte des Rassismus

Die gelassene Toleranz derjenigen, die hier reflexartig von «Milchmädchenrechnungen» reden, dürfte selbst eine gelungene Abwehrleistung darstellen, die es ihnen erspart, über ihren privilegierten Status in den Konkurrenzverhältnissen nachzudenken. Damit ist auch noch der narzißtische Gewinn verbunden, sich in Abgrenzung zu den Ausländerfeinden als eindeutig guter Mensch fühlen zu dürfen. Zilian (1995) vergleicht diese Position mit den Passagieren auf dem luxuriösen Oberdeck eines nach Amerika fahrenden Dampfers, die beim Anblick von auf Flößen treibenden Schiffbrüchigen laut rufen, daß auf dem ziemlich dicht belegten Unterdeck noch genug Platz für alle sei. Die Realangst in den Konkurrenzverhältnissen tendiert dazu, die Bedrohung zu personalisieren, weil unsere Affekte sich schwer an abstrakte, kapitalistische Strukturen heften können. Insbesondere wenn vom Kapital, das die Menschen in Konkurrenz setzt, nicht (mehr) geredet werden darf, werden Angst und Aggression an Personengruppen festgemacht, in deren Bild sich dann Züge von realen Konkurrenten schwer entwirrbar mit wahnhaften Elementen mischen. Auch im alten antisemitischen Rassismus verkörperte der Jude u. a. die ökonomische Bedrohung durch eine sich immer gnadenloser ausbreitende Geldwirtschaft und die Konkurrenz. Rassistische und rechtspopulistische Demagogen schaffen es, gerade dieses Potpourri von neurotischer Angst (bzw. Gewissensangst) und Realangst herzustellen und aufzukochen.

Die Bedrohungen durch die gesellschaftliche Realität können hier nicht weiter ausgeführt werden. Es sollte aber ein Hauptaugenmerk auf labilisierenden und regressionsfördernden Situationen liegen. Die älteren Theorien vom «autoritären Charakter», welche sich den Rassisten als einen von der (niedergehenden) patriarchalischen Familie in der Kindheit geprägten Radfahrertyp vorstellten, der nach oben buckelt und nach unten tritt, hatten den situativen Einfluß und unser aller Fähigkeit, unter Anomie und Orientierungsverlust zu kindlicher Gehorsambereitschaft und Bestrafung Schwächerer zu regredieren (Milgram, 1974; Haney, Banks & Zimbardo, 1973), sicherlich unterschätzt (vgl. die ausführliche Kritik von Wacker, 1979). Bettelheim (1956) schrieb nach den Erfahrungen des Nationalsozialismus und seinen Erlebnissen im Konzentrationslager: «Ich mußte einsehen, daß die Umwelt den Menschen in seiner Persönlichkeit sozusagen umkrempeln kann, und zwar nicht nur das kleine Kind, sondern auch den reifen Erwachsenen» (S. 22).

Über-Ich-Aspekte

Bereits Freud hatte im *Unbehagen in der Kultur* einen Zusammenhang zwischen einem überfordernden christlichen Über-Ich und dem Antisemitismus hergestellt.

> Nachdem der Apostel Paulus die allgemeine Menschenliebe zum Fundament seiner christlichen Gemeinde gemacht hatte, war die äußerste Intoleranz des Christentums gegen die draußen Verbliebenen eine unvermeidliche Folge geworden; den Römern, die ihr staatliches Gemeinwesen nicht auf die Liebe begründet hatten, war religiöse Unduldsamkeit fremd gewesen, obwohl die Religion bei ihnen Sache des Staates und der Staat von Religion durchtränkt war. Es war auch kein unverständlicher Zufall, daß der Traum einer germanischen Weltherrschaft zu seiner Ergänzung den Antisemitismus ausrief (Freud, 1930, S. 243).

Loewenstein weist darauf hin, daß das Judentum als Repräsentant des «Gesetzes» gehaßt wird. Hitler hielt bekanntlich die Zehn Gebote überhaupt für eine jüdische Erfindung zur Unterdrückung der germanischen Völker. Die Vorgänge sind denen ähnlich, die in der psychoanalytischen Verwahrlosungsforschung beschrieben wurden (vgl. Aichhorn, 1957; als neueren Überblick Heinemann, Rauchfleisch & Grüttner, 1992). Auch der Verwahrloste hat ein Über-Ich, es ist aber so streng, fragmentarisch und sadistisch, daß das Ich es sich mit heftigen Abwehrmanövern vom Leibe zu halten versucht, zu welchen u. a. die Stilisierung der Opfer zu Tätern oder zu Leuten, die «auch nicht ganz unschuldig» waren, gehört. Es kam nicht zur Bildung eines «ich-syntonen» Über-Ich. Sentimentale Über-Ich-Anfälle, z. B. als moralischer Kater, in bezug auf einzelne «rührende» Situationen oder Individuen sind dabei durchaus Teil des Systems. Der Antisemitismus im Nachkriegsdeutschland und Nachkriegsösterreich ist immer mehr ein Anti-Über-Ich-Antisemitismus geworden, ein «Antisemitismus nicht trotz, sondern wegen Auschwitz» (Diner, 1987, zit. nach Bohleber, 1992b, S. 12).

> Aus der nationalen deutschen Perspektive erscheinen die Juden als Störenfriede. Sie erinnern und gemahnen an die Verbrechen und stehen einer naiven und ungebrochenen Identifizierung mit der nationalen deutschen Geschichte im Wege. Als Objekte des Antisemitismus werden Juden zum schlechten Ge-

wissen der deutschen Kultur und Deutsche auf der anderen Seite zum Opfer verfolgender Täter. Durch Projektion und Schuldumkehr stellen die Verfolger sich selbst als Verfolgte dar. Vergebung und Versöhnung wird durch die Nachkommen der Täter aktiv eingefordert. Wenn dies nicht wie vorgesehen gelingt, beklagt man sich, daß es immer noch Menschen gebe, die nicht vergeben könnten. Das antisemitische Stereotyp des ‹rachsüchtigen, nicht vergebungsbereiten Juden› taucht wieder auf (Bohleber, 1992b, S. 12ff).

Auch die aktuelle Aggression gegen Flüchtlinge und Asylanten («Scheinasylanten») richtet sich wesentlich gegen sie als Menschen, die uns an die Gebote unseres Über-Ich erinnern. Solange vergewaltigte bosnische Frauen und verletzte Kinder, Gefolterte und Bedrohte aus Ländern mit Terrorregimes jenseits der Grenzen bleiben und nur via Bildschirm zu uns sprechen, wird ihr Leid und unsere prinzipielle Hilfsverpflichtung oftmals noch anerkannt. Gegenüber denen, die im Land sind, dominiert die Betrugs- oder Simulationsvermutung. Die Kräfte, die unsere Verpflichtung aus den Über-Ich-Resten außer Kraft setzen wollen, liegen gewissermaßen auf der Lauer: Jede Geschichte von in der Fremdenunterkunft stehengelassenen Speiseresten, von weggeworfenen Kleiderspenden oder vom großen Auto, das ein Flüchtling fährt, wird zum Anlaß genommen, in die Offensive und Empörung überzugehen und die Unterstützungsverpflichtung aufzukündigen. Besondere Aggressionen richten sich gegen die Helfer, welche die Möglichkeit einer kontinuierlichen, nicht bloß anfallsartigen Gewissensfunktion vor Augen führen. In Österreich sind es u.a. Flüchtlingshelfer, gegen die sich der Terror der Briefbomben von rechts richtet.

Der rechte Populismus, etwa eines Jörg Haider, verbündet sich heute mit einem Verwahrlosungstrend und einer Anti-Über-Ich-Aggression, die in die (post-)moderne Erlebnis- und Konsumgesellschaft eingebaut sind. Er tritt im Gegensatz zum traditionellen spießigen und sinnlich zugeknöpften Rechtsextremismus und Faschismus eher heiter, sinnlich und genußorientiert auf. Das Recht auf unbefangenen Genuß und «Ende der Umerziehung» wird wie ein Menschenrecht vorgetragen. «Die Alliierten», die nach dem Zweiten Weltkrieg den Deutschen und (abgemildert) den Österreichern eine Auseinandersetzung mit den Nazi-Greueln aufnötigten, erscheinen wie lästige Elternfiguren, die sich zusammengetan haben, um den Heranwachsenden die Lebensfreude zu nehmen. In Österreich ist 1995 von Jörg Haider und von Journalisten wie dem ehemaligen ORF-Intendanten Bacher ein neues Feindbild entworfen worden: der «Tugendterror». Dieser wird z. B. von den Aktionisten der Plattform «S.O. S. Mitmensch», von Journalisten, Künstlern, Pädagogen, Kirchenleuten und Politikern repräsentiert, die an die Verbrechen des Nationalsozialismus erinnern und sich für Ausländer einsetzen.

Der rassistische und rechtspopulistische Umgang mit den Ansätzen des eigenen Über-Ich läßt sich als die Vermeidung der seelischen Aktivitäten beschreiben, die Melanie Klein «Wiedergutmachung» und als Vorstufe hierzu «depressive Position» genannt hat (man braucht kein Anhänger der psychoanalytischen Entwicklungspsychologie von Melanie Klein zu sein, wenn man ihre Terminologie zur Beschreibung von Verwahrlosungsphänomenen benutzt). Wie Evelyn Heinemann (1992) in ihrer Arbeit mit gewalttätigen Jugendlichen gezeigt hat, tendieren diese dazu, in Situationen, in denen sie andere verletzt haben, schuldig geworden sind, zunächst mit allen Mitteln an jener primitiven Position festzuhalten, die Klein als die «paranoid-schizoide» beschrieben hat. Das Individuum projiziert die eigene Aggressivität in das Objekt, kann die eigene Ambivalenz, den Täter- oder Mittäterstatus nicht ertragen. Es ist «nur gut», das Objekt «nur böse». So wie die frühe Mutter bei Klein in zwei Teile, die gute und die böse Mutter zerfällt, wird die soziale Welt in einen nur guten Teil und einen nur bösen Teil aufgespalten. Solange das Ich nicht die Fähigkeit entwickelt, die aggressiven, gierigen Anteile auch als eigene wahrzunehmen, innezuhalten und hierbei einen Teil der Aggression gegen sich selbst zu wenden, d. h. die «depressive Position» im Sinne von Klein einzunehmen, wähnt es sich in einer Welt von Verfolgern und Verschwörern. Diese Art von Weltbild ist für Verwahrloste wie für Rassisten charakteristisch.

> Aggression wandelt sich in Schuldgefühl, wenn die Fähigkeit zur Integration guter und böser innerer Bilder erreicht ist, das Ertragen des Ambivalenzkonfliktes möglich ist, denn nun richtet sich Aggression gegen ganze Objekte und damit auch gegen die guten Anteile. Aus dem Schuldgefühl entsteht der Drang, den Schaden wiedergutzumachen. Nach Klein ist es wahrscheinlich, daß depressive Angst, Schuldgefühle und die Wiedergutmachungstendenz nur

dann erlebt werden, wenn Liebesgefühle für das Objekt die destruktiven Regungen überwiegen (Heinemann, Rauchfleisch & Grüttner, 1992, S. 30).

Die Idee der «Wiedergutmachung» gegenüber den Verfolgten des Nazi-Regimes erscheint in der rechten Rhetorik ja als eine besondere Perfidie von Juden und Umerziehern. Loewenstein hatte darauf hingewiesen, daß die Nazis zur Vorbereitung des Zweiten Weltkriegs und der rassistischen Verfolgung den Deutschen erst die Schuldgefühle und Nachdenklichkeit nehmen mußten, die sie in bezug auf ihre Täterschaft im Ersten Weltkrieg noch hatten. Die paranoide Rhetorik um die «Dolchstoßlegende», den «Schandvertrag» von Versailles (der ja wirklich Ungerechtigkeiten beinhaltete) und die antisemitische Konstruktion zerstörten die Ansätze zu differenzierteren Über-Ich-Funktionen und zur Reflexion, die bereits da waren.

> Das Manöver war simpel und hatte doppelten Effekt: die Juden wurden für die Niederlage verantwortlich. Die Naziführer schrieben ihnen die Nöte der Nachkriegszeit zu und übertrugen auf sie die den Deutschen eigenen Schwächen. Der Deutsche war niemals im Unrecht, dem jüdischen Einfluß war alles zu verdanken. Hervor trat das deutsche Volk, der Schande, der Verantwortungen und der Gewissensbisse ledig (Loewenstein, 1968, S. 51).

Wichtige Techniken zur Außerkraftsetzung des Über-Ich werden auch durch Witz und Humor zur Verfügung gestellt. Der Witz verschafft nach Freud uns dadurch Euphorie, daß er mit seinen Assoziations- und Überraschungseffekten das Über-Ich punktuell außer Kraft setzt, die Zensur unterläuft und dem Ich so einen «Hemmungsaufwand» gegen lustvollverbotene Impulse erspart (Freud, 1905). Der neuere Rassismus fällt im Gegensatz zur NS-Propaganda dadurch auf, daß er weniger triefend ernst als vielmehr im Gewande des Witzelns und Verhöhnens daherkommt. Nach dem Bombenattentat im burgenländischen Oberwart, bei dem 1995 vier Männer aus einer Roma-Siedlung in die Luft gesprengt wurden, wurde in Österreich folgender Witz erzählt: ‹Kennst du schon die neue Nationalhymne der Burgenländer? – Arrivederci Roma!› Die Jugendzeitschrift der Österreichischen Neo-Nazis Anfang der 90er Jahre hieß *Gäck* und war als ein gegen Lehrer und Moralisten gerichtetes Witzblatt aufgemacht. Juden- und Türkenwitze wurden 1995 durch solche ergänzt, in denen man über fliegengewichtige, weil verhungerte Äthiopier und Menschen aus Ruanda lachen durfte. Folgende «Scherzfrage» stammt vom italienischen Rechtspopulisten Umberto Bossi: «Wenn ein Lombarde mit einem Süditaliener und mit einem Schwarzen auf einem Turm steht, wen von beiden stößt er zuerst in die Tiefe? – Den Süditaliener. Warum? Zuerst die Pflicht und dann das Vergnügen» (vgl. Berghold & Ottomeyer 1995).

Im Gegensatz zu den meisten Witzen, die Freud behandelt hat, und im extremen Gegensatz zum jüdischen Witz, in dem das befreiende Lachen sich auch auf die Erzähler und Hörer selbst bezieht, geht der rassistische Witz immer auf Kosten anderer. Wenn der Humor nach Freud den «Triumph des Narzißmus über die Welt» darstellt, das Auffliegen zu einer Vogelperspektive, aus der die Probleme der Realität und unsere Ängste klein werden – wie beim Gefangenen, der montags zur Hinrichtung geführt wird und den Kommentar abgibt: Die Woche fängt aber gut an! –, so ist der minderheitenfeindliche Humor eigentlich eine infantile oder Verfallsform des Humors, die mit einer primitiven narzißtischen Position und Form der Angstbewältigung einhergeht. Das Überlegenheitsgefühl wird durch den Sturz des anderen hergestellt. Über die «tendenziösen Witze» schreibt Freud: «[...] die Technik dieser Witze ist oft recht ärmlich, ihr Lacherfolg ein ungeheurer» (a. a. O., S. 97).

Es geht darum, «die Lacher auf seine Seite zu ziehen». Die vielbewunderte «Brillanz» von minderheitenfeindlichen Politikern – von Franz Josef Strauß über Haider bis zu Le Pen – besteht im wesentlichen in einer, manchmal noch alkoholunterstützten, «Anwerbung» des Publikums zur Aggressionsabfuhr bei sukzessiver Zertrümmerung des Über-Ich: Dieses wird gewissermaßen durch die Lachsalven sturmreif geschossen.

Antirassistische Praxis in Politik und Pädagogik gerät wahrscheinlich dann in eine Sackgasse bzw. auf ein Abstellgleis, wenn sie auf die eigentümliche Vitalität, Witzigkeit und Euphorie der modernen rechten Bewegungen nur mit einem noch größeren moralischen Zeigefinger und überlegenem historischen Wissen antwortet. Ihre Repräsentanten werden dann als Teil des lästigen Über-Ich abgewehrt und verspottet. Die Rassisten haben heute den Rückenwind des gesellschaftlichen Hedonismus. Nur wenn wir neben der klaren moralischen Bewertung von Übergriffen selbst auch verbale Gegenprovokation und Lust an der Auseinandersetzung riskieren, kann es zu Lernprozessen kommen.

Es-Impulse

Im Konflikt des Ich mit dem Es werden Juden, Ausländer und Fremde auf vielfältige Weise zu Containern für ungeliebte libidinöse, aggressive und narzißtische Regungen. Man kann relativ zwanglos der psychoanalytischen Phasenlehre folgen, um die verschiedenen Projektions-, Spaltungs- und Abwehrtendenzen, die in der ethnozentrischen und rassistischen Rhetorik in erstaunlicher Regelmäßigkeit eine Rolle spielen, zu rekonstruieren.

Orale Thematik und frühe Mutterbeziehung

Die orale, säuglingshafte Gier und der Drang nach unmäßiger, «kannibalistischer» Einverleibung von Objekten, die im Zuge des Zivilisations- und Disziplinierungsprozesses durch protestantische Ethik (Max Weber), durch Individualisierung und durch die «Verhöflichung» der Sitten (Norbert Elias) dem westlichen Subjekt immer peinlicher wurden, wurden schon früh auf die Angehörigen der kolonisierten Völker und die Juden projiziert. Der angebliche Kannibalismus der Indianer und Schwarzen rechtfertigte die Gold- und Beutegier der Eroberer. Selbstverständlich sind die Wilden, denen Robinson Crusoe, der frühe Held des bürgerlichen Besitzindividualismus, auf seiner Insel begegnet und aus deren Mitte er Freitag, seinen späteren Diener, errettet, die wüstesten Kannibalen. Die Konfrontation mit ihren gräßlichen Speiseresten läßt Robinson Crusoe zutiefst erbeben und für die nächste Gelegenheit einen Feuerüberfall auf die fremde Gruppe planen, der ein wahres Massaker wird. Kannibalismus oder abgemildert: das Essen von uns liebgewordenen, dem Verzehrtabu unterliegenden Haustieren ist Juden, Zigeunern, Italienern («Katzelmachern») immer wieder vorgeworfen worden.

Der moderne oder postmoderne Kapitalismus hat den kulturimmanenten Normenkonflikt zwischen Asketismus in der Produktion, bei der «Vermögensbildung» etc. und Konsumismus im Freizeitbereich (u. a. ablesbar an der steigenden Privatverschuldung) noch beträchtlich verschärft. Die Stimulierung der oralen Gier ist ökonomisches Prinzip. Der Konsum von warenförmigen Nahrungs- und Genußmitteln, Alkohol, Entspannungshilfen aller Art sichert ganze Wirtschaftszweige und ist vielen der abhängigen Konsumenten zunehmend peinlich, wie u. a. die wiederum käuflichen Fitness- und Diätwellen anzeigen. Das Bild vom faulen, oralen Säugling, der sich nur versorgen lassen will, wird auf die Ausländer projiziert, die sich «auf unsere Kosten mästen», als Flüchtlinge in Fremdenpensionen oder der «sozialen Hängematte» herumliegen und überhaupt nicht arbeiten. Sie stellen eine Haupt- und Sonderform der «Sozialschmarotzer» dar. Auch der «Wirtschaftsflüchtling», der tatsächlich «für wenig Arbeit viel Geld» haben möchte (eigentlich ein selbstverständliches Element jeder Lohnarbeiter-Identität), gehört in diese Reihe.

Dagegen erscheinen wir Inländer als Inbegriff des asketischgestählten Arbeitsmenschen. Jörg Haider hatte Lech Walesa als einen Vertreter des typischen Polen und «schon mehr breit als hoch geworden» bezeichnet. Er selbst stilisiert sich zum «Schutzpatron aller Fleißigen und Anständigen» im Lande. In bezug auf die Juden gab es in der Nazi-Propaganda schon ähnliche Projektionen. Juden wurden als dick und gierig dargestellt. In Kärnten reden die «Deutschkärntner» über den slowenischen Teil der Bevölkerung typischerweise so: «Sie haben eh schon alles und wollen immer mehr.» Mit der Projektion der oralen Gier vermengt ist ein Neid auf die jüngeren Geschwister, die als unmäßig und besser versorgt phantasiert werden. Jacob H. Arlow hat ausgehend von der zunächst nur absurd erscheinenden Ritualmordunterstellung und Kindesmordphantasie im Antisemitismus gezeigt, daß hier der Quäl- und Vernichtungsimpuls gegenüber den «Nachgekommenen» genau denen angelastet wird, denen er ursprünglich gilt.

> Im Leben der meisten Menschen sind die neugeborenen jüngeren Geschwister die ursprünglichen unwillkommenen Gäste, die die Eintracht zerreißen. Sie sind die Fremden, die zu akzeptieren das Kind erzogen werden muß. Diese gewünschte Akzeptanz ist aber niemals ganz erfolgreich und frei von Kon-

flikten. Wir kennen die schreckliche Gewalt, die sich in den sogenannten «Verbrechen aus Leidenschaft» äußert. Um wieviel gewaltsamer und primitiver sind die Phantasien der unreifen älteren Geschwister, die zurückgedrängt wurden und aus der Gnade gefallen sind? Für sie ist der jüngere Bruder oder die jüngere Schwester ein Fremder, der nicht dazugehört und kein Recht hat, hier zu sein. Das Neugeborene soll dahin zurückkehren, woher es gekommen ist, so die Empfindung der Älteren. Alles war in bester Ordnung, bevor der Säugling kam. Er ist der Grund für alle Unruhe. Wenn wir ihn loswerden, wird alles wieder in Ordnung sein. Der Säugling kann sich nicht richtig benehmen. Er spricht nicht unsere Sprache, und wenn er damit anfängt, redet er nur Unsinn. Er liegt nur da, wird versorgt und gefüttert. Er selbst tut nichts für sich. Alles muß für ihn getan werden. Er ist gierig und will alles haben, auch die ungeteilte Aufmerksamkeit der Mutter. Er liegt da und wartet, daß alle zu ihm kommen, ihn bewundern und anbeten (Arlow, 1992, S. 1129).

Der Hilflose und «Arme», um den sich Medien und Betreuer kümmern, wird um seine Mittelpunktstellung beneidet. In der «Österreich zuerst»-Kampagne eines Jörg Haider wurde der Ausländer und Flüchtling wie ein verwöhntes Geschwister konstruiert, das von Vater Staat und Mutter Gesellschaft viel mehr bekommt als die «normalen Österreicher».

Unter Ausschluß der Fremden, so zeigt Bohleber, kann sich der Ethnozentrismus oder Rassismus in eine «präambivalente Verschmelzung» mit einem mütterlichen Objekt, symbolisiert als die nur gute eigene Nation, hineinsteigern.

Der Nationalismus organisiert ein quasi-religiöses «ozeanisches Gefühl» (S. Freud), in dem eine «Schiefheilung» früher Trennungskonflikte möglich wird.

Bohleber berichtet von einem jugendlichen Patienten, der gegenüber der realen mächtigen Mutter einen massiven Ablösungs- und Ambivalenzkonflikt hat, bei dem er vom – entwerteten – Vater keinerlei Unterstützung bekommt.

Folgender Ausschnitt aus einer Behandlungsstunde zeigt, wie Peter das innere Phantasieobjekt ‹Deutschland› zur Abwehr von Trennungsängsten und von unerträglich erscheinenden Gefühlen des Ausgeschlossenseins benutzt. Er spricht davon, wie er sich nach dem Ende der vorangegangenen Stunde ‹abgeschnitten› fühlte. Er sah den nächsten Patienten kommen und empfand dies als unfair. Eine starke Sehnsucht überkam ihn, statt in die Schule nach Hause zur Mutter zu fahren. Es sei ihm bewußt geworden, daß die Therapie eine Kraftquelle geworden ist, wie er sie immer suche. Vor allem wenn er sich so schwach und abgeschnitten fühle, entstehe diese Sehnsucht. Dann höre er Musik. Stammt das Lied von einer deutschen Gruppe, fühle er sich ‹angeschlossen und verbunden›, die Stärke der Gruppe gehe auf ihn über. Hier wird sichtbar, daß Peter durch die Introjektion starker, guter, ‹deutscher Objekte› die Trennung vor allem von der präödipalen Mutter rückgängig zu machen sucht. Indem er ein Teil dieses idealisierten Objekts ‹Deutschland› ist, gehört er dazu und kann nicht mehr ausgestoßen werden. In seiner Liebe zu Deutschland erlebt er Vereinigung und Verschmelzung mit der Mutter wieder und kann seine Ausstoßungsängste, Kleinheits- und Schwächegefühle projektiv auslagern und an Ausländer und Asylsuchenden festmachen. Sie sind es dann, die ausgestoßen werden sollen. ‹Ausländer raus!› Diese Parole stimuliert ihn und entspricht genau seinen Gefühlen. Ausländer und Asylanten sind andererseits diejenigen, die eine Trennung vollzogen haben. Sie haben ihre Heimat verlassen und verkörpern ein Stück Autonomie, das er selbst nicht besitzt. Im Haß auf sie bekämpft er projektiv eigene Entwicklungsmöglichkeiten. Durch ihre Entwertung wehrte er den Neid ab (Bohleber 1992a, S. 700).

Anale Thematik und Säuberungswahn

Bereits die Nazis hatten es geschafft, ihre Gegner, insbesondere die Juden, als Schmutz und übelriechendes Ungeziefer zu konstruieren und ihre eigene Aggression und den Sadismus als eine notwendige Säuberungsaktion zu legitimieren. Deutschland sollte «judenrein» werden. In den Propagandafilmen wurden Bilder von in KZs zusammengepferchten, verdreckten Juden mit denen von Ratten zusammengeschnitten. Aus Reinigungsanlagen kam Gift. Der Säuberungswahn gehört untrennbar zum rassistischen und ethnozentrischen Syndrom; man denke an die «ethnischen Säuberungen» im ehemaligen Jugoslawien.

Norbert Elias hat in seinem Werk *Über den Prozeß der Zivilisation* (1969) gezeigt, daß das Verstecken und Kontrollieren der Ausscheidungen in der Genese des neuzeitlichen «homo clausus» ein ziemlich mühsamer und anstrengender Vorgang war. Mit der Lockerung der Reinlichkeitsdressur in der Kindererziehung, die vielerorts nach dem Zweiten Weltkrieg eingetreten ist, haben sich offenbar die Triebspannungen um das Anale herum und ein damit verbundener Selbsthaß des modernen Subjekts kaum abgebaut. Trotz beständiger Desinfizierung der Körper und unmittelbaren Lebensräume muß es ein tiefsitzendes Gefühl vom eigenen Schmutzigsein und von der produzierten Verschmutzung geben, das auf Entsorgung über «Container» und Sündenböcke wartet. Die Brandanschläge von Rostock wurden in Fernsehinterviews von biederen Anwohnern damit legitimiert, daß rumänische Flüchtlingskinder und vielleicht auch Erwachsene öffentliche Räume als Toiletten benutzt hätten. Flüchtlinge werden von Behörden mit großer Regelmäßigkeit so untergebracht, daß Abfall und Schmutz um sie herum viel sichtbarer werden als bei den Inländern. So kann man die anale Aggression noch systematisch fördern.

Der Psychoanalytiker Robert Heim hat den Säuberungswahn, ausgehend von aktuellen Ereignissen, ausführlicher untersucht. Dahinter liegt für ihn eine grundlegende narzißtische Problematik und verunsicherte Identität.

‹Sind die täglichen Ausscheidungen des Körpers noch ein Teil von mir oder nicht?› ist eine Frage, die nicht nur das kleine Kind umtreibt und seine Identitätsbildung entscheidend bestimmt; sie wird gerade für die Phantasiebildungen des unbewußten Trieblebens nie ein für allemal gelöst sein. Ich-Identität ist umgeben von einer Hülle des Körper-Ich, und wo diese Hülle mit ihren Öffnungen, Pforten und Grenzen durchlässig wird, oder gar nicht recht geschaffen werden kann, droht eine Verwechslung von innen und außen. Borderline-Syndrome und Psychosen sind hiervon nur extreme klinische Zustandsbilder. Diese Überlegungen können vielleicht deutlicher machen, warum in Phasen biographischer und gesellschaftlicher Identitätskrisen (die manchmal ‹von außen› induzierten Borderline-Situationen ähneln) die anale Aggressivität so auffällig hervortritt (Heim 1992, S. 725).

Die Schmutz- und Säuberungsmetaphern in bezug auf die Fremden sind vielleicht noch gefährlicher als die oralen Bilder vom versorgten und verwöhnten Säugling, weil sie mit einer höhergradigen Dehumanisierung des bekämpften Objekts verbunden sind. Im oralen Bild ist hinter dem Fremden noch ein Mensch oder Geschwister sichtbar, und es reicht vielleicht, wenn die Verwöhnung eingestellt und die Versorgung (wieder) auf die Inländer umgelenkt wird. Im analen Bild geht es um rücksichtsloses Hinausfegen, Ausbrennen eines Schädlings und Krankheitserregers. Die sadistische Befriedigung bei der Verletzung und Zerstörung von menschlichen Körpern wird auf diese Weise vor dem Über-Ich versteckt.

Die Aufmerksamkeit gegenüber Schmutz- und Säuberungsbildern in der politischen Rhetorik kann nach den Erfahrungen in diesem Jahrhundert als eine Art Frühwarnsystem für die Gefahren von Vertreibung und Verfolgung dienen. Nachdem z. B. in Österreich Jörg Haider seine Gegner bereits vor einigen Jahren als «rote und schwarze Filzläuse» bezeichnet hatte und seine eigene Bewegung als «Schädlingsbekämpfungsmittel» anpries, versprach er im Wahlkampf 1995, er werde im Falle seines Machtantritts Österreich «ausmisten». Die Fans schenkten ihm daraufhin eine Mistgabel nach der anderen, das Bild vom Ausmisten wurde auf den Wahlveranstaltungen mit zunehmender Begeisterung aufgegriffen. Wenig später kam das Amateurvideo aus einer geschlossenen Versammlung ehemaliger Waffen-SS-Mitglieder in die Medien, in welchem Haider die versammelten alten Herren als «anständig» gebliebene Idealisten und Vorbilder für die Jugend lobte. Schmutzfinken, «Jauchewerfer» und schließlich «Schmeißfliegen der Diffamierung» waren wiederum die Kritiker.

Die phallische und ödipale Thematik

Bei Bedarf fungieren die Vertreter der fremden Gruppen oder «Rassen» auch als Container für bedrohliche Sexualität bzw. als gefährliche ödipale Rivalen, die es auszuschalten gilt. Mit stereotyper Regelmäßigkeit zieht der Penis des Fremden die Aufmerksamkeit der «Inländer» auf sich. Bereits Freud hatte in der Fallstudie über den «Kleinen Hans» vermutet, daß der «Kastrationskomplex» verbunden mit Phantasien, die um den beschnittenen Penis des Juden kreisen, die «tiefste Wurzel des Antisemitismus» sei (Freud 1909, S. 36). Der Jude wird abwechselnd als halb kastriert, weil beschnitten, und als überpotent, d. h. als jemand, der die Kastration überstanden hat, phantasiert. Hitlers «Mein Kampf» ist voll von Bildern der Juden, die nur darauf warten, deutsche Frauen und Mädchen zu schänden und den Volkskörper zu verseuchen.

Die Heimat ist dabei als Mutter in einem ödipalen Drama anzusehen. Der Fremde ist der mächtige Rivale, der sie vergewaltigen, in sie eindringen will. Wilhelm Reich zitiert aus einer Goebbels-Broschüre:

‹Wenn jemand deine Mutter mit der Peitsche mitten durchs Gesicht schlägt, sagst du dann auch: Danke schön! Er ist auch ein Mensch!? Das ist kein Mensch, das ist ein Unmensch! Wieviel Schlimmeres hat der Jude unserer Mutter Deutschland angetan und tut es ihr heute noch an! Er hat unsere Rasse verdorben, unsere Kraft angefault, unsere Sitte unterhöhlt und unsere Kraft gebrochen [...] Der Jude ist der plastische Dämon des Verfalls [...] [er] beginnt sein verbrecherisches Schächtwerk an den Völkern› (zit. nach W. Reich, 1933, S. 93).

Das Eindringen des Fremden, des Ausländers wird als Penetration erlebt, das eigene Eindringen in fremdes Territorium löst eine sexuelle Euphorie aus, die oft genug mit realen Vergewaltigungsaktionen einhergeht.

Der oder die Fremde ist oftmals erotisch interessanter als der «Artgenosse mit Heimcharakter». Nicht umsonst gab oder gibt es als Gegenstück zum «röhrenden Hirsch» in vielen deutschen Schlafzimmern die halbentblößte Zigeunerin als Ölbild oder Farbdruck. Die sexuelle Spannung ist seit den Zeiten Wilhelm Reichs in unserer Gesellschaft wohl kaum kleiner geworden. An die Stelle eines einfachen patriarchalischen Unterdrückungsmodells mit entsprechenden Verlaufsformen des ödipalen Konflikts ist mittlerweile ein verwirrendes Nebeneinander von kommerzieller, medialer und verbaler Dauerstimulierung der Sexualität und AIDS-Angst, von Befreiungsversprechen, genitaler Leistungsangst und Geschlechterkrieg getreten. Die bedrohlichen Seiten unserer Sexualität werden einseitig den Ausländern angelastet. Vor ihren Übergriffen müssen die Frauen und Kinder geschützt werden. Dabei ist, wie der überwältigende Ausländerinnen-Anteil an den Barmädchen und Tänzerinnen und die mit männlichem Publikum ausgebuchten Flüge nach Thailand und anderswo zeigen, das erotische Interesse an den Menschen mit der etwas anderen Hautfarbe gewiß kein einseitiger. Wechselseitig dürften auch die Ungeschicklichkeiten und Aufdringlichkeiten bei der Annäherung zwischen den Geschlechtern sein, über welche bei uns immer nur im Zusammenhang mit den ausländischen Männern berichtet wird. Im Wahlkampf 1995 ließ Jörg Haider in seinen Reden und Interviews mehrere vorbestrafte und dennoch nicht abgeschobene Vergewaltiger und Drogenhändler aus dem Ausland aufmarschieren. Der Höhepunkt der Haiderschen Feindbildverdichtung war (im TV-Duell mit Wolfgang

Schüssel) ein Serbe mittleren Alters, der trotz Vorstrafen als angeblich arbeitsunfähiger Frühpensionist in Österreich lebt, eine sehr hohe Rente bezieht und trotzdem noch mehrere Kinder gezeugt hat. Der politisch geschürte Potenzneid in bezug auf die Ausländer kommt im Stereotyp von ihrer größeren Kinderzahl, angesichts deren die Inländer «auszusterben» drohen, zum Ausdruck.

Adoleszente Thematik

Die sexuelle Problematik setzt sich als ein Aspekt der Identitätsbildung in der Adoleszenz fort. Ganz anders als in der Ordnungsinszenierung, die die Nazis den Jugendlichen anboten – deutlich sichtbar etwa in dem frühen Propagandafilm «Hitlerjunge Quex» – treten heutige Neonazis und die Jugendlichen in ihrem Umfeld betont locker, triebhaft und obszön auf. Das Geleitwort der erwähnten Jugendzeitschrift *Gäck* endet mit dem Gruß: «Ski Heil und fette Broite!» Eine phallische Protzerei und Männlichkeitsbekundung steht im Mittelpunkt.

Wie E. H. Erikson (1969) mit seiner Gegenüberstellung von «Ich-Identität» und «Identitätsdiffusion» angesprochen hat, kommen in der Adoleszenz bei den Jugendlichen zahlreiche Ängste vor dem Zerfall, dem Sich-Auflösen, Nicht-Genügen von Identität auf. Auf der anderen Seite steht der Wunsch nach einer abgegrenzten, für sich selbst und andere spürbaren Identität als Mann oder Frau, in der die Teilaspekte von Identität aus Vergangenheit und Gegenwart, Familie, Gruppe und beruflicher Zukunft neu ausbalanciert und zusammengefügt werden. Dieses Projekt der «Ich-Identität» ist im gelungenen Fall reflexiv. Im ungünstigsten Fall kann es zur Bildung einer Art «Dennoch-Identität» kommen, in der Zweifel und Reflexion untergepflügt und die sich abgrenzende Identität, z. B. als «ganzer Mann», als «Deutscher» etc. überbetont wird.

Zygmunt Bauman (1995) hat von einem neuen «Tribalismus» gesprochen, der in der potentiell überfordernden Identitätssituation der Postmoderne eine Marktlücke füllt. Nachdem die großen Identitätsentwürfe und traditionellen Leitbilder einem extremen Pluralismus der Identitätsangebote gewichen sind, befindet sich der einzelne – zuerst in der Adoleszenz, aber auch an späteren biographischen Stationen – in der Situation eines Bastlers, der sein Identitätsprojekt selbst zusammenbauen muß, wobei ihm auf den gesellschaftlichen «Baumärkten» die verschiedensten Teilstücke und Einbauteile vorgefertigt angeboten werden, aber an den Klebeflächen nicht unbedingt gut zusammenpassen. Insbesondere wenn die Ressourcen Geld, Bildungsabschlüsse, Aufstiegschancen für die Anschaffung der Bauelemente fehlen, liegt die Versuchung nahe, das komplizierte Bastelprojekt wegzuwerfen und die Identität durch eine einfache und stützende Zugehörigkeit in einem der neuen «Stämme» zu stabilisieren. Dabei mag es beruhigend sein, daß die Jugendlichen mit den Stammeszugehörigkeiten und Geschlechtsrollenentwürfen teilweise noch durchaus spielerisch und experimentell umgehen. Sie sind prinzipiell noch zur «Selbstintervention» fähig. «Rassismus» wird ebenso ausprobiert wie «Satanismus» oder etwas anderes. Das Erschrecken der Erwachsenen vor den «satanischen Masken» (Zilian, 1995) gehört dazu. Wenn diese nicht gleich davonlaufen oder ausschließlich moralisch reagieren, besteht eine gute Chance, daß die Masken nicht fest an die Gesichter anwachsen.

Wie Nadig (1993) festgestellt hat, besteht ein Problem unserer «heißen» (auf steter Umwälzung der Produktivkräfte und Lebenswelten beruhenden) Gesellschaft darin, daß es keine verbindlichen Initiationsrituale mehr gibt, die wie in den «kalten», wirklich tribalen Gesellschaften den Jugendlichen den Übergang in die Rollen des Erwachsenen und die Rolle des «richtigen Mannes» ermöglichen. Nachdem auch die Väter als alltägliche Vorbilder weitgehend ausgefallen sind und Bundeswehr, Führerscheinprüfung, das Einrichten des ersten Bankkontos mit eigenem Geld oder der erste Drogenrausch diese Funktion nur unzureichend und zufällig erfüllen, organisieren immer mehr Jugendliche die Initiationsrituale selbst. Gewalt und Mutproben gehören dazu. Das Aushalten von Horrorvideos in der Gruppe ist im Vergleich zur Jagd auf Ausländer noch harmlos.

Die Zugehörigkeit zu einer rassistischen Gruppierung ist auch geeignet, die in der Adoleszenz aufkommenden (und auch die Erwachsenen immer wieder beunruhigenden) Ängste und Wünsche in bezug auf die Perfektheit und Vollständigkeit des eigenen Körpers zu beruhigen. In der französischen Verwahrlosungsforschung hat man in den 70er Jahren von einer «Dysmorphophobie» (Angst vor Mißgestaltetheit) gesprochen, die Jugendliche zu dissozialen Handlungen treiben kann. Fast alle Jungen und Mädchen fühlen sich während des Wachstums zeitweise zu dünn, zu dick, kurzbeinig, unrein usw. Die Angst, «darauf sitzenzubleiben», läßt sich leicht in die Verletzung und Verfolgung von anderen wenden, die als körperlich minderwertig angesehen werden. Auch der Besitzer eines dicklichen, nicht so schönen Körper kann sich in der entsprechenden Ausstattung und Gruppenaktion als Angehöriger einer körperlich überlegenen, auserwählten Rasse fühlen.

Es geht um die Kompensation narzißtischer Wunden, die auch der Medienkult um den makellosen, erotischen Körper immer wieder aufreißt. In einer österreichischen Provinzhauptstadt stand ein junger Mann aufgrund nationalsozialistischer Wiederbetätigung vor Gericht, der seit dem 11. oder 12. Lebensjahr wegen eines Herzfehlers beim Sport nicht mitmachen durfte und Klassenaußenseiter war. Die Mitgliedschaft in einer Schüler-Burschenschaft, die unter dem Einfluß zweier Enkel von prominenten Nazi-Großvätern stand, war für den Jungen wahrscheinlich eine wichtige Stütze. Eine ihrer Aktivitäten war es, Parkbänke mit der Aufschrift «Nur für Arier» zu versehen.

Aus Gründen der Umfangbegrenzung wird die lebenszyklische Betrachtung von Trieb- und Identitätsspannungen hier abgebrochen. Seit Erikson wissen wir, daß es Identitätskrisen gibt, die für das Erwachsenenalter und die Altersphase typisch sind. Ein Aspekt sind sicher Vitalitätsangst, Vitalitätsneid und Wut über den Verlust der Mittelpunktsstellung (z. B. im Erwerbsleben) bei vielen Älterwerdenden. Das kann sich sowohl gegen Ausländer als auch gegen Jugendliche richten. Die Jugendlichen sind oftmals ihrerseits eine Art Container für Enttäuschung und Delegierte für die narzißtische Wut der Älteren, von denen man sich dann wieder distanzieren kann. Rechte Jugendliche und Ausländer werden gegeneinander gehetzt und bieten der «Katastrophilie» (Peter Sloterdijk) frustrierter Erwachsener ein interessantes Schauspiel. Ausnahmsweise haben hier die «Böhsen Onkelz» recht: «Ihr könnt uns nicht zerstören, denn wir sind ein Teil von euch!»

Schlußbemerkung

Rassistische Bewegungen und ihre Führer vermögen auf der gesamten Klaviatur der Bedrohungen und Spannungen zu spielen, welche die Realität, das Über-Ich und das Es für ein geschwächtes Ich bereithalten. Das Ich, dessen Grenze in unserer Graphik mit durchbrochener Linie eingezeichnet ist, mag aus verschiedenen Gründen und an verschiedenen Punkten geschwächt sein. Es kann eine frühe Prägung im Sinne einer «Borderline-Störung» oder des «autoritären Charakters» wirksam sein, es können eine Vielzahl anderer Persönlichkeitsstörungen vorliegen, und/oder es können aktuelle gesellschaftliche und situative Faktoren zu einer Schwächung und Grenzverunsicherung des Ich führen. Die großen und kleinen rechten Führer spüren mit einem geradezu mütterlichen Instinkt und narzißtischer Sensibilität die Gemengelage von Defiziten, die in ihrem jeweiligen Publikum vorherrscht, und bieten eine «Schiefheilung» durch ihren nationalen Glauben und die rassistische Gruppendynamik an (Goldmann, Krall & Ottomeyer, 1992).

Literatur

Adorno, Th. W. u. a. (1969). *Der autoritäre Charakter* (Bd. 1 und 2). Amsterdam: de Munter.
Aichhorn, A. (1957). *Verwahrloste Jugend*. Bern: Huber.
Arlow, J. A. (1992). Aggression und Vorurteile: Psychoanalytische Betrachtungen zur Ritualmordbeschuldigung gegen die Juden. *Psyche, XLVI, 12*, 1122–1132.
Bauman, Z. (1995). *Ansichten der Postmoderne*. Hamburg: Argument.
Berghold, J. & Ottomeyer, K. (1995). Populismus und neuer Rechtsruck in Österreich im Vergleich mit Italien. In R. Sieder, H. Steinert & E. Talos (Hrsg.), *Österreich 1945–1995* (S. 314–330). Wien: Verlag für Gesellschaftskritik.
Bettelheim, B. (1965). *Aufstand gegen die Masse*. München: Szczesny.
Bohleber, W. (1992a). Nationalismus, Fremdenhaß und Antisemitismus. Psychoanalytische Überlegungen. *Psyche, XLVI, 8*, 689–709.
Bohleber, W. (1992b). Antisemitismus als Gegenstand interdisziplinärer Erforschung. In W. Bohleber & J. S. Kafka (Hrsg.), *Antisemitismus* (S. 11–19). Bielefeld: Aisthesis.
Elias, N. (1969). *Über den Prozeß der Zivilisation* (Bd. 1 und 2). Bern: Francke.
Erikson, E. H. (1969). *Identität und Lebenszyklus*. Frankfurt: Suhrkamp.
Freud, S. (1905). *Der Witz und seine Beziehung zum Unbewußten* (Studien Ausgabe, Band IX). Frankfurt: Fischer.

Freud, S. (1909). Analyse der Phobie eines fünfjährigen Knaben (Studien Ausgabe, Band IX). Frankfurt: Fischer.

Freud, S. (1930). Das Unbehagen in der Kultur (Studien Ausgabe, Band IX). Frankfurt: Fischer.

Goldmann, H., Krall, H., Ottomeyer, K. (1992). Jörg Haider und sein Publikum. Eine sozialpsychologische Analyse. Klagenfurt: Drava.

Haney, C., Banks, C. & Zimbardo, P. (1973). Interpersonal dynamics in a simulated prision. *International Journal of Criminology and Penology*, 1, 82–93.

Heim, R. (1992). Fremdenhaß und Reinheit – Die Aktualität einer Illusion. Sozialpsychologische und psychoanalytische Überlegungen. *Psyche*, XLVI, 9, 710–729.

Heinemann, E., Rauchfleisch, U. & Grüttner, T. (1992). *Gewalttätige Kinder*. Frankfurt: Fischer.

Loewenstein, R. M. (1968). *Psychoanalyse des Antisemitismus*. Frankfurt: Suhrkamp.

Milgram, S. (1974). *Das Milgram Experiment*. Reinbek bei Hamburg: Rowohlt.

Nadig, M. (1993). Die Ritualisierung von Haß und Gewalt im Rassismus. In F. Balke u. a., *Schwierige Fremdheit* (S. 264–284). Frankfurt: Fischer.

Reich, W. (1933). *Massenpsychologie des Faschismus*. Kopenhagen/Prag/Zürich: Verlag für Sexualpolitik.

Wacker, A. (1979). Zur Aktualität und Relevanz klassischer psychologischer Faschismustheorien. In G. Paul & B. Schoßig (Hrsg.), *Jugend und Neofaschismus* (S. 105–137). Frankfurt: EVA.

Zilian, H. G. (1995). *Satanische Masken – Jugend und Rechtsorientierung*. Graz: Büro für Sozialforschung.

Siegfried Jäger

Zur Konstituierung rassistisch verstrickter Subjekte

Wie und wodurch lassen sich Menschen im Diskurs über Einwanderung, Flucht und Asyl rassistisch verstricken? Obwohl dies eine strikt psychologische Fragestellung zu sein scheint, stütze ich mich in den folgenden Ausführungen nicht auf die traditionelle psychologische Theoriebildung, sondern ich knüpfe letztlich an diskurstheoretische Überlegungen von Michel Foucault an, wie sie in den vergangenen Jahren insbesondere von Jürgen Link und im Anschluß daran von mir selbst weiterentwickelt und in empirischen Untersuchungen zum Thema Rassismus erprobt und weiter ausdifferenziert worden sind.[1] Ein wichtiger Stellenwert kommt dabei auch tätigkeitstheoretischen Überlegungen zu, die ich mit einigen Foucaultschen Gedanken in Verbindung gebracht habe und die eng mit dem Namen Alexej N. Leontjew verbunden sind (vgl. Jäger, 1993a; Leontjew, 1982).

Um meine These, daß es die Diskurse über Einwanderung, Flucht und Asyl in den Medien, in der Politik und im Alltag sind, die zu mehr oder minder starken rassistischen Verstrickungen nahezu aller Subjekte in der Bundesrepublik Deutschland geführt haben und weiterhin führen, genauer begründen zu können, sind einige Vorüberlegungen unerläßlich.

Diskurs und Diskursanalyse: eine Skizze

Unter Diskurs verstehe ich den «Fluß von Wissen durch die Zeit». Mit Wissen ist dabei keineswegs so etwas wie Wahrheit gemeint, auch nicht etwa nur zeitweilig als wahr geltendes Wissen, sondern alle Arten von

Für-wahr-Gehaltenem oder Für-richtig-Gehaltenem, von Gewußtem, von Bewußtseinsinhalten also insgesamt.[2] Dieser Fluß von Wissen wird von den miteinander sprechenden und kooperierenden Menschen global sehr ungleichzeitig aufrechterhalten und mehr oder minder schnell und differenziert verändert. Bei allen Unterschieden sind die Diskurse in jeweiligen, wie auch immer voneinander abzugrenzenden, sozialen und geographischen Räumen mehr oder minder stark strukturiert und «fest», also geregelt (im Sinne von konventionalisiert bzw. sozial). Das gilt für die Formen der Äußerungen wie auch für deren Inhalte, die in jeweiligen Gesellschaften, wenn auch nicht gerade kanonisch vorgegeben, so doch sozial relativ stabil sind. Das in den Diskursen jeweils Gesagte ist zugleich tendenziell dasjenige, was gesagt und getan werden kann, ohne wegen der Verletzung dieses Gebots sanktioniert werden zu müssen. Hier sind die Grenzen selbstverständlich fließend.

Foucault interessierte sich besonders für die Diskursebene der (Human-)Wissenschaften. Nach meiner Vorstellung hat sich Diskursanalyse aber auch den Diskursebenen der Medien, der Literatur, der Politik oder der Erziehung und des Alltags anzunehmen.

Der gesellschaftliche Gesamtdiskurs setzt sich in jeder Zeit aus einer Vielzahl von Themen zusammen, die meist eng miteinander verwoben, analytisch aber meist recht deutlich voneinander abzugrenzen sind. Solche thematisch abgrenzbaren Teile des Diskurses kann man sich – etwas bildlich gesprochen – als Diskursstränge vorstellen; etwa als den Diskursstrang über Einwanderung, Flucht und Asyl, über Frauen, über Gesundheit etc. Spricht ein einzelnes Subjekt ein solches Thema an, reproduziert es ein Diskursfragment dieses Diskursstrangs.

Stark vereinfacht läßt sich dieser «Fluß von Wissen durch die Zeit» – der aus der Vergangenheit kommend, die Gegenwart prägt und die Zukunft (mit-)bestimmt – auch graphisch darstellen (Abb. 1).

Die verschiedenen Diskursstränge sind eng miteinander verflochten und bilden in dieser Verflochtenheit ein «diskursives Gewimmel», eine Art Wurzelwerk, das die Diskursanalyse zu entwirren hat; hierbei ist darauf zu achten, wie sich die verschiedenen Diskursstränge beeinflussen und welche Überschneidungen und Überlappungen sich dabei ergeben.

Der Zusammenhalt der Diskurse wird nach Link durch ein synchrones

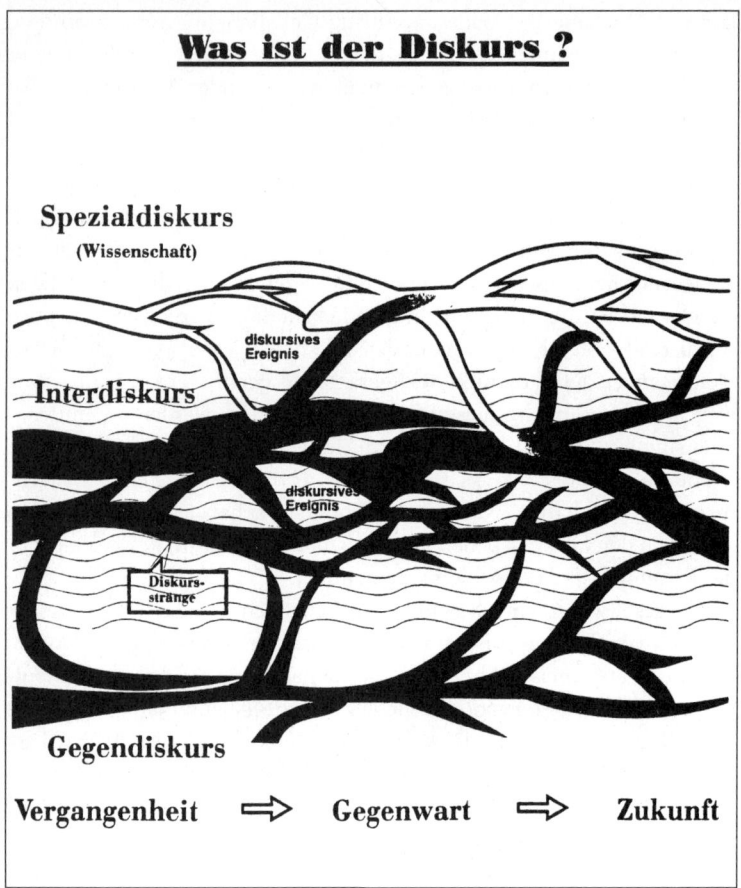

Abb. 1: Was ist der Diskurs?

System kollektiver Symbolik (Sysycoll) gewährleistet, wie es in allen Gesellschaften, wenn auch in unterschiedlichen Ausprägungen, zu beobachten ist. Für Industrieländer wie die Bundesrepublik Deutschland hat Jürgen Link ein solches System beschrieben und in einer Vielzahl von

Untersuchungen erprobt und ausgebaut. Die politische Topik, mit der die Gesellschaft der Bundesrepublik kollektiv «gezeichnet» wird, kann in einem Schaubild dargestellt werden (Abb. 2).

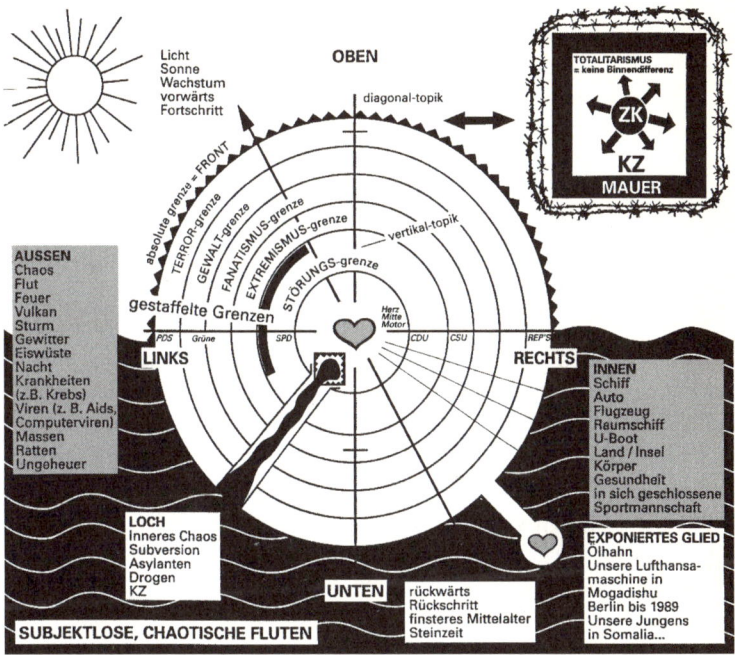

Abb. 2: Das synchrone System kollektiver Symbolik[3]

Das Schaubild erklärt Link folgendermaßen: Die Kreislinie symbolisiert die Grenze unseres Systems; die Horizontale erlaubt die Abbildung eines linken Flügels, eines rechten Flügels und einer Mitte (also einer rudimentären poltischen Taxonomie). Die Vertikale stellt danach einen oberen und einen unteren Abschnitt und wiederum die Mitte unseres Systems dar. Die Diagonale (die Link zur Kennzeichnung einer dritten Dimension einfügt) bildet die Achse rückwärts-Mitte-vorwärts ab, die häufig gleichzeitig zeitlich gedeutet werde: Rückschritt – Fortschritt. Unterhalb der Horizontalen wird die Finsternis des Untergrunds verortet, die des Urwalds und des Dschungels. In der Mitte unseres Systems sitzt danach unser Herz, auch unser Motor oder unser Energiezentrum. Wenn wir vermeiden wollen, in eine Schieflage zu geraten, ist Ausgewogenheit unbedingt geboten. Vor allem müssen die Außenwände des Kessels oder Panzers, in dem wir sitzen, gegen das Chaos aus Flut, Wüste, Dschungel, leerem Weltraum, Gewittern, Blitzen, Bränden, Stürmen, dunkler Nacht, Ungeheuern und Viren absolut wasserdicht halten. In der Mitte seines Panzers sitzt das Subjekt: als ich und als wir gleichermaßen einzig in seinem Eigentum – während draußen die Finsternis noch dichter wird.[4]

Die in der politischen Topik auftretenden und verwendeten Symbole bezeichnet Link als Kollektivsymbole, und zwar deshalb, weil sie allen Menschen (eines kulturellen Zusammenhangs) unmittelbar einleuchten. Durch Bildbrüche (Katachresen) werden die Symbole, die den unterschiedlichsten Bildspendebereichen entstammen, miteinander gekoppelt. Kollektivsymbole stellen eine Art mäanderndes Band dar, das sich durch die unterschiedlichsten Diskursstränge zieht und dem gesellschaftlichen Gesamtdiskurs außerordentliche Stabilität verleiht, auch wenn dabei äußerst widersprüchliche Aussagen miteinander verbunden werden. Ein Beispiel möge das verdeutlichen:

> Die Einsicht bei den Politikern wächst, daß der Zustrom von Ausländern, die in der Bundesrepublik um politisches Asyl nachsuchen [...], eingedämmt werden muß [...]. Aber diejenigen, die dem Bestreben gefolgt seien, besser zu leben als daheim, und wäre es nur durch das Ruhen im hiesigen ‹sozialen Netz›, müßten zurückgeschickt werden [...]. SPD und FDP haben CDU-Politiker hart getadelt, die das Stichwort ‹Sammellager› aufgebracht haben: Wenn aber das Asylverfahren örtlich um die Flughäfen lokalisiert werden soll, kann das Wort ‹Lager› nicht tabuiert werden.[5]

Flut, soziales Netz und Sammellager werden hier katachretisch verkettet. Die Ausländer werden als gefährliche Flut, die von außen auf uns zurollt, symbolisch kodiert; gegen diese über uns hereinbrechende Flut müssen Deiche aus abschreckenden Lagern errichtet werden.

Nach Link besteht die Funktion des Systems kollektiver Symbole insgesamt darin, daß es den «Kitt der Gesellschaft» bilde. Es suggeriere eine imaginäre gesellschaftliche und subjektive Totalität für die Phantasie: Während wir in der realen Gesellschaft und bei unserem realen Subjekt nur sehr beschränkten Durchblick haben, fühlen wir uns dank der symbolischen Sinnbildungsgitter in unserer Kultur stets zu Hause. Link illustriert diesen Sachverhalt mit dem Beispiel: «Wir wissen nichts über Krebs, aber wir verstehen sofort, inwiefern der Terror Krebs der Gesellschaft ist» (1982, S. 11). Und ich möchte, um diesen Sachverhalt noch etwas dichter am Thema zu verorten, fortfahren: Wir wissen nichts oder kaum etwas über die Ursachen der Flucht, über die Arbeits- und Lebensbedingungen von Einwanderern und Flüchtlingen; aber wenn wir hören oder lesen, daß diese Personen eine Flut bilden, gegen die man Dämme errichten muß, verstehen wir sofort, daß sie uns bedrohen, daß sie eine riesige Gefahr für uns darstellen, gegen die wir uns – zur Not mit Gewalt – wehren müssen. Dazu kommt, daß diese Menschen, so kodiert, keinen Subjektstatus mehr haben und damit auch kein Anrecht auf Schutz. Im Gegenteil, da sie Bestandteile des außersystemischen Chaos sind, darf man, ja muß man sie abwehren oder sogar vernichten. Hier sollte auch deutlich werden, daß diese Kollektivsymbole nicht etwa als ornamenthafte Metaphern fungieren, sondern in den Köpfen der Leser/Hörer ganze Erzählungen abrufen bzw. ablaufen lassen.

Wichtig für das Verständnis dieser Zusammenhänge ist, daß sich in den Diskursen gesellschaftliche Wirklichkeit nicht einfach widerspiegelt, sondern daß die Diskurse gegenüber der Wirklichkeit einerseits eine Art «Eigenleben» führen, andererseits das Prozessieren und die Gestaltung von Wirklichkeit, vermittelt über die tätigen Menschen, bestimmen.

Das möchte ich – unter Rekurs auf A. N. Leontjews Tätigkeitstheorie – etwas genauer erläutern: Nach Leontjew ist das Verhältnis des Subjekts zur gegenständlichen Welt durch Tätigkeit vermittelt. Das heißt, der Mensch (über-)lebt und lernt nicht allein und erst recht nicht in erster Linie durch Anschauung der Wirklichkeit, der er auf diese Weise das Geheimnis ihrer Existenz entlocken könnte, sondern dadurch, daß er zur Befriedigung seiner Bedürfnisse und zur Erreichung seiner Ziele tätiggestaltend und damit zugleich diese verändernd auf diese Wirklichkeit einwirkt. Tätigkeit (inklusive Denken, Planen, Sprechen) ist jedoch immer nur als Tätigkeit im Rahmen gesellschaftlicher Tätigkeit zu begreifen, oder anders: als eingebunden in den historischen Diskurs, nach dessen Maßgabe Gesellschaften ihre Praxis organisieren; die gegebene soziale Wirklichkeit ist durch die Auseinandersetzung der Menschen mit dem «Rohstoff» der Wirklichkeit (Materie) bzw. mit den Produkten früherer menschlicher Tätigkeiten entstanden. Sieht man das Verhältnis der Menschen zur natürlichen oder bereits sozial gestalteten Wirklichkeit in dieser Weise über Tätigkeit vermittelt an, dürfte sich die Vorstellung leichter einstellen, daß die (sozialen) Diskurse als Grundlage gesellschaftlichen Handelns ebenso Macht ausüben, wie Macht durch das individuelle Wissen jedes einzelnen Subjekts ausgeübt wird, das (individuell) mit Werkzeugen und Gegenständen auf Wirklichkeit einwirkt und diese dabei nach Maßgabe des Wissens, das diesem Subjekt zur Verfügung steht, verändert.[6]

Diskurse sollten jedoch keinesfalls als selbständige oder gar selbstreferentielle Strukturen (im Sinne des sog. radikalen Konstruktivismus) mißverstanden werden; Diskurse prägen und formieren Realität nicht unmittelbar, sondern eben immer nur vermittelt über die dazwischentretenden tätigen Subjekte in ihren gesellschaftlichen Kontexten als Produzenten der Diskurse und der Veränderung von Wirklichkeit. Das Individuum ist im Diskurs tätig, es ist auf den sozialen Diskurs verwiesen, wenn es tätig sein will bzw. muß; es ist in den sozialen Diskurs verstrickt, und es kann erst im Diskurs tätig sein, in den es eingebunden ist, dem es unterworfen ist, durch den es subjektiviert wird.

Hier wird Diskurs nicht mit «Gesellschaft» gleichgesetzt, aber als Bestandteil und bestimmende Kraft der Entwicklung gesellschaftlicher Wirklichkeit markiert; der Diskurs resultiert aus den Kämpfen und Auseinandersetzungen der tätigen Menschen in Gegenwart und Vergangenheit. Keiner und keine Gruppe hat ihn (genau) so gewollt, wie er sich jeweils aktuell darstellt. Trotzdem ist er bzw. das fluktuierende Gewimmel von Wissen, das er transportiert, genuines Menschenwerk. Dies könnte man auch so ausdrücken, daß die Diskurse, obwohl von den Subjekten ständig (re-)produziert, zugleich hinter deren Rücken prozessieren. Dabei ist wichtig zu sehen, daß die Macht über die Diskurse sehr ungleich verteilt ist und insofern auch die Macht der Diskurse selbst mit individuellen Interessen nur mehr oder minder konform geht, anders gesagt: Durch Macht über die Diskurse wird Herrschaft ausgeübt.

Aus alldem geht hervor: Das (einzelne) Subjekt konstituiert den Diskurs nicht, eher ist das Umgekehrte der Fall. Der Diskurs ist überindividuell. Foucault schreibt: «Man muß sich vom konstituierenden Subjekt, vom Subjekt selbst befreien, d. h. zu einer Geschichtsanalyse gelangen, die die Konstitution des Subjekts im geschichtlichen Zusammenhang zu klären vermag» (1978, S. 32).

Das Subjekt nimmt im Gewimmel der Diskurse eine bestimmte Position ein, die auch als Subjektposition oder Diskursposition bezeichnet wird. Die Diskurstheorie Foucaultscher Prägung leugnet also keineswegs das Subjekt, wie gelegentlich noch behauptet wird; allerdings bestreiten ihre Vertreter das Vorhandensein eines Subjekts außerhalb jeglicher Diskurse bzw. das Vorhandensein eines autonomen Subjekts.

In seinen späteren Arbeiten bezeichnet Foucault das Subjekt sogar als das allgemeine Thema seiner Forschung. Er fragt, auf welche Weise das Individuum zum Unterworfenen, also zum Sub-jekt geworden ist und wie es sich von dieser Unterwerfung, von der Herrschaft, die über es ausgeübt wird, befreien kann (1987, S. 243 ff).

Auf diesem hier nur grob skizzierten theoretischen Hintergrund wurde in Duisburg ein elaboriertes Verfahren von Diskursanalyse entwickelt und empirisch erprobt.[7] Es ist geeignet, die Art und Weise und in gewissem Maß auch den Grad der Verstricktheit von Personen in die Diskurse zu ermitteln, diese Verstricktheit kritisch zu hinterfragen und gegebenenfalls Vorschläge zur Veränderung der zutage geförderten Positionen zu entwickeln.

Kritische Diskursanalyse

Diskursanalyse ist ein primär beschreibendes Verfahren, dessen kritische Substanz zunächst allein darin besteht, verdeckte Positionen freizulegen. Mit solchen verdeckten Positionen sind hier keine unbewußten Inhalte gemeint, sondern etwa durch Verleugnung bewußt verdeckte Positionen, weshalb sie auch jeweils relativ leicht zu ent-decken sind.

Die Frage, ob das Herausgefundene richtig oder falsch ist, ideologisch verformt oder nicht etc., stellt ein zusätzliches, nämlich ethisches Problem dar, das Diskursanalyse als solche nicht behandeln kann. Dennoch ist eine Kritische Diskursanalyse möglich, die die Kriterien ihrer Kritik allerdings nicht erkenntnistheoretisch herzuleiten versucht. Sie kann als Partei ergreifende (moralische) Standpunktkritik einherkommen – so verstehe ich den Ansatz einer Kritischen Diskursanalyse bei Teun A. van Dijk (1993b). Ihr kann aber jederzeit ein anderer (beliebiger) Standpunkt entgegengesetzt werden. Das Richtig oder Falsch ist dann eine Frage der Auseinandersetzung angesichts der diskursiven Gegebenheiten und obwaltenden Machtverhältnisse. Solche Auseinandersetzungen müssen geführt werden. Sie sind Teil des fluktuierenden Gewimmels, das die Diskurse bilden.

Der Duisburger Ansatz einer Kritischen Diskursanalyse versucht seine Kritik jedoch auf andere Weise zu fundieren: indem er nicht von einem (mehr oder minder beliebigen) Standpunkt ausgeht, sondern von einem Konzept des dialektischen Abwägens unterschiedlicher diskursiv erzeugter Norm- und Wertvorstellungen, dessen letztlicher Maßstab jedoch die Entscheidung dafür ist, daß die Existenz des Menschen wertvoll und sein Recht, auf dieser Welt in Würde zu leben, unantastbar ist. Dabei ist freilich nicht zu übersehen, daß auch ausformulierte Menschenrechte keineswegs universell und in irgendeiner Weise interkulturell gültig, sondern diskursiv erzeugt und im übrigen – möglicherweise bei gewissen universellen Kernen – recht unterschiedlich definiert sind.[8]

Die Konstituierung rassistisch verstrickter Subjekte

In einer Reihe empirischer Untersuchungen haben Mitarbeiter und Mitarbeiterinnen des Duisburger Instituts für Sprach- und Sozialforschung (DISS) den Diskursstrang über Einwanderung, Flucht und Asyl bzw. Anwesenheit von Einwanderern und Flüchtlingen in Deutschland auf verschiedenen Diskursebenen (Politik, Medien, Alltag, Erziehung u. a.) untersucht.

Von besonderem Interesse war und ist dabei für uns die Frage, wie sich das alltägliche Denken und Sprechen über das Thema Einwanderung, Flucht und Asyl darstellt, und natürlich auch, woraus es sich speist. Wir vermuteten, daß dieser Diskursstrang rassistisch durchsetzt ist, und wollten herausfinden, ob sich, und wenn ja, wie sich diese Vermutung inhaltlich und formal bestätigte. Zu diesem Zweck führten wir seit 1992 in drei Etappen 50 nicht standardisierte längere Interviews durch.[9] Die interviewten Personen wurden nicht «befragt», sondern es wurden im Gespräch einige Themen angeschnitten, die sich auf ihre Erfahrungen im Alltag, in der Nachbarschaft, bei der Arbeit etc. bezogen. Das Thema Einwanderung, Flucht, Asyl wurde in den meisten Fällen – neben anderen – von den Interviewten selbst eingebracht. Wenn dies auf eine Weise geschah, daß dabei Einwanderer und Flüchtlinge aus biologischen und/ oder kulturellen Gründen zu Angehörigen einer «Rasse» stilisiert wurden (Rassenkonstruktion) und ihre Abweichungen von deutscher Normalität negativ (oder auch positiv) bewertet wurden, notierten wir solche Aussagen als Hinweis darauf, daß die betreffenden Personen im Diskursstrang über Einwanderung, Flucht und Asyl rassistisch verstrickt sind.

Der prinzipielle Unterschied dieses Verständnisses von Rassismus zu anderen Bestimmungen liegt darin, daß dieser Begriff diskurstheoretisch rückgekoppelt ist: Die betreffenden Aussagen sind Bestandteil des vorherrschenden bzw. des hegemonialen Diskurses zum Thema und üben deshalb bereits als solche besondere Machtwirkungen aus; diese Aussagen müssen also selbst bereits als schädlich angesehen werden und nicht erst dann, wenn ihnen aus einer eigenen Machtposition heraus Nachdruck verliehen werden kann, wie dies etwa Nora Räthzel sieht (1991).[10]

Die wichtigsten Ergebnisse unserer Untersuchungen zum Alltagsdiskurs lassen sich wie folgt zusammenfassen:

1. Im Diskursstrang über Einwanderung, Flucht und Asyl sind alle von uns Interviewten mehr oder minder stark rassistisch verstrickt, egal, ob alt oder jung, männlich oder weiblich, egal, welche Partei sie wählen und welchen Beruf sie ausüben. Damit ist gleichzeitig gesagt, daß Rassismus zentral zur Denkweise unserer Gesellschaft gehört.[11] Zugleich sei betont, daß damit keineswegs behauptet werden soll, alle Deutschen seien Rassisten. Mit der Kategorie der (graduell unterschiedlichen) Verstrickung wollen wir gerade verdeutlichen, daß es sich oft um einen unre-

flektierten Umgang mit rassistischen Konstruktionen handelt, der allerdings nichtsdestoweniger schädlich ist, weil auch dies den Rassismus im Diskurs reproduziert und verfestigt. Zugleich ist damit angesprochen, daß solche Verstricktheiten nicht «Schicksal» sind, keine Prägungen darstellen, gegen die man nichts machen kann. Durch reflektierteren Umgang mit den Sachverhalten und stärkere Sensibilisierung für den Problemzusammenhang kann man sich und andere aus diesen Verstrickungen befreien.

2. Die meisten der Interviewten bemühten sich mehr oder minder geschickt darum, offen rassistische Aussagen zu unterlassen. Häufig wurden Redestrategien verwendet, die ihn oder sie gegenüber möglicher Kritik durch Relativierungen und Abmilderungen immunisieren sollten. Das verwundert nicht, denn offen rassistische Aussagen sind in unserer Gesellschaft tabuisiert.

Typisch sind etwa Verleugnungsstrategien der folgenden Art: «Ich habe nichts gegen Ausländer, aber es sind doch zu viele hier!» Auch ist zu beobachten, daß man sich hinter Autoritäten oder auch hinter angeblicher Unwissenheit zu verstecken versucht: «Ich bin nicht der Ansicht, daß unser Boot voll ist. Aber mein Vater meint, daß Ausländer eine Gefahr für Deutschland darstellen. Auch ein halbvolles Boot kann kentern, wenn es in stürmische See gerät.» Bzw.: «Ich kann das nicht beurteilen, nehme aber an, daß das so ist.» Nicht selten findet sich auch die glatte Leugnung: «Das habe ich nicht so gesagt bzw. nicht so gemeint.» Ein etwas schwierigeres Beispiel lautet: «Ausländer sind doch auch Menschen!» Hier zeigt sich die rassistische Verstricktheit in den Diskurs darin, daß die Unterstellung mitgedacht wird, daran könne gezwefelt werden. Auch läßt sich beobachten, daß rassistische Verhaltensweisen entschuldigt oder gerechtfertigt werden: «Ich persönlich habe nichts dagegen, weitere Flüchtlinge aufzunehmen, aber der Lebensraum hier ist eh schon sehr eng.» Zudem fand sich nicht selten die Strategie der Opfer-Täter-Umkehr. Es wird z. B. auf einen spezifischen Rassismus der Türken hingewiesen, der dadurch zum Ausdruck komme, daß sie in Gettos wohnten und keine Deutschen hineinließen. Das sei der Grund, weshalb Deutsche zu «Ausländerfeinden» würden.

Mit solchen Strategien versuchen die meisten der Interviewten eine weitgehend übliche Diskursregel einzuhalten, nämlich die, daß man sich (in bestimmten Situationen) nicht rassistisch verhalten und/oder äußern dürfe bzw. könne. Die Analyse zeigt, daß dieser Versuch aber zugleich die Verletzung dieser Regel darstellt.

3. In den Interviews tauchen etwa 30 relativ stereotype rassistische Aussageelemente auf. Sie finden sich in keinem Fall alle in ein und demselben Interview, aber alle Interviews enthalten eine mehr oder minder große Menge dieser Elemente. Das verweist darauf, daß sie sozial fest verankert sind und hier ein soziales und nicht in erster Linie ein individuelles Problem vorliegt. Häufig finden sich totalisierende Aussagen wie «Die Ausländer sind kriminell!» oder «Die Türken behandeln ihre Frauen schlecht!», aber auch, entlang des Katalogs deutscher Werte und Tugenden: «Unter den Kopftüchern islamischer Frauen nistet Ungeziefer!», «Ausländer neigen stärker zur Kriminalität», «Sie sind weniger fleißig», «Sie sind schmutzig», «Sie sind nicht integrierbar» usw.

4. In der Bevölkerung herrscht ein erheblicher Antisemitismus. Dieser richtet sich auch gegen Türken, wenn diesen etwa damit gedroht wird, daß es ihnen eines Tages wie den Juden im Dritten Reich ergehen werde, wenn sie weiterhin Geschäfte und Restaurants aufmachen, dicke Autos fahren usw.

5. Auch werden demokratische Argumente verwendet, um rassistische Aussagen abzusichern: «Die Türken behandeln ihre Frauen schlecht, deshalb lehnen wir sie ab, deshalb haben sie hier nichts zu suchen.» Solche Verschränkungen verschiedener Diskursstränge sind besonders interessant. Die hier genannte Verschränkung des Einwanderungs- mit dem Frauendiskurs resultiert in einer Verschärfung rassistischer Momente im Einwanderungsdiskurs.[12]

6. Die Ausgrenzungen der Einwanderer und Flüchtlinge gehen durchaus mit latenten Handlungsbereitschaften einher. Damit ist nicht nur die Inkaufnahme und Einforderung von struktureller staatlicher Gewalt gemeint wie etwa die, man solle unliebsame Einwanderer «rückführen» und Flüchtlinge abschieben. Darüber hinaus sind manche bereit, selbst Hand anzulegen, um die Ausländer loszuwerden. Insofern kamen die Beifallsbekundungen braver Bürger und Bürgerinnen in Hoyerswerda, Rostock und andernorts für uns auch nicht überraschend.

7. Der obenerwähnte Katalog stereotyper rassistischer Aussagen findet sich auch in den Medien. Sie tragen offensichtlich zur Erzeugung und Verfestigung rassistischer Bewußtseinsinhalte und Dispositionen erheblich bei. Darauf verweisen auch die von uns so genannten journalistischen Schlüsselwörter. Damit sind solche Begriffe gemeint, die nicht zur Alltagssprache der Interviewten gehören, also etwa Aggression, Ambition, Asylant (ein besonders problematischer Neologismus, da diejenigen, die ihn verwenden, den Flüchtlingen ihren Subjektstatus absprechen; Link, 1983), Diskriminierung, Identität, Infrastruktur, Integrieren, Kulturkreis, Mentalität – um nur einige zu nennen. Diese Begriffe wurden von den Interviewten häufig dort verwendet, wo es darum ging, einen für sie komplizierten Sachverhalt kurz und knapp zu erläutern. Ein Beispiel: «Die Ausländer haben halt eine andere Mentalität.» Der Begriff der Mentalität, zumal in aller Munde, macht eine Hinterfragung, was denn diese Mentalität eigentlich ausmache, scheinbar unnötig, denn «er spricht für sich». Ein weiteres Beispiel liegt vor, wenn von «der anderen Kultur» oder vom «fremden Kulturkreis» die Rede ist. So wird zum Beispiel gesagt, die Einwanderer sollten durchaus «ihre Kultur» beibehalten können, doch sie sollten Deutsch sprechen und nicht so fanatisch an ihrem Glauben kleben. Das weist darauf hin, daß der Begriff Kultur als verallgemeinernde Leerformel genutzt wird, durch die die tatsächliche Differenziertheit der kulturellen Gegebenheiten unterschlagen wird. Solche Pauschalisierungen treten auch in den Medien sehr häufig auf, weshalb man sich nicht wundern muß, daß auch der Alltagsdiskurs zum Beispiel bezüglich der Kenntnis der Fluchtursachen auffällig undifferenziert ist.

8. Abgrenzungen und Ausgrenzungen werden sehr verbreitet mit Hilfe sprachlicher Bilder markiert, wobei hierbei die Kollektivsymbolik dominiert: «Fluten (von Ausländern) rollen auf uns zu»; dagegen «müssen Dämme errichtet werden»; «eine Giftsuppe kocht hoch» u. ä. Solche Kollektivsymbole erzeugen im Diskurs über Einwanderung, Flucht, Asyl Bedrohungsgefühle und erzeugen Handlungsbedarf gegen andere Menschen. Das Auftreten solcher Bilder im Alltagsdiskurs, die auch als der Kitt der Mediendiskurse verstanden werden, zeigt erneut, daß er von großem Einfluß auf die Ausprägungen des Alltagsdiskurses ist.

Charakteristisch für den Alltagsdiskurs ist dabei die Verwendung sogenannter Pragmasymbole. So wird das «Kopftuch» zum Beispiel als konkreter Gegenstand und zugleich als Symbol für Rückständigkeit angesprochen.

Zu ergänzen ist, daß individuelle rassistische Positionen häufig mit anderen Ideologemen verschränkt sind, etwa mit sexistischen oder militaristischen und auch mit anderen Ideologieversatzstücken, die – wie der Rassismus – ebenfalls aus dem Umfeld eines völkischen Nationalismus stammen.[13]

Wenn es nun darum geht, die Frage zu beantworten, wie und wodurch die Subjekte rassistisch verstrickt werden, ist es hilfreich, auch andere Diskursebenen bezüglich des Auftretens rassistischer Elemente zu betrachten. Dazu steht eine Reihe von empirischen Untersuchungen zum Thema Einwanderung, Flucht, Asyl auf den Diskursebenen Politik, Medien und Erziehung zur Verfügung.[14] Es zeigen sich erhebliche inhaltliche und formale Entsprechungen zwischen Alltagsdiskurs und diesen Diskursebenen. Zudem verwiesen die Interviewten insbesondere auf die Medien als Quellen ihres Wissens. Die auf diesen Ebenen prozessierenden Themen speisen den Alltagsdiskurs und formieren die Konsumenten dieser Diskurse zu mehr oder minder ausgeprägt rassistisch verstrickten Subjekten. Zu beachten ist dabei, daß die genannten Diskursebenen zusammenwirken, sie beeinflussen sich gegenseitig, sie durchdringen einander (vgl. Abb. 3).

Das Zusammenwirken der Diskursebenen weist zugleich darauf hin, daß hier keine Einbahnstraße etwa vom Diskurs der Politik über den der Medien in den Alltagsdiskurs vorliegt, wie gelegentlich angenommen wird (vgl. van Dijk, 1993a). Politik und Medien beziehen sich auf den Alltagsdiskurs, sie nehmen ihn auf, stilisieren ihn, systematisieren ihn und wirken so wieder auf den Alltagsdiskurs ein, der sich seinerseits auch aus der Vergangenheit speist, also historische Kontinuität aufweist (etwa – aber nicht nur – beim Antisemitismus, der weiter besteht, obwohl in Deutschland kaum noch Juden leben).

Die Untersuchungen haben nun auch gezeigt, daß die Subjekte in unterschiedlicher Weise rassistisch in den Diskurs über Einwanderung, Flucht und Asyl verstrickt sind. Nur bei einer Minderheit findet sich eine

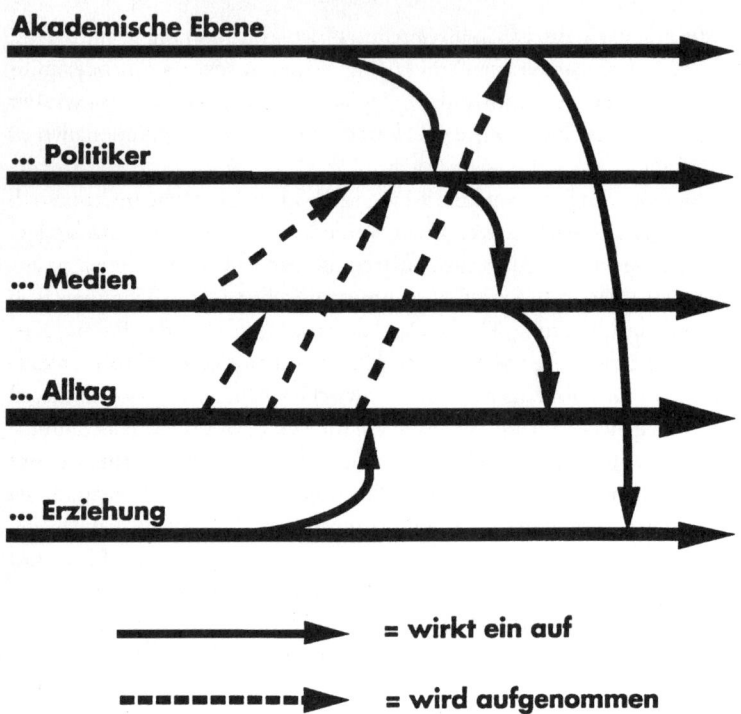

Abb. 3: Diskursebenen

tendenziell geschlossene rechtsextreme bzw. völkisch nationalistische subjektive Diskursposition.[15] Doch auch alle anderen Interviewten haben Elemente rassistischer Positionen übernommen, die jedoch mehr oder minder stark ausgeprägt sind, mehr oder minder stark zugegeben oder verleugnet werden etc. Hier verbieten sich genauere Klassifizierungen, weil die rassistischen Elemente des Diskurses subjektiv in den unterschiedlichsten Gemengelagen auftreten und für das einzelne Subjekt immer nur an seinem Interview bzw. an der Analyse des betreffenden Interviews sichtbar gemacht werden können. Zwar macht die Gesamtheit der auftretenden subjektiven Positionen den Alltagsdiskurs aus; die jeweilig beim einzelnen Subjekt zu beobachtende spezifische Zusammensetzung ist – im Rahmen dessen, was im Alltagsdiskurs insgesamt auftritt – aber von allen anderen subjektiven Diskurspositionen verschieden.

Auf dem Hintergrund der skizzierten diskurstheoretischen Annahmen und empirisch gewonnenen Beobachtungen ist davon auszugehen, daß die eingenommenen subjektiven Diskurspositionen mit Handlungsbereitschaften einhergehen, die mit dem Grad der Verstricktheit korrespondieren. Dies kann zumindest auf einer Plausibilitätsebene empirisch bestätigt werden: An den seit 1990 verübten ca. 17 500 Straftaten[16] gegen Ausländer waren neben rechtsextrem organisierten Personen auch sehr viele nicht organisierte beteiligt; häufig wurde den Untaten Beifall gezollt; Umfragen ergaben, daß über weite Strecken die Versuche, Ausländern Deutschland zu verleiden bzw. sie mit Gewalt aus Deutschland herauszudrängen, gebilligt wurden. Das galt selbst, wenn auch in geringerem Maß, für Brandanschläge und sonstige Überfälle.

Wieso ist der Diskurs über Einwanderung, Flucht und Asyl derzeit so stark rassistisch ausgeprägt?

Bisher ist nichts dazu gesagt worden, weshalb der Diskurs über Einwanderung, Flucht und Asyl – in Deutschland besonders stark – überhaupt rassistisch unterfüttert ist.[17] Da der Diskurs nicht als Resultat des Wirkens böser Mächte aufgefaßt werden kann, m. E. auch nicht als ideologischer Reflex von Basisbewegungen im gesellschaftlichen Überbau kapitalistischer Gesellschaften, sondern als Folge des Agierens der gesamten Gesellschaft im Rahmen der zur Zeit gegebenen Verteilung der gesellschaftlichen Machtverhältnisse, kann nur gesagt werden, daß der gegebene Zustand eine Faktizität darstellt, die unsere momentane gesellschaftliche Realität charakterisiert. Nicht zu übersehen ist dabei jedoch, daß die derzeit hegemoniale mediopolitische Klasse in den letzten Jahren eine massive konfliktverschärfende Ausländerpolitik betrieben und rassistische Positionen von der Bühne der Parlamente her unter Ausnutzung der Massenmedien diskursiv geschürt hat.[18]

Wo es Herrschaft gibt, gibt es auch Widerstand

Nicht beantwortet ist damit die Frage, ob und was die Subjekte davon haben, daß sie sich oft, offenbar ohne allzu großen Widerstand zu leisten, rassistisch in den Diskurs über Einwanderung, Flucht und Asyl verstricken lassen. Diese Frage läßt sich diskursanalytisch auch nicht ohne weiteres beantworten. Diskursanalyse zeigt nur, daß und wie heute im Diskurs aus Individuen Subjekte, also in bestimmter Weise Unterworfene gemacht werden.[19] Im Fall der Verstricktheit in Rassismus scheinen viele Leute etwas davon zu spüren: Sie leugnen und verschleiern eigene rassistische Positionen und schämen sich, sie offen zuzugeben. Wahrscheinlich spüren sie den Widerspruch zu oft ja durchaus vorhandenen humanitären Einstellungen und sehen ihr positives Selbstbild beschädigt. Hier liegt möglicherweise ein Anknüpfungspunkt dafür vor, sich aus den rassistischen Verstrickungen in den Diskurs über Einwanderung, Flucht und Asyl befreien zu können (oder befreien zu lassen).[20]

Da Diskurse der Welt der Gegenstände vorgängig sind und die einmal erarbeiteten bzw. geschaffenen Gegenstände immer diskursiver Absicherung bedürfen, da zudem jeder und jede am Diskurs beteiligt ist und durch ihn unterworfen, zum Subjekt gemacht ist, sollte deutlich geworden sein, daß sich jeder und jede an den diskursiven Auseinandersetzungen beteiligen kann (und sich nolens volens daran beteiligen muß, ob aktiv widerständig oder sich subjektiv unterwerfend). Das Gefühl von Ohnmacht, das einen ergreift, wenn man nur die harten Fakten im Auge hat und nicht deren diskursive Entstehungs- und Existenzbedingungen bedenkt, weicht dem Gefühl, daß man aktiv an der Veränderung von Wirklichkeitskonstellationen und also auch an der Aufhebung der eigenen Verstricktheit in gesellschaftlich vorgegebene Diskurse arbeiten kann.

Freilich ist Euphorie deshalb nicht angesagt. Zwar sind alle Menschen an der Macht beteiligt, doch das Machtnetz, das die Wirklichkeit überzieht und stützt, ist zugleich durch Herrschaft über die Diskurse und die diskursiv geformten Sachen und Individuen, die zu Subjekten verformt worden sind, gekennzeichnet. Erst im Wissen, daß dies der Fall ist, daß aber auch diese Verformung diskursiv erzeugt ist, können die Punkte ausfindig gemacht werden, an denen eine Auseinandersetzung mit und in den gegebenen diskursiv-politischen Handlungsfeldern lohnt. Das ist die Voraussetzung dafür, daß man sich in den laufenden diskursiven Kämpfen wirkungsvoll für die Befreiung aus rassistischen Verstrickungen und gegen die Verletzung von Menschenrechten einsetzen kann.[21]

Anmerkungen

1 Vgl. insbesondere Foucault (1977, 1978, 1987, 1988) sowie Link (bes. 1982, 1992, 1996), Link & Link-Heer (1990). Daneben gibt es eine ganze Reihe von Ansätzen, die sich selbst ebenfalls als diskurstheoretisch bezeichnen, die allerdings nicht an Foucault anknüpfen, sondern etwa an die Konversationsanalyse US-amerikanischer Prägung. Diese Ansätze und auch einige weitere, die sich ebenfalls auf Foucault berufen, habe ich andernorts im Überblick dargestellt (Jäger, 1995a).
2 Es geht also, wie Foucault formuliert, um «Wahrheitswirkungen im Innern von Diskursen, die in sich weder wahr noch falsch sind» (1978, S. 34). Grenzfälle wie etwa bewußtes Lügen behandle ich hier nicht.
3 Nach Link (1984, S. 14) bzw. Disselnkötter & Parr (1994, S. 65).
4 Vgl. Link (1984, S. 12f).
5 Zitiert nach Link (1988, S. 49).
6 Vgl. dazu Leontjew (1982). Macht dürfte hier zunächst zu verstehen sein im Sinne von Kraft, über die man verfügt und die man braucht, um sein Leben zu bestehen. Macht ist insofern deutlich von Herrschaft zu unterscheiden, die entsprechend als (kraftvolle) Ausübung von Zwängen von Menschen über Menschen im Sinne der Interessendurchsetzung zu verstehen ist.
7 Vgl. dazu im einzelnen Jäger (1993a und im Überblick 1995a).
8 Vgl. dazu ausführlich Jäger (1993a, 1995b), wo ich dieses hier viel zu knapp und zu kompakt formulierte Problem in Verbindung mit der Frage der Existenzbedingungen multikultureller Gesellschaften ausführlich diskutiert habe.
9 Vgl. dazu die Arbeiten von S. Jäger (1992), M. Jäger (1996) und Cleve (1995). Wichtig ist mir zu betonen, daß mit diesen Analysen jeweils aktuelle Schnitte durch den gesamten Diskursstrang Einwanderung, Flucht, Asyl vorgenommen werden konnten.

10 Diese knappen Bemerkungen ersetzen eine genauere Bestimmung von Rassismus selbstverständlich nicht. Doch würde eine elaboriertere Auseinandersetzung mit diesem Begriff den Rahmen dieses Beitrags sprengen. Zu unserem Verständnis von Rassismus verweise ich besonders auf M. Jäger (1996) und S. Jäger (1995 b).

11 Auch selbst von Rassismus betroffene Menschen sind oftmals nicht frei von Rassismus. Das wäre auch verwunderlich; denn auch sie sind in entsprechende Diskurse eingebunden.

12 Vgl. dazu M. Jäger (1996).

13 Zum Völkischen Nationalismus vgl. Kellershohn (1994, 1995). Daneben kommen selbstverständlich andere Positionen vor, die durchaus demokratisch, liebevoll etc. sein können. Die Struktur des individuellen Bewußtseins scheint zumindest ausschnitthaft der des diskursiven Gewimmels, als das Foucault den gesellschaftlichen Gesamtdiskurs bezeichnet, zu entsprechen. Anders ausgedrückt: Das individuelle Bewußtsein kann als eine Diskursposition gedacht werden, die eine Folge der lang andauernden diskursiven Verstricktheit der Subjekte in Ausschnitte aus dem/den gesamtgesellschaftlichen Diskurs(en) darstellt.

14 Vgl. etwa Wichert (1994), Quinkert & Jäger (1991), Jäger, Kellershohn & Pfennig (1993), die Einzeluntersuchungen in Jäger & Link (1993), Jäger (1993 b), Franz (1993) u. a. Verweisen möchte ich auf die anders ansetzenden Untersuchungen van Dijks für die Niederlande, aber auch für andere europäische Länder. Die Anzahl solcher empirischen Untersuchungen ist in den letzten Jahre erheblich angewachsen.

15 Statt «subjektive Diskursposition» hätte man traditionellerweise wohl Weltbild gesagt.

16 Quelle: BMI.

17 Für Deutschland gilt immer noch, daß rassistische Haltungen ausgeprägter sind als in anderen europäischen Ländern. Ein Grund dafür ist wahrscheinlich der, daß der völkisch-nationalistische Diskurs in Deutschland (mit seinen bis heute nachwirkenden biologistischen Momenten) in Deutschland historisch sehr viel stärker verankert und ausgeprägt war als etwa in anderen Ländern (vgl. dazu etwa die Analysen von Hoffmann, 1994). Zum Problem der Machtbeziehungen allgemein verweise ich auf die Analysen Foucaults, insbesondere in seinen späteren Werken (vgl. etwa Foucault 1977, 1983).

18 Diese etwas scharf klingende Formulierung wird durch eine Fülle von Analysen gestützt. In der Bundesrepublik Deutschland ist in den letzten Jahren eine rassistische Politik betrieben worden, die von den Massenmedien je nach eigenen politischen Optionen mehr oder minder massiv unterstützt wurde. In diese Kampagne haben sich auch die Sozialdemokraten einbinden lassen bis hin zur Unterstützung der faktischen Abschaffung des Asylartikels des GG (vgl. dazu die Analysen in Link & Jäger, 1993, M. Jäger, 1993, und eine Fülle inzwischen erschienener weiterer Untersuchungen).

19 So Foucault (1987, S. 246).

20 Der Frage, ob es zutrifft, daß rassistisch verstrickte Subjekte im Anderen das has-

sen, was sie sich selbst mühsam abgewöhnen mußten (vgl. dazu Hall, 1989), ist diskursanalytisch bisher nicht nachgegangen worden.

21 Vgl. dazu ausführlich Foucault (1987).

Literatur

Cleve, G. (1995). Rassismus und völkisches Denken im Alltag. In DISS Forschungsbericht 1995. *Studien zu rechtsextremen und (neo-)konservativen Diskursen* (S. 138–145). Duisburg: DISS.

Dijk, T. van (1993a). *Elite Discourse and Racism*. Newbury Park: Sage.

Dijk, T. van (1993b). Principles of Critical Discourse Analysis. *Discourse and Society*, 4 (2), 249–283.

Disselnkötter, A. & Parr, R. (1994). Kollektivsymbolsystem – Didaktisch aufbereitet. *kultuRRevolution*, 30, 52–65.

Foucault, M. (1977). *Überwachen und Strafen. Die Geburt des Gefängnisses*. Frankfurt: Suhrkamp.

Foucault, M. (1978). Wahrheit und Macht. In Ders., *Dispositive der Macht. Über Sexualität, Wissen und Wahrheit* (S. 21–54). Berlin: Merve.

Foucault, M. (1983). *Der Wille zum Wissen. Sexualität und Wahrheit 1*. Frankfurt: Suhrkamp.

Foucault, M. (1987). Das Subjekt und die Macht. In H. L. Dreyfus & P. Rabinow, *Michel Foucault. Jenseits von Strukturalismus und Hermeneutik* (S. 243–261). Frankfurt: Athenäum.

Foucault, M. (1988). *Archäologie des Wissens*. Frankfurt: Suhrkamp.

Franz, D. (1993). *Biologismus von Oben. Das Menschenbild in Biologiebüchern*. Duisburg: DISS.

Hall, St. (1989). Rassismus als ideologischer Diskurs. *Das Argument*, 178, 913–921.

Hoffmann, L. (1994). *Das deutsche Volk und seine Feinde. Die völkische Droge*. Köln: Papy Rossa.

Jäger, M. (1993). BrandSätze und Schlagzeilen. Rassismus in den Medien. In Forschungsinstitut der Friedrich-Ebert-Stiftung (Hrsg.), *Entstehung von Fremdenfeindlichkeit. Die Verantwortung von Politik und Medien*. Bonn: FES Abteilung Arbeits- und Sozialforschung.

Jäger, M. (1996). *Fatale Effekte. Die Kritik am Patriarchat im Einwanderungsdiskurs*. Duisburg: DISS.

Jäger, S. (1992). *BrandSätze. Rassismus im Alltag*. Duisburg: DISS.

Jäger, S. (1993a). *Kritische Diskursanalyse. Eine Einführung*. Duisburg: DISS.

Jäger, S. (1993b). *Der Groß-Regulator. Analyse der BILD-Berichterstattung über den rassistisch motivierten Terror und die Fahndung nach der RAF im Sommer 1993*. Duisburg: DISS.

Jäger, S. (1995a). Diskurstheorie und Diskursanalyse. Ein Überblick. In DISS Forschungsbericht 1995, *Studien zu rechtsextremen und (neo-)konservativen Diskursen* (S. 3–16). Duisburg: DISS.

Jäger, S. (1995 b). Grenzgänge oder Kulturkontakt – Kulturkonflikt? Ein diskursanalytischer Beitrag zur Klärung eines schwierigen Problems. In DISS Forschungsbericht 1995, *Studien zu rechtsextremen und (neo-)konservativen Diskursen* (S. 67–91). Duisburg: DISS.

Jäger, S. & Link, J. (1993). *Die Vierte Gewalt. Rassismus und die Medien.* Duisburg: DISS.

Jäger, S., Kellershohn, H. & Pfennig, J. (1993). *SchlagZeilen. Rostock. Rassismus in den Medien.* Duisburg: DISS.

Kellershohn, H. (Hrsg.) (1994). *Das Plagiat. Der Völkische Nationalismus der Jungen Freiheit.* Duisburg: DISS.

Kellershohn, H. (1995). Was heißt Völkischer Nationalismus? In DISS Forschungsbericht 1995, *Studien zu rechtsextremen und (neo-)konservativen Diskursen* (S. 92–100). Duisburg: DISS.

Leontjew, A. N. (1982). *Tätigkeit, Bewußtsein, Persönlichkeit.* Köln: Pahl Rugenstein.

Link, J. (1982). Kollektivsymbolik und Mediendiskurse. *kultuRRevolution, 1*, 6–21.

Link, J. (1983). Asylanten. Ein Killwort. *kultuRRevolution, 2*, 36–38.

Link, J. (1984). Diskursive Rutschgefahren ins vierte Reich? Rationales Rhizom. *kultuRRevolution, 5*, 12–20.

Link, J. (1988). Über Kollektivsymbolik im politischen Diskurs und ihren Anteil an totalitären Tendenzen. *kultuRRevolution 17/28*, 47–53.

Link, J. (1992). Die Analyse der symbolischen Komponenten realer Ereignisse. Ein Beitrag der Diskurstheorie zur Analyse neorassistischer Äußerungen. In S. Jäger & F. Januschek (Hrsg.), *Der Diskurs des Rassismus* (S. 37–52). Oldenburg: OBST 46.

Link, J. (1996). Wie «ideologisch» war der Ideologiebegriff von Marx? Zur verkannten Materialität der Diskurse und Subjektivitäten im Marxschen Materialismus. In R. Scholz (Hrsg.), *Materialistische Literaturwissenschaft heute? Festschrift für Hans-Peter Hermanns.* Opladen: Westdeutscher Verlag.

Link, J. & Link-Heer, U. (1990). Diskurs/Interdiskurs und Literaturanalyse, *LiLi 77*, 88–99.

Quinkert, A. & Jäger, S. (1991). *Warum dieser Haß in Hoyerswerda? Die rassistische Hetze von BILD gegen Flüchtlinge im Herbst 1991.* Duisburg: DISS.

Räthzel, N. (1991). Formen von Rassismus in der Bundesrepublik. In M. Jäger & S. Jäger (Hrsg.), *Aus der Mitte der Gesellschaft I* (S. 31–48). Duisburg: DISS.

Wichert, F. (1994). *Das Grundrecht auf Asyl. Eine diskursanalytische Untersuchung der Debatten im deutschen Bundestag.* Duisburg: Unveröffentlichte Magisterarbeit.

Birgit Rommelspacher

Psychologische Erklärungsmuster zum Rassismus

Die gewalttätigen Übergriffe gegenüber Einwanderern und Einwanderinnen sowie gegenüber Menschen dunkler Hautfarbe oder anderen, die als «fremd» wahrgenommen werden, hat in allen sozialwissenschaftlichen Disziplinen eine intensive Debatte über die Ursachen dieser Gewalt ausgelöst. Die Psychologie konzentriert sich dabei vor allem auf die Frage, wie die psychische Struktur der Menschen beschaffen ist, die zu so gewalttätigen Ausgrenzungen neigen und welcher psychosoziale Kontext entsprechende Einstellungen fördert. In dieser Diskussion werden aber auch anthropologische Fragen aufgeworfen, so z. B., ob Fremdenangst nicht etwas allgemein Menschliches und zu allen Zeiten und in allen Gesellschaften anzutreffen sei; ebenso wird darüber debattiert, ob die Neigung, die eigenen Probleme an anderen, insbesondere an Schwächeren abzureagieren und sie damit zum Sündenbock zu machen, nicht schon immer existiert habe. Kurz, es geht in der Debatte sowohl um das Spezifische der aktuellen Situation als auch um ihr zugrundeliegende allgemeine Prinzipien.

Erwartungsgemäß gab es von seiten der Psychologie zu all diesen Fragen keine eindeutigen und einheitlichen Antworten. Je nach Forschungsorientierung wurde bereits die Problemstellung unterschiedlich definiert. So verstehen individualpsychologische und psychoanalytische Ansätze das Problem in erster Linie als das der beteiligten Individuen und ihrer psychischen Struktur. Sozialpsychologische Ansätze hingegen identifizieren das Problem in erster Linie als Gruppenphänomen und suchen es aus der Beziehung zwischen verschiedenen Gruppen zu erklären.

Gewissermaßen zwischen dem individualpsychologischen und gruppenpsychologischen Ansatz ist die psychologische Vorurteilsforschung und auch die Theorie der autoritären Persönlichkeit angesiedelt. Letztere stellt eines der fruchtbarsten Konzepte der Sozialpsychologie der letzten Jahrzehnte dar. Es hat theoretische Auseinandersetzungen angeregt und zahlreiche empirische Untersuchungen nach sich gezogen. Die sozialpsychologischen Theorien der Frankfurter Schule, die Empirie der psychologischen Vorurteilsforschung wie auch der psychoanalytische Erklärungsansatz über die Bedeutung der unbewußten Psychodynamik bei der Konstruktion von Vorurteilen sind in diesem Ansatz vereint.

Im folgenden werden die drei Ansätze – psychoanalytischer Ansatz, Theorie der autoritären Persönlichkeit und gruppenpsychologischer Ansatz – in ihren Grundzügen dargestellt und diskutiert, um dann in einem zweiten Teil unter Berücksichtigung empirischer Untersuchungsergebnisse zu untersuchen, welchen Beitrag sie zur Erklärung der aktuellen rechtsextremen Gewalt liefern.

Das psychoanalytische Erklärungsmuster

Die verschiedenen psychoanalytischen Erklärungsversuche gehen auf die Grundthese Freuds zurück, daß das «Fremde» nicht per se fremd ist, sondern vom Individuum dazu erst gemacht wird. Um das Fremde als beängstigend und bedrohlich zu erleben, bedarf es emotionaler Besetzungen, die vom eigenen Unbewußten herrühren und die sich im anderen ein Objekt zu dessen Repräsentation suchen: Das Fremde ist Ausdruck des Eigenen. So stammt das *Unheimliche*, wie Freud in seiner gleichnamigen Abhandlung formuliert (1946a), begrifflich vom Heimeligen ab, vom Vertrauten, vom Zugehörigen. Das Heimelige mußte, aus welchen Gründen auch immer, verheimlicht, d. h. verdrängt werden, und im Fremden begegnen uns diese Anteile des Selbst, nun allerdings angstbesetzt und unheimlich.

Dabei macht das Subjekt sich auch selbst fremd, indem es sich von seinen eigenen Impulsen zu distanzieren sucht und sie von sich stößt. Die Feindseligkeit gegen sich wird aber auf die anderen übertragen. So ist die auf die anderen übertragene Feindseligkeit die eigentliche Ursache von Fremdheit. In der Aggression versucht man die anderen von sich zu schieben, sich von ihnen zu distanzieren. Aggression zielt letztlich auf die Vernichtung des andern.

Jede mitmenschliche Beziehung, auch die intimste, ist nach Freuds Auffassung von einer Grundambivalenz getragen, die immer Liebe und Haß, Anziehung und Abstoßung beinhaltet. In der Aggression können so auch die Nächsten fremd werden (1946b, S. 346). Mit dieser Erklärung dreht Freud das übliche Argumentationsmuster genau um: Nicht Fremdheit macht aggressiv, sondern die Feindseligkeit anderen gegenüber macht sie uns fremd.

Diese Feindseligkeit basiert aber im Grunde auf der Selbstentfremdung. So führt Julia Kristeva in ihrem Buch *Fremd sind wir uns selbst* (1987) eine Vielzahl innerer Konflikte aus, die mit Hilfe der «Fremden» ausagiert werden. So etwa den Widerspruch zwischen dem Wunsch nach Geborgenheit und Zugehörigkeit und dem gleichzeitigen Bedürfnis nach Abenteuer und Ungebundenheit. Die «Fremden» reaktivieren diese Konflikte, denn sie repräsentieren die Weite der Welt und rühren so an verborgene Sehnsüchte. Indem die «Fremden» zurückgestoßen werden, kann man sich um so deutlicher seiner eigenen Zugehörigkeit, seines eigenen Standorts als «Einheimischer» versichern. Eine Begegnung mit Migranten kann schmerzhafte Erinnerungen wecken an den eigenen Ausschluß etwa aus der Familie, dem Dorf, der Stadt. Die Bindungslosigkeit, die Freiheit und Abenteuer verspricht, fasziniert und weckt zugleich die Angst, verstoßen und vertrieben zu werden, die Angst vor Armut und Heimatlosigkeit.

Die psychoanalytische Grundthese versteht also die Fremdheit des anderen als Produkt der eigenen Selbstentfremdung. Der Fremde ist eine Konstruktion des Subjekts, das auf das Fremde die bei sich abgelehnten Anteile projiziert. Die negativen emotionalen Besetzungen machen das Fremde bedrohlich und unheimlich. Die positiven Anteile bleiben beim Selbst und definieren das Eigene. Diese Spaltung der eigenen Gefühlsambivalenzen in das Fremde und das Eigene hat jedoch ihren Preis, denn diese Konstruktion bedarf einer ständigen Energie, um die Spaltungen aufrechtzuerhalten, und äußert sich in dem dauernden Bemühen, die eigenen Auffassungen sich und den anderen zu bestätigen. Dabei müssen alle Informationen aus der Umwelt so interpretiert werden, daß sie das

Selbst- und Fremdbild aufrechterhalten. Ein solches Subjekt ist nicht fähig, neue Erfahrungen zu machen, da es diese immer in das vorgefaßte Schema einzuordnen bemüht ist. Der Verlust von Erfahrung, Entwicklung und Lebendigkeit ist der Preis. Oder, wie Mario Erdheim formuliert, daß «das Eigene keine Entwicklungsmöglichkeit mehr bietet, der Zugang zum Fremden vermauert ist und man am Eigenen allmählich verdorrt» (1992, S. 733).

Die Bedeutung der psychoanalytischen Theorie liegt vor allem darin, die subjektiven Anteile und das subjektive Interesse aufzuzeigen, das in der Konstruktion des «Fremden» verborgen ist. Dies Interesse macht das Subjekt immun gegen rationale Aufklärung, die das «wirkliche Bild» des anderen der projektiven Verzerrung gegenüberstellen möchte. Denn die Konstruktion vom Fremden hat viel mehr mit den Interessen des Projizierenden als mit dem Fremden selbst zu tun. Damit wird auch plausibel, warum das Verhältnis zu «Fremden» oft stark emotionalisiert ist. Die Bedrohlichkeit und Gefährlichkeit wird vielfach bis zur Paranoia hin übersteigert, und der Ausbruch von Aggression und Gewalt steht in keinem Verhältnis zu einem real erkennbaren Anlaß.

Der psychoanalytische Erklärungsansatz stößt jedoch an Grenzen, wenn er verabsolutiert und das Fremde ausschließlich als Produkt psychologischer Konstruktionen versteht. Dann wird dem Fremden selbst und der Beziehung zu ihm keine Bedeutung zugeschrieben, und es wäre dann z. B. völlig gleichgültig, wer zum Objekt der projektiven Besetzung gemacht würde. Alle könnte es gleichermaßen treffen, und jeder könnte zum Sündenbock werden. Das aber ist offensichtlich nicht der Fall. Denn einmal heften sich die Projektionen immer an bestimmte Gruppen, zum anderen haben diese Projektionen durchaus auch unterschiedliche Inhalte, je nachdem, um welche Gruppe es sich handelt. So ist etwa die Feindseligkeit Juden gegenüber, wie sie sich im Antisemitismus äußert, von einem völlig anderen Inhalt als die gegenüber Menschen mit schwarzer Hautfarbe; Sinti und Roma werden mit anderen Vorurteilen belegt als Moslems. Die Entstehungsursachen von Vorurteilen sind somit nicht allein in den Individuen selbst zu suchen, sondern sind immer auch Ausdruck der Geschichte und der aktuellen politischen Beziehung der verschiedenen ethnischen Gruppen zueinander.

Die sozialen und gesellschaftlich-historischen Hintergründe bei den Fremdheitskonstruktionen werden letztlich von allen individualpsychologischen Ansätzen ausgeblendet. Dennoch gibt es im Unterschied zum klassischen psychoanalytischen Ansatz auch individualpsychologische Analysen, die das soziale Umfeld zumindest ein Stück weit einbeziehen und auch nach sozialen Entstehungsbedingungen fragen. Das gilt für die psychologische Vorurteilsforschung, aber besonders für das Konzept von der autoritären Persönlichkeit.

Die Vorurteilsforschung und die Theorie der autoritären Persönlichkeit

Die Vorurteilsforschung entwickelte sich in der akademischen Psychologie bereits in den 20er Jahren dieses Jahrhunderts. Historisch gesehen besteht ihre besondere Bedeutung vor allem darin, daß sie mit dem psychologischen Paradigma brach, daß das Problem in der Unterschiedlichkeit der «Rassen» liege. Bis dahin gab es in der europäischen wie auch der US-amerikanischen Psychologie so gut wie keinen Zweifel an der Hierarchie der «Rassen» und der selbstverständlichen Überlegenheit der weißen allen anderen gegenüber. Sie galten vor allem als intelligenter, psychisch reifer und stabiler. Die Vorurteilsforschung widersetzte sich nun dieser Auffassung und suchte das Problem des Rassismus nicht in den Eigenschaften der Diskriminierten, sondern in den Wahrnehmungen und Einstellungen der Diskriminierenden.

Dennoch hat die Auffassung von einer quasi natürlichen Hierarchie der Menschen in der akademischen Psychologie nie aufgehört zu existieren. Sie wird immer wieder mittels Intelligenzmessungen oder durch Zuschreibung unterschiedlicher psychischer Labilität und Defekte zu beweisen versucht. Prominentester Vertreter dieser Richtung ist bis heute H. J. Eysenck, der z. B. in seinem Buch über *Die Ungleichheit der Menschen* (1975) die unterschiedlichen sozialen und ethnischen Hierarchien als primär genetisch determiniert darstellt. Insofern muß bei der Einschätzung psychologischer Forschungen immer auch gefragt werden, inwieweit sie selbst zur Konstruktion und Tradierung von Vorurteilen beitragen.

Der Begriff Vorurteil umfaßt nicht allein den kognitiven Aspekt der nicht zutreffenden Wahrnehmung, sondern auch den emotionalen Aspekt des negativen Urteils. Vorurteile akzentuieren auf ein Negatives hin und stellen eine Generalisierung dar, die durch Evaluierungsprozesse gesteuert und stabilisiert werden (Bergler, 1984). Vorurteile reduzieren komplexe Merkmalsgruppierungen auf einfache Kategorisierungen und sind immer gruppenbezogen. Sie haben eine extrem hohe Änderungsresistenz, welche sowohl auf dem kognitiven Gewinn der Vereinfachung als auch auf dem emotionalen Gewinn der Selbsterhöhung basiert. Vorurteile werden aber auch durch Diskriminierte selbst stabilisiert, da sie zuweilen den stereotypen Erwartungen entsprechen. Denn auch ihnen werden im Zuge der Sozialisation die gesellschaftlich herrschenden Vorurteile vermittelt und können so zu einem Teil ihres Selbstverständnisses werden.

Die Forschungen zum Konzept des Vorurteils bekamen in den USA einen immensen Auftrieb in der Zeit während und nach dem Zweiten Weltkrieg, als man sich die rassistischen Verfolgungen und Verbrechen in Nazi-Deutschland wie auch in anderen Ländern zu erklären versuchte. Wichtigstes Ergebnis dieser Phase war Gordon W. Allports Buch *The Nature of Prejudice* (1958). Die Ursachen von Vorurteilen werden hier – im Unterschied zur psychoanalytischen Auffassung – nicht nur in intrapsychischen Konflikten gesucht, sondern eine Vielzahl weiterer Faktoren werden angeführt, wie chronische Frustration, soziales Lernen, kulturelle Einflüsse, Konformismus, Anzahl und Bedeutung der Kontakte mit unterschiedlichen Gruppen, Konflikte zwischen den Gruppen, die Rechtfertigung von Ausbeutung, ökonomische Unsicherheit etc. Diese Themen sind in den folgenden Jahrzehnten weiter diskutiert worden, allerdings in unterschiedlichen konzeptionellen Kontexten, so daß die zentrale Frage nach der Beziehung der verschiedenen Bedingungen und Mechanismen der Vorurteilsbildung nicht beantwortet werden konnte.

Ein erster Versuch, die verschiedenen Befunde aus der Vorurteilsforschung wie auch aus der Psychoanalyse und der Sozialpsychologie in einen systematischen Zusammenhang zu stellen, war das Konzept der autoritären Persönlichkeit, das von Adorno, Frenkel-Brunswik, Sandford und Levinson zu Beginn der 50er Jahre in den USA entwickelt wurde und bisher nur teilweise ins Deutsche übersetzt wurde (Adorno, 1973). Den

Forschern ging es darum, angesichts der Verbrechen Nazi-Deutschlands, aber auch des Rassismus und Antisemitismus in den USA zu fragen, ob es Zusammenhänge zwischen Persönlichkeitsmerkmalen und der Anfälligkeit für Faschismus gibt. Es ging also nicht mehr um einzelne Mechanismen, sondern um Strukturen, die für eine Persönlichkeit charakteristisch und die dafür verantwortlich seien, daß auch die unterschiedlichsten Informationen von ihr zur Vorurteilsbildung benutzt und umgearbeitet werden.

Die autoritäre Persönlichkeit zeichnet sich nach diesem Konzept durch eine rigide Orientierung an Normen und Autoritäten aus. Sie sucht nach Ordnungsvorstellungen und Führerfiguren, denen sie sich unterwerfen kann. Aber genauso wie sie sich selbst zu unterwerfen sucht, fordert sie die Unterwerfung anderer mit aller Strenge ein im Sinne einer «autoritären Aggression». Andere Komponenten der autoritären Persönlichkeit sind Konventionalismus, autoritäre Unterwerfung, Destruktivität, Zynismus oder Projektivität (die Welt insgesamt wird als bedrohlich empfunden).

Die Ursachen der autoritären Persönlichkeitsstruktur wurden in einer autoritären Familienerziehung gesehen, in der der Vater Unterordnung allein aufgrund seiner Position als Autorität einfordert: Er stellt an die Kinder konventionelle und rigide Anpassungsforderungen. Die Beziehungen zwischen ihm und den Kindern sind emotional distanziert und von den vorgegebenen Rollen bestimmt. Die Erziehung ist streng und bestrafend. Das Kind lernt, sich in der Unterwerfung sicher zu fühlen und die Macht zu lieben. Zugleich neidet es den Mächtigen ihre Position, kann ihnen aber ihre Aggressionen nicht zeigen. Diese richtet es gegen die Schwachen und Hilflosen und wird zugleich generell feindselig und mißtrauisch der Umwelt gegenüber.

So intensiv dies Konzept in der Wissenschaft und der breiteren Fachöffentlichkeit auch diskutiert wurde, so enttäuschend waren die Forschungsergebnisse, die keine eindeutige Beziehung zwischen autoritärer Persönlichkeitsstruktur und rassistischen Einstellungen feststellen konnten. Nach John Duckitt (1992) macht die Erfolglosigkeit dieser breit angelegten Forschungen deutlich, daß man rassistische Strukturen nicht auf das Vorherrschen eines bestimmten Persönlichkeitstypus zurückführen und nicht eine ganze Gesellschaft pathologisieren kann.

Aus diesem Grund wurde das Konzept immer wieder revidiert und überarbeitet. Die wichtigste Überarbeitung liegt wohl von Bob Altemeyer (1988) vor, deren wesentliche konzeptionelle Weiterentwicklung darin besteht, daß dem Grad der Identifikation mit der Eigengruppe ein sehr viel größeres Gewicht beigemessen wird als in dem ursprünglichen Konzept.[1]

Das generelle Problem der Theorie der autoritären Persönlichkeit besteht darin, daß es einen Strukturzusammenhang unterstellt, der nur in bestimmten Situationen nachgewiesen werden kann und insofern nicht allgemeingültig ist. So zeigt sich zu bestimmten Zeiten ein Zusammenhang zwischen Autoritarismus und Dogmatismus, zu einer anderen Zeit aber nicht. Oder: die Zusammenhänge zwischen Autoritarismus und Ethnozentrismus, die für die USA gelten, können in der Türkei nicht nachgewiesen werden. Auch die Aussagen von Individuen über verschiedene Situationen hinweg sind immer wieder Schwankungen unterworfen. Dies wurde bereits in den 50er Jahren durch eine klassisch gewordene Untersuchung von Minard (zit. nach Duckitt, 1992) festgestellt: Er untersuchte die Einstellungen weißer Bergarbeiter in verschiedenen Städten der USA und stellte fest, daß viele von ihnen an ihrem Arbeitsplatz offen und tolerant gegenüber ihren schwarzen Kollegen waren. Das galt aber keineswegs auch für den Privatbereich. Kooperation am Arbeitsplatz stand unmittelbar neben der Segregation im Privaten.

Gegen das Konzept der autoritären Persönlichkeit wurde weiterhin eingewendet, daß autoritäre Züge auch bei Menschen zu finden sind, die sich als politisch links verstehen. Zudem fragt sich, ob das Konzept überhaupt noch zeitgemäß ist angesichts der Tatsache, daß die autoritäre Erziehung inzwischen stark zurückgegangen ist. Die Phänomene Ethnozentrismus und Rassismus allerdings sind nicht rückläufig, was darauf verweist, daß mit veränderten Erziehungsstilen sich vermutlich nur die Ausdrucksformen von Ethnozentrismus und Rassismus gewandelt haben.

So zeigt die Geschichte des Rassismus in den USA, daß die Aufhebung diskriminierender Gesetze zur Errichtung neuer, unsichtbarer Barrieren führte und zu einem oft unbewußt ausgrenzenden Verhalten. So wird in der Rassismusdiskussion in den USA zwischen einem «dominativen» und einem «aversiven» Rassismus unterschieden (vgl. Frankenberg, 1994). Der aversive Rassismus bezieht sich darauf, daß Weiße Schwarzen aus dem Weg gehen und engere Kontakte möglichst vermeiden, ohne daß ihnen das selbst unbedingt bewußt ist. Diese unsichtbare Mauer äußert sich z. B. in der Tatsache, daß 1990 in den USA nur 0,4 Prozent der Ehen zwischen Angehörigen unterschiedlicher ethnischer Herkunft geschlossen wurden (ebd.).

Man kann also von einer «Modernisierung» rassistischer Einstellungen sprechen. Aktuelle bundesrepublikanische Forschungen zu rechtsextremer Gewalt zeigen ebenfalls Verschiebungen, denn bei den Tätern handelt es sich keineswegs immer noch nur um den autoritär neonazistischen Schlägertyp, sondern vielfach auch um den hedonistisch konsumorientierten jungen Mann, dem seine Clique zwar über alles geht, der aber ein autoritäres Führerprinzip ablehnt (Heitmeyer, 1992).

Die wesentlichen Einwände gegen das Konzept der autoritären Persönlichkeit sind also die, daß sich der von ihr postulierte Zusammenhang zwischen Erziehungsmilieu, Persönlichkeitsstruktur und Einstellungsmustern ständig verschiebt und daß er durch kulturelle und zeitbedingte Veränderungen sowie durch die Bedeutung situativer Faktoren ständig relativiert wird. Hinzu kommt, daß die Fokussierung auf das Individuum die Bedeutung der Gruppe und politischer Strukturen tendenziell unterschätzt. Insofern waren vor allem die Überarbeitungen des Konzepts und der Untersuchungsinstrumente erfolgreich, die die Bedeutung der jeweils herrschenden kulturellen Normen und des sozialen Kontextes stärker in die Analyse einbezogen haben.

Der gruppenpsychologische Ansatz

Die These von einer quasi notwendigen Entgegensetzung eines «Wir» gegenüber den «anderen» wird gestützt durch die sozialpsychologische Forschung, die immer wieder festgestellt hat, daß die anderen mit Aggressionen belegt werden, sobald sie als außerhalb der Eigengruppe wahrgenommen werden.

Klassisch geworden sind dabei vor allem die Untersuchungen von Sherif (1966) und Tajfel (1970), die zu der Formulierung des «Paradigma der minimalen Gruppen» führten, das besagt, daß die bloße Aufteilung von Gruppen nach willkürlichen Kategorien ausreicht, um diskriminierendes Verhalten der Fremdgruppe gegenüber auszulösen. Die Mitglieder der Eigengruppe werden konsistent günstiger beurteilt als die Mitglieder der Fremdgruppe (vgl. zusammenfassend Brown, 1990).

Bedeutet dies nun, daß jedwede Gruppenbildung immer Aggressionen gegen die Außenstehenden hervorruft? Die Auffassung einer quasi zwangsläufigen Aggressivität Fremdgruppen gegenüber ist geläufig. Sie drückt sich beispielsweise in der These eines universellen Ethnozentrismus aus. Diese geht davon aus, daß in allen menschlichen Gesellschaften die eigene Gesellschaft als vorrangige und höherwertige betrachtet und die Außenstehenden abgewertet und feindselig behandelt werden. Eine Durchsicht der einschlägigen ethnologischen Untersuchungen läßt diesen Schluß aber nach Duckitt (1992) keineswegs zu. Zwar scheint es sehr wohl überall so zu sein, daß die Eigengruppe eine höhere Bedeutung hat als die Fremdgruppe, aber die Angehörigen der Fremdgruppe müssen deshalb nicht herabgesetzt werden. Anders formuliert: Die Einstellungen zur Eigengruppe und zur Fremdgruppe sind relativ unabhängig voneinander. Eine positive Wertschätzung der Eigengruppe bedingt keineswegs notwendig eine negative der Fremdgruppe. Dazu kommt, daß diese Einstellungen sehr wechselnd und hoch situationsspezifisch sind.

Für die vorliegenden gruppenpsychologischen Untersuchungen heißt dies, daß auch sie nicht allgemein menschliche Gesetzmäßigkeiten formulieren, sondern etwas Spezifisches über den euro-amerikanischen Kulturkreis aussagen, in der die Konkurrenzorientierung eine solche Bedeutung hat, daß quasi jede Differenz als Begründung dienen kann, um sich den anderen zum Gegner zu machen. In stärker kollektivistisch orientierten Kulturen wird das Zusammensein mit den anderen viel mehr gesucht als in den westlichen individualistischen Kulturen, in denen die Abgrenzung von anderen eine sehr viel größere Bedeutung hat (Kim & Triandis, 1994).

Die Untersuchungen zur Dynamik zwischen Eigen- und Fremdgruppe sind insofern aufschlußreich, als sie die Mechanismen der Gruppenbildung und der sie begleitenden Zuschreibungsprozesse in den westlichen

Psychologische Erklärungsmuster zum Rassismus

Gesellschaften sichtbar machen. Sie beantworten aber nicht die Frage, warum eine Gruppe nach diesen und nicht nach anderen Kriterien gebildet wird, und damit auch nicht, welche Interessen in diesen Prozessen zum Ausdruck kommen. Das wird an einer aktuellen Untersuchung von Rainer Dollase (1996) besonders deutlich. Bei einer Untersuchung zu Freundschaftswahlen in 64 Hauptschulklassen hat er festgestellt, daß nahezu alle befragten Kinder und Jugendlichen ihre Freunde und Freundinnen aus der jeweils eigenen ethnischen Gruppe wählen. «Normal», so Dollases Resümee (S. 133), «ist eine völlige Trennung zwischen In- und Ausländern auf der Ebene der wechselseitigen Wahlen». Denn: «Sympathien verteilen sich weder gerecht noch rational noch mitmenschlich akzeptabel – somit nicht anders als Glück, Krankheiten oder Schicksalsschläge» (ebd., S. 134). Informelle Beziehungen, so der Autor, orientieren sich an dem Prinzip von «Gleich zu gleich gesellt sich gern». Und daraus folgt für ihn eine gewisse Normalität der interpersonellen Asozialität, gemessen an den Normen von Rationalität, Gerechtigkeit und Menschlichkeit.

Eine solche Analyse legitimiert im nachhinein die vorhandene Gruppenbildung, denn nach dieser Argumentation gibt es letztlich keinen Ausweg aus der Unumstößlichkeit sozialer Gesetzmäßigkeiten. Fragen, warum die Grenze so scharf zwischen den Ethnien gezogen wird, werden unterbunden. Das erinnert an die Situation in der Geschlechterforschung: Auch hier wurde festgestellt, daß Kinder relativ früh bei Freundschaftswahlen und Cliquenbildungen ihr eigenes Geschlecht bevorzugen. Nun gab und gibt es einerseits den Ansatz, dieses mit dem Wirken einer quasi-biologischen Gesetzmäßigkeit zu erklären, oder aber darin, das Resultat einer geschlechtsspezifischen Sozialisation zu erkennen, die den Kindern von früh auf ihre jeweiligen Geschlechterrollen zuweist. Segregation in Kindergarten und Schule spiegelt nach letzterem Ansatz die geschlechtsspezifische Arbeitsteilung in Familie und Gesellschaft wider (vgl. etwa Hagemann-White, 1987).

Der Gewinn gruppenpsychologischer Untersuchungen liegt vor allem in der Herausarbeitung der Mechanismen der Zuschreibungsprozesse zur Eigen- und Fremdgruppe. Diese Erkenntnisse verlieren aber ihre Aussagekraft, wenn sie verabsolutiert werden, indem Gruppenbildungsprozesse eine von übergreifenden Faktoren unabhängige Entwicklungsdynamik zugewiesen wird. Demgegenüber können Gruppenbildungen nur im Kontext der Bedürfnisstrukturen der beteiligten Individuen und auf dem Hintergrund gesellschaftlicher Strukturen, kultureller Normen wie auch als Ausdruck unterschiedlicher Machtinteressen interpretiert werden.

Ethnozentrische Gruppennormen verstehen die «anderen» nicht einfach als andersartig, sondern als unterlegen, als Menschen geringerer Wertigkeit. Die Umfragen zur Beliebtheit der verschiedenen ethnischen Gruppen in Deutschland zeigen deutlich, daß Angehörige der USA und der westeuropäischen Länder, aber auch die uns recht fremden Japaner sehr viel besser angesehen werden als Menschen aus ökonomisch und politisch schwächeren Nationen (Infas, 1982). Es ist also nicht in erster Linie der Charakter der Fremdheit oder der geographischen Entfernung, der über das Bild vom anderen entscheidet, sondern dessen Machtposition.

Das gilt aber nicht nur für Angehörige unterschiedlicher ethnischer Gruppen, sondern auch für die Beziehung innerhalb «homogener» Gemeinwesen. Norbert Elias und John Scotson (1990) untersuchten in einer englischen Kleinstadt die soziale Gruppenbildung und stellten fest, daß hier eine scharfe Trennlinie zwischen den Alteingesessenen und einer Gruppe von Arbeiterfamilien gezogen wurde, die sich dort erst vor 20 Jahren angesiedelt hatte. Diese waren ethnisch und religiös mit der einheimischen Bevölkerung identisch; aber allein die Tatsache des späteren Zuzugs veranlaßte die Alteingesessenen, sich von ihnen abzuschotten. Die Trennlinie verlief durch die Wohngegend, die Clubs und Kneipen, die Bekanntschaften und Freundschaften; so daß auch nach 20 Jahren nicht eine einzige Heirat zwischen Angehörigen der beiden Gruppen zustande gekommen war. Die «Etablierten» besetzten alle formellen und informellen Machtpositionen der Gemeinde und verteidigten sie unerbittlich gegen die «Neuen». Im Zuge dieses Zusammenrückens und der Abwehr gegen die anderen wurden die anderen zu «Fremden» gemacht: Sie galten als die Unmoralischen, die Unsauberen, die Unordentlichen, die Gefährlichen. So wurden verdrängte und abgewehrte Triebimpulse projektiv auf sie abgeladen.

Die dominante Gruppe fordert allerdings von ihren Mitgliedern eine rigide Anpassung an ihre Gruppennormen in Form von Selbstdisziplin, Einheitlichkeit der Ansichten und des Lebensstils. Die Unterwerfung unter die Gruppennorm war gewissermaßen der Preis für den privilegierten Zugang zu Machtpositionen. Der Selbstzwang «bietet Status- und Machtprämien zum Ausgleich für die auferlegten Versagungen und den relativen Verlust an Spontaneität» (S. 243).

Die Untersuchung von Elias und Scotson zeigt nicht nur, welche Bedeutung Machtinteressen bei der Gruppenbildung haben, sondern auch, wie soziale Faktoren die individuellen Einstellungen und Verhaltensweisen prägen. Dieses Konzept steht nun in einem gewissen Gegensatz zu den individualpsychologischen Ansätzen, die – wie häufig auch in der aktuellen Debatte zum Rechtsextremismus – das individuelle Interesse und die Persönlichkeitsstruktur der einzelnen Individuen in den Mittelpunkt stellen.

Die Übersicht über die verschiedenen sozialpsychologischen Untersuchungen, wie sie John Duckitt (1992) vorgelegt hat, zeigt, daß sich jedoch die sozialen und psychischen Faktoren gegeneinander verschieben: Wenn soziale Faktoren wichtig sind, treten die psychologischen zurück und umgekehrt. So werden z. B. Menschen, die aufgrund ihrer biographischen Prägungen sehr stark zu rassistischen Einstellungen neigen, diese auch in Zeiten und Kontexten mit liberalen Auffassungen aufrechterhalten. Umgekehrt werden in Gesellschaften, die rassistische Ausgrenzungen stark unterstützen oder in bestimmten Phasen diese besonders nahe legen – so in Deutschland zur Zeit der Asyldebatte –, viele Menschen in diese Richtung aktiviert, bei denen sonst solche Einstellungen weniger ausgeprägt sind.

Die Bedeutung unterschiedlicher Einflußfaktoren und deren Wechselwirkung im Zusammenhang mit Rassismus soll nun am Beispiel der empirischen Befunde zum aktuellen Rechtsextremismus in Deutschland veranschaulicht werden.

Rassismus als Resultat von Wechselwirkungen zwischen sozialen und psychischen Prozessen

Die Untersuchungen zu den gewalttätigen Ausschreitungen der Jahre 1989 bis 1993 in Deutschland, die meist unter dem Begriff des Rechtsextremismus[2] gefaßt werden, zeigen, daß es sich bei den Gewalttätern in erster Linie um männliche Jugendliche im Alter von 15 bis 24 Jahren handelt, die sich von ihrer sozialen Herkunft kaum von der übrigen Bevölkerung unterscheiden. Sie sind auch keineswegs überproportional von Arbeitslosigkeit und sozialer Bindungslosigkeit betroffen (Willems, Würtz & Eckert, 1993). Die Ursachen für die Gewalt können also nicht allein in persönlichen Deprivationen und spezifischen sozialen Milieus gesucht werden, sondern müssen auch allgemein gesellschaftliche Bedingungen in die Erklärung einbeziehen. Das gilt insbesondere für die Frage, warum die Gewalt gerade zu dieser Zeit ausbrach und dann relativ wieder abflaute, um sich dann allerdings auf hohem Niveau einzupendeln.

Eine Antwort auf die Frage nach dem politischen Hintergrund gibt die Untersuchung von Ruud Koopmans (1995), der feststellt, daß die öffentliche Diskussion ein Klima der Bedrohtheit und Problembelastung schaffte, das gewalttätige Problemlösungen eher beförderte als unterband. Zwischen der Häufigkeit der Thematisierung der «Asyldebatte» in den Medien und der Häufigkeit der Gewalttaten hat er eine nahezu Eins-zu-eins-Relation festgestellt. Als weiterer politischer Faktor muß sicherlich die Einigung Deutschlands betrachtet werden, die die Frage nach dem, was Deutsch-Sein heute bedeutet, auf die Tagesordnung der politischen Debatte setzte.[3]

Auf der Ebene der peer group zeigen die meisten Untersuchungen, daß die Zugehörigkeit zu einer Gruppe von Gleichaltrigen fast immer ausschlaggebend dafür war, ob und in welcher Form Feindseligkeiten ausagiert wurden. Diese Gruppen bestanden nahezu ausschließlich aus männlichen Jugendlichen. Die Norm männlich chauvinistischer Machtdemonstration hatte in den Gruppen hohe Bedeutung (vgl. etwa Heitmeyer, 1992; Willems, Würtz & Eckert, 1993; Deutsches Jugendinstitut, 1993).

Die große Bedeutung der Gruppe für die einzelnen wurde vor allem darin gesehen, daß sie den schwachen und orientierungslosen Jugendlichen Halt und Orientierung bieten. So spricht z. B. Annette Streeck-Fischer (1992) in ihren Analysen rechtsradikaler Jugendlicher von den «vorentmutigten Jugendlichen»: «Gewaltbereitschaft und Gewalttätigkeit gegenüber allem Fremden und Andersartigen müssen wir als Maßnahmen der Jugendlichen gegen den inneren Notstand ansehen. Diese Notstandsmaßnahmen dienen dem einzelnen Jugendlichen zur Angstbewältigung und zur narzißtischen Reparation» (S. 762). Die Gruppe bietet Stärke an mit Hilfe der Abwertung anderer, indem sie die Überlegenheit der Eigengruppe gegenüber der Fremdgruppe herausstreicht.

Das Problem einer solchen Interpretation ist allerdings, daß sie davon ausgeht, daß diese Jugendlichen besonders labil und problembelastet seien. Die Mehrzahl der Studien bestätigt aber, daß dies nicht der Fall ist. Weder sind die zur Gewalt neigenden Jugendlichen besonders orientierungslos und verunsichert (Heitmeyer 1989, 1992) noch besonders problembelastet (Wellmer, 1995), noch ist allgemein eine Korrelation zwischen Anomie und Ethnozentrismus festzustellen (Lederer & Schmidt, 1995; Koopmans, 1995). Schließlich hat auch eine neue Untersuchung zur Frage nach extremen Orientierungen bei Studenten gezeigt, daß «von sozialer oder politischer Verunsicherung, die sie zu rechten Ideologem greifen läßt, bei dieser Personengruppe nicht die Rede sein [kann]. Vielmehr ist anzunehmen, daß sie bestimmte Ideologeme besonders konsequent vertreten» (Demirovic & Berker, 1996, S. 13).

Gewalttätige und rechtsextreme Jugendliche unterscheiden sich von ihren toleranten und friedlicheren Altersgenossen vor allem dadurch, daß sie sich forciert mit den in unserer Gesellschaft herrschenden Werten identifizieren. Dieser Zusammenhang wurde bereits in einer Reihe früherer Untersuchungen festgestellt. So zeigen die Studien von Heitmeyer (1989, 1992) eine hohe Korrelation zwischen rechtsextremistischer Orientierung und einer instrumentalistischen Arbeitsorientierung, d. h. der vorrangigen Orientierung an Geld, Aufstieg und Status und rechtsextremen Bindungen. Stärke und Überlegenheit sind hier die wichtigsten Normen, und die anderen Menschen werden vorrangig unter dem Aspekt ihres Nutzens beurteilt. Eine solche auf Leistung und Erfolg fixierte Ideologie führt zur Mißachtung all derer, die in diese Verwertungslogik nicht hineinpassen.

In dieselbe Richtung gehen die Ergebnisse der Tübinger Untersuchung (Held, Horn, Leiprecht & Marvakis, 1992), die feststellt, daß sich bei den rechten Jugendlichen vor allem Aufstiegs- und Leistungsideologie mit rigiden Ausgrenzungsforderungen gegenüber Einwanderern verbinden. Diese Beobachtung wird im Begriff des «Wohlstandschauvinismus» zusammengefaßt, der die ökonomische Überlegenheit mit politisch kulturellem und persönlichem Vormachtsanspruch identifiziert. Er zeigt sich in einer Überidentifikation mit «deutschen Wirtschaftsinteressen» – Motto: «Wir sind die Besten, und es ist unser Verdienst». Auch bei diesen Jugendlichen herrscht ein instrumentelles Nutzendenken vor: Einwanderer und Flüchtlinge werden ausschließlich danach beurteilt, ob sie schaden oder nutzen. Die Jugendlichen sind meist in gut situierten Positionen und fühlen sich nicht realiter, aber allgemein und diffus von Einwanderern bedroht.

Auch Hoffmeister und Sill (1993) stellen in ihrer Untersuchung von knapp 500 Jugendlichen und jungen Erwachsenen fest, daß es keinen Zusammenhang zwischen Deprivation und Autoritarismus gibt. Statt dessen sind viele Jugendliche, die aus gut situierten stabilen Verhältnissen kommen und mit einem entsprechend stabilen Selbstbild ausgestattet sind, autoritär und neigen zu rechten und rassistischen Einstellungen. Sie stehen meist unter einem hohen Leistungsdruck und projizieren ihre Versagensängste auf alle anderen: auf «unfähige» Lehrer, «korrupte» Politiker und «arbeitsscheue» Ausländer. Diese müssen abgewertet werden, um sich selbst und das Prinzip von Leistung und Disziplin hochzuhalten. Die Jugendlichen haben sich selbst (noch) nicht bewährt, gehören aber ihrer Meinung nach selbstverständlich zur Elite, und diese Diskrepanz mündet in einem allseitigen Bedrohtheitsgefühl. Alle könnten ihnen irgendwie ihren Platz streitig machen. So werden sie mißtrauisch beäugt und das Leben als ein ständiger Kampf aller gegen alle erlebt, in dem der Stärkste sich durchsetzt.

Rechtsextremistische Orientierungen finden sich natürlich auch bei labilen Jugendlichen. Auch sie empfinden ihre Umwelt überwiegend als feindselig. Aber ihr Mißtrauen basiert in der Regel eher auf Realerfahrungen aufgrund hochproblematischer Familienverhältnisse und schwieriger sozialer Umstände. Diese Jugendlichen lassen sich meist auch leicht durch andere Erfahrungen beeinflussen bis hin zu einer extremen Außenorientierung und einem ständigen Schwanken zwischen widersprüchlichen Einschätzungen.

Das Verhältnis zwischen Individuum und Gruppe, wie es sich im Lichte dieser Untersuchungen darstellt, ist also keineswegs eindeutig. Die labilen Jugendlichen sind von den Gruppennormen sehr viel abhängiger als die stabilen und verändern ihre Einstellungen auch je nach sozialem Kontext.

Demgegenüber sind die ausgrenzenden und rassistischen Einstellungen bei den stabil autoritären Jugendlichen sehr viel überdauernder. Sie suchen oder bilden die Gruppen, die sie zur Darstellung und Durchsetzung ihrer Auffassungen brauchen.

Es kann also nicht davon ausgegangen werden, daß die Gruppe immer als Stütze und Kompensation für die eigene Schwäche fungiert; insbesondere weil die meisten bei der Gewalt beteiligten Jugendlichen als nicht besonders problembelastet gelten können. Die Gruppe hat für diese Jugendlichen vielmehr die Bedeutung, ihre Auffassungen besser durchzusetzen. Sie unterstützt ihre Überlegenheits- und Größenphantasien und erfüllt ihr Bedürfnis nach faktischer Demonstration von Dominanz.

Es geht hier um die Demonstration und Reproduktion gesellschaftlicher Hierarchien, die denen, die als nicht-zugehörig, als «fremd» definiert werden, einen Platz in unteren Hierarchieebenen zuweist oder sie ganz aus der Gesellschaft drängen möchte. Die Tatsache, daß sich rechtsextreme Gewalt vielfach auch gegen Obdachlose und sozial Benachteiligte richtet, bestätigt dies. Hier kann «Fremdheit» nicht mehr als Argument fungieren. Es geht um offenen Sozialrassismus, d. h. um die gewaltförmige Durchsetzung sozialer Hierarchien, die die Ideologie des Wohlstandschauvinismus umstandslos umzusetzen versucht.

Je asymmetrischer die Beziehung zwischen den Gruppen ist, desto mehr wird den diskriminierten Gruppen jeder Anspruch auf Zugehörigkeit und Gleichbehandlung abgesprochen und desto ungebremster werden auf sie abgespaltene Anteile projiziert. Dies erklärt das Paradox, daß sozial schwache und relativ einflußlose Menschen in diesen Ideologien als besonders bedrohlich und gefährlich eingeschätzt werden, aber diese Bedrohlichkeit in keinem Verhältnis zur Realität steht.

Die bisher vorliegenden Untersuchungen zur rechtsextremen und rassistischen Gewalt in den letzten Jahren in Deutschland zeigen also, daß immer mehrere Faktoren in Betracht gezogen werden müssen, um diese Phänomene zu erklären. Entscheidend ist dabei sowohl das aktuelle politische Klima als auch die vorhandenen gesellschaftlichen Hierarchien, die die Lebens- und Partizipationschancen der verschiedenen sozialen Gruppen sehr ungleich verteilen. Diese Hierarchien setzen sich beim einzelnen in Vorurteile und Fremdheitserfahrungen um, die wiederum von kulturellen Traditionen vorgeprägt sind. Psychologisch gesehen vermittelt sich die Hierarchie darin, daß vor allem die sozial Schwächeren mit Projektionen besetzt werden, an denen die eigenen Probleme abreagiert werden. Auf ihre Kosten vermag sich der einzelne seiner eigenen Überlegenheit zu versichern.

Anmerkungen

1 Die Diskussion der Theorie der autoritären Persönlichkeit wurde mit erheblicher Zeitverschiebung auch in Deutschland aufgegriffen. Empirische Forschungen wurden z. B. von Christel Hopf (1990), Detlef Oesterreich (1993) und vor allem von Gerda Lederer und P. Schmidt (1995) durchgeführt.
2 Der Begriff Rassismus wird erst in den letzten Jahren zunehmend auch in der deutschen Forschungsliteratur verwendet – im Unterschied vor allem zur englischen, US-amerikanischen und französischen Literatur. Die meisten deutschen Forscher ziehen die Begriffe Ausländerfeindlichkeit, Fremdenfeindlichkeit oder Rechtsextremismus vor. Der Begriff des Rechtsextremismus, der über den Rassismus hinaus eine politisch autoritäre und undemokratische Auffassung impliziert, kommt ohne den Rassismus nicht aus. Das wird aufgrund der fehlenden Debatte in Deutschland bisher nicht berücksichtigt.
3 Weitere Faktoren auf der gesellschaftlichen Ebene sind die kulturellen Normen und politischen Traditionen, wie in Deutschland mit ethnischen Minderheiten umgegangen wurde und wird, insbesondere die Frage nach ethnischer Homogenität bzw. Multikulturalität (vgl. ausführlicher dazu Rommelspacher, 1995 a).

Literatur

Adorno, Th. W. (1973). *Studien zum autoritären Charakter*. Frankfurt: Suhrkamp.
Allport, G. W. (1958). *The Nature of Prejudice*. New York: Doubleday.
Altemeyer, B. (1988). *Enemies of Freedom: Understanding right-wing autoritarism*. San Francisco: Jossey-Bass.
Bergler, R. (1984). Vorurteile und Stereotypen. In A. Heigel-Evers (Hrsg.), *Sozialpsychologie*. Weinheim/Basel: Beltz.
Brown, R. (1990). Beziehungen zwischen Gruppen. In W. Stroebe, C. Hewstone, J. P. Miles & G. Stephenson (Hrsg.), *Sozialpsychologie. Eine Einführung*. Berlin: Springer.
Demirovic, A. & Berker, Th. (1996). Gefährlich-gefährdete Jugend und Politik. *Schrägstrich, 9* (10), 13–15.
Deutsches Jugendinstitut (Hrsg.) (1993). *Gewalt gegen Fremde. Rechtsradikale, Skinheads und Mitläufer*. München: Juventa.
Dollase, R. (1996). Die Asozialität der Gefühle. Intrapsychische Dilemmata im Umgang mit dem Fremden. In W. Heitmeyer & R. Dollase (Hrsg.), *Die bedrängte Toleranz*. Frankfurt: Suhrkamp.
Duckitt, J. (1992). *The Social Psychology of Prejudice*. Westport/London: Praeger.
Elias, N. & Scotson, J. L. (1990). *Etablierte und Außenseiter*. Frankfurt: Suhrkamp.
Erdheim, M. (1992). Das Eigene und das Fremde. *Psyche, 8* (46), 730–744.
Eysenck, H. J. (1975). *Die Ungleichheit der Menschen*. München: List.
Frankenberg, R. (1994). *The Social Construction of Whiteness. White Women. Race Matters*. Minneapolis: University of Minnesota Press.
Freud, S. (1946a). *Das Unheimliche* (Gesammelte Werke, Band XII). Frankfurt: Fischer.
Freud, S. (1946b). *Zeitgemäßes über Krieg und Tod* (Gesammelte Werke, Band X). Frankfurt: Fischer.
Hagemann-White, C. (1987). *Sozialisation: weiblich-männlich?* Opladen: Leske und Budrich.
Heitmeyer, W. (1989). *Rechtsextremistische Orientierungen bei Jugendlichen*. München: Juventa.
Heitmeyer, W. (1992). *Die Bielefelder Rechtsextremismusstudie*. München: Juventa.
Held, J. & Horn, H. W., Seiprecht, R. und Marvakis S. u. a. (1992). *«Du mußt so handeln, daß Du Gewinn machst...»* (DISS Text N.18). Duisburg: DISS.
Hoffmeister, D. & Sill, O. (1993). *Zwischen Aufstieg und Ausstieg. Autoritäre Einstellungsmuster bei Jugendlichen und jungen Erwachsenen*. Opladen: Leske & Budrich.
Hopf, Ch. (1990). Autoritarismus und soziale Beziehungen in der Familie. Qualitative Studien zur Genese autoritärer Dispositionen. *Zeitschrift für Pädagogik, 36*, 371–391.
Infas (1982). *Meinungen und Einstellungen zum Ausländerproblem*. Bonn.
Kim, U. & Triandis, H. C. (1994). *Individualism and Collectivism. Theory, Methods and Applications*. London: Sage.
Koopmans, R. (1995). *A «Burning» Question: Explaining the Rise of Racist and Ex-*

treme Right Violence in Western Europe. Berlin: Wissenschaftszentrum Berlin für Sozialforschung.

Kristeva, J. (1987). *Fremd sind wir uns selbst*. Frankfurt: Suhrkamp.

Lederer, G. & Schmidt, P. (Hrsg.) (1995). *Autoritarismus und Gesellschaft. Trendanalysen und vergleichende Jugenduntersuchungen 1945–1993*. Opladen: Leske & Budrich.

Oesterreich, D. (1993). *Autoritäre Persönlichkeit und Gesellschaftsordnung. Der Stellenwert psychischer Faktoren für politische Einstellungen. Eine empirische Untersuchung von Jugendlichen in Ost und West*. München: Juventa.

Rommelspacher, B. (1995a). *Dominanzkultur. Texte zu Fremdheit und Macht*. Berlin: Orlanda.

Rommelspacher, B. (1995b). *Schuldlos-Schuldig? Wie junge Frauen sich mit Antisemitismus auseinandersetzen*. Hamburg: Konkret.

Sherif, M. (1966). *Group Conflict and Cooperation: Their Social Psychology*. London: Routledge.

Streeck-Fischer, A. (1992). Adoleszenz und Rechtsradikalismus. *Psyche*, 8 (46), 745–768.

Tajfel, H. (1970). Experiments in intergroup discrimination. *Scientific American*, 223, 96–102.

Wellmer, M. (1995). *Fremdenfeindliche Einstellungen von Jugendlichen*. Wuppertal: Institut für Lehrerbildung (ISL).

Willems, H., Würtz, St. & Eckert, R. (1993). *Fremdenfeindliche Gewalt: Eine Analyse von Täterstrukturen und Eskalationsprozessen* (Forschungsbericht des Bundesministeriums für Frauen und Jugend). Bonn.

*Psychologische Analysen
zur Erfahrung von Rassismus*

Paul Mecheril

Rassismuserfahrungen von Anderen Deutschen – eine Einzelfallbetrachtung[1]

Menschen, die «nicht deutsch aussehen», machen in Deutschland Rassismuserfahrungen. Das ist real. Was aber der Ausdruck «nicht-deutsches Aussehen» meint und was «deutsches Aussehen» ist, das kann nicht positiv beantwortet werden, weil «deutsches Aussehen» eine Konstruktion ist, die von einem fiktiven Vorstellungsbild der Normalität genährt wird: *Die* Deutsche und *den* Deutschen gibt es nicht. Was es gibt, sind Annäherungen an ideale Normalitätstypen. Wie nah eine Person dem Idealtyp kommt, ob sie von dem Typ abweicht, ob sie zu weit von ihm abweicht und welche Konsequenzen die Abweichung mit sich bringt, das bestimmt möglicherweise sie selbst, das bestimmen vor allem aber die historisch entstandenen und sich wandelnden Vorgaben der sozialen Ordnung.

Menschen, die vom fiktiven Typus des oder der Deutschen abweichen und die zugleich einer kulturell, ethnisch oder «rassisch»[2] bestimmten Gruppe zugehörig angesehen werden, die im Vergleich zur imaginierten oder tatsächlich existenten Gruppe, der die bewertende Person sich zugehörig meint, als minderwertig betrachtet wird, machen Rassismuserfahrungen.

Das Bedingungsgefüge, mit dem «rassische» Unterschiede konstruiert werden, die zu Rassismuserfahrungen führen, operiert mit Imaginationen des und der anderen, mit tradierten Überzeugungen und bildhaften Mythen. Mittels der Eindringlichkeit des Fiktionalen entfaltet der Rassismus seine Kraft: Dies hier ist jemand, die oder der einer anderen (Menschen-?)Art angehört, weniger wert ist, mithin weniger Rechte hat. Die Logik des Rassismus ist eine Logik des Fiktionalen. Sie besteht darin, daß Unterschiede konstruiert und Gewalt gegen das Konstruierte ausgeübt wird. Rassismus wirkt mittels Konstruktionen, und Rassismuserfahrungen sind real. Körper und Identität sind konstruierter Ausgangspunkt und faktische Zielscheibe des Rassismus. So geht mit der Erfahrung von Rassismus eine – bewußtseinsfähige und erlebbare – Spannung zwischen zugeschriebener Fiktionalität und erfahrener Realität einher. In dieser Spannung entwickeln Menschen, die Rassismuserfahrungen machen, Handlungs- und Erlebensweisen, die dem wie auch immer erfolgreichen Umgang mit diesen Erfahrungen dienen.

Im folgenden werden Rassismuserfahrungen und Umgangsweisen mit diesen Erfahrungen entlang der Analyse der Angaben von Rava Mahabi (Pseudonym) in einem halbstrukturierten, biographisch orientierten Interview zum Thema werden.

Die Einzelfallbetrachtung zeigt exemplarisch, wie Menschen mit auf ihre Person allgemein und spezifisch die Möglichkeiten der gesellschaftlichen Partizipation bezogenen Negativbotschaften umgehen, die aus der Abweichung ihrer selbst von einer Fiktion physiognomischer Normalität resultieren.

Die Auswertungsergebnisse können nicht als generelle Aussagen gelesen werden. Aussagen solcher Art machten Untersuchungen notwendig, die Variablen wie Geschlecht, Bildungsstand, sozio-ökonomische Situation, ethnisch-kulturelles Selbstverständnis etc. berücksichtigen. Die nachfolgend vorgestellten Ergebnisse verweisen zunächst also auf Umgangsmodi mit Rassismuserfahrungen bei Rava Mahabi. Auf einer allgemeineren Ebene sind die Ergebnisse von heuristischem Wert, weil sie erste empirische Hinweise auf Handlungs- und Erlebensmodi im Rahmen des Umgangs mit Rassismuserfahrungen darstellen. Methodologische Leitlinie der Untersuchung ist hierbei, daß insbesondere in der Untersuchung von Rassismuserfahrungen ein «Sprechen über» durch ein «Sprechen mit» und auch ein «Sprechen für» die Betroffenen zu ersetzen ist (Mecheril & Teo, 1994, S. 22).

Neben ihrem exemplarischen und heuristischen Nutzen ist die Betrachtung und Modellierung des einzelnen Falls insbesondere dem Umstand verpflichtet, daß in den deutschsprachigen Sozial- und Humanwissenschaften meines Wissens nach keine differenzierten Untersuchungen über das Thema «Umgang mit Rassismuserfahrungen» bei der hier als

Andere Deutsche bezeichneten Personengruppe vorliegen. Die Auseinandersetzung mit der Lebenssituation, den Erfahrungen und Umgangsweisen der von Rassismus Betroffenen in den deutschsprachigen Sozial- und Humanwissenschaften ist defizitär. Im Rahmen deutschsprachiger Untersuchungen ethnisch motivierter, rassistischer Gewalt kommen potentielle und faktische Opfer – auch in der Psychologie – weitestgehend nicht in den Blick (siehe auch Beckmann in diesem Band). Untersuchungen über Rassismuserfahrungen müssen also gewissermaßen «bei Null» anfangen – an diesem Punkt sind einzelfallorientierte Studien sinnvoll.

Bevor wir uns aber Rava Mahabi und seinen Erfahrungen zuwenden, sei zunächst die Personengruppe, die wir als «Andere Deutsche» bezeichnet haben (Mecheril & Teo, 1994), vorgestellt und anschließend der Begriff «Rassismuserfahrung» erläutert.

Andere Deutsche

Menschen, die in Deutschland leben, aber keine konventionelle «deutsche Geschichte» aufweisen, weil sie zwar in Deutschland aufgewachsen sind, jedoch als Fremde angesehen werden, sind Andere Deutsche.

In teilweiser Modifikation unserer früheren Kennzeichnung (Mecheril & Teo, 1994, S. 9ff) bezeichnet der Ausdruck «Andere Deutsche» Menschen, die wesentliche Teile ihrer Sozialisation in Deutschland absolviert haben und die Erfahrung gemacht haben und machen, aufgrund sozialer oder physiognomischer Merkmale nicht dem fiktiven Idealtyp des oder der «Standard-Deutschen» zu entsprechen, weil ihre Eltern oder nur ein Elternteil oder ihre Vorfahren als aus einem anderen Kulturkreis stammend betrachtet werden.[3]

Andere Deutsche sind Menschen, die in Deutschland wichtige Bezugspersonen haben, um ihre Vergangenheit, ihre Gegenwart und Zukunft wissen, hier arbeiten oder erwerbslos sind, mithin all das machen, was man an dem Ort macht, an dem man seine oder ihre Lebensmitte hat, die aber soweit vom fiktiven Bild des oder der Standard-Deutschen abweichen, daß sie als zu weit abweichend und folglich nicht legitim zugehörig wahrgenommen und behandelt werden. Diese Abweichung, diese Konstruktion des Unterschieds, entsteht in den diskursiv nahegelegten Diagnosen der anderen und vermittelt über dieses Wahrnehmungsurteil auch in den (Selbst-)Verständnissen derer, die abweichen.

Viele Andere Deutsche werden sich selbst eher selten als Deutsche bezeichnen und vermutlich noch viel weniger von der deutschen Öffentlichkeit als Deutsche identifiziert. Obwohl diese und andere Argumente dagegensprechen, verwenden wir die Bezeichnung Andere Deutsche. Zwei Gründe haben uns dazu bewogen.

Erstens ist die Verwendung der Bezeichnung als Unterstützung der Position zu verstehen, daß die Gültigkeit des Anspruchs, deutsch zu sein, sich nicht an der Erfüllung bestimmter Kriterien der Physiognomie, der Abstammung oder auch der «kulturellen» Praxis bemißt, sondern zuallererst von der Frage abhängig ist, ob jemand seinen oder ihren Lebensmittelpunkt in Deutschland hat. Andere Deutsche ist ein programmatischer Begriff, der – in Zeiten, in denen in Deutschland noch immer das Recht auf Staatsbürgerschaft abstammungsabhängig (ius sanguinis) und nicht abhängig von der Ortsansässigkeit (ius soli) vergeben wird und sich diese politische Praxis und deren diskursive Konsequenzen in dem (Inter-)Aktions- und Selbstverständnisfeld der privilegiert oder degradiert davon Betroffenen niederschlägt – auch als ein Beitrag zur Neufassung des Phänomens und des Begriffs Deutschsein aufzufassen ist.

Zweitens trägt der Ausdruck «Andere Deutsche» einem zentralen Lebensgefühl vieler Anderer Deutscher Rechnung, nämlich dem Anderssein, das für Andere Deutsche oft ein doppeltes Anderssein ist: anders als «die Deutschen» und anders als «die Ausländerinnen» und «die Ausländer». Andere Deutsche ist ein forschungsparadigmatischer Begriff, unter dem (inter-)subjektive Prozesse der Konstruktion, Bewältigung, Bewahrung und Veränderung des doppelten Andersseins auf der Ebene von Positionierung und Zuschreibung im Kontext national etikettierter «Kulturen» in den Blick kommen. Die bisher vorliegenden Studien im Rahmen des Paradigmas beschäftigen sich unter anderem mit der interaktiven Konstruktion von Fremdheit (Battaglia, 1995), mit Parallelen zwischen «postmodernen» und «multikulturellen» Identitätsanforderungen (Mecheril & Bales, 1994), mit subjektiven Heimat- und Fremdheitskonzepten (Stachon & Wendt, 1994), mit der Verstrickung von Betroffenen in den rassistischen Diskurs (Caspari in diesem Band), mit Aspekten der Identitätskonstitution im christlich-muslimischen Erfahrungskontext (Swietlik, 1995) oder mit Zugehörigkeitserfahrungen (Mecheril, in Druck).

Rassismuserfahrung

Vom Phänomen des Rassismus, das aus einer gesellschaftsanalytischen Perspektive als Herrschafts- und Machterscheinung (etwa Miles, 1992; Kalpaka & Räthzel, 1990; Osterkamp, 1989) bzw. diskursanalytisch (etwa Jäger & Link, 1993; van Dijk, 1987) betrachtet werden kann, ist die Erfahrung des Rassismus zu unterscheiden. «Rassismuserfahrung» ist eine psychologische Kategorie, in der gesellschaftlich vermittelte Erfahrungen und der gesellschaftlich vermittelte Umgang mit diesen Erfahrungen in den Blick kommen. Rassismuserfahrungen sind sozial kontextualisierte, subjektive Zustände.

Bevor der Audruck «Rassismuserfahrung» erläutert wird, sei zunächst angegeben, warum ich mir Gedanken zu Rassismuserfahrungen spezifisch in bezug auf die Lebenssituation von Anderen Deutschen (in Abgrenzung beispielsweise zu Rassismuserfahrungen der ersten Migrationsgeneration) mache.

Zunächst ist festzuhalten, daß die Qualität von Rassismuserfahrungen für alle, die von dieser Art von Erfahrung betroffen sind, ähnlich ist. Denn durch Rassismuserfahrungen wird das Individuum in einem umfassenden Sinn angegriffen und bedroht. In ihren Konsequenzen aber kann die Brisanz von Rassismuserfahrungen unterschiedlich sein – zum Beispiel für einen Mann griechischer Herkunft, der in Deutschland aufgewachsen ist und in Deutschland seinen Lebensmittelpunkt hat, eine Sudanesin, die als Flüchtling nach Deutschland gekommen ist, oder eine Peruanerin, die seit drei Jahren in Deutschland lebt und arbeitet. Das spezifisch Brisante der Erfahrung von Rassismus für Andere Deutsche besteht darin, daß sie die Erfahrung von Ausgrenzung, Gewalt, von zugeschriebener und möglicherweise internalisierter Minderwertigkeit in dem gesellschaftlichen Kontext machen, in dem sie aufgewachsen sind. Für die Entwicklung ihres Selbstkonzeptes, ihres Selbstwertgefühls und ihrer sozialen Handlungsbereitschaft – um mich an eine Operationalisierung personaler Identität (Hausser, 1983) anzulehnen – ist dies in dem Sinn von grundlegender Bedeutung, als Rassismuserfahrungen und die damit verbundenen Bedeutungen (wie «ich gehöre hier nicht hin», «ich bin anders», «mir werden Möglichkeiten der gesellschaftlichen Teilnahme verwehrt») von klein auf existent und real sind. Die Konsequenz dieser biographisch früh einsetzenden Konfrontation mit massiver Gewalt oder subtiler Ablehnung kann in früh erworbenen – und durch die Kontinuität von Rassismuserfahrungen konservierten – negativen Selbstverständnissen als auch in Fertigkeiten bestehen, sich von den Defizitbotschaften des Rassismus in bezug auf den Wert der eigenen Person abzusetzen und damit psychisch in Sicherheit zu bringen.

Unter der Erfahrung von Rassismus sei nun jede Erfahrung von Angriff oder von Geringschätzung der eigenen Person oder nahestehender Personen durch andere verstanden, die willkürlich gewählte physiognomische Merkmale (wie Haarfarbe, Hautfarbe) oder soziale Merkmale (wie Kleidung, Sprache) vor dem Hintergrund von Abstammungs- oder Herkunftskonstruktionen als Hinweise auf moralische oder intellektuelle Unterschiede lesen, die zu ihren Gunsten laufen und die bei dieser Art von Unterschieden das Recht auf Angriff oder Geringschätzung zu haben meinen.

Vor dem Hintergrund dieser Kennzeichnung können drei Formen von Rassismuserfahrungen unterschieden werden: die Erfahrung des groben Rassismus (z. B. körperliche Gewalt gegen nahestehende Personen), die Erfahrung des subtilen Rassismus (z. B. abfällige Blicke in der Straßenbahn, im Supermarkt oder im Restaurant) und die Erfahrung des antizipierten Rassismus (z. B. die in Vorstellungsbilder oder Träume gekleidete Furcht vor rassistischer Bedrohung und Gewalt) (genauer Mecheril, 1994a, S. 59ff). Rassismuserfahrungen sind, das geht aus dieser Kennzeichnung hervor, nicht allein auf mehr oder minder offensichtliche Akte der Feindseligkeit beschränkt. Rassismus ist für Menschen, die in Deutschland dieser Art von Erfahrung ausgesetzt sind, alltäglich und allgegenwärtig, als faktische oder befürchtete Attacke, als faktische oder befürchtete Herabwürdigung, als Angriff gegen nahestehende Personen und als Angriff gegen die eigene Person.

Die vergangene, gegenwärtige und zukünftige Erfahrung von Rassismus hat für Andere Deutsche vielfältige Bedeutungen und kann vielfältige Konsequenzen zur Folge haben. So können Rassismuserfahrungen verbunden sein mit der Erfahrung von Gewalt und Geringschätzung, der Erfahrung, bedroht zu sein, der Erfahrung von Fremdbestimmtheit und Hilflosigkeit, der Erfahrung von Benachteiligung, der Erfahrung, nicht anerkannt und unerwünscht zu sein, der Erfahrung, daß die eigene Zukunft, aber auch die Zukunft nahestehender Menschen und hier vielleicht insbesondere die der eigenen Kinder bedroht und ungewiß ist. Rassismuserfahrungen können mit der Erfahrung verknüpft sein, anders behandelt und als nicht normal angesehen zu werden, oder mit der Erfahrung, daß eine – vordergründig vielleicht sogar positiv konnotierte – Reduktion auf das äußere Erscheinungsbild stattfindet usw. (ausführlicher Mecheril, 1995, S. 104 f).

Andere Deutsche wachsen in einem Erfahrungsklima von Rassismus auf, weil «nicht-deutsches Aussehen» zwar nicht von allen anderen Deutschen, jedoch auf allen Ebenen der deutschen Gesellschaft als Symbol von Minderwertigkeit gehandelt wird. Dieses Symbol der zugeschriebenen eigenen Minderwertigkeit und die subtilen, sich der Möglichkeit einer Entgegnung entziehenden Zeichen der Geringschätzung und Gewalt sickern – indem sie ihre Bedeutung in einem Bereich jenseits des mühelos Vermittelbaren entfalten[4] – in das Selbstverständnis der Betroffenen und prägen die Art und Weise ihres Umweltbezugs. Der Selbst-, Fremd- und Weltbild beeinflussende Umgang mit Rassismuserfahrungen sei nun bei einem Anderen Deutschen, Rava Mahabi, näher betrachtet.

Rava Mahabi macht Rassismuserfahrungen[5]

Rava Mahabi[6] wurde 1969 in einer größeren Stadt im Ruhrgebiet geboren. Er ist in Deutschland aufgewachsen und lebt in einer mittelgroßen deutschen Stadt; zum Zeitpunkt des Interviews steht er kurz vor dem

Abschluß seines Studiums der Betriebswirtschaftslehre. Rava hat einen Bruder, der vier Jahre jünger ist als er. Ravas Vater ist Mitte der 50er Jahre aus Indien nach Deutschland gekommen, um hier zu studieren. Ende der 60er Jahre kommt Ravas Mutter ebenfalls aus Indien nach Deutschland. Ravas Vater arbeitet als Ingenieur in einem größeren Betrieb, seine Mutter ist als Englischlehrerin tätig. Rava kennt Indien von Urlaubsaufenthalten, er spricht keine indische Sprache.[7]

Der Aufenthalts- und Zugehörigkeitskontext «Deutschland»[8] ist für Menschen, die vom fiktiven Bild des oder der Standard-Deutschen kritisch abweichen, spezifisch unwirtlich. Auf allen Ebenen der deutschen Gesellschaft stoßen wir auf physiognomisch kodierte Ungleichheit, weil Rassismus politische, soziale und individuelle Funktionen hat und strukturell-institutionell, kulturell und subjektiv verankert ist (vgl. Kampmann, 1995, S. 252). Rava hat ein Bewußtsein von dem rassistischen Klima in Deutschland:

> Weil, ich sag' mal, durch meine Verbindung dorthin [er spricht von Indien], habe ich viel mehr, also mir kann es nicht zur Last werden, indisch auszusehen. Denen [er spricht von möglichen eigenen Kindern] könnte es zur Last werden, unter Umständen. [...] Die [eigene Kinder] wiederum wären Deutsche, sähen aber indisch aus und hätten nichts Indisches, was die mal entgegenhalten könnten[9] (K 45).[10]

Das Leben in Deutschland entspricht nicht Ravas Vorstellung von dem Leben an dem utopischen Ort, dem er den Namen «Amerika» gibt. Dort, so meint Rava, könne jeder sein, wie er ist, und sei doch zugehörig (K 57). Hier aber ist es anders, hier kann das «andere Aussehen» sehr schnell «zur Last werden», zumindest dann, wenn man nichts hat, die Last zu vermeiden oder abzuschütteln. Rava selbst hat etwas: Er ist Indien – wenn auch ohne konkrete Konsequenzen für seinen Lebensalltag und in einer auf das Symbolische beschränkten Weise (vgl. Mecheril, in Druck) – verbunden. Aufgrund dieser Verbundenheit mit Indien kann ihm sein «indisches Aussehen» nicht zu einem Ballast oder einer Beschwernis werden.

Die Beschwernis oder Last, von der Rava spricht, kann aus zwei Perspektiven, objektiv und subjektiv, festgestellt werden. Objektive Last: Wer in Deutschland so aussieht, daß er oder sie als einer anderen «Rasse» zugehörig konstruiert wird, der oder die erfährt im Kontakt mit anderen Menschen eine Vielzahl von Benachteiligungen, die vom alltäglichen bis zum institutionellen (vgl. etwa Osterkamp in diesem Band) Rassismus reichen, sich subtil, im paternalistischen Gewand oder mit aller Gewalt zeigen. Subjektive Last: Wer in Deutschland so aussieht, daß sie oder er als einer anderen «Rasse» zugehörig konstruiert wird, ist mit einer Vielzahl von subjektiv hochproblematischen, identitätsrelevanten Negativbotschaften konfrontiert (z. B.: «Du bist minderwertig», «Du gehörst hier nicht hin», «Du bist unnormal», «Du taugst nichts», «Du bist lästig», «Du hast hier keine Zukunft»), die das Individuum in grundlegender Weise belasten und in Frage stellen.

Von beiden Aspekten der Last, die damit einhergehen, in Deutschland vom imaginären Bild des oder der Deutschen abzuweichen, spricht Rava und von der Notwendigkeit, etwas «entgegenzuhalten». Er meint, daß es einer Verbundenheit, einer Selbstverortung, eines Selbstverständnisses bedürfe, welche durch das Belastende nicht angreifbar ist und Sicherheiten stiftet, um das doppelte Gewicht der Last des «Indisch-Aussehens» zu neutralisieren.

Für die mit der Abweichung von der fiktiven Normalitätsvorstellung einhergehende Belastung macht Rava nicht das Verhalten anderer, nicht gesellschaftliche Zustände, nicht den politischen Kontext verantwortlich, sondern das «indische Aussehen» selbst: Es wird zur Last und ist diese Last.

So versteht Rava nicht das Stigmatisiertwerden, sondern das Stigma selbst als Belastung und nimmt in dieser individualisierenden Weise die Logik der Stigmatisierung hin: Das Stigma ist real und wird im Lichte dieser Wirklichkeit zu einem Handicap. Das psychologische Belastungskonzept, das Rava dazu entwirft, lautet in etwa wie folgt: Ein Handicap, verstanden als Nachteil und Benachteiligung, ist dann ein Problem, wenn es fortwährend relevant ist. Für Rava selbst aber ist das Handicap nicht unausgesetzt von Bedeutung, weil er ja mit Indien verbunden ist – und zwar objektiv: Er kennt seine indischen Verwandten und weiß, daß er jederzeit von ihnen als ihresgleichen aufgenommen werden würde, und subjektiv: Indien bedeutet ihm etwas, hat einen affektiven Gehalt für ihn.

Rava weiß um das rassistische Klima in Deutschland, aber er benennt es nicht. In dem gesamten Interview, das eineinhalb Stunden dauert und dessen Transkript 14 297 Wörter umfaßt, verwendet er weder das Wort Rassismus noch ein anderes Wort aus dem begrifflichen Umfeld wie Xenophobie, Fremdenfeindlichkeit, Fremdenhaß, Ausländerfeindlichkeit oder Ausländerhaß. An den Interviewstellen, an denen von rassistisch motivierter Gewalt die Rede ist, verwendet Rava allgemeine Pronomen wie «das» oder «es». Diese hinweisenden, deiktischen Ausdrücke halten den Gegenstand, auf den im Gesprächskontext verwiesen wird, abhängig von einem Einverständnis zwischen Rava und den Interviewerinnen (im Sinne von: Wir wissen ja, worüber wir sprechen) seltsam unkonkret. Das Unkonkrete der Besprechung dieses «das» oder «es» mag mit dem Fehlen für Rava angemessener und konkreter Bezeichnungen für die Sache zu tun haben, von der die Rede ist, mutet aber zugleich zurückhaltend, befangen und scheu an. Im Zuge dieser scheuen Unkonkretheit, dieser diffusen Redeweise entkommt die Sache aus der Reichweite beobachtender Einschätzung: Die Sache kann groß und mächtig sein, noch viel größer und mächtiger, als wir denken, daß sie sei, wer weiß auch schon so recht, wie *es* ist und wie *es* mit *es* weitergehen wird, was aus *es* wird und was *es* mit uns anstellen wird – ein Dämon ist (potentiell) geboren.

> Na ja, ich sag' mal, ich hab' das Glück oder Unglück, ich weiß es nicht, ich hab'... es noch nicht so zu erleben. Darum also... manchmal denke ich mir, es wäre wirklich ganz gut, wenn man es mal erleben würde.
> Interviewerin: Warum?
> ... Weil man dann vieles... ja, ich leb' halt in meiner... vielleicht leb' ich in 'ner Scheinwelt. Weil alles um mich herum eben optimal ist, also mit normalen Schwankungen eben, aber so, daß das, was eigentlich hier gerade jetzt teilweise in diesem Land hier abgeht, ich krieg' das nicht mit. Also nur aus dem Fernsehen wie der andere. Und ich sag' mal, ich denke mir, wer weiß, wie weit so was hier geht, nur es ist dann so, wie, ich sag' mal früher Juden, die lebten auch in ihrer Scheinwelt, abgesichert und so weiter und so fort: «Ja, uns trifft das gar nicht», nach dem Motto. Und irgendwann sind sie aber doch getroffen worden. Und von daher denke ich mir manchmal, wäre es gar nicht schlecht (K 17).

Rava sagt, er habe «es» noch nicht erlebt, weil er zum einen in einer behüteten Welt lebe (K 17), zum anderen seine öffentlichen Aufenthalte so gestalte, daß die Wahrscheinlichkeit, «es» zu erleben, gering ist.

In der Form, ich sag' mal. Es ist ja auch immer, die Leute, mit denen man verkehrt, die suche ich mir natürlich aus, die Orte, an die ich gehe, die suche ich mir auch aus. Klar, du kannst immer mal zur falschen Zeit an der falschen Stelle sein, nur im Prinzip würd' ich nie in 'ne Disco gehen, wo 'n hoher Skinheadanteil ist oder so [...] (K 18).

Rava weiß, daß er in einem rassistischen Zusammenhang lebt. Deshalb muß er vorsichtig und wachsam sein und darf nicht gedankenlos jeden Ort aufsuchen. Auch wenn Rava «es» nicht erlebt hat, so zieht er es doch in Erwägung, nimmt gedanklich vorweg, daß er «es» erleben könnte und richtet sein Verhalten danach aus – folglich haben wir es hier mit einer Erfahrung von antizipiertem Rassismus zu tun.

Neben dem antizipierten «es» macht Rava aber auch die Erfahrung, daß er aufgrund seiner Hautfarbe und seines Aussehens einerseits herabgewürdigt wird, ihm aufgrund dieses Aussehens andererseits bestimmte Möglichkeiten der gesellschaftlichen Teilhabe verwehrt werden.

Ich hab' so 'n Assessmentcenter mitgemacht, und da kam raus, ja, Sie sind als Verkäufer total gut und bla bla und ... Und dann sagte diese Frau von der Personalberatung zu mir: «Ja, da ist eine Sache, die wollt' ich Ihnen nicht sagen, aber ich sag's jetzt doch.» Also, ich merkte, sie zögerte. Ich sag: «Ja, wo ist denn das Problem?» Da sagt sie: «Ja, (äh) wenn Sie in Deutschland für ein Unternehmen arbeiten und so, Sie sind ja Ausländer, also optisch, auf dem Papier ja nicht.» Das wär' ziemlich sicher, gerade im Bereich Vertrieb, so da sind nun so sehr viele Vorurteile und so weiter und so fort. Und dann am nächsten ... das war so 'n zweitägiges Seminar, und am nächsten Tag sollte man sich so seinen Berufsweg da so erläutern, wie man das machen will. Und da hab' ich die ganze Nacht drüber nachgedacht. Und erst hat mich das total gestört. Ist klar, weil ich hatt' ja immer die Vorstellung, du mußt in den Vertrieb gehen ... Und jetzt sagt dir einer, das ist total schlecht, weil du Ausländer bist. 'ne Sache, die ich nie überhaupt in Erwägung gezogen hab', daß das 'n Nachteil sein könnte.
Interviewerin: Wie war das für dich?
In dem Moment war das erst einmal, ... es war merkwürdig, aber dann kam meine ... wie gesagt, ich versuche immer alles ... alles hat zwei Seiten. Und dann hab' ich da abends drüber nachgedacht: Im Prinzip, wenn ich das nutze, Ausländer zu sein, bin ich ja besser als jeder Deutsche. Indem ich mir eben ein Verkaufsgebiet nehme, Asien, oder eben was von Asien hierhin bringe, ich sag' mal so, als Deutscher in Asien zu arbeiten, ist ziemlich schwierig.
Interviewerin: Ja, das glaub' ich auch.

> Weil, (äh), die ... ich mein', ich kann auch nicht die Sprache oder so, aber ich sehe so aus wie die, was für die 'n Vorteil ist. Weil die, die mit der weißen Haut verbinden die Kolonialzeit, all so was. Da ist gleich 'n gewisses Mißtrauen. Und auch wenn ich die gleiche Denkweise hab', vielleicht wie die Leute hier, das sieht man mir nicht an, da verstehst du so 'n bißchen die Sprache, dann kannst du im Prinzip das Maximum aus denen rauskitzeln. Und (äh), wie gesagt, am nächsten Tag, hab' ich das so präsentiert, so meine Vorstellung, so und so will ich das machen und bla, bla, bla, bla ... vor Kamera und so 'n Mist, den man da machen mußte. Und da war die total begeistert. Und sie sagte, sie konnte die Nacht auch schlecht schlafen, weil sie auch nicht wußte, was sie auch so angerichtet hatte mit ihrer Bemerkung und so. Aber war ja nicht schlimm, war ja eigentlich nur gut, weil damit haben sie, indem sie mir was Negatives gegeben haben, ich das positiv umgewandelt habe, habe ich meine Vorstellung konkretisiert und weiß genau, was ich will. Weil irgendwo ... das sind so Sachen, vielleicht unbewußt wußte ich das, ... und da wußte ich, das ist für mich eigentlich der totale Vorteil. Da können sich 30 Leute auf die Stelle bewerben, die auch alle bessere Examen haben können. Indem ich da auftauch', ist der Platz meiner, wenn ich ihn haben möchte [...] (K15).

In diesem längeren Interviewausschnitt tauchen eine Reihe von interessanten Aspekten auf: etwa die Art und Weise der Selbstdarstellung Ravas vor den beiden Interviewerinnen; die Art und Weise, in der Rava in ein Verhältnis zu sich selbst tritt; die Kraft der Physiognomie: Rava bezeichnet sich als Ausländer und übernimmt damit die physiognomieabhängige Fremdbeschreibung: «Du Ausländer» gleich «Ich bin Ausländer»; die Art und Weise, in der Rava seine beruflichen Chancen und damit exemplarisch seine Wirksamkeit nach dem Motto einschätzt: «wenn ich die Stelle haben möchte, ist sie meine». Der Fokus der nachfolgenden Betrachtung wird aber auf Ravas Umgang mit der berichteten Erfahrung liegen.

Bei dieser Erfahrung handelt es sich um eine Rassismuserfahrung. Denn durch die Einschätzung der Anleiterin des Assessmentcenters wird Rava vor Augen geführt, macht er also die Erfahrung, daß seine Physiognomie von anderen als Hinweis auf eine prinzipielle Differenz zwischen ihnen gewertet wird, die Geringschätzung und Gewalt in Form der Verwehrung des gleichberechtigten Zugangs zu Ressourcen der Lebenssicherung und -gestaltung nach sich zieht. Wir haben es hier mit einer Rassismuserfahrung zu tun – obwohl Rava weder den Begriff verwendet noch die rassistische Qualität der Szene in den Vordergrund stellt. Rava schildert die Assessment-Szene vielmehr als Beispiel für sein durch das Sternzeichen des Schützen ausgebildetes «positive thinking»; ausdrücklich stellt er die Assessment-Szene als Beispiel für seine Einstellung: «Du mußt immer alles von zwei Seiten sehen» (K 14) vor, welche zum Ausdruck bringt, daß in allem auch eine «positive» Seite vorhanden sei. Die positive Seite der berichteten Erfahrung besteht darin, daß er durch sie seine beruflichen Vorstellungen konkretisiert hat und nun genau weiß, was er will (K 15). Rava fokussiert in seiner Schilderung folglich vorrangig nicht die Erfahrung als solche, sondern die Konsequenzen der Erfahrung und insbesondere seinen Umgang mit der Erfahrung.

Aus den Umgangsmodi Lösungsorientierung, Verletzungsabwehr, Kontrollversuch, Funktionsvergewisserung, Vermarktung seiner selbst und Anerkennungsarbeit setzt sich Ravas in der Interviewsituation berichteter Umgang mit Rassismuserfahrungen zusammen. Diese Modi des Umgangs mit Rassismuserfahrungen seien nun erläutert.

Lösungsorientierung: Rava fokussiert nicht sein Gefühl («im ersten Moment war es merkwürdig»), sondern die Frage, wie er mit dem Handicap, in einem physiognomierelevanten, rassistischen Kontext «indisch auszusehen», umgehen kann. Dieser pragmatische Umgang mit dem Nachteil, Rassismuserfahrungen zu machen, setzt die Akzeptanz der Existenz der rassistischen Realität voraus: Rava lamentiert nicht, er hält sich nicht mit der Ungerechtigkeit auf, aufgrund des funktional irrelevanten Merkmals «dunkle Hautfarbe» benachteiligt zu sein, sondern anerkennt die Situation so, wie er sich aufgrund der in dieser Situation geltenden Regeln positioniert erfährt. Rava jammert nicht, beklagt und bemitleidet sich nicht, er akzeptiert die Situation und den Handlungsspielraum, den ihm die Situation zuweist. Diesen Spielraum sucht er gemäß den von der Assessmentanleiterin deutlich gemachten Regeln des Spiels zu nutzen.

Die Botschaft der Assessmentanleiterin ist für Rava unmittelbar plausibel. Denn zum einen akzeptiert er den informativen Gehalt der Mitteilung ohne das geringste Anzeichen von Skepsis. Zum anderen löst er die Mitteilung von der Person der Assessmentanleiterin und formuliert, als er die Episode bewertet, im Plural: «Aber war ja nicht schlimm, [...] weil damit haben sie, indem sie mir was Negatives gegeben haben [...]» (K 15). Die Diagnose der Assessmentanleiterin betrachtet Rava nicht ausschließlich als ihre persönliche Einschätzung, das «Negative» hat er nicht von der Assessmentanleiterin allein, sondern von mehreren Personen erhalten. Und dadurch, daß in Ravas Rede die Diagnose von mehreren Personen formuliert wird, erhält sie größere Plausibilität, Relevanz und Brisanz.

Weder die Brisanz noch den Inhalt der stellvertretend ausgesprochenen Einschätzung der Assessmentanleiterin zieht Rava in Zweifel: Obwohl er bisher nie erwogen hatte, daß «das» ein Nachteil sein könnte, macht er sich fast augenblicklich an die Aufgabe, die ihm die Assessmentanleiterin stellt.

Die Aufgabe ist schwer, sie bereitet Rava Mühe, doch hilft hier weder Wut oder Trauer noch Verzweiflung – handeln muß er und sich um eine Lösung der Aufgabe bemühen, die lautet: Welches Kalkül zieht die Erfordernis nach sich, in bezug auf die Frage, welcher Tätigkeit er nachgehen wird, immer ins Kalkül ziehen zu müssen, daß er «optisch – auf dem Papier ja nicht – Ausländer ist»? Rava macht sich unverzüglich an die Lösung der Aufgabe; als ob ihm eine komplizierte und anspruchsvolle Rechenaufgabe vorgelegt worden sei, eine harte Nuß, die zu knacken Zeit sowie Konzentration kostet und kognitiv aufwendig ist: eine Aufgabe, die einiges von ihm abverlangt.

Demzufolge erfüllt ihn, als seine Ausdauer belohnt wird und die widerständige Schale der Nuß endlich nachgibt, das nächtliche Knacken auch mit Freude und Stolz – jetzt endlich ist ein Ausweg gefunden, jetzt endlich kann er einschlafen.

Verletzungsabwehr: Kein Wort darüber, daß die berichtete Erfahrung bei ihm Wut, Verletzung, Trauer oder Verzweiflung bewirkt habe, verliert Rava. «Merkwürdig» sei «es» im ersten Moment gewesen, sagt er auf die Nachfrage der Interviewerin, aber diese Merkwürdigkeit, so hat es den Eindruck, wird von der Maschinerie der Lösungsorientierung augenblicklich aufgerieben. Das «Negative» darf nicht bestehenbleiben, es wird in das «Positive» der Handlungsorientierung umgewandelt. Und angesichts der Geschwindigkeit und Ausschließlichkeit, in der die Umwandlung, das Recyceln von Erfahrungen im Dienste der Selbstgestaltung vor sich geht, liegt die Vermutung nahe, daß die emotionalen Aspekte jener Erfahrung, der Hautfarbe wegen benachteiligt zu sein – ohne daß Rava vorab in ein Verhältnis zu ihnen gerückt wäre –, in den Hintergrund der bewußten Geschäftigkeit gedrängt werden.

Vordergründig wird Ravas Bericht über seinen Umgang mit Rassismuserfahrungen von zumindest drei Momenten beeinflußt. (1) Datenerhebungskontext: Es handelt sich um eine quasi-öffentliche Interaktionssituation, weil Rava weiß, daß das Gespräch aufgezeichnet, später transkribiert sowie ausgewertet wird und die Auswertungsergebnisse gegebenenfalls veröffentlicht werden; auch waren die Interviewerinnen – «weiße» Frauen – ihm vor dem Gespräch unbekannt. (2) Erfahrungs- und Verhaltenskontext: Bei dem Assessmentcenter handelt es sich subjektiv – so kann vermutet werden – um eine Situation, in der es auch darum geht, unter Beweis zu stellen, wie wenig hilflos man ist, eine Anforderung, die zumindest auf der Ebene sozialer Vergleichsprozesse von Bedeutung sein dürfte. (3) Personaler Kontext: Ravas Sternbild ist das des «Schützen», und entsprechend dem von ihm wahrgenommenen Orientierungsangebot dieses Selbstverständnisses erlebt und handelt Rava, seinen Angaben zufolge (K 13), «positiv», ist selbstsicher, effekt- und nutzenorientiert.

Der Einfluß aller drei Kontexte hält die Wahrscheinlichkeit gering, daß Rava über potentielle Verletzungen oder allgemeiner: über negative emotionale Zustände in Reaktion auf negative Diskriminierungserfahrungen spricht – und zwar sowohl in dem Handlungszusammenhang «Assessmentcenter» wie in dem Handlungszusammenhang «Interview».

Sprechen ist eine Tätigkeit, die nicht nur die Vermittlung von Information und das Erzeugen von Bildern für andere zur Konsequenz hat, Sprechen richtet auch die Wahrnehmung des Sprechenden im Zuge der Qualität des Gesprochenen aus: In der Art seines Sprechens bildet sich der Sprechende; ein Bildnis, das auf Wahlen beruht. Rava wählt entsprechend den Erfordernissen der Handlungskontexte und entsprechend den Erfordernissen seines Selbstverständnisses Informationen aus, die weitere Informationen zur Folge haben: Verletzungen und andere negative emotionale Zustände kommen darin explizit nicht vor.

Das ist eine Form von Schutz: Rava schützt sich, indem er emotionale Aspekte der Diskriminierungserfahrung öffentlich nicht zum Ausdruck bringt. Rava schützt sich, und das ist vernünftig. Denn aus einer bestimmten Perspektive betrachtet, verletzt die deutsche Öffentlichkeit Rava und verlangt – unter der Voraussetzung, daß er in dieser Öffentlichkeit bestehen will – zugleich von ihm, eine gute Figur zu machen. Rava ist mit der Forderung konfrontiert, Verletzungen, die aus der Abweichung seines Äußeren vom fiktiven Bild des Standard-Deutschen resultieren, so zu handhaben, daß sie letztlich nicht zum Ausdruck gebracht werden, also sie so zu handhaben, als gebe es sie letztlich nicht. Dieser Anforderung kann Rava nur entsprechen, wenn er «rassisch» bedingte Verletzungen nicht oder lediglich eingeschränkt anmerkt, wenn er gewissermaßen psycho-pragmatisch mit Rassismuserfahrungen umgeht.

Kontrollversuch: Rava ist ein «Ausländer», und als «Ausländer» wird er es sehr schwer haben, weil «da [...] nun so sehr viele Vorurteile [sind]» (K15). In diesem Zirkel der Konstruktion des Fremden und seiner Ausgrenzung, in diesem Zirkel der Dominanz befindet sich Rava und kann dagegen nichts machen. Denn aus seiner Haut kommt er nicht heraus. Auch ist er kaum imstande, wirkungsvoll etwas gegen die in Deutschland beliebte Formel zu unternehmen: «ausländisches Aussehen» gleich Nicht-Deutscher. Schließlich ist er nicht dazu in der Lage, den Umstand zu ändern, daß als «Ausländer» und «Ausländerin» konstruierte Menschen in Deutschland weniger Rechte haben.

Rava weicht so weit vom imaginären Bild des Standard-Deutschen ab, daß er als «Ausländer» etikettiert wird. Wer dieses Etikett trägt, hat weniger Chancen als einer, der das Etikett nicht trägt. Diese Erfahrung ist eine Erfahrung massiver Fremdbestimmtheit: Den Regeln des Spiels zufolge, an dem Rava teilnehmen möchte, kommt ihm aufgrund des Merkmals «Hautfarbe» eine schlechte Position zu; dagegen kann er nichts machen, er ist ohne Einfluß, er ist ohne Macht, weil die Vorherrschaft der Spielregeln unüberwindbar groß ist. Die Regeln des Spiels, das hier gespielt wird, teilen Rava schlechte Karten aus, eine chronisch schlechte Zuweisung, die auch beschämend und peinlich ist, so als rieche er schlecht aus dem Mund, als trage er einen Makel an sich, eine chronische Zuweisung, der er nicht entkommt, so als sei ihm mitgeteilt worden, er leide an einer schweren Krankheit, die ihn sichtbar und dauerhaft beeinträchtigen werde.

Auf die von der Assessmentanleiterin unwillig übermittelte Diagnose, auf diese Ohnmachtserfahrung reagiert Rava, indem er konzentriert oder angestrengt oder verzweifelt versucht, Kontrolle über seine Handlungsmöglichkeiten zurückzuerlangen: Die ganze Nacht liegt er wach und überlegt nach einem Ausweg. Als Reaktion auf diese Erfahrung von Ohnmacht versucht er, einen Bereich ausfindig zu machen, in dem ihm wieder Möglichkeiten der Selbstbeeinflussung, Möglichkeiten, sein Tun selbstverantwortlich zu gestalten, zukommen.

Er knackt die Nuß, er findet einen Ausweg, der ihm nicht nur die durch die Diagnose geraubten Handlungsmöglichkeiten zurückgibt, sondern über das Zurückerlangen hinausgeht und Möglichkeiten aufzeigt, die ihm bis dahin nicht bewußt waren: Indem Rava mit «Negativem» konfrontiert wurde, hat er etwas «Positives» erschaffen, indem ihm bewußt gemacht wurde, daß er keine Kontrolle hat, erlangte er Kontrolle.

Funktionsvergewisserung: Aus dem Stigma kann eine Ressource werden, man muß es nur recht anzustellen wissen. Fast hat es den Anschein, als wollte Rava uns dieses Motto lehren.

Gegenüber allen anderen hat Rava einen Vorteil: Er kann aus den «Asiaten» das «Maximum herauskitzeln». Kaum ein «Asiat» könnte dies, denn welcher «Asiat» wäre schon vertrauenswürdiger und geeigneter für deutsche Firmen als Rava? Kaum ein «Deutscher» könnte dies, denn «als Deutscher in Asien zu arbeiten, ist ziemlich schwierig», weil «die mit der weißen Haut [...] die Kolonialzeit [verbinden]» (K 15). Sicher, im Bereich «Vertrieb» würde Rava Schwierigkeiten bekommen, die «Deutsche» nicht hätten, aber im Bereich «Asien» würden die «Deutschen» Schwierigkeiten bekommen, die Rava nicht hätte.

Aus den «Asiaten» das «Maximum herauszukitzeln» – dafür ist Rava der geeignete, der richtige Mann. Diese Erkenntnis gebiert Rava in der schlaflosen Nacht. Aus der Not der Minderwertigkeit macht Rava den Vorteil der Außergewöhnlichkeit und besinnt sich der eigenen Ressourcen und Fähigkeiten. Die Anti-Insignien zugeschriebener Zugehörigkeit und zugeschriebener intellektueller und moralischer Qualität, von denen Rava sich nicht lösen kann, ohne sich von seinem Körper zu lösen, instrumentalisiert er, um beruflich eine Position zu finden, an der er erfolgreich sein kann.

Er versichert und vergewissert sich eines nahezu exklusiven Platzes in dem Spiel, das vielleicht «Marktwirtschaft», «Kapitalismus» oder «Leistungsgesellschaft» heißt (zur Erinnerung: Zum Zeitpunkt des Interviews steht Rava vor dem Abschluß seines Betriebswirtschaftsstudiums). In diesem Spiel muß man einen Platz haben, um zunutze, also etwas wert zu sein. Rava positioniert sich, er verortet sich, indem er sich auf das, was ihm möglich ist, sich auf seinen Platz, seine Stelle, seine Rolle und seine Funktion, dem, was ihm qua der Merkmale seiner selbst zukommt und möglich ist, besinnt. Aus den «Asiaten» das «Maximum herauskitzeln» – das könnte Ravas Funktion werden.

Funktional ist eine Tätigkeit, wenn sie für den Zusammenhang, in dem sie stattfindet, Nutzen bringt. Die Tätigkeit, die Rava im Sinn hat, ist nützlich, da sie der Institution, für die Rava arbeiten wird, Profit und Rava daher Lohn eintragen wird.

Rava modelliert eine zukünftige berufliche Tätigkeit, die seine Entlohnung garantiert, in der er sich anerkennen kann, die darüber, daß er nützlich ist, von anderen anerkannt wird und in der er von anderen anerkannt ist – die Begeisterung der Assessmentanleiterin, als Rava sein Zukunftsmodell präsentiert, ist ein erstes empirisches Indiz: Rava wird Anerkennung ernten, er hat einen Platz gefunden.

Vermarktung seiner selbst: Rava trägt seine Haut zu Markte. Er denkt zwar nicht wie «die», sieht aber aus wie «die». Dieses Aussehen-Wie setzt er auf dem Markt der Arbeitskraft ein: Er hat ein Angebot zu machen, das nachgefragt werden wird. Um erfolgeich und von funktionalem Wert zu sein, instrumentalisiert er sein Aussehen. Sein Aussehen wird zu dem Mittel, mit dem er denkt, ein gutes Geschäft machen zu können.

Indem Rava aber sich dem Markt anbietet, auf dem Arbeitskräfte angeboten und nachgefragt werden, indem Rava dies ohne ein einziges Bedenken tut (und der Kontext des Assessmentcenters provoziert gewiß nicht notwendig diese Art von Bedenken), bindet er sich an die Bedingungen des Marktes. Diese Bindung ist in zweierlei Hinsicht relevant: Erstens macht Rava sich verletzbar, denn sollten sich die Bedingungen des Marktes einmal in der Weise ändern, daß Rava mit seinem Aussehen kein gutes Geschäft mehr machen könnte, dann hätte er keine Funktion mehr, wäre er für den Markt überflüssig und wertlos. Zweitens – und das ist der hier bedeutsamere Aspekt – reproduziert Rava das Denken des Marktes. Dieses dehumanisiert andere in dem Sinn, daß sie ausschließlich als Objekte der Gewinnmaximierung betrachtet werden, aus denen man dann «das Maximum herauskitzeln» kann. Überdies operiert der Arbeitskräftemarkt mit dem Kriterium der Physiognomie, mit Prozessen der Kategorisierung von Menschen ihrer Hautfarbe und ihrem Aussehen nach, einer «Rasse»-Logik, der zufolge das Aussehen von Menschen etwas über ihre intellektuellen, moralischen oder sonstigen Eigenschaften aussagt. Und auf diesem Markt gilt, wie auch anderswo, eine Hierarchie der Hautfarben, eine rassistische Logik, der zufolge dunkelhäutige Menschen – ob nun «Inländer» oder «Ausländerinnen» – z. B. im «Vertrieb» nichts zu suchen haben, geschweige denn etwas finden werden.

In dem Moment, in dem Rava sich auf sein Aussehen reduziert und es als Mittel benutzt, einen Platz zu markieren, an dem er funktionieren und nützlich sein kann, reproduziert er das Denken des Marktes. Dies spiegelt sich auch in der Bezeichnung wider, die er an dieser Stelle verwendet, um sich selbst zu beschreiben: «[...] wenn ich das nutze, Ausländer zu sein [...].» Rava ist ein «Ausländer», weil er «ausländisch» aussieht, weil er in dem Regelwerk, das Angebot und Nachfrage auf dem Markt der Arbeitskräfte festlegt, ein «Ausländer» ist – «optisch», wie die Assessmentanleiterin betont, «auf dem Papier ja nicht».

So schärft die Rassismuserfahrung Ravas Bewußtsein für die rassistische Logik. Doch wendet er dieses Bewußtsein nicht an, um diese menschenanschauliche Konstruktion (Teo, 1995) zu überwinden, sondern sucht im Rahmen der Logik das Beste für sich zu gewinnen und aus den verdinglichten anderen wie aus einem Behältnis «das Maximum herauszuholen».

Anerkennungsarbeit: Wer in Deutschland als «Ausländer» identifiziert wird, bekommt es mit Schwierigkeiten auf zwei Ebenen zu tun, einer objektiven und einer subjektiven. Objektiv sieht sich Rava mit dem Umstand konfrontiert, daß er, weil er ein «nicht-deutsches» Aussehen an sich herumträgt, nicht der Art von Tätigkeit ohne weiteres wird nachgehen können, der er immer nachgehen wollte. Subjektiv ist diese Verwehrung des gleichberechtigten Zugangs zum Markt der Arbeitskräfte und allgemein zur Teilnahme an der Gesellschaft, wie Rava sagt, «merkwürdig» und, wie wir annehmen können, auch mit den Botschaften «Du gehörst nicht zu uns» und «Du bist weniger wert» verknüpft.

Die Mitteilung der Assessmentanleiterin ist eine Defizitbotschaft. Denn Ravas Aussehen ist zunächst ein Manko, ein Nachteil, der ihm das Ausüben einer beruflichen Tätigkeit erschwert und Ravas funktionalen Gehalt in Frage stellt. Die Mitteilung der Assessmentanleiterin informiert auch darüber, daß Ravas Wert als Arbeitskraft einstweilen unklar sei, nicht erkannt und folglich nicht anerkannt werden könne.

Weil Rava als «Ausländer» identifiziert wird und weil Rava sich als «Ausländer» identifiziert, kommt ihm ein geringes Maß an Anerkennung zu. Er wird weniger wertgeschätzt, gewürdigt, respektiert, geachtet und gebilligt, erfährt weniger Zustimmung als jemand, die oder der eine symbolisch anders belegte Hautfarbe hat (aber auch Nasenform, Haarfarbe und -beschaffenheit, Körperproportionen, Augenform und -farbe, Körpergröße, Armlänge könnten von Relevanz sein, und wir können uns sogar vorstellen, daß Menschen sich und andere nach dem Kriterium zu- und ausordnen, solidarisieren und verfolgen, vernichten und erzeugen, ob ihre Ohrläppchen angewachsen sind oder nicht).

Rava ist ein «Ausländer». Er hat einen deutschen Paß, ist in Deutschland aufgewachsen und meint, mehr von der deutschen als der «asiatischen» Kultur beeinflußt zu sein (K31, K51). Dennoch sagt er, er sei «Ausländer». Er sagt dies, weil das dritte der Kriterien, die erfüllt sein müssen, um die fraglose Teilnahme an national etikettierten Lebensweisen zu ermöglichen, bei ihm nicht erfüllt ist: Rava macht die Erfahrung, daß er nicht als Gruppenmitglied akzeptiert wird.[11] Er macht die Erfahrung, von anderen nicht als zugehörig erkannt und anerkannt zu werden: Rava ist ein «Ausländer», und «Ausländer» zu sein ist ein Makel. Diesen

Makel des Ausländerseins sucht Rava wettzumachen und greift dabei auf Strategien der Funktionsvergewisserung und Vermarktung seiner eigenen Person zurück.

In dem Augenblick, als er einen Platz findet, an dem er «besser» ist als «jeder andere Deutsche», hat er den Makel wettgemacht. Als er einen Platz findet, der exklusiv ihm zukommt, erntet er die Früchte der anstrengenden Arbeit: reale oder vorgestellte Anerkennung von den faktischen anderen (z. B. von der schließlich doch «begeisterten» Assessmentanleiterin, z. B. von den beiden Interviewerinnen), aber vielleicht noch mehr von dem imaginativen Publikum (Elkind, 1980) im Kopf, das durch Applaus, Hohngelächter und Buhrufe das Gefühl, anerkannt zu sein, reguliert.

Bei dieser Anerkennungserfahrung, die ja zugleich eine Selbstwerterfahrung ist, sind soziale Vergleichsprozesse von Bedeutung: An dem Platz, den Rava entdeckt hat, ist er «besser als jeder Deutsche». Dieser Vergleich mit «den Deutschen» legt die Annahme nahe, daß es ihm auch um eine Art Rehabilitation seiner selbst geht: Die Kränkung, durch sein Aussehen benachteiligt zu sein, macht er wett, indem er durch sein Aussehen Erfolg hat.

Resümee

Andere Deutsche machen die Erfahrung, aufgrund von Merkmalen ihres Äußeren geringgeschätzt, herabgewürdigt und angegriffen zu werden. Andere Deutsche machen Rassismuserfahrungen – und nicht die Erfahrung von «Ausländer-» oder «Fremdenfeindlichkeit», weil sie, da sie in Deutschland ihren Lebensmittelpunkt haben, keine «Ausländerinnen» oder «Fremde» sind.

Der Erfahrung von Rassismus ausgesetzt zu sein – das geht aus der Analyse der Assessmentcenter-Episode hervor – muß nun aber nicht zwangsläufig zu chronischer Verzweiflung, Handlungsunfähigkeit, übermäßiger Schreckhaftigkeit oder zu anderen, schnell als pathologisch etikettierten Leidenszuständen führen. Menschen, die in einem Erfahrungsklima von Rassismus aufwachsen, lernen mit diesen Erfahrungen in einer Weise umzugehen, die für ihre Lebenssituation, für ihr Selbstverständnis und für ihre sozialen Bezüge funktional und angemessen sein kann, zumindest wenn – wie bei Rava Mahabi – eine bestimmte Negativintensität der Erfahrung nicht überschritten wird und materielle, soziale und kognitive Ressourcen der Bewältigung von Belastungen zur Verfügung stehen.

Gleichwohl geht aus der Analyse der Assessment-Episode hervor, wie problematisch und bedeutsam die Bedeutung von Rassismuserfahrungen für Andere Deutsche ist: Sie sind im Rahmen dieser Erfahrung mit der Botschaft konfrontiert, daß in dem Aufenthalts- und Lebenskontext, der ihren gewöhnlichen und selbstverständlich geltenden Alltagszusammenhang bezeichnet, eine Bedrohung und Benachteiligung ihrer Person (und ihnen nahestehender Personen) als Folge der sozialen Ordnung selbstverständlich ist, die das Leben in dieser sozialen Ordnung zu einem prekären Leben macht.

Der Umgang mit dieser Botschaft – einerlei ob ignorant, privat, öffentlich, sublim, politisch, psychotherapeutisch, aggressiv oder verstohlen – ist anstrengend. Denn es gibt in der Regel keine eindeutige Lösung der Spannungen, die für den Situationstyp «Rassismuserfahrung» charakteristisch sind: Diese Spannungen werden bestehenbleiben, denn Deutschland ist rassistisch.

Die Analyse der Assessment-Episode zeigt weiterhin, daß der subjektiv produktive und damit situativ entlastende Umgang mit Rassismuserfahrungen bei Anderen Deutschen die Gefahr beinhaltet, dies in der Logik des Denkens vorzunehmen, die Bedingung der Erfahrung von Rassismus ist. Die «Schwierigkeiten», die Rava als «optischer Ausländer» im «Vertrieb» bekäme, bewältigt er, indem er das Spiel, das auf dem Code der Physiognomien und Hautfarben basiert, mitspielt und eingedenk seiner positiven Wirkung auf «Asiaten» aus ihnen das «Maximum herauskitzeln» will. Mit dieser Bewältigungsform ist Rava in die Falle des Rassismus geraten. Eine andere Rassismusfalle, den «reaktiven Rassismus», hat Thomas Teo beschrieben (1995, S. 29):

> Reaktiver Rassismus ist die Konstruktion eines Ensembles von ‹rassischen› Unterschieden und Bedeutungen durch die Opfer von rassistischen Konstruktionen und Gewaltakten, die Wertung dieser Unterschiede und Bedeutungen zugunsten der Opfer und zuungunsten der Täter, die Rassifizierung dieser

Unterschiede und Bedeutungen (z. B. die «Schwarzen» sind qua «Schwarzsein» die besseren Menschen); die praktische Umsetzung dieser Konstruktionsprozesse zur Legitimierung, Anleitung oder Durchsetzung von Gewalt gegenüber ‹objektiven› Tätern oder anderen ‹Rassen›.

Die Rassismusfalle ist für Andere Deutsche allgegenwärtig, weil Andere Deutsche in einem Kontext leben, in dem die «rassische» Ordnung auf allen Ebenen bedeutsam ist. Um in diesem Kontext subjektiv angemessen und sozial funktional handeln zu können, müssen sich Andere Deutsche auf die Regeln dieses Kontextes einlassen. Mit anderen Worten (die die von Siegfried Jäger in diesem Band komplementär ergänzen): Auch die potentiellen und faktischen Opfer von Rassismus sind in den rassistischen Diskurs verstrickt, reproduzieren ihn partiell und tragen damit indirekt zu seinem Bestand bei.

Was ist zu tun? Zunächst scheint es von Bedeutung, bei den Betroffenen – etwa über die Medien und öffentliche Initiativen – ein Bewußtsein dafür zu schaffen, daß ihre Lebenssituation und ihre Erfahrungen nicht ausschließlich individuell zu verantworten sind. Wenn es Foren – wie etwa die «Initiative Schwarzer Deutscher» – gibt, in denen Rassismuserfahrungen und Umgangsweisen damit zum Thema werden, dann können vielleicht auch die Qualität von Rassismuserfahrungen und der Umgang mit den Erfahrungen von Betroffenen reflektiert und gegebenenfalls verändert werden.

Letztlich aber kann die Rassismusfalle nur entschärft werden, wenn zum Thema des allgemeinen öffentlichen Bewußtseins wird, daß wir in einer rassistischen und eben nicht (nur) ausländerfeindlichen Gesellschaft leben. Ferner – und das ist der eigentlich bedeutsame Punkt – muß zum Thema der allgemeinen öffentlichen Ordnung werden, daß von Rassismuserfahrungen Betroffene Rechte haben, sich gegen die Benachteiligungen und Bedrohungen zur Wehr zu setzen, mit denen sie konfrontiert werden.

Erst wenn – etwa durch ein Antidiskriminierungsgesetz – gesetzliche Grundlagen dafür geschaffen werden, daß Benachteiligungen (z. B. im «Vertrieb»), Herabwürdigungen und Gewalt anklagbar sind, welche aufgrund «rassischer» Ordnungen latent und manifest bestehen, und damit

Rechte einklagbar werden, können sich auch bei den von Rassismus Betroffenen Bewältigungsformen entfalten, die nicht an der Logik des Rassismus anschließen.

Anmerkungen

1 Die einführenden Angaben zu «Anderen Deutschen» und «Rassismuserfahrungen» stellen die Überarbeitung des Teilstücks eines bereits veröffentlichten Textes (Mecheril, 1995) dar.
2 Argumentierende Gedanken zur Verwendung des Wortes «rassisch»: Erst die Verwendung des Zeichens «rassisch» zeigt an, daß es «Rassen» gibt. Die Existenz von «Rassen» ist real. Diese Realität wird in Deutschland praktiziert, aber nicht benannt. Es findet eine Unterschlagung der Wörter, nicht aber der Praxis statt. Diese ist – zumindest für «rassisch» Betroffene – in Abwesenheit der Beschreibungs- und Begreifenskategorien besonders perfide. Ich rede von der «Rassen»-Realität, die in der Hierarchie der mentalisierten, psychologisierten, vereigenschaftlichten Phänotype besteht. Es gibt eine symbolische und faktische Rangordnung der Physiognomien. Die Qualität dieser Hierarchien wird aber nur begreifbar, wenn die Einheit der Ordnung, die Kategorie der Strukturierung, der Code der Positionierung, das Denkschema der Einteilung benannt wird, und hier gibt es nur einen Namen, der die reale Gewalttätigkeit nicht unterschlägt: «Rasse». Das Wort ist böse, es sticht, es tut weh – kein anderes Zeichen, das besser paßte.
3 Zwar macht es Sinn, den Begriff Andere Deutsche allgemein für jede Form von Abweichung von dem fiktiven Bild des oder der Deutschen zu verwenden (und nicht nur für die der vor allem physiognomisch und kulturell codierten Abweichung) und unter diesem allgemeinen Begriff bestimmte Typen, etwa den «sexuellen», den «kulturellen», den «ethnischen», den «religiösen», den «kranken» oder den «versehrten» Typus, zu spezifizieren; doch, weil wir den Begriff Andere Deutsche unter dem Kriterium der «rassisch» und kulturell erzeugten Erfahrung von Differenz und Degradierung eingeführt haben, will ich im Rahmen dieses Textes diese Einführung nicht zurücknehmen.
4 Hier setzt eine der Hauptaufgaben der Auseinandersetzung mit Rassismuserfahrungen im Kontext psychosozialer Professionalität an: das Sprechen über Rassismuserfahrungen, das Mitteilen ermöglichen (siehe dazu genauer Mecheril, 1995).
5 Die Gesamtauswertung «Rava Mahabi» umfaßt die zwei zentralen Auswertungskategorien «Zugehörigkeit» und «Selbstkultivierung». Im Rahmen dieses Textes stelle ich nur einen Teil der Ergebnisse der Analyse der Zugehörigkeitserfahrungen Ravas dar. Die Begriffsbildung der Analyse orientierte sich an der Methodologie der «grounded theory», so wie sie bei Anselm Strauss (1991) dargestellt ist. Auf genaue methodische Angaben und eine methodologische Kommentierung der Vorgehensweise muß ich hier verzichten. Die Möglichkeit der Einschätzung des Geltungsstatus der in diesem Text vorgestellten Analyse beschränkt sich somit auf den

Grad der wechselseitigen inhaltlichen Bezogenheit (Passung) von zitierten Transkriptstellen und Auswertungstexten einerseits, andererseits auf die Plausibilität des Auswertungstextes selbst. Rückmeldungen auf beiden Ebenen wären für mich wertvoll.

6 Das Interview mit Rava Mahabi wurde von Elke Reygers und Meike Scheller im Rahmen ihrer Diplomarbeit durchgeführt und transkribiert (Reygers & Scheller, 1994). Für die Überlassung des Transkriptmaterials möchte ich mich herzlich bei ihnen bedanken. Das Transkript habe ich in bezug auf solche Abweichungen von der deutschen Standardschriftsprache verändert, die offenkundig auf Tipp- oder orthographische Fehler beim Transkribieren zurückzuführen sind. Wesentliche Teile der im Interview von Rava gemachten Angaben sind zu einer Erzählung umgeschrieben worden und als «Deutsche Geschichte» veröffentlicht (Scheller & Mahabi, 1996).

7 Das Bild «Rava Mahabi», das im folgenden gezeichnet wird, ist keines, das einen wirklichen Menschen beschreiben möchte. «Rava» ist nicht real. Rava ist ein Modell, das in der Verarbeitung von Texten, das in Gesprächen, am Computer und in Gedanken entstanden ist. Rava, so wie er aus den Analyseergebnissen modelliert wurde, ist eine idealisierte und typisierte Vorstellung, deren Wert nicht darin besteht, daß sie den «wirklichen» Rava abbildet oder das Verhalten einer bestimmten Anzahl Anderer Deutscher wiedergibt. Der Wert des Vorstellungsmodells besteht vielmehr darin, daß anhand der generierten Kategorien auf einer allgemeinen Ebene Aspekte der Erfahrungen und des Umgangs mit Erfahrungen im Kontext von Multikulturalität beschrieben bzw. modelliert werden können. In diesem Sinn ist Rava real.

8 Die Zugehörigkeitskontexte «Deutschland» und «Indien» sind für Rava vielwertig, und in dieser subjektiven Vielwertigkeit müssen die Zeichen «Deutschland» und «Indien» im folgenden gelesen werden: Deutschland ist Ravas alltäglicher Lebenskontext, in dem er sich als eingeborener Handelnder zu verhalten weiß, zugleich macht er in Deutschland aber die Erfahrung, als Fremder betrachtet und behandelt zu werden. Indien auf der anderen Seite ist Rava fremd, die indische Lebensweise befremdet Rava, und dennoch ist er Indien, das er nicht kennt, verbunden – eine Verbundenheit, deren Gründe einerseits das Wissen um seine Physiognomie, also sein «indisches Aussehen», andererseits das Wissen um seine Genealogie, also das Bewußtsein, dort herzukommen, sind.

9 In den nachfolgend zitierten Transkriptausschnitten bezeichnen drei aufeinanderfolgende Punkte (...) Sprechpausen. Einfügungen in Doppelstrichen verweisen auf auffällige non-verbale oder para-verbale Signale im Interview (z. B. // lacht //). Einfügungen in geschwungenen Klammern (z. B. (in Indien)) bezeichnen Vermutungen der Transkribiererinnen über die Bedeutung einer unverständlichen Sprechsequenz. Einfügungen in eckigen Klammmern (z. B. [gemeint ist Deutschland]) bezeichnen den Transkriptausschnitt betreffende Erläuterungen von mir. Soweit nicht anders vermerkt, geben alle zitierten Transkriptausschnitte Redebeiträge von Rava wieder.

10 Ich habe das Transkript nach dem Kriterium «Zu dieser Stelle fällt mir etwas ein» in

Einheiten eingeteilt. Die Transkripteinheiten, die so entstanden, sind unterschiedlich lang – durchschnittlich umfassen sie etwa 15 Zeilen. Zu den Einheiten habe ich das, was mir eingefallen ist, aufgeschrieben. Das Aufgeschriebene kommentiert die Transkriptstelle. Transkriptstelle und Kommentar habe ich fortlaufend numeriert (K1–K59). Die Kommentare sind in den endgültigen Auswertungstext eingearbeitet. Tauchen im Text eingeklammerte Zahlen auf, denen ein «K» vorangestellt ist, so verweisen diese Zahlen also zum einen auf den gewissermaßen rohen Originalkommentar wie auf die Transkriptstelle, auf die der Kommentar bezogen ist. Das Gesamttranskript ebenso wie die Gesamtanalyse des Transkriptes kann – gegen die Versicherung, eine Rückmeldung zum Analysetext zu formulieren – bei mir angefordert werden.

11 Neben der Akzeptanz als Gruppenmitglied stellen das Einverständnis mit der Lebensweise der fraglichen Gruppe und das Verständnis der eigenen Lebensweise als Variante oder Teil der wahrgenommenen Gruppenlebensweise die Kriterien dar, die eine fraglose Teilnahme an der Praxis national etikettierter Kulturen ermöglichen (vgl. Mecheril, 1994, S. 76).

Literatur

Battaglia, S. (1995). Interaktive Konstruktion von Fremdheit. Alltagskommunikation von Menschen binationaler Abstammung. *Journal für Psychologie*, 3, 16–23.

Dijk, T. van (1987). *Communicating Racism. Ethnic Prejudice in Thought and Talk*. Newbury Park: Sage.

Elkind, D. (1980). Egozentrismus in der Adoleszenz. In R. Döbert, J. Habermas & G. Nunner-Winkler (Hrsg.), *Entwicklungen des Ichs* (S. 170–178). Meisenheim: Hain.

Hausser, K. (1983). *Identitätsentwicklung*. New York: Harper & Row.

Jäger, S. & Link, J. (Hrsg.) (1993). *Die vierte Gewalt. Rassismus und die Medien*. Duisburg: DISS.

Kalpaka, A. & Räthzel, N. (Hrsg.) (1990). *Die Schwierigkeit, nicht rassistisch zu sein*. Leer: Mundo.

Kampmann, B. (1995). Handlungsebenen und Interventionsstrategien gegen Rassismus. In I. Attia, M. Basqué, U. Korngeld, G. Magioriba Lwanga, B. Rommelspacher, P. Teimori, S. Vogelmann & U. Wachendorfer (Hrsg.), *Multikulturelle Gesellschaft – monokulturelle Psychologie? Antisemitismus und Rassismus in der psychosozialen Arbeit* (S. 248–262). Tübingen: dgvt.

Mecheril, P. (1994). Die Lebenssituation Anderer Deutscher. Eine Annäherung in dreizehn thematischen Schritten. In P. Mecheril & Th. Teo (Hrsg.), *Andere Deutsche. Zur Lebenssituation von Menschen multiethnischer und multikultureller Herkunft* (S. 57–93). Berlin: Dietz.

Mecheril, P. (1995). Rassismuserfahrungen von Anderen Deutschen. Einige Überlegungen (auch) im Hinblick auf Möglichkeiten der psychotherapeutischen Auseinandersetzung. In I. Attia et al. (Hrsg.), *Multikulturelle Gesellschaft – monokulturelle*

Psychologie? Antisemitismus und Rassismus in der psychosozialen Arbeit (S. 99–111). Tübingen: dgvt.

Mecheril, P. & Bales, St. (1994). Über Zusammenhänge zwischen multikultureller und postmoderner Identität. *Systeme, 8*, 2, 37–54.

Mecheril, P. & Teo, Th. (1994) (Hrsg.). *Andere Deutsche. Zur Lebenssituation von Menschen multiethnischer und multikultureller Herkunft.* Berlin: Dietz.

Mecheril, P. (in Druck). Zugehörigkeitserfahrungen von Anderen Deutschen. Eine empirische Modellierung. *Soziale Welt,* Sonderband: Transnationale Migration.

Miles, R. (1992). *Rassismus. Einführung in die Geschichte und Theorie eines Begriffs.* Hamburg: Argument.

Osterkamp, U. (1989). Gesellschaftliche Widersprüche und Rassismus. In O. Autrata, G. Kaschuba, R. Leiprecht & C. Wolf (Hrsg.), *Theorien über Rassismus.* Hamburg: Argument.

Reygers, E. & Scheller, M. (1994). *Anforderungsstrukturen und Bewältigungsstrategien von Menschen multikultureller Herkunft in Deutschland.* Münster: Unveröffentliche Diplomarbeit.

Scheller, M. & Mahabi, R. (1996). «Indien, das ist ein Teil meines Lebens, den ich noch nie aktiv gelebt habe – Auf der Suche nach der richtigen Lebensform». In P. Mecheril (Hrsg.), *Deutsche Geschichten. Menschen unterschiedlicher Herkunft erzählen* (S. 41–51). Münster: Waxmann.

Stachon, A. & Wendt, A. (1994). *Heimat- und Fremdheitsvorstellungen von Menschen multikultureller Herkunft in Deutschland.* Münster: Unveröffentlichte Diplomarbeit.

Strauss, A. L. (1991). *Grundlagen qualitativer Sozialforschung.* München: Fink.

Swietlik, G. (1995). *Identität und Religion. Erfahrungen junger muslimischer Frauen im Kontext von Islam und Christentum.* Münster: Unveröffentlichte Diplomarbeit.

Teo, Th. (1995). Rassismus: Eine psychologisch relevante Begriffsanalyse. *Journal für Psychologie, 3,* 24–32.

Herbert Beckmann

Rassismuserfahrungen von Asylsuchenden

Nicht erst seit Beginn der 90er Jahre, aber in erschreckend zunehmendem Maße seit der Vereinigung sind wieder Opfer rassistischer Gewalt in Deutschland zu beklagen. Die Flut an einschlägigen Publikationen zur Gewalt gegen Minderheiten in Deutschland ist mittlerweile ebenso unübersehbar wie einseitig in ihrer Interessenlage. Denn die Personengruppe der überwiegend noch jungen rassistischen Gewalttäter konnte sich in den letzten Jahren einer bislang nicht gekannten Aufmerksamkeit der Medien, Sozialwissenschaftler, Pädagogen und Sozialarbeiter, Juristen, Schriftsteller und anderer Professionen erfreuen.

Berichte von Opfern rassistischer Gewalt indessen wurden in der Vergangenheit meist nur im unmittelbaren Zusammenhang mit einer spektakulären Gewalttat publiziert, so daß ihre Lebenssituation insgesamt weitgehend ausgeblendet wurde (vgl. Caspari, 1993). Erst mit dem zahlenmäßigen Rückgang spektakulärer rassistischer Gewaltakte ab 1994 wurden rassistische Erfahrungen von Minderheiten in Deutschland aus der subjektiven Perspektive der Betroffenen differenzierter beschrieben (vgl. Beckmann, 1993a; Mecheril & Teo, 1994; Attia et al., 1995).

Prinzipiell ist die Auseinandersetzung mit rassistischen Gewalttätern im Hinblick auf die Erforschung und Entwicklung präventiver Ansätze durchaus wünschenswert. Doch in Anbetracht der dürftigen Präsenz der Perspektive der diskriminierten, angegriffenen und bedrohten Minderheiten im wiedervereinigten Deutschland muß man eine regelrechte Täterfixierung der deutschen Publizistik und Wissenschaft, auch der Psychologie feststellen. Diese Fixierung auf Herkunft, Gefühlslagen, Motivationen etc. der Gewalttäter aber blendet die Erfahrungen von Asylsuchenden in Deutschland in besonderer Weise aus. Denn die Angriffe von rassistischen Gewalttätern richteten sich in den vergangenen Jahren bekanntlich überwiegend gegen Ausländer, insbesondere Asylsuchende und ihre Unterkünfte (vgl. Bundesministerium des Innern, 1992, 1993, 1994).

Wer sich aber entschließt, das Rassismuserleben von Asylsuchenden und anderen Minderheiten aus der Perspektive von Betroffenen darzustellen, sieht sich nicht selten mit der Einschätzung konfrontiert, daß dies zwar aus ethischen Gesichtspunkten – gewissermaßen als éducation sentimentale – begrüßenswert, daß aber die Betroffenenperspektive keine theoretischen Erkenntnisse dafür liefere, wie dem Rechtsradikalismus präventiv zu begegnen sei. Solche Hinweise erhalte man eben nur von den Tätern selbst.

Bei dieser Variante der Täterfixierung droht aber zum einen das Verständnis dafür verlorenzugehen, daß die Lebenslagen und die subjektive Perspektive der Betroffenen auch wichtige Anhaltspunkte dafür bereithalten, bei welchen (nämlich nicht nur jugendlichen) Personengruppen und unter welchen gesellschaftlichen Rahmenbedingungen es zu manifesten rassistischen Äußerungen bzw. Handlungen kommen kann.

Zum anderen – und das ist hier der bedeutsamere Aspekt – reproduziert die Täterfixierung der Psychologie die Ausgrenzung, Nicht-Beachtung und Nicht-Anerkennung von Minderheitenangehörigen als politische, soziale und individuelle Subjekte. Für Asylsuchende gilt dies in einem besonderen Sinn. Ihre Lebenssituation und die für sie charakteristischen Rassismuserfahrungen sind Gegenstand der folgenden Ausführungen. In Ermangelung entsprechender Untersuchungen müssen sie gleichsam am Nullpunkt beginnen und stellen notwendigerweise eine vornehmlich deskriptive Analyse dar.

Zur Situation von Asylsuchenden in Deutschland

Wer sucht Asyl in Deutschland?

Im September 1995 registrierte das Bundesinnenministerium insgesamt 10867 neue Asylsuchende in Deutschland, das waren 146 Personen mehr als im Vormonat August und 1198 Personen (11 %) mehr als im September des Vorjahres. Die meisten Asylsuchenden kamen mit 2692 Personen aus den Kriegsgebieten des ehemaligen Jugoslawien (Serbien und Montenegro), gefolgt von der Türkei mit 2057 und Irak mit 868 Personen (im Vergleich zum Vormonat eine Steigerung um 28,2 %). Erstmals zu den zehn Hauptherkunftsländern gehörte den Angaben des Ministeriums zufolge Georgien mit 329 Asylbewerbern noch vor Bosnien-Herzegowina. Im September 1995 wurde über die Asylanträge von 14226 Personen entschieden, 1210 Flüchtlinge (8,5 %) wurden als «Asylberechtigte» anerkannt.[1]

Diese aktuellen Daten des Jahres 1995 verdeutlichen exemplarisch die Entwicklung der Asylsuchendenzahlen seit Änderung des Grundgesetzartikels 16 im Jahre 1993, mit der das Grundrecht auf Asyl faktisch abgeschafft wurde, da der Satz: «Politisch Verfolgte genießen Asylrecht» seitdem nur noch mit Einschränkung gilt. Flüchtlinge, die über sogenannte sichere Drittstaaten einreisen (alle EG-Staaten, Europaratstaaten, in denen die Anwendung der Europäischen Menschenrechtskonvention sichergestellt ist, alle Staaten, in denen die Genfer Konvention angewandt wird), bzw. Flüchtlinge aus sogenannten Nichtverfolgerstaaten, in denen politische Verfolgung oder unmenschliche oder erniedrigende Bestrafung oder Behandlung nicht stattfindet, können von der Inanspruchnahme des Grundgesetzartikels 16 prinzipiell ausgeschlossen und abgeschoben werden.

Wie drastisch die Zahl derjenigen reduziert wurde, die nach der neuen Gesetzeslage noch behördlich berechtigt waren, einen Asylantrag zu stellen, wird deutlich, wenn man die Jahre 1992 und 1995 miteinander vergleicht. Waren es im Jahr 1992 noch 440000 Personen, die Asyl beantragten, so wurden im ersten Halbjahr 1995 insgesamt noch 58669 neue Asylsuchende vom Bonner Innenministerium registriert. Die behördliche Anerkennungsquote betrug in diesem Halbjahreszeitraum 9,4 Prozent. Die Ablehnung erfolgt in den meisten Fällen, weil nach Auffassung der deutschen Behörden keine individuelle Verfolgung des/der Asylsuchenden habe nachgewiesen werden können. Wie schwer es ist, in Anbetracht einer solchen restriktiven Auslegung als Flüchtling Asyl zu bekommen, zeigt Leuningers (1993) exemplarische Auflistung von abgelehnten «Fällen»:

> Kein Asyl erhielten der Kriegsdienstverweigerer aus Serbien, der nicht an dem mörderischen Krieg in Bosnien-Herzegowina teilnehmen wollte, die muslimische Mutter aus der von Tschetniks eroberten Stadt, deren Kind man in ihrem Arm erschossen hat und die anschließend vergewaltigt wurde, der Vater, der mit seinen beiden Kindern dem Bombenhagel von Oijek entkommen war, die junge Frau, die wegen Ehebruchs im Iran gesteinigt werden sollte, der Kurde aus der Türkei, dessen Dorf niedergewalzt wurde, der zwangsumgesiedelt wurde und der sich geweigert hatte, ‹Dorfschütze› zur Unterstützung einer kurdenfeindlichen Politik zu werden [...] Die Liste ließe sich beliebig fortsetzen (Leuninger, 1993, S. 27).[2]

Das aber bedeutet durchaus nicht, daß alle behördlicherseits abgelehnten Asylsuchenden auch tatsächlich in ihr Herkunftsland zurückgeschickt werden (können). Denn aus humanitären, rechtlichen oder faktischen Gründen sind Flüchtlingen, insbesondere aus Kriegs- und Krisengebieten, denen bei einer Rückkehr Gefahr für Leib und Leben droht, verschiedene Formen der Aufenthaltsgenehmigung oder der Duldung zu gewähren.

Es ist von Bedeutung für das Verständnis der Rassismuserfahrungen von Asylsuchenden, sich ihre aus Flucht und Exil einerseits, den Aufenthaltsstatus andererseits geprägte Lebenssituation in Deutschland vor Augen zu führen.

Psychosoziale Situation

Die Zusammensetzung der Hauptherkunftsländer der Asylsuchenden zeigt, daß es die bedrohliche Situation im Heimatland ist, die die Menschen in die Flucht treibt, und nicht die Erwartung auf persönliche, wirtschaftliche und andere Vorteile im Migrationsland. Die Flüchtlinge suchen Asyl, um ihre physische und psychische Integrität vor der politischen Verfolgung und anderen Gefahren für Leib und Leben zu schützen. Nach der unfreiwilligen Migration, der Flucht, meist buchstäblich «über Nacht», finden sich die Flüchtlinge nach oft monatelangem Fluchtweg in einem ihnen fremden Migrationsland (dem weitere folgen können) wieder: aus ihrem Familienverband gerissen, die militärischen oder politischen Auseinandersetzungen im Heimatland im Gedächtnis, mit den Erfahrungen einer unter Umständen lang dauernden, äußerst belastenden Flucht selbst, mit der Angst um die zurückgebliebenen Familienangehörigen, Freunde, Verwandte, der Verantwortung, als einzige/r in Sicherheit zu sein, nach der Ankunft in einem Land, dessen Sprache, Kultur und Menschen ihnen meist unbekannt sind.

Nicht selten leiden Flüchtlinge aufgrund von Verfolgung, von Kriegs-, Folter- und anderen extremen Traumata physisch und psychisch an einer Reihe von Beschwerden wie Angstzuständen, Depressionen, Schlafstörungen, multiplen psychosomatischen Beschwerden wie Schmerzsyndrome, chronische Kopfschmerzen u. a. bis hin zum totalen Orientierungs- bzw. Realitätsverlust (vgl. Adams, 1993; Aguirre, 1995; Gurris, 1995).

Rechtliche und materielle Situation

Angekommen im Migrationsland Deutschland müssen Asylsuchende zunächst einmal ihre Flucht entsprechend der gegebenen, bereits skizzierten Gesetzeslage «legitimieren». Je nach persönlicher Situation können unterschiedliche Aufenthaltstitel den Status und damit die sozialen Rechte der oder des Asylsuchenden (z. B. auf Sozialleistungen, Freizügigkeit, Wohnberechtigungsschein, Arbeits- oder Gewerbeerlaubnis u. v. m.) beeinträchtigen. Hierzu zählen gesetzlich verankerte Statustitel wie die unbefristete Aufenthaltserlaubnis (68 AsylVfG), die Aufenthaltsbefugnis (70 AsylVfG), die Duldung (51–56 AuslG) oder die Aufenthaltsgestattung (55–67 AsylVfG). Letztere wird für Asylsuchende während des Asylverfahrens, in der Regel für jeweils drei bis sechs Monate, erteilt. Zur Regelung des Aufenthaltsstatus seitens der Behörden können jedoch auch gesetzlich expressis verbis nicht vorgesehene Bescheinigungen ausgestellt werden wie die Paßeinzugsbescheinigung oder die Grenzübertrittsbescheinigung (vgl. Classen, 1994).

Die Einschränkung des Asylrechts kann zudem dazu führen, daß Flüchtlinge sich gezwungen sehen, «illegal» in Deutschland zu bleiben. Allein in Berlin, so wird geschätzt, leben derzeit rund 100 000 Ausländerinnen und Ausländer in der Illegalität (vgl. Gaserow, 1995).

Es ist leicht nachvollziehbar, daß die aufgrund der Flucht aus ihren Heimatländern kulturell und sozial entwurzelten Flüchtlinge angesichts dieses verwirrenden Arsenals potentieller oder changierender formaler und informeller Ausprägungen des Aufenthaltsstatus sich in ihren Rechten grundsätzlich verunsichert und bedroht sehen müssen.

Diese Erfahrung wird im Aufnahmeland Deutschland auf verschiedene administrative Weise noch verstärkt. So werden Asylsuchende in einem bundesweiten Verteilungsverfahren einer Gemeinde oder einem Landkreis zugewiesen, die bzw. den sie nicht unerlaubt verlassen dürfen. Flüchtlinge in noch laufenden Asylverfahren sind verpflichtet, in Sammellagern zu leben, nicht selten deutlich getrennt von der einheimischen Bevölkerung in gettoähnlichen Wohnverhältnissen, die sie sozialpsychologisch als unerwünschte Eindringlinge geradezu markieren (vgl. exemplarisch Autorengruppe Flüchtlingswohnheim Althüttendorf, 1994; Beckmann, 1993b). Eine Verschärfung der Situation von Asylsuchenden entsteht zudem durch eine nur begrenzte Arbeitserlaubnis, die Einschränkung der medizinischen Versorgung für Asylsuchende sowie die Praxis, ihnen Sozialhilfe nicht bar, sondern in Form von Lebensmittelgutscheinen auszuzahlen, was mit einer erheblichen Einschränkung ihrer Freizügigkeit und Selbstbestimmung verbunden ist, so daß die Betroffenen zum Teil bereits «keinen Unterschied mehr zwischen Kriegsgefangenen und uns» (Autorengruppe Flüchtlingswohnheim Althüttendorf, 1994, S. 97) zu erkennen vermögen.

«Was sind die Eigenschaften eines Flüchtlings?» fragt Elie Wiesel (1993, S. 18), und er antwortet: «Daß er oder sie keine Staatsbürgerschaft hat. Hunderttausende, wenn nicht gar Millionen Menschen waren – oft über Nacht – plötzlich unerwünscht. Nun ist nichts schlimmer, als überall unerwünscht zu sein, und genau das ist ein Flüchtling» (ebd.).

Entscheidend für das Verständnis von Rassismus gegenüber Flüchtlingen ist aber, daß sie staatlich-administrativ auch bewußt als weitgehend rechtlos und unerwünscht gekennzeichnet werden. Das zentrale Merkmal von Asylsuchenden – was sie bei aller Unterschiedlichkeit von Hautfarbe, nationaler Herkunft, persönlicher Biographie usw. charakterisiert – ist der Status der Entrechtung, der sie zu einer «Art bürgerlichen Unperson» (Lenhardt, 1993, S. 544) macht. Nicht die nationale und kulturelle Fremdheit von Flüchtlingen als solche dient zur Konstruktion des Stigmas, das die unerwünschte «Abweichung» von der «Normalität» begründen soll (vgl. Goffman, 1975), sondern ihre im Aufnahmeland erst hergestellte Entrechtung und soziale Randständigkeit.

Es scheint, daß der Status von Asylsuchenden als Personen inferiorer rechtlicher und sozialer Stellung in Deutschland nicht nur die soziale Selbstkontrolle von Jugendlichen (vgl. Lenhardt, 1993), sondern, wie im folgenden deutlich werden soll, auch von anderen gesellschaftlichen Gruppen überfordert.

Dimensionen der Rassismuserfahrungen von Asylsuchenden

Eco (1995) hat vorgeschlagen, Faschismus als ein Gebilde aufzufassen, das sich aus verschiedenen Komponenten konstituiert, die einzeln oder in unterschiedlicher Kombination auftreten können, so daß «ein faschistisches Regime auch dann noch als faschistisch kenntlich bleibt, wenn man ihm ein oder mehrere Merkmale nimmt» (S. 48).

Entsprechend der von Eco (1995) konstatierten Ähnlichkeit zwischen einem komplexen Begriff wie Faschismus und Wittgensteins Vorstellung von einem «Spiel», das sich nach verschiedenen Regeln spielen läßt, ohne daß man seinen Namen ändern müßte, soll auch im folgenden von Rassismuserfahrungen die Rede sein. Dem Rassismus liegt die Theorie menschlicher Ungleichheit zugrunde, in der «Praxis», im Alltag also und im Erleben der von Rassismus Betroffenen, setzt Rassismus sich aber aus verschiedenen Komponenten auf mehreren Dimensionen zusammen, die, ähnlich dem Faschismus, einzeln oder in Kombination auftreten können.

Verbale und nonverbale Diskriminierungen

Vor allem aus dem politischen Raum war in den letzten Jahren immer wieder im Zusammenhang mit Asylsuchenden von «Scheinasylanten» oder «Wirtschaftsflüchtlingen» die Rede. Neben der offensichtlichen Funktion, politische Sympathiepunkte bei rechtem Wählerpotential zu sammeln (vgl. Seidel-Pielen & Farin, 1994), werden Flüchtlinge mit solchen Bezeichnungen in ihrem Ersuchen um Asyl direkt diskreditiert, indem ihre Flucht lediglich als Tarnmanöver ihrer vermeintlich eigentlichen Motive hingestellt wird, um auf verschiedene Weise persönlich zu prosperieren.

Der Begriff «Asylantenschwemme» stellt eine Steigerung dieser Tendenz dar, eine unliebsame Gruppe rhetorisch zu diskreditieren. Die Diffamierung besteht hier in einem Sprachduktus, der die Gefährdeten, die Flüchtlinge selbst, nunmehr umgekehrt als Gefahr für die Gesellschaft (Motto: «Das Boot ist voll!») erscheinen läßt, als handele es sich bei ihnen um eine Plage biblischen Ausmaßes. Von der «Asylantenflut» führt die Diskreditierung einer ganzen Gruppe über Begriffe wie «Asyl-Altfälle», so als handele es sich bei behördlich abgelehnten Asylsuchenden um eine Art gesellschaftlichen Mülls, geradezu zwangsläufig zu rassistisch motivierten Diffamierungen wie «Schmarotzer» und andere Begriffe, die die verbal attackierte Personengruppe rhetorisch dehumanisieren sollen.

Solche verbalen Angriffe im Geiste der rassistischen Theorie der Ungleichheit werden in ihrem Gewaltaspekt von Betroffenen vor dem Hintergrund ihrer Fluchterfahrungen entsprechend intensiv erlebt und erlitten:

> Wenn ein Mensch in seiner Heimat nicht zufrieden leben kann, wenn er seine Sprache nicht sprechen kann oder die Gebräuche nicht leben darf oder vielleicht seine Religion nicht ausleben darf, leistet er/sie erst noch Widerstand, und im harten Kriegszustand flüchtet er/sie trotz allem in ein fremdes Land und sucht Schutz bzw. Asyl. Aber in Deutschland herrscht ein anderes Bild über Flüchtlinge, das der Räuber und des Gesindels. Ich verstehe nicht, wie man über einen Menschen, der um seine Freiheit gekämpft hat, so vorurteilen kann oder wie man ihn/sie so menschenunwürdig behandeln kann. Wir sind nach Deutsch-

land gekommen und führen wieder Krieg. Und das ist ein Krieg, der uns psychologisch schmelzen läßt. Es wird ein Tattoo, das man nie wieder wegkriegt, eingenarbt. Und das ist der schlimmste aller Kriege (Mesut K., 1994, S. 88).

Im subjektiven Erleben der Betroffenen unterscheidet sich die rhetorische Diskreditierung z. B. als «Scheinasylant» von der konkreten rassistischen Diskriminierung im Alltag nur graduell. Dies mögen beispielhaft Äußerungen von jugendlichen Asylsuchenden verdeutlichen.

In Berlin leben derzeit mindestens 2500 alleinstehende minderjährige Flüchtlinge.[3] Sie kommen ohne elterliche Begleitpersonen nach Deutschland, überwiegend aus den Kriegsgebieten des ehemaligen Jugoslawien, aus dem Libanon, aus Angola, Rumänien und anderen Krisengebieten. Nach ihrer Ankunft wohnen sie bei Verwandten oder Bekannten, in mono- oder multiethnischen Jugendhilfeeinrichtungen, günstigenfalls in Jugendwohngemeinschaften, ungünstigenfalls in Heimen, Pensionen, Hotels (vgl. Bodenschatz et al., 1988).

Ein 14jähriger Flüchtling aus Angola berichtet:

> Die Deutschen sind jetzt aggressiver gegen mich als früher. In der U-Bahn, in der Disco, ich merke das an sehr vielen Orten. Viele Deutsche sind gegen Ausländer. Zum Beispiel bin ich vor ein paar Tagen U-Bahn gefahren. Da standen drei oder vier Deutsche zusammen und sagten: ‹Guck dir diese Ausländer an, diese Schwarzen.› [...] Die dachten, alle Ausländer hier studieren nicht, die tun nichts, die machen nur Scheiße (Beckmann, 1993 c, S. 54).

Verbale Diskriminierungen gehen nach den Erfahrungen der Betroffenen oft unvermittelt in weitere, nonverbale Diskriminierungen über. Ein 17 Jahre alter angolanischer Flüchtling berichtet:

> Ich kenne viele Discos in Berlin, in die ich als Schwarzer nicht hineingelassen werde. Ich wollte zum Beispiel vor kurzem in eine Disco am Kurfürstendamm gehen, zusammen mit meinem Freund. Und da sagte man zu mir: ‹Warum kommst du her? Du bist schwarz. Such' dir eine andere Disco. Diese Disco hier ist nicht für Schwarze!› (Beckmann, 1993 c, S. 53).

Baaba Folson (1994) hat neben verbalen Erscheinungsformen psychischer Gewalt ebenfalls auf verschiedene nonverbale Gewaltmechanismen hingewiesen, die Ausdruck von Rassismus sein können: eine «Vertrautheit» des Dominanten, die der/die «Untergeordnete» nicht erwidern darf; die Erniedrigung, in der Kommunikation mit anderen ignoriert oder unterbrochen zu werden; die Einschüchterung durch dominante körperliche Präsenz; das Warten («in überfüllten Arztpraxen, auf Fluren von Ausländerbehörden, der Arbeits-, Wohnungs- und Sozialämter, vor Schaltern für Essensmarken, den Kassen der Billigmärkte, in Immatrikulationsämtern für Nicht-Deutsche, vor den Türen von Konsulaten und ProfessorInnen», S. 25) – Warten wird in diesen Situationen zum Ausdruck des Verlusts der eigenen Verfügbarkeit über seine Zeit.

Verbale und nonverbale Diskriminierungen können als Hauptursache psychischer bzw. psychosomatischer Erkrankungen angesehen werden (vgl. Baaba Folson, 1994), sie wurden jedoch im öffentlichen Diskurs um rassistische Gewalt gegen Migranten, Flüchtlinge und andere Minoritäten durch spektakuläre physische rassistische Gewaltäußerungen verdeckt.

Körperliche Gewalterfahrungen

Fremdenfeindliche, rassistische oder neonazistische Gewalttaten in Deutschland sind im Zeitraum zwischen 1982 und 1993 um das 20fache gestiegen, konstatieren die Rechtsextremismusexperten Seidel-Pielen und Farin (1994); sie wurden dennoch in der polizeilichen Kriminalstatistik, einem «Spiegelbild dessen, was von der Gesellschaft als besonders schützenswerte Güter und Werte eingestuft wird» (Seidel-Pielen & Farin, 1994, S. 78), weitgehend vernachlässigt.

Insbesondere zwischen den Jahren 1990 und 1991 schoß die Zahl der Gewalttaten mit erwiesener oder zu vermutender rechtsextremer Motivation, namentlich die Gewalttaten gegen Ausländer und Ausländerinnen und unter diesen besonders gegen Asylsuchende, eruptionsartig in die Höhe. Waren es im Jahre 1990 noch 306 rechtsextremistische Gewalttaten (von 1380 rechtsextremen Gesetzesverletzungen insgesamt), die der Bundesverfassungsschutz registriert hatte, so waren es 1991 bereits 1492 rechtsextremistische Gewaltdelikte (3894 insgesamt), in den darauffolgenden Jahren 1992 bis 1994 waren es 2639, 2232 und 1489 rechtsextremistisch bzw. rassistisch motivierte Gesetzesverletzungen.

Der jährliche Bericht des Bundesverfassungsschutzes unterscheidet gemeinhin zwischen Brand- und Sprengstoffanschlägen, Sachbeschädigungen mit erheblicher Gewaltanwendung und Körperverletzungen. 1991 kamen dabei drei Menschen, im darauffolgenden Jahr 17 Menschen und 1993 wiederum drei Menschen ums Leben. 1994 wurden dem Bundeskriminalamt erstmals seit der «Wende» in Deutschland keine Tötungsdelikte mitgeteilt, doch wird die Richtigkeit solcher Angaben angezweifelt – angesichts «berechtigter Zweifel», die selbst führende Beamte des Bundeskriminalamts aufgrund des unterschiedlichen Meldeverhaltens der Polizei hegen (vgl. Siegler, 1995). In der Tat wurden dem BKA auch 1994 zehn versuchte Tötungsdelikte mit rechtsextremistischem Hintergrund mitgeteilt, und die oben dargestellte gettoähnliche Unterbringung von Asylsuchenden in großen Wohneinheiten trägt dazu bei, daß die Betroffenen zum Teil nur zufällig dem Tod oder einem schweren körperlichen Schaden entronnen sind.

In Dannstadt-Schauernheim (Rheinland-Pfalz), so berichtet etwa das Bundesinnenministerium, zündeten am 19. Januar 1994 unbekannte Täter im Briefkasten eines Asylbewerberheims eine Bombe. In dem Heim befanden sich zu diesem Zeitpunkt 100 Bewohner, von denen wie zufällig niemand körperlich verletzt wurde.

Gewalttätige Übergriffe auf die Bewohner von Heimen für Asylsuchende sind eine spezifische Form rassistischer Gewalttaten gegen diese Personengruppe. Die Kasernierung der Betroffenen in Heimen erleichtert es den Tätern natürlich, derartige Anschläge zu verüben. Während es in den Jahren 1991 und 1992 auch zu offenen Ausschreitungen rechtsextremistischer Gewalttäter mit verbaler oder handgreiflicher Unterstützung aus der Durchschnittsbevölkerung kam (so bei den Pogromen vom 17.–22.9.1991 in Hoyerswerda, vom 25.–29.5.1992 in Mannheim oder 22.–28.8.1992 in Rostock-Lichtenhagen), dominierten in der Folge (nach dem Umschlagen der öffentlichen Meinung aufgrund der Morde von Mölln Ende 1992 an einer türkischen Frau und zwei Mädchen) heimliche Anschläge auf Asylbewerberheime. Es ist dabei von großer Bedeutung für die objektive Situation und das Erleben der Betroffenen, daß sie sich vielfach auch von vermeintlich schützender Seite, der deutschen Bevölkerung oder der Polizei (vgl. Beckmann, 1993a; Seidel-

Pielen & Farin, 1994, S. 87 ff), nicht nur nicht geschützt, sondern zum Teil ebenfalls angegriffen sahen. Wie erleben Asylsuchende in ihren Unterkünften derartige gewalttätige rassistische Übergriffe? – Zur zeitweiligen Situation der Flüchtlinge in Eberswalde berichtet Mesut K. (1994, S. 90):

> Nacht für Nacht Bombenalarm! Wir wissen, ein falscher, aber manchmal denken wir, was ist, wenn es stimmt, und dann gehen einige raus. Manche brachten immer nur das Gepäck nach draußen. Wie lange wird es noch dauern? Wann wird diese Folter aufhören? Wir beschäftigten uns mit solchen Gedanken und ahnten nicht, daß es unsere letzte Nacht war. Wir saßen zu mehreren in meinem Zimmer und unterhielten uns, als wir gegen Mitternacht einen Krach auf dem Flur hörten. Dann hörten wir ‹Feuer, Feuer›. Wir liefen auf den Korridor und sahen, daß es brannte. Wir brachten sofort alle Kinder und Greise raus. Manche wurden bewußtlos, aber geschockt waren wir alle. Vor unseren Augen brannte das Heim lichterloh. [...] Alle Flüchtlinge guckten unter Tränen zu, wie ihre Bleibe abbrannte. Wir verfluchten alles nur noch. [...] Vielleicht könnt Ihr uns das Materielle ersetzen, aber die Angst ist in uns wie eine psychologische Warze.

In einem Asylbewerberheim in dem kleinen Ort Gränitz in Sachsen fand am 11. Juni 1992 von 3.30 bis 6.00 Uhr morgens eine Razzia der Polizei statt (vgl. im folgenden Beckmann, 1993 b; Forum Buntes Deutschland/ SOS Rassismus, 1993). Anlaß der Razzia war die Suche nach Diebesgut, gefunden wurde nichts. Das sächsische Innenministerium vertrat später die Auffassung, die Polizei habe bei der nächtlichen Razzia in Gränitz korrekt gehandelt, die Flüchtlinge hätten Widerstand geleistet. Einem Bericht über Menschenrechtsverletzungen in Deutschland zufolge (Forum Buntes Deutschland/SOS Rassismus, 1993, S. 7 f) geschah in dieser Nacht das folgende (Auszug):

> Rund 90 Polizisten [...] stürmten das Haus, weckten die Bewohner mit ‹Raus aus den Zimmern› oder drangen ohne Ankündigung in dieselben ein. Sie schlugen mit Händen, Fäusten und Schlagstöcken [...] Sie fesselten einigen Männern die Hände auf die Rücken, jagten die Asylbewerber die Treppe hinunter, wobei einige stürzten. Die Männer mußten sich an die Wand stellen, die Ungefesselten mit erhobenen Händen. Dort wurde wieder geschlagen, in die Beine getreten oder (mit den schweren Einsatzstiefeln) auf die nackten Füße. Die meisten Heimbewohner waren nur mit Nachtwäsche bekleidet. Auch

Frauen wurden gezwungen, in Nachtwäsche vor den anderen zu erscheinen, was besonders die mohammedanischen Frauen als demütigend empfanden. Die Mißhandlungen erfolgten teilweise vor den Augen der Kinder.

Neben den Angriffen gegen Asylsuchende in Wohnheimen wurden von Asylsuchenden in der Vergangenheit immer wieder auch körperliche Gewalterfahrungen in der alltäglichen Öffentlichkeit berichtet. Hierzu noch einmal exemplarisch die Erfahrungen eines 16jährigen Jugendlichen aus Angola:

> Ich bin vor ein paar Monaten in den Osten gegangen, meine Freundin hat mich begleitet. Da haben wir Deutsche getroffen. Fünf oder sechs, mit Glatze. Die sagten: ‹Wasch dich, Nigger!› und so etwas. Ich habe daraufhin gar nichts getan, ich habe nichts gesagt. Nur meine Freundin, sie ist Weiße, hat gesagt: ‹Warum sagt ihr so was? Was hat er euch getan?› Da wollten die mich schlagen. Ich bin gerannt, doch sie warfen mit Steinen nach mir. Ich hatte Angst und ich rannte weg, rannte, rannte. Bis heute war ich noch nicht wieder in Ost-Berlin. Ich habe Angst davor, dorthin zu gehen. [...] Und viele Leute schauen sich das an, wenn wir angegriffen werden und machen gar nichts. Diese Brutalität macht mir Angst. Was denken diese Leute, was wir sind? (Beckmann, 1993c, S. 55).

Strukturelle Rassismuserfahrungen

Eine weitere Form von Rassismuserfahrungen Asylsuchender stellen unterschiedlichste Formen strukturellen Rassismus dar. Darunter sind solche Formen von Rassismuserfahrungen zu verstehen, die die Betroffenen nicht direkt verbal oder körperlich, sondern aufgrund behördlicher Maßnahmen (Willkür, Vereitelungen von Rechten, Unterlassungen von Hilfeleistungen u. ä. m.) diskriminieren.

Im November 1992 werden zwei Frauen mit einem schwarzen Kind auf dem Flughafen Schönefeld mit Sprüchen wie ‹Negervotze› und ‹Bei Hitler hätten sie solche wie dich vergast› angepöbelt und körperlich attackiert. Zwei herbeigerufene Beamte des BGS zucken nur mit den Schultern. Danach entschuldigen sie ihr Nichteingreifen damit, daß sie nicht zur Eskalation beitragen wollten (Seidel-Pielen & Farin, 1994, S. 90).

Am 1. 5. 1993 wurde die Leiche eines äthiopischen Asylbewerbers im Teltowkanal (Berlin, H.B.) gefunden. [...] Der Äthiopier hatte im Sommer 1989 einen Asylantrag gestellt, der im Juni 1992 rechtsendgültig abgelehnt wurde. Auch sein Antrag auf Duldung aus humanitären Gründen für die Dauer einer medizinischen Behandlung wurde vom Gericht abgelehnt; eine Beschwerde gegen diesen Beschluß war erfolglos. Ein psychiatrisches Gutachten, demzufolge es bei einer Abschiebung zu ‹hochgradiger Selbstmordgefahr› kommen könnte, blieb ungehört, obwohl der Kranke in den zwölf Monaten vor seinem Tod dreimal notfallmäßig in die Psychiatrie eingewiesen worden war (Forum Buntes Deutschland/SOS Rassismus, 1993, S. 57).

Bei jugendlichen Asylsuchenden führten Bremer Beamte auf den Verdacht hin, daß sie falsche Altersangaben gemacht hätten, zwangsweise Röntgenuntersuchungen durch. Ein Sprecher der Arbeitsgemeinschaft für Flüchtlinge Pro Asyl hält diese Praxis für «rechtswidrig», «ungeeignet, wissenschaftlich nicht haltbar und zudem gesundheitsgefährdend». Die Hamburger Ärztekammer bezeichnete die Methode als ungenau, sie sei «berufsrechtlich als Körperverletzung» anzusehen (vgl. Hartmann, 1995, S. 4).

Aus der *Zusammenfassung meiner Erlebnisse von 1992 bis 1993 in dem Eberswalder Asylbewerberheim Spechthausener Straße 1* von Mesut K. (1994, S. 90):

Eines Tages wurde ein Kind überraschend krank. Es lief blau an und bekam Atembeschwerden. Der Boß rief den Arzt an und der sagte, er käme sofort. Wir versammelten uns um das Kind und warteten. Der Zustand des Kindes verschlimmerte sich von Minute zu Minute. Die Eltern schrien nur noch, und viele fingen an zu weinen. Als nach einer Stunde der Arzt immer noch nicht aufgetaucht war, konnten wir den Anblick nicht mehr ertragen und brachten das Kind hinaus, gossen kaltes Wasser auf seinen Kopf, und zum Glück normalisierte sich das Atemverhalten. Drei Stunden nach dem Anruf kam der Arzt. Wir empfingen ihn an der Tür und sagten ihm, daß das Kind verstorben sei. Er sagte gar nichts, drehte sich um und ging wieder. Was ist das für ein Arzt? Auch wenn es tot gewesen wäre, hätte er es untersuchen müssen wegen des Totenscheins. Wie traurig, daß sie nicht einmal ‹tote› Flüchtlinge ärztlich untersuchen wollen.

Die aufgeführten Beispiele müssen unter Umständen mit dem Einwand rechnen, es handele sich in solchen Fällen letztlich um das Fehlverhalten einzelner Personen und damit nicht um strukturellen Rassismus. Dem muß aber entgegengehalten werden, daß die rassistisch agierenden Personen in solchen Fällen nicht privat, sondern im staatlichen bzw. institutionellen Auftrag handeln; sie sind somit strukturell eingebunden und begreifen sich auch selbst als ausführende Organe, die «Dienst nach Vorschrift» tun. Sicherlich sind diese Agenten des Rassismus niemals ihrer persönlichen Verantwortung für ihr Handeln enthoben, doch ist in diesem Zusammenhang entscheidend, daß ihnen durch strukturelle Voraussetzungen die Macht zu rassistischem Handeln gegeben ist.

Strukturelle Rassismuserfahrungen vermitteln Asylsuchenden das Gefühl, nicht nur in der Öffentlichkeit, sondern auch von den Vertretern der öffentlichen Ordnung als soziales und individuelles Subjekt mißachtet zu werden. Dies beruht auf der Erfahrung, daß nicht einmal diejenigen, an die sie sich hilfesuchend wenden, Schutz und Hilfe gewähren.

Asylsuchenden wird auf diese Weise strukturell vermittelt, sie hätten nicht nur ihre bürgerlichen, sondern auch ihre Menschenrechte auf Schutz und humanitäre Hilfe verloren. Im Zentrum des Erlebens stehen daher das Gefühl absoluter Ohnmacht aufgrund der politischen Entrechtung und sozialen Marginalisierung, die durch strukturelle Rassismuserfahrungen gleichsam komplettiert werden, sowie die Erfahrung der Demütigung aufgrund ihrer Mißachtung als individuelle Subjekte. Die bürgerliche Entrechtung von Asylsuchenden korrespondiert also auch im Falle struktureller Rassismuserfahrungen mit ihrer Dehumanisierung auf seiten staatlicher bzw. institutioneller Agenten des Rassismus.

Die Beispiele für Rassismuserfahrungen Asylsuchender zeigen, daß die getroffene Unterscheidung zwischen verbalen und nonverbalen Diskriminierungen sowie körperlichen und strukturellen Rassismuserfahrungen selbstverständlich künstlich ist. Strukturelle Benachteiligungen und Gewalterfahrungen können von Diskriminierungen begleitet sein oder körperliche und psychische Schädigungen zur Folge haben. Andererseits erlaubt eine solche zu analytischen Zwecken getroffene Differenzierung die Erkenntnis, daß die in der Öffentlichkeit bislang hauptsächlich wahrgenommenen massiven körperlichen Gewaltakte rassistischer Täter nur ein Teil jener breiten Palette rassistisch motivierter Aggression gegen Asylsuchende sind.

Nach den Erfahrungen von Flüchtlingen fußt der spektakuläre rechtsextremistische Eisberg auf dem alltäglich erlebten «ganz normalen Rassismus» unterhalb der mediengerechten Oberfläche. Rassistische Gewaltäußerungen kommen aus dieser Warte betrachtet nicht nur vom Rand, sondern ebenso aus der Mitte der Gesellschaft. Rechte jugendliche Gewalt gegen Flüchtlinge erscheint somit nur als eine besondere Form von Rassismus, der darüber hinaus noch andere Dimensionen und Tätertypen kennt. Dies ist die Realität, mit der Flüchtlinge in Deutschland konfrontiert sind und die sie zu verarbeiten haben.

Die Betroffenen reagieren infolgedessen mit größerer Wachsamkeit, mit einer gewachsenen, manchmal mühsam in Schach gehaltenen Grundangst, ihnen könnte schon an der nächsten Straßenecke etwas zustoßen. Sie leben in dem Bewußtsein, daß ihnen vom Skinhead wie vom durchschnittlichen Mann auf der Straße Gewalt in unterschiedlichen Facetten angetan werden kann, von der gehässigen Bemerkung bis hin zur brutalen körperlichen Gewaltäußerung. Sie wissen, sie bewegen sich auf dünnem Eis, wenn sie Schutz vor Diskriminierung und Gewalt suchen. Denn viele von ihnen kennen die Erfahrung, daß die Durchschnittsbevölkerung ebenso wie die Polizei, an die sie sich Schutz suchend wenden, ihnen unter Umständen selbst die Zähne entgegenblecken und sich als rassistisch motivierte Gewalttäter entpuppen können. Solche Erfahrungen müssen das Vertrauen in andere Menschen erschüttern, selbst wenn die Betroffenen auch unterstützende, hilfreiche Erfahrungen mit Polizei, Behörden und Bevölkerung gemacht haben.

Über die (langfristige) Verarbeitung von Rassismuserfahrungen bei Asylsuchenden im Aufnahmeland wissen wir noch immer wenig (zur psychosozialen und physischen Gesundheit von Asylsuchenden vgl. aber z. B. Adams, 1993), insbesondere wenn wir spezifische Personengruppen ins Auge fassen wie minderjährige Flüchtlinge. Und an diesem Manko wird sich auch zukünftig kaum etwas ändern, wenn die Täterfixierung im Diskurs um den Anfang der 90er Jahre neu entfachten Rechtsextremismus in Deutschland fortbesteht.

Warum werden Asylsuchende Objekte von Rassismus?

Ohne die Wahrnehmungsperspektive der Betroffenen aber lassen sich auch die rassistische Motivation und die Gewaltbereitschaft der Täter nicht verstehen. Es handelt sich, wie Lenhardt (1993) zu Recht betont hat, keineswegs um einen Zufall, wenn der sogenannte Ausländerhaß sich in der Regel nicht gegen alle Ausländer gleichermaßen richtet, sondern am ehesten und heftigsten gegen jene, die staatlicherseits am wenigsten geschützt sind.

Im Unterschied zu einer verbreiteten Interpretationslinie, die die Gewalt gegen Asylsuchende als eine von gesellschaftlich Schwachen (meist Jugendlichen) gegen vermeintlich bedrohliche Fremde interpretiert, muß aus der Perspektive von Flüchtlingen davon ausgegangen werden, daß es sich um Täter handelt, die aus einer Position relativer gesellschaftlicher Stärke gegen Schwächere rassistisch agieren und agitieren. Es ist ja gerade die marginalisierte, geschwächte gesellschaftliche Position, die Asylsuchende mit anderen sogenannten gesellschaftlichen Randgruppen wie Behinderte und Obdachlose verbindet, die in den letzten Jahren ebenfalls Opfer von Gewaltäußerungen geworden waren.

Sozialpsychologisch haben wir es bei der rassistischen Gewalt gegenüber Asylsuchenden also in erster Linie nicht mit enthemmten aggressiven Handlungen gegenüber *Fremden*, sondern gegenüber gesellschaftlich *Schwächeren* zu tun. Hier wird der Vorteil des Perspektivenwechsels vom Täter zum Opfer besonders deutlich: Aus der Sicht von rassistischen Gewalttätern mögen diese selbst als gesellschaftliche Verlierer, vom Modernisierungsschub Bedrohte usw. dastehen; doch aus der Sicht von Asylsuchenden befinden sich rassistische Täter, als Personen mit allen staatsbürgerlichen Rechten, per se in einer ihnen gegenüber dominanten Position. Diese psychologische Situation, die auf jugendliche Gewalttäter ebenso stimulierend zu wirken scheint wie auf andere rassistische Täter, wird gemeinhin unterschlagen zugunsten einer Betrachtungsweise, die die Täter soziologisch – im Vergleich mit anderen, sozial weniger gefährdeten gesellschaftlichen Gruppen bzw. angesichts bestimmter als bedrohlich wahrgenommener Entwicklungen – lediglich als Unterlegene interpretiert. Wer dagegen die Perspektive der von Rassismus betroffenen Asylsuchenden ernst nimmt, kann nicht umhin, ihre Attraktivität als Zielscheibe von Rassismus und Gewalt in der Position der Unterlegenheit bzw. in der Statusüberlegenheit auf seiten der Täter zu sehen.

Die gesellschaftliche Schwächung einer angefeindeten bzw. als unerwünscht sichtbar markierten Personengruppe, nicht die Fremdheit als solche, senkt offenbar die Hemmschwelle zur Ausführung von Rassismus und Gewalt; sie wirkt wie ein Signal zum verstärkten Angriff in den beschriebenen Varianten (verbal, nonverbal, körperlich, strukturell). Soziale Ausgrenzung und Entrechtung also setzen ein Aggressionspotential frei, von dem indessen meist nur seine massivste Erscheinung, die von Jugendlichen ausgeübte körperliche Gewalt, zum Gegenstand von Diskussionen und Analysen wird.

Die Leitfrage bei der psychologischen Untersuchung von Gewalt- und Rassismusbereitschaft: Wie kommt es zu jugendlichen Angriffen gegen Fremde? muß also mit Blick auf die Angriffe gegen Asylsuchende modifiziert werden in: Wie und aus welchen Motiven kommt es zu Angriffen gegen gesellschaftlich Schwächere? Und hier dürfte nicht allein die Motivlage von rechten jugendlichen Gewalttätern untersucht werden, sondern auch die anderer Gruppen bis hin zu klar definierten Korporationen wie der Polizei.

So wichtig es ist, daran zu wirken, daß rassistische Vorurteile abgebaut werden, die gegenüber gesellschaftlich Schwächeren auch ausgeführt werden, mindert es doch die Angst der Betroffenen vor rassistischen Übergriffen nicht essentiell, wenn sie zum Selbstschutz lediglich die Hoffnung besitzen, die potentiellen Täter mögen (allein aufgrund täterorientierter Prävention) zu besseren Menschen erzogen werden können. Aus diesem Grund ist es keineswegs nur eine menschenrechtliche Entscheidung, den Aufenthalt von Asylsuchenden im Aufnahmeland sichtbar zu legitimieren und ihre rechtliche, politische und psychosoziale Situation zu verbessern, sondern zugleich eine wirkungsvolle Prävention von Gewalt und Rassismus, denen damit ihre scheinbare Legitimation entzogen wird.

Anmerkungen

1 Angaben des Bundesministeriums des Innern nach Bericht des Tagesspiegel vom 6.10.1995, S. 6.
2 Asylanträge von Kriegsdienstverweigerern und Kriegsflüchtlingen werden per definitionem (innerstaatliche Verfolgung) nicht anerkannt.
3 Mündliche Auskunft der Senatsverwaltung für Jugend und Familie, Berlin, vom 6.7.1995.

Literatur

Adams, H. (1993). *Terror und Gesundheit. Ein medizinischer Ansatz zum Verständnis von Folter, Flucht und Exil*. Weinheim: Deutscher Studien Verlag.
Aguirre, D. O. (1995). Das Ego im Kontext extremer Erfahrungen wie Folter. In I. Attia u. a. (1995), S. 183–197.
Attia, I., Basqué, M., Kornfeld, U., Magioriba Lwanga, G., Rommelspacher, B., Teimori, P., Vogelmann, S. & Wachendorfer, U. (Hrsg.) (1995). *Multikulturelle Gesellschaft – monokulturelle Psychologie? Antisemitismus und Rassismus in der psychosozialen Arbeit*. Tübingen: dgvt.
Autorengruppe Flüchtlingswohnheim Althüttendorf (1994), Flüchtlingswohnheim Althüttendorf. In Antirassistische Initiative Berlin (Hrsg.), *Rassismus in Deutschland – Das Beispiel Eberswalde. Die Auseinandersetzung mit einer Stadt und deren Umgang mit rassistisch motivierter Diskriminierung und Gewalt* (S. 96–98). Berlin: ARI.
Baaba Folson, R. (1994). Auswirkungen von rassistischer Gewalt. *Psychologie & Gesellschaftskritik, 18*, 2, 15–26.
Beckmann, H. (Hrsg.) (1993a). *Angegriffen und bedroht in Deutschland*. Weinheim: Deutscher Studien Verlag.
Beckmann, H. (1993b). Gränitz/Sachsen. Ein Nachtstück deutscher Polizeigeschichte. In Ders. (Hrsg.), *Angegriffen und bedroht in Deutschland* (S. 34–44). Weinheim: Deutscher Studien Verlag.
Beckmann, H. (1993c). Junge Flüchtlinge in Berlin. In Ders. (Hrsg.), *Angegriffen und bedroht in Deutschland* (S. 52–56). Weinheim: Deutscher Studien Verlag.
Bodenschatz, U. u. a. (1988). *Flucht nach vorn*. Berlin: spi.
Bundesministerium des Innern (1992). *Verfassungsschutzbericht 1991*. Bonn.
Bundesministerium des Innern (1993). *Verfassungsschutzbericht 1992*. Bonn.
Bundesministerium des Innern (1994). *Verfassungsschutzbericht 1993*. Bonn.
Caspari, B. (1993). Der Schock nach der «Wende»: Erfahrungen und Perspektive ehemaliger DDR-Vertragsarbeiter. In H. Beckmann (Hrsg.), *Angegriffen und bedroht in Deutschland* (S. 72–84). Weinheim: Deutscher Studien Verlag.
Classen, G. (1994). Aufenthaltstitel für Immigrant/innen und Flüchtlinge. In Antirassistische Inititative Berlin (Hrsg.), *Rassismus in Deutschland – Das Beispiel*

Eberswalde. Die Auseinandersetzung mit einer Stadt und deren Umgang mit rassistisch motivierter Diskriminierung und Gewalt (S. 100). Berlin: ARI.

Eco, U. (1995). Urfaschismus. *Die Zeit, 28*, S. 54–55.

Forum Buntes Deutschland/SOS Rassismus (in Zusammenarbeit mit der Heinrich-Böll-Stiftung) (1993). *Menschenrechtsverletzungen in Deutschland. Übergriffe von Polizei und Behörden gegen Ausländerinnen und Ausländer.* Bonn.

Gaserow, V. (1995). ... und bloß nicht ins Krankenhaus. Illegale in Berlin. In BUKO-Arbeitsschwerpunkt Rassismus und Flüchtlingspolitik (Hrsg.), *Zwischen Flucht und Arbeit. Neue Migration und Legalisierungsdebatte* (S. 19–26).

Goffman, E. (1975). *Stigma. Über Techniken der Bewältigung beschädigter Identität.* Frankfurt: Suhrkamp.

Gurris, N. (1995). Die sexuelle Folter von Männern als weltweit systematische Methode der Folter. In I. Attia u. a. (1995), S. 198–209.

Hartmann, D. (1995, 12. August). Skandalöser Röntgen-Check. *Die Tageszeitung (taz)*, S. 4.

Lenhardt, G. (1993). Der verwahrloste Nationalismus. Über die Anschläge auf Asylsuchende. *Neue Sammlung, 33* (4), 539–548.

Leuninger, H. (1993). Wenn ein Grundrecht zur Fassade wird. Herausforderungen der gegenwärtigen Asylpolitik in der Bundesrepublik und Westeuropa. In W.-D. Just (Hrsg.), *Asyl von unten. Kirchenasyl und ziviler Ungehorsam – Ein Ratgeber*, (S. 22–45). Reinbek bei Hamburg: Rowohlt.

Mecheril, P. & Teo, Th. (Hrsg.) (1994). *Andere Deutsche. Zur Lebenssituation von Menschen multiethnischer und multikultureller Herkunft.* Berlin: Dietz.

Mesut K. (1994). ... sie wollten uns ja nicht wie Menschen behandeln. Die Zusammenfassung meiner Erlebnisse von 1992 bis 1993 in dem Eberswalder Asylbewerberheim Spechthausener Straße 1. In Antirassistische Initiative Berlin (Hrsg.), Rassismus in Deutschland – Das Beispiel Eberswalde. *Die Auseinandersetzung mit einer Stadt und deren Umgang mit rassistisch motivierter Diskriminierung und Gewalt* (S. 88–91). Berlin: ARI.

Seidel-Pielen, E. & Farin, K. (1994). *Die Scharfmacher. Schauplatz Innere Sicherheit.* Hamburg: Rotbuch.

Siegler, B. (1995, 21. Juli). Opfer von Fremdenhaß zählen kaum. *Die Tageszeitung (taz)*, S. 5.

Wiesel, E. (1993). Der Flüchtling. In W.-D. Just (Hrsg.), *Asyl von unten. Kirchenasyl und ziviler Ungehorsam. Ein Ratgeber* (S. 14–21). Reinbek bei Hamburg: Rowohlt (Orig. 1985, New York).

Veronica Caspari

Rassismuserfahrungen von Deutschen «birassischer» Abstammung
Umgehensweisen innerhalb
eines diskursiven Erfahrungsspektrums

Eine im wissenschaftlichen (insbesondere psychologischen) Diskurs bislang vernachlässigte Personengruppe – Deutsche «birassischer» Abstammung – steht im Mittelpunkt dieses Beitrags. Ausgehend von der Beschreibung der Personengruppe und ihrer Bedeutung in der deutschen Gesellschaft wird zunächst der Begriff «Rasse» und die Bezeichnung der interessierenden Personengruppe als «birassisch» diskutiert. Diese Anmerkungen leiten über zu den Erfahrungen asiatisch-deutscher und afrikanisch-deutscher Personen.

Die empirische Datengrundlage hierzu stellen qualitative Interviews mit asiatisch-deutschen und afrikanisch-deutschen Personen dar (Caspari, 1995). Die im Text *kursiv* gedruckten Interviewauszüge verweisen zum einen auf authentisch erlebte Rassismuserfahrungen, zum anderen sind sie vor dem Hintergrund des gesellschaftlichen Gesamtdiskurses als Diskursfragmente zu verstehen, die die Verstricktheit der Individuen in den Gesamtdiskurs aufzeigen. Diesem Aspekt widmet sich der vorletzte Abschnitt.

Das Anliegen dieses Beitrags ist es, durch die Rede von Deutschen «birassischer» Abstammung einerseits ihre Existenz in das Blickfeld zu rücken, andererseits die soziale Konstruktion von «Rasse» zu erschüttern und eine Veränderung der Vorstellung von «Rasse» als unveränderliches Konstrukt zu bewirken.

Bedeutung der Personengruppe

Außer einigen unveröffentlichten Examens- und Diplomarbeiten sowie Erfahrungsberichten von «Betroffenen» gibt es in der deutschen Psychologie kaum wissenschaftliche Arbeiten zu dieser Personengruppe. Denkt man an das Thema «Rassenmischung» und den Umgang mit ihm in früheren Jahrzehnten (vgl. z. B. die 1960 entstandene Studie über Besatzungskinder nach 1945 von Eyferth et al.), so kann man diese Zurückhaltung zunächst mit einer gewissen Erleichterung registrieren. Die Literatur nach 1945 ist gekennzeichnet durch Mythen und Defizitbilder wie beispielsweise dem, daß «Mischlinge» in sich die negativen Eigenschaften verschiedener «Rassen» vereinigen, daß sie «in sich zerrissene, gespaltene Charaktere und Menschen» sind und schon allein durch ihre Existenz eine Schädigung des «Volkskörpers» darstellen würden (Gütt et al. 1935, zit. nach Pandey, 1988). Diese Ideen sind mit dem Nationalsozialismus nicht völlig untergegangen, sondern kursieren nach wie vor im deutschen «Rassen»-Diskurs.

Seit einiger Zeit ist in Deutschland eine sozialwissenschaftliche Auseinandersetzung mit jeweils unterschiedlichen theoretischen Schwerpunktsetzungen zu beobachten, die eng mit einigen wenigen Namen verbunden ist, die zum größten Teil selbst der betreffenden Personengruppe zugeordnet werden können (etwa Teo, 1994: *Zur Identität von sogenannten Mischlingen*; Oguntoye et al., 1992: *Farbe bekennen. Afrodeutsche Frauen auf den Spuren ihrer Vergangenheit*; Kampmann, 1994: *Schwarze Deutsche. Lebensrealität und Probleme einer wenig beachteten Minderheit*). Anders als im deutschsprachigen Raum besteht in der psychologisch-theoretischen Auseinandersetzung mit Menschen multiethnischer und «multirassischer» Abstammung im anglo-amerikanischen Raum einerseits eine zumeist von «Betroffenen» getragene Tradition, andererseits ergibt sich in diesem Sprachraum ein historisch vergleichsweise unvorbelasteterer oder vielleicht besser: anders vorbelasteter Umgang mit Konzepten von «Rasse», Kultur und Ethnie. Hier sei auf den 1992 von Maria P. Root herausgegebenen Band *Racially mixed people in America* verwiesen, der ein breitgefächertes Spektrum «multirassischer» Identitäten in Amerika auf einer psychologisch-theoretischen

Ebene abdeckt. Grundsätzlich stellt sich jedoch die Frage nach der Übertragbarkeit anglo-amerikanischer Fachliteratur auf deutsche Verhältnisse, eben aufgrund des unterschiedlichen geschichtlichen Hintergrundes. Offensichtlich weckt der Begriff «race» im anglo-amerikanischen Sprachraum andere Assoziationen als die Übersetzung «Rasse» im deutschsprachigen Raum. Dennoch ergibt sich aus der Beschäftigung mit anglo-amerikanischer Fachliteratur eine heuristische Relevanz im Sinne einer Perspektivenbereicherung auch für deutsche Verhältnisse.

Die bisherige Nichtbeachtung von Deutschen «birassischer» Abstammung in der Politik und Medienlandschaft wie auch in der sozialwissenschaftlichen, insbesondere psychologischen Fachliteratur scheint möglicherweise auch in der Fehleinschätzung ihrer rein quantitativen Bedeutung zu liegen. Deutsche «birassischer» Abstammung sind Menschen, die aus binationalen Partnerschaften stammen, in Deutschland aufgewachsen sind und leben und die aufgrund ihrer Abstammung und ihres Aussehens im Alltag mit Rassekonstruktionen konfrontiert sind. Laut statistischem Bundesamt waren 10,6 Prozent aller Ehen 1992 deutsch-ausländische Partnerschaften. Bezieht man neben Kindern aus diesen Ehen weiter die Kinder aus außerehelichen binationalen Partnerschaften ein, dürfte sich deren Anzahl wohl stark vergrößern. Daher kommt allein schon wegen ihrer Größe der aus binationalen Partnerschaften stammenden Deutschen eine beträchtliche gesellschaftliche Bedeutung zu. Diese Gruppe ist jedoch nicht einheitlich, da ein deutsch-holländisches Kind sicherlich andere Erfahrungen in der deutschen Öffentlichkeit machen wird als ein deutschnigerianisches Kind, dessen Abstammung äußerlich sichtbarer ist. Das äußere Erscheinungsbild – nämlich nicht dem Idealtypus eines oder einer «Standarddeutschen» (Mecheril & Teo, 1994, S. 9) rein äußerlich zu entsprechen – stellt aber ein kritisches Moment auf unterschiedlichsten gesellschaftlichen Interaktionsebenen dar.

Deutsche «birassischer» Abstammung haben vielfach einen «weißen» deutschen und einen «farbigen» ausländischen Elternteil (vgl. Teo, 1994). Da die Kinder häufig anders als der Vater und anders als die Mutter aussehen, können Probleme bezüglich des Gruppenzugehörigkeitsgefühls entstehen, da sie vollständig weder zu der einen noch zu der anderen Gruppe gehören. Das «doppelte Anderssein» (Mecheril & Teo, 1994, S. 10) ist besonders bei dieser Personengruppe sozusagen von plakativer Signifikanz, weil das doppelte Anderssein impersonifiziert ist: Personen «birassischer» Abstammung sind anders als beispielsweise die deutsche Mutter und auch anders als der afrikanische Vater. Diese Andersartigkeit rekurriert auf ein Konzept von «Rasse», wie es in den Köpfen von Menschen in «monorassischen» und monokulturellen Gesellschaften herumgeistert und das einen exklusiven Begriff von «Rasse» fundiert: Man ist entweder «weiß» oder «schwarz». Dementsprechend finden sich auch in der deutschen Sprache zur Bezeichnung von Personen «birassischer» Abstammung entweder Sprachlosigkeit oder negativ konnotierte Begriffe wie «Mischling», «Mulatte» oder noch schlimmer «Bastard» (vgl. Teo, 1994): «Als ich geboren wurde, war ich nicht schwarz und nicht weiß. Vor allen Namen, die ich bekam, hieß ich ‹Mischlingskind›» (Oguntoye et al. 1992; S. 202). Die Kinder spüren, weil ihre Umgebung «birassische» Identität kaum akzeptiert, daß sie vollständig weder zu der einen noch zu der anderen Gruppe gehören, was zu Problemen mit dem Gruppenzugehörigkeitsgefühl führen kann.

Warum ausgerechnet «birassisch»?

Die Bezeichnung Deutsche «birassischer» Abstammung bezieht sich auf Personen, deren Eltern verschiedenen sozial konstruierten «Rassen» angehören. Die von Europäern entwickelte Rassentypologie ordnete die Völker der Welt anhand physischer und moralischer Qualitäten in ein hierarchisches System ein, in dem Kaukasier auf der obersten Stufe angesiedelt wurden, nachfolgend Asiaten, Indianer und Afrikaner (Spickard, 1992, S. 14). Die gängigen (europäischen) Alltagskonstruktionen von «Rassen» spiegelt die Konstruktion des Brockhaus wider, wonach «birassische» Menschen solche sind, die sich aus der paarweisen Kombination von «europid», «negrid», «mongolid» und «indianid» ergeben (von «multirassisch» spricht man, wenn die Großeltern unterschiedlichen «Rassen» angehören).

Genetisch-biologische Analysen lassen jedoch keine klaren Grenzen zwischen den gängigen «Rassen» finden (vgl. etwa Miles, 1989), da die

(Intra-)Varianz in einer als genetisch gleich definierten Gruppe mindestens genauso groß ist wie die (Inter-)Varianz zwischen genetisch verschieden definierten Gruppen. Bestimmte (wirkliche oder behauptete) körperliche Merkmale werden als Kennzeichen einer Gruppe definiert, und diese physischen Merkmale werden mit bestimmten Verhaltens- oder Lebensweisen verknüpft.

Diese Verknüpfung körperlicher (also biologischer) Merkmale mit sozialen Verhaltensweisen «naturalisiert» das Soziale und dient der Konstruktion von «Rassen». Es werden in der Wahrnehmung äußere Merkmale mit den zugeschriebenen Eigenschaften verschmolzen, so daß Hautfarbe, Körperbau o. ä. zum Ausdruck des «inneren» Charakters werden, der damit biologisch-deterministisch gedacht wird. «Rasse» ist demnach hauptsächlich ein soziales bzw. ideologisches Konstrukt, mittels dessen tatsächliche Positionen gesellschaftlicher Herrschaft oder Unterordnung unter Verweis auf die Genealogie arteigener Differenzen festgeschrieben und legitimiert werden (vgl. Kalpaka & Räthzel, 1990). Man kann also behaupten, daß es keine verschiedenen menschlichen «Rassen» gibt: Was es gibt, sind differente Phänotypen einerseits und idealisierte Normalitätskonstruktionen andererseits; Annäherungen an letztere oder auch Abweichungen werden durch soziale Vorgaben in der jeweiligen Gesellschaftsordnung bestimmt.

«Rasse» ist demnach ein soziales Konstrukt und als das Objekt des rassistischen Diskurses zu betrachten, außerhalb dessen sie keine Bedeutung besitzt. Insofern kann mit der Verwendung der Begriffe «Rasse» und Rassismus die Befürchtung einhergehen, die Existenz von «Rassen» zu unterstellen. In der Diskussion für und wider den «Rasse»-Begriff lautet von daher ein Gegenargument, daß eine Vermeidung des Rassebegriffs einer Kritik an biologistischen Fehlkonzeptionen geschuldet sei (z. B. Guillamin, 1991, zit. nach Teo 1994), auch einem emanzipatorischen Interesse, da «Rasse» und sein Derivat Rassismus besonders eng mit der nationalsozialistischen Vergangenheit Deutschlands verbunden und von daher ideologieüberfrachtet und anstößig sind. So werden auch aufgrund der Shoah beide Begriffe im deutschen Sprachraum gemieden (vgl. Teo, 1994). Insofern ist eine völlig kontextunabhängige Übernahme beider Begriffe eben aufgrund der ideologiegebundenen und historisch vorbelasteten Konnotationen problematisch, ihr jeweiliger Verwendungszusammenhang erfordert von daher eine Explikation.

In diesem Beitrag wird die Bezeichnung Deutsche «birassischer» Abstammung aus theoretischen wie empirischen Gründen verwendet. Empirisch gesehen ergaben sich als zentrale Aspekte meiner Studie nicht nationale oder sozio-kulturelle, sondern phänotypische Merkmale wie Hautfarbe und «andersdeutsches» (vgl. Mecheril & Teo, 1994) Aussehen. Theoretisch gesehen ist von Bedeutung, daß zwar eine Hierarchie biologisch gesonderter Rassen vor allem in den Foren öffentlicher Meinungsbildung infolge einer politischen Selbstzensur kaum noch vertreten wird, die ihnen zugrundeliegenden Denkstrukturen jedoch weiterhin rassistisch bleiben. Selbst wenn die Begriffe als solche verschwinden, sind die mit ihnen verbundenen Vorstellungen doch lebendig. Der «Rasse»-Diskurs besteht weiter, da wir in einer «rassisch» strukturierten Gesellschaft leben, in der es eine Hierarchie der Hautfarben und Phänotypen gibt, wobei im Kontext dieser gesellschaftlichen Strukturierungen bestimmte Selbst- und Fremdbilder erzeugt werden.

In diesem Kontext verweist Opitz (1992, S. 133) auf die Symbolik der Hautfarben und ihre Bedeutung für afro-deutsche Identitätsentwicklungen hin: «Eine positive Identifikation mit afrikanischer Herkunft ist des weiteren erschwert, weil ‹schwarz› im abendländischen Kulturkreis das Böse und Unerwünschte symbolisiert. Das sichtbarste Zeichen der Andersartigkeit, die Hautfarbe, wird auf diese Weise mit einem negativen Vorzeichen versehen». Und so gibt es auch nicht die gleichen Vorbehalte und die gleiche Ablehnung und auch nicht die gleichen paternalistischen Verhaltensweisen z. B. gegen Schweden, Engländer oder weiße Amerikaner, wie etwa gegen Afrikaner, Türken oder Asiaten. Damit kritisch von der ideologischen Bedeutung des Konstruktes «Rasse» innerhalb des rassistischen Diskurses gesprochen werden kann, läßt sich der Begriff «Rasse» dekonstruieren, ohne deswegen die Existenz von «Rassen» zu unterstellen. Der Begriff «Rasse» kann so kritisch als soziale und historische Konstruktion, sein Derivat Rassismus als Strukturkategorie zum Verständnis westlicher Gesellschaften beibehalten werden – auch als Konzept zur Auseinandersetzung mit eigenen rassistischen Anteilen (vgl. Teo, 1994). Für Betroffene ist es laut Teo wichtig, an beiden Begriffen kritisch festzuhalten, d. h. die soziale Konstruktion ihrer eigenen Identität und deren Konsequenzen zu sehen – auch damit ihre Probleme, die eigentlich Probleme dieser Gesellschaft sind, ernst genommen werden.

Asiatisch-deutsche und afrikanisch-deutsche Rassismuserfahrungen

Meine Interviewpartner, die in Form von Interviewzitaten in diesem Abschnitt zu Worte kommen, seien an dieser Stelle kurz vorgestellt: *Leon* (Pseudonym) ist zum Zeitpunkt des Interviews 23 Jahre alt, seine Mutter ist Deutsche, sein Vater Guineer. Leon verbrachte seine ersten sechs Lebensjahre mit der Familie in Guinea, bevor seine Mutter mit ihm und seinen Geschwistern nach Deutschland zurückging. Leon ist Student der Strahlenphysik.

Tim (Pseudonym) ist zum Zeitpunkt des Interviews 27 Jahre alt, seine Mutter ist Deutsche, sein Vater Südkoreaner. Tim hat seinen Vater nie kennengelernt und ist in der Familie seiner Mutter groß geworden. Sein BWL-Studium hat er abgebrochen und ist seitdem Manager eines Musikclubs.

Leon wie auch Tim erleben Rassismus in der deutschen Gesellschaft, wobei ihre jeweiligen Rassismuserfahrungen in doppelter Hinsicht spezifiziert werden können: Einerseits können weder Tim noch Leon bei der Auseinandersetzung mit Rassismuserfahrungen auf familiäre Vorgaben zurückgreifen, weil ihre Erfahrungen andere sind als die ihrer Eltern. Andererseits ergab sich bei der Interviewanalyse ein klarer Unterschied in bezug auf asiatisch-deutsche und afrikanisch-deutsche Rassismuserfahrungen, der eng mit der bereits erwähnten Symbolik der Hautfarben verknüpft ist. Meinem Interviewpartner Tim zufolge haben Asiatisch-Deutsche im Vergleich zu Afrikanisch-Deutschen weniger Probleme mit Rassismuserfahrungen, da ihr Erscheinungsbild noch eher dem Normmodell «deutsches Aussehen» entspricht und zudem weniger Negativ-Images von Asiaten als von Afrikanern kursieren. Eine ähnliche Gegenüberstellung für den angloamerikanischen Kontext findet sich auch bei Bradshaw (1992).

Ein Blick in die wenige psychologische Literatur zeigt, wie facettenreich «Betroffene» Rassismuserfahrungen erleben. Mecheril (1994) verweist auf mögliche Belastungen wie soziale Ängstlichkeit, Selbstwertproblematik und Depressionen, Kampmann (1994) spricht aus ihrer psychotherapeutischen Arbeit mit «Schwarzen Deutschen» subjektive Belastungen wie Selbstzweifel / Selbsthaß, Wut und Angst, Spaltungstendenzen und Introjekte (Identifikation mit den Zuschreibungen) an. Wie auch immer «Betroffene» mit Rassismuserfahrungen umgehen, ist doch allen diesen Umgehensweisen gemein, daß sie nicht außerhalb der Rahmenbedingungen des gesellschaftlichen Gesamtdiskurses betrachtet werden können.

Unter den bikulturellen Sozialisationsbedingungen seiner Kindheit erlebte Leon grundlegende kulturelle und «rassische» Differenzerfahrungen, die etwa darin bestanden, in Guinea wie auch in Deutschland als Fremder angesehen zu werden: *«Ja, ich kann dir sagen ... die Kinder, die da gespielt haben: ‹Guck mal den Europäer an mit den komischen Haaren!› Und hier die Kinder schreien: ‹Uh, hat der Wolle auf den Haaren?› Also weißt du, die Kinder reagieren halt, das ist überall so, das ist halt immer...»*

Diese grundlegende *(«das ist überall so»)* Differenzerfahrung Leons – anders als die jeweiligen Vertreter der Herkunftskultur der Eltern auszusehen und behandelt (ausgegrenzt) zu werden – erschwerte die Entwicklung von Gruppenzugehörigkeitsgefühlen und äußert sich in Leons Distanz zu beiden kulturellen Lebenswelten, die er durch folgendes Statement zum Ausdruck bringt: *«...ich habe auch keine bestimmte Zugehörigkeit, ich habe einen bestimmten Background aufgrund meiner Hautfarbe...»*

Nach Opitz (1992, S. 140) erfahren Afro-Deutsche von klein auf ihre bikulturelle Herkunft als außergewöhnlich und sehen sich zudem damit konfrontiert, daß ihr afrikanisches Äußeres für viele kulturelle Rückständigkeit und zahlreiche andere als unerwünscht geltende Eigenschaften signalisiert. Ausgrenzungen in der Form *«blöd von der Seite angeguckt werden»* und Stereotypisierungen aufgrund seines afrikanisch-deutschen Aussehens schildert auch Leon. Stereotypisierungen mit potentiell negativen Konsequenzen bestehen für ihn in der Zuschreibung, er sei eine Art «Drogendealer»: «... mich stört das manchmal sogar, wenn mich jemand in irgendeiner anderen Stadt oder wenn irgendwelche Leute auf mich zukommen und dann irgendwelche Drogen von mir haben möchten, da stimme ich überhaupt nicht mit überein ...» Besonders von Leuten in seinem Alter würde er diesbezüglich stereotypisiert: «Ja klar, von Freaks so. Das ist doch komisch irgendwie, so halt ja, von Leuten in meinem Alter oder eben halt Leuten, die in einer bestimmten Szene sind, die glauben dann halt auch, daß ich so der Kiffer bin, also daß ich Drogen konsumiere ...» Stereotypisierungen, Diskriminierungen, Rassismuserfahrungen stören Leon allerdings weiter nicht, solange diese ihn als Person nicht treffen. «Wenn es mich als Person betrifft, wo ich dann auch getroffen bin oder wenn irgendwas Entscheidendes in meinem Werdegang beeinflußt wird, dann werde ich Maßnahmen ergreifen, mir fällt dann schon was ein, egal ob es 'n Angriff ist oder ob es irgendwas Verschönertes ist, ob es positiv oder negativ ist, das ist einfach egal, wenn das irgendwie störend auf mich wirkt, dann sag ich das auch ...»

Während Leon keine zeitlich umrissenen, lebensphasenspezifischen Angaben zu Ausgrenzungserfahrungen aufgrund seines Aussehens macht, begrenzt Tim seine negativen Erfahrungen in der deutschen Öffentlichkeit aufgrund seines damals noch stärker ausgeprägten «asiatischen Aussehens» auf seine Kindheit und Grundschulzeit: «... im Kindergarten da ging's schon los. Also damals war's Ende der Sechziger, Anfang der Siebziger nicht so wie heute, daß also extrem viele ausländische Kinder zu sehen sind, überhaupt viel mehr Schwarze zu sehen sind und Asiaten, war damals schon was Außergewöhnliches und ich sah damals auch mit Sicherheit doppelt so asiatisch aus wie jetzt. Meine Mutter hatte mir so einen Topfschnitt verpaßt ..., ich hatte so 'nen Pagenschnitt und sah doch sehr asiatisch aus, also jeder, der mich gesehen hat, hat sofort gesagt, ‹Chinese› und blabla, das hat dazu geführt, daß ich als Kind doch des öfteren von anderen Kindern gehänselt worden bin ...»

Die phänotypischen Merkmale seiner Abstammung bezeichnet Tim selbst als asiatischen Einschlag, welchen er auf Nachfrage folgendermaßen beschreibt: «Ja, daß ich, meine Schlitzaugen, daß meine Augen schlitziger waren früher, daß meine Gesichtszüge asiatischer waren, daß mein Haarschnitt vor allem asiatisch war, ich hab ja diese ganz glatten

Haare...» Diese phänotypischen Merkmale seien allerdings im Laufe der Jahre immer weniger geworden (damit auch seine Probleme) und sein Aussehen für andere immer ambiguer. Tim macht häufig die Erfahrung, daß andere ihn («rassisch») nicht einordnen können und ihn keinesfalls für einen Deutschen halten: «*... man hat mich nie irgendwo für einen Deutschen gehalten, klar, aber hier öfter auch mal: ‹Was bin ich? Was mag ich sein?› Wenn sie's wissen, dann sagen die meisten: ‹Ah, ja, stimmt!›.*» Tims spezifische phänotypische Entwicklung geht einher mit dem – aus der «weißen» Perspektive festgestellten – eher ambigen Aussehen asiatisch-deutscher Personen, gerade auch im Vergleich zu afrikanisch-deutschen Personen: «In contrast to the experience of biracial Black-White children, biracial Asian-White children appear to have more access to White communities because of their more ambiguous appearance» (Bradshaw, 1992, S. 81). Tim setzt ein «standarddeutsches» Aussehen als Nullpunkt und klassifiziert danach sein jetziges Aussehen als eher moderat im Vergleich zu Leon, der Tim bekannt ist und der *«ja auch viel extremer aussieht und von daher auch nach wie vor Probleme hat»*.

Jedoch ist das «nicht-weiße» Aussehen asiatisch-weißer Personen kein Garant für eine unhinterfragte Übernahme kultureller / «rassischer» Identitätsschablonen, denn:

However, some data indicate that these children express feeling different regardless of whether they grew up in Asian communities or white ones [...]. This indicates that when external attributions of racial identity are incongruous with internal experience and racial self-identification, the possibilities of increased identity conflicts exist (Bradshaw, 1992, S. 81).

Dieser Umstand ist bei Tim ganz besonders in der frühen Grundschulzeit relevant gewesen, eben weil eine starke Diskrepanz zwischen «rassischen» Zuschreibungen und seinem Selbstverständnis bestand: «*... in jeder Situation: Chinese, Chinese, wobei ich noch nicht mal was mit Chinesen zu tun habe, das hat mich immer stark angenervt. Ich fühl mich schon als Kartoffelfresser, ich bin schon Deutscher.*»

Tim wuchs in dem Bewußtsein auf, eine «*Besonderheit*» zu sein, da er permanent, sei es mit positivem oder negativem Vorzeichen versehen, im

Zentrum der Aufmerksamkeit stand: «... *aber der Chinese, der gehänselt wird und der einzige auf der ganzen Schule, der so asiatisch war, also komplett im ganzen Viertel, da gab's keinen einzigen Asiaten, also ich war selbst, wenn ich im Chinarestaurant mit Mutter essen gegangen bin, 'ne Besonderheit, da waren die auch immer tierisch freundlich zu mir und da hab ich mir wohl manchmal gedacht: warum siehste nicht anders aus?*»

Die ersten drei Grundschuljahre waren die schlimmste Zeit für Tim, da er aufgrund seines asiatischen Aussehens und hier besonders aufgrund des ihm verpaßten Haarschnitts – er hatte also keine Einflußmöglichkeiten – Stereotypisierungen und Diskriminierungen ausgesetzt war. Der Haarschnitt fungierte als «ethnisches» Erkennungsmerkmal («Chinese») und wird häufiger von Tim im Interview thematisiert. Die Schilderung dieser ersten drei Grundschuljahre beschränkt sich auf einige plakative und eindrückliche Beispiele, an die er sich bildhaft erinnern kann: «... *in den ersten zwei, drei Grundschulklassen war die schlimmste Zeit so, also, daß ich in den Pausen nicht auf den Schulhof gegangen bin, sondern mich auf der Toilette versteckt hab, weil ich da massiv auch geschlagen worden bin, mit drei Leuten auf einen und ‹Chinese, Chinese› und auf'm Schulhof mir die Haare hochgezogen wurden und in die Hocke gehen und hochziehen, da kann ich mich also noch bildhaft dran erinnern...*»

Diese Mißhandlungen führt Tim – ähnlich wie Leon – auf Kindern eigene Verhaltensmuster zurück: «*Ja, nun, das war auf jeden Fall sehr extrem, also Kinder sind da natürlich kraß ...*» Tim stellt fest, daß diese negativen Erfahrungen in seiner Kindheit Auswirkungen auf sein heutiges Leben gehabt haben, also «*ein- und nachdrücklich*» geblieben sind, z. B. daß er sich nichts mehr gefallen läßt und nicht obrigkeitshörig ist. In jener Zeit hätte er sich jedoch nie Depressionen hingegeben, auch wenn die Erlebnisse in der Grundschule noch so schlimm waren, statt dessen hätte er zumindest immer versucht, sich zu verteidigen und dabei auch starke Rachegelüste und Aggressionen entwickelt: «... *ich hab dann immer gesagt, denen werde ich es schon zeigen und irgendwann, dann kriegen se's wieder, so nach dem Motto, ich war immer schon so 'n, hatte immer schon so Rachegelüste oft, ich war immer schon aggressiv eigentlich, bin ich heute noch ...*»

Bradshaw (1992, S. 77) stellt die beiden Bedeutungsdimensionen – the beauty and the beast – heraus, die mit einem Fokussieren auf das Ambigue, sprich: nicht eindeutig identifizierbare Aussehen «multirassischer» Personen einhergehen:

> Thus the multiracial person experiences an exaggerated emphasis on physical appearance, is often treated as an unfamiliar, one to be correctly racially categorized. This increased attention to physical appearance is expressed in such labels as exotic, beautiful, or fascinating (the Beauty).

Tims Erfahrungen mit seinem Äußeren in Deutschland lassen sich unter diesem Stichwort «beauty and the beast» (Bradshaw, 1992) zusammenfassen, wobei sich der Fokus im Laufe der Entwicklung mehr zu: der süße Exot (the beauty) und weg von: der Chinese, der gehänselt wird (the beast) verlagert hat. Als zentrales Moment dieser Verschiebung (*«es schlug eigentlich alles um»*) markiert Tim die Veränderung seines Haarschnitts als ein «ethnisches Erkennungsmerkmal». Interessant/paradox erscheint der Umstand, daß Tim mit *«westlichem»*, modischem Stoppelhaarschnitt als der süße Exot angesehen wird und mit einem *«asiatischen Pagenkopf als Chinese bla bla, der gehänselt wird»*. Tim beschreibt seine Erfahrungen mit solchen (positiven) Zuschreibungen: «*... vielleicht hab ich's auch deswegen leichter, weil ich auch so 'n bißchen so sunnyboymäßig aussehe, das kann auch sein, wenn man so erscheint. Ich kannte als Kind also auch ‹Ist der süß, ist der süß›, ist natürlich auch wieder was anderes, das geht bis heute so*».

Besonders ab der Gymnasialzeit seien immer sehr viele Leute auf ihn zugekommen und hätten ihn kennenlernen wollen, zum einen hauptsächlich wegen seines Aussehens, zum anderen wegen seiner offenen Art. Erstgenannten Punkt sieht Tim als eine Art positiven Rassismus an: «*... aber damals war's bestimmt so wegen meines anderen Aussehens, das habe ich auch oft so zu hören bekommen, das ist natürlich auch schon irgendwie noch 'ne Art von Rassismus, wenn ich mir jetzt da so Gedanken drüber mache, zwar 'ne positive Art vielleicht, aber es ist trotzdem Rassismus in gewisser Weise, also dem war ich schon noch ausgesetzt, stimmt schon, aber nicht, daß es direkt negativ für mich war, weil ich es auch immer abschätzen konnte ...*»

So lernte Tim im Laufe seiner Entwicklung die überzogenen Reaktionen auf sein Äußeres und das Interesse an ihm richtig einzuschätzen, was auch heißt, daß er andere nicht mehr an sein «*Innerstes*» ließ: «*... die Leute nie so nah rangelassen habe, daß ich da irgendwie hätte auf die Schnauze fallen können ...*» Tim sichert sich lieber ab: Er kann sich zwar gefühlsmäßig nicht völlig gehenlassen, ihm kann dabei aber auch nicht viel passieren – und das sei besser als der umgekehrte Fall.

Wie wirkt der multikulturelle Diskurs auf das Handeln und Erleben der Subjekte?

Die Notwendigkeit zu einer diskursanalytischen Betrachtung ergibt sich aus den komplexen Zusammenhängen der psychosozialen Realität der Interviewten, deren Eingebundenheit in historische, politische und gesellschaftliche Strukturen und deren mehrwertige Verstrickung in den Diskurs über «Rasse», Ethnie und Kultur, die einen spezifischen Umgang mit Rassismuserfahrungen im Kontext des «rassischen» Diskurses zur Folge haben. Nachfolgende Ausführungen basieren auf diskurstheoretischen Überlegungen von Michel Foucault, dessen Diskursbegriff skizziert sei.

Foucault (1993) geht davon aus, daß über und in Diskurse(n) Macht ausgeübt wird, da man eben nicht bei jeder Gelegenheit von allem sprechen kann und da schließlich nicht jeder beliebige über alles Beliebige reden kann. Im Sinne Foucaults kann es keinen Subjektivitätsraum außerhalb der Diskurse geben. Jeder und jede ist am Diskurs beteiligt, sozusagen in ihn verstrickt, ob ihn nun passiv reproduzierend oder aktiv mitgestaltend. Diskurse führen sozusagen ein «Eigenleben», da sie selbst Wirklichkeitsvorgaben liefern, Handlungsbereitschaften induzieren und daher als bestimmende Kraft gesellschaftlicher Wirklichkeit fungieren. Siegfried Jäger (1994) hat vor dem Hintergrund des Foucaultschen Diskursbegriffs eine Analyseperspektive entwickelt, die – verstanden als Text- und Gesellschaftsanalyse – dazu dienen kann, Interviewtranskripte als Produkte geistig-sprachlicher Auseinandersetzung mit der Wirklichkeit und als Fragmente von übergreifenden Diskursen zu verstehen.

Die Verstrickung der Interviewten in den multikulturellen Diskurs zeigt sich z. B. im Hinblick auf die Benennung «birassischer» Personen. Hier ist das Spektrum der Begrifflichkeiten weit gestreut: «*Mischling*», «*halber Ausländer*», «*Farbiger*», «*Deutscher mit asiatischem Einschlag*», «*Mixed-up*», «*Schwarzer Deutscher*», um Ausdrücke aus dem Interviewmaterial zu zitieren. Die Bezeichnungsproblematik ist in erster Linie auf die Gleichsetzung bzw. Verwischung der Begriffe Ethnie, Kultur, Nation und «Rasse» im gesellschaftlichen Gesamtdiskurs zurückzuführen. Betrachtet man etwa die Begriffe «Rasse» und Ethnie auf einer analytischen Ebene, so fehlen dem Begriff der Ethnizität im Gegensatz zum Rassebegriff Bezüge zu angeborenen Eigenschaften. Ethnizität bezeichnet eine Art Ursprungsmythos, der sich – im Unterschied zu «Rasse» – auf einen realen Prozeß geschichtlicher Individuation bezieht und soziokulturell markiert ist. Cohen (1992) sieht in der Gleichsetzung beider Begriffe die Gefahr der Verdinglichung, da Ethnizität zu einem Konglomerat von Charaktereigenschaften wird, die in ihrer Gesamtheit ein Wesen definieren, z. B. «das Schwarze». Die ursprünglich soziokulturell markierten Eigenschaften gerinnen durch die Verknüpfung mit der Hautfarbe zum abstrakten Ausdruck einer «ewigen, transhistorischen Identität» (Rodinson, 1983; zit. nach Cohen, 1992), die somit festgeschrieben ist. Dabei findet sozusagen eine Naturalisierung des Ethnischen statt, der den Begriff wieder in die Nähe des «Rasse»-Begriffs rückt – ein Zirkel, den auch Tim (re)produziert: Er verknüpft in der folgenden Interviewpassage Charaktereigenschaften wie «Temperament» und «Soul» mit der Hautfarbe «schwarz» – und zwar über den Umweg «Kultur». Dieser Argumentationszirkel entspricht zudem einem besonders in Amerika und mittlerweile durch die Medien weltweit verbreiteten Klischee über «das schwarze Wesen» – im anglo-amerikanischen Raum auch als «blackness» bezeichnet. Tim findet: «*... die Schwarzen haben einfach so 'n groove, den ich irgendwie bewundere und so 'n Temperament, das ich bewundere, wegen der Kultur, wegen des wahnsinnigen Souls, den diese Schwarzen haben, weil es von Kindheit so eingeprägt ist, das ist natürlich auch 'ne geile Sache, die find ich auch toll ...*»

Innere Ethnizität wie «das Schwarze» ist Ausdruck einer biologisch-deterministischen Annahme bezüglich Identität und Gesellschaft. Der Ethnizismus kann in seiner militanten Form zur inflationären Vermehrung ethnisch definierter Vorzüge führen, was bisweilen die Rivalität zwischen ethnischen Minderheiten anheizt. An die Stelle eines solidarischen Miteinanders als ein Weg zur Überwindung von Diskriminierung und Unterdrückung tritt der Rückzug in die eigene ethnische Identität.

In der folgenden Interviewpassage findet sich zudem eine Fülle von reproduzierten Bildern und Mythen über asiatische und afro-amerikanische Ethnizitäten, die Tims Verstrickung in den Diskurs verdeutlichen: *«Ja ich finde das sehr sehr traurig, ich find das schlimm, aber es ist 'ne logische Konsequenz. Es ist einfach, weil die von der amerikanischen Gesellschaft nicht akzeptiert werden und lange Jahre sich in den Ghettos gemeinsam angesiedelt haben. Puertoricaner, Mexikaner, Asiaten und Afro-Amerikaner sich gemeinsam angesiedelt haben und sich dann eben den engen Raum streitig machen mußten und die Asiaten sehr, sehr fleißig, sehr, sehr ehrgeizig, die haben nicht diesen relaxten Lebensstil der Schw..., der Afro, der Afrikaner. Die Afrikaner haben ein sehr viel relaxteren Lebensstil, die sagen eben, laß den Tag kommen, wie er kommt und dancen und Soul und smooth und alles, Party und Lenz und wir machen uns nicht kaputt, wir arbeiten zwar hart, aber wir haben immer noch unseren Spaß. Die Asiaten sind viel introvertierter, viel emsiger und haben dadurch natürlich auch schnell und besser Fuß gefaßt in der Gesellschaft...»*

Durch die Reproduktion von Mythen über Asiaten («*introvertiert*», «*fleißig*») und Afrikaner («*relaxt*») ist es Tim grundsätzlich möglich, sich von Personen afrikanischer Abstammung einerseits zu distanzieren, andererseits Gemeinsamkeiten mit ihnen aufzubauen («*wir*»). Die doppelte Funktionalität dieses «Schachzuges» zeigt sich etwa auch anhand Tims Selbstbezeichnung «*white nigger*», die er an anderer Stelle im Hinblick auf sein Temperament und seine eher extrovertierte Art verwendet.

Als ein Resultat des geschichtlichen Prozesses haben sich Vorstellungen von Minderwertigkeit an bestimmte äußere Merkmale geheftet. Die Zuweisungen angeblicher Minderwertigkeit werden tausendfach produziert und reproduziert, bis sie zur Selbstverständlichkeit werden: Rassistische Bilder, die über Kinderlieder («Zehn kleine Negerlein»), Alltagsbezeichnungen wie «Negerkuß» und «Mohrenkopf» etwa in Schlagern und Theaterstücken produziert und reproduziert werden, beeinflussen uns während unserer ganzen Sozialisation, und zwar auf einer anderen (unbewußten) Ebene als die (bewußten) Erfahrungen, die mit den Objekten dieser Bilder gemacht werden.

(Rassistische) Diskurse sind keineswegs harmlose und folgenlose ideelle Prozesse, sondern sie disponieren die Individuen zu Handlungen bzw. Handlungsbereitschaften wie Ausgrenzungen, Angriffen etc. An dieser Stelle sei die Wirkung der Medien bezüglich der Konstruktion von «Rasse» erwähnt. Stuart Hall (1992) geht davon aus, daß die Medien zum Teil vorsätzlich, zum Teil unbewußt die Frage der «Rasse» definieren und konstruieren, mit dem Effekt der Reproduktion rassistischer Ideologien. Die Medien arbeiten mit einem rassistischen Alltagsbewußtsein, welches auf vielfältige Weise die Gesellschaft durchdringt und oft auf subtile und komplexe Art und Weise ihren Ausdruck findet. Dieser rassistische Diskurs, oder wie Hall (1992) sagt, «Ideologie des Rassismus», entstammt nicht dem individuellen Bewußtsein, sondern war vor den Individuen da und bildet einen Teil der determinierenden gesellschaftlichen Formen und Verhältnisse, in die die Individuen hineingeboren werden. Es sind die Ideologien oder Diskurse, die verschiedene gesellschaftliche Bewußtseinsformen produzieren, und nicht umgekehrt.

Fazit

Deutsche «birassischer» Abstammung, oder allgemeiner Menschen «nicht-deutschen» Aussehens, machen in Deutschland Rassismuserfahrungen, wie beispielhaft an Tim und Leon aufgezeigt wurde. Die mehrwertige Involviertheit von «Betroffenen» in den Rassediskurs wurde in diesem Beitrag thematisiert, wobei die Verstrickungen in den Diskurs über «Rasse», Ethnie und Kultur zum einen individuell funktional und angemessen sein können, für die zum anderen primär nicht die Individuen verantwortlich zu machen sind. Denn der (Rasse-)Diskurs ist in dem Sinn total, daß von ihm alle beeinflußt sind. Niemand ist in unserer Gesellschaft völlig frei von der Einflußnahme der herrschenden Ideologien, und die diskursiven Verstrickungen beider Interviewpartner verweisen daher in erster Linie auf den sozialen Kontext, in dem sie leben und auf den sie sich beziehen müssen, wenn sie in einen kommunikativen Austausch treten wollen – wobei eben die Gefahr der Übernahme und Internalisierung herrschender Rassenideologeme besteht. Die Verantwortlichkeit für derlei diskursive Verstrickungen ist von daher primär keine individuelle, sondern eine gesellschaftliche.

Gerade für die Verbesserung der Lebenssituation von ethnischen, religiösen oder «rassisch» konstruierten Minderheiten in Deutschland sind Gegendiskurse unerläßlich, auf die sich die Individuen statt des herrschenden, rassistisch unterfütterten Gesamtdiskurses beziehen können. Ein Adressat dieser Forderung nach (nicht-rassistischen) Gegendiskursen ist sicherlich auch die akademische und angewandte Psychologie. Ein psychologischer Gegendiskurs kann m. E. nur durch einen Perspektivenwechsel innerhalb der psychologisch-theoretischen Auseinandersetzung entwickelt werden. Ein Perspektivenwechsel hieße, daß nicht etwa die Personengruppe der Deutschen «birassischer» Abstammung selbst als Problem behandelt wird, sondern daß ihre Probleme als Probleme unserer Gesellschaft angesehen werden, die daher auf einer gesellschaftlichen Ebene zu lösen sind. Diese Perspektive erfordert ein Umdenken in der deutschsprachigen Psychologie – eine Forderung, die von Mecheril, Appel & Teo (1995) thematisiert wird und mit verschiedenen Veränderungsvorschlägen einhergeht.

Gemeinsamer Nenner dieser Vorschläge ist der Aufruf, daß die Realität von Menschen, die von der ethnisch, kulturell oder «rassisch» spezifizierten idealtypischen Fiktion des Standarddeutschen abweichen, in den Blick der deutschsprachigen Psychologie gerückt werden müsse. Dieser Aufruf geht auch in Richtung einer Politisierung der Psychologie – die dann beispielsweise die Notwendigkeit eines Antidiskriminierungsgesetzes in Form von Forschungsergebnissen nachweist oder die Einrichtung interkultureller Beratungsbüros in Städten und Kommunen konzeptualisiert und initiiert.

Literatur

Bradshaw, C. (1992). Beauty and the Beast: On Racial Ambiguity. In M. P. Root (ed.), *Racially mixed people in America* (S. 77–91). London: Sage.

Caspari, V. (1995). *Theoretisch-empirische Perspektiven auf «birassische» Identitäten*. Münster: Unveröffentlichte Diplomarbeit.

Cohen, P. (1992). Gründe, (nicht) rassistisch zu sein. In Kunstamt Kreuzberg (Hrsg.), *Die Rede von der multikulturellen Gesellschaft* (S. 114–119). Berlin: Eigenverlag.

Eyferth, K. et al. (1960). *Farbige Kinder in Deutschland. Die Situation der Mischlingskinder und die Aufgaben ihrer Eingliederung*. München: Juventa.

Foucault, M. (1993). *Die Ordnung des Diskurses*. Frankfurt: Suhrkamp.

Hall, St. (1992). Die Konstruktion von Rasse in den Medien. In Kunstamt Kreuzberg (Hrsg.), *Die Rede von der multikulturellen Gesellschaft* (S. 110–114). Berlin: Eigenverlag.

Jäger, S. (1994). *Text- und Diskursanalyse. Eine Anleitung zur Analyse politischer Texte*. DISS-Texte Nr. 16. Duisburg: Basis Druck.

Kalpaka, A. & Räthzel, N. (1990). *Die Schwierigkeit, nicht rassistisch zu sein*. Leer: Mundo.

Kampmann, B. (1994). Schwarze Deutsche. Lebensrealität und Probleme einer wenig beachteten Minderheit. In P. Mecheril & Th. Teo (Hrsg.), *Andere Deutsche. Zur Lebenssituation von Menschen multiethnischer und multikultureller Herkunft* (S. 125–145). Berlin: Dietz.

Mecheril, P. (1994). Über die Bedeutung der Erfahrung von Rassismus für Andere Deutsche. In R. van Quekelberghe (Hrsg.), *Ethnopsychologie und Psychotherapie. Schamanische Heilkunde und moderne Therapien im Vergleich* (S. 155–172). Landau: Universität Koblenz/Landau.

Mecheril, P. & Teo, Th. (Hrsg.) (1994). *Andere Deutsche. Zur Lebenssituation von Menschen multiethnischer und multikultureller Herkunft*. Berlin: Dietz.

Mecheril, P., Appel, S. & Teo, Th. (1995). «Ethnische Quotierung» in der deutschsprachigen Psychologie? Dokumentation und Kommentierung einer Initiative. *Journal für Psychologie*, 3, 53–62.

Miles, R. (1989). *Rassismus. Einführung in die Geschichte und Theorie eines Begriffes*. Hamburg: Argument.

Oguntoye, K., Opitz, M. & Schultz, D. (1992). *Farbe bekennen. Afro-deutsche Frauen auf den Spuren ihrer Geschichte*. Frankfurt: Fischer.

Opitz, M. (1992). Rassismus, Sexismus und vorkoloniales Afrikabild in Deutschland. In K. Oguntoye, M. Opitz & D. Schultz (Hrsg.), *Farbe bekennen. Afro-deutsche Frauen auf den Spuren ihrer Geschichte* (S. 17–64). Frankfurt: Fischer.

Pandey, H. (1988). *Zwei Kulturen – eine Familie*. Frankfurt: Verlag für interkulturelle Kommunikation.

Root, M. P. (1992). *Racially mixed people in America*. London: Sage.

Spickard, P. R. (1992). The Illogic of American Racial Categories. In M. P. Root (Hrsg.), *Racially mixed people in America* (S. 12–24). London: Sage.

Teo, Th. (1994). Zur Identität von sogenannten Mischlingen. In P. Mecheril & Th. Teo (Hrsg.), *Andere Deutsche. Zur Lebenssituation von Menschen multiethnischer und multikultureller Herkunft* (S. 145–165). Berlin: Dietz.

Möglichkeiten und Grenzen der Psychologie zur Überwindung von Rassismus

Maria del Mar Castro Varela

Psychologie und Antirassismus

Antirassistische Konzepte haben Hochkonjunktur. Nicht nur Mitarbeiter antirassistischer Projekte und Initiativen nehmen an antirassistischen Workshops teil, auch bei der Polizei, Sozialarbeitern, Sozialpädagoginnen, Lehrerinnen, Erziehern etc. kommen antirassistische Programme zum Einsatz, werden weiterentwickelt und erprobt. Antirassistische Workshops entdeckt man in den meisten Weiterbildungs- und Fortbildungsprogrammen, sei es bei der Gewerkschaft, der VHS oder auch in Fortbildungsprogrammen für städtische Angestellte. Einer der Gründe für diese weite Verbreitung liegt sicher in der Zunahme rassistischer Gewalt, die nicht nur für psychosoziale Expertinnen eine politische wie auch eine professionelle Herausforderung darstellt.

Zum anderen kommen im Zusammenhang mit einer «interkulturellen Öffnung» sozialer Dienste und der notwendigen Erweiterung psychosozialer Kompetenz um «interkulturelle Kompetenz» (vgl. etwa Hinz-Rommel, 1994; AG «Gegen Rassismus und Antisemitismus in der psychosozialen Versorgung», 1995) antirassistische Ansätze ins Gespräch. Was eine «interkulturelle Kompetenz» nun ausmacht, wie diese zu vermitteln und wie diese als Quasi-Standard zu etablieren ist, darüber existiert innerhalb des Kreises psychosozialer Praktiker und Theoretikerinnen kein Konsens. Konsens jedoch besteht darin, daß die Sensibilisierung für den eigenen Rassismus integraler Bestandteil einer interkulturellen Ausbildung sein sollte, etwa in der Auseinandersetzung der Professionellen «mit ihrer Verstrickung und Position in Diskursen über Ethnie, Religionen und ‹Rassen› sowie Art und Ausmaß ihrer Stigmatisierungs- und Rassismuserfahrungen» (Mecheril, 1996, S. 24). Mittlerweile gibt es im deutschsprachigen Raum eine ganze Reihe antirassistischer Ansätze. Keines der bekannten Konzepte arbeitet dabei allein mit psychologischen Methoden oder ausschließlich mit einem psychotherapeutischen Ansatz. Und doch untermauern die meisten Ansätze ihre Methoden mit psychologischen Theorien und setzen therapeutische Methoden und Methodenelemente ein. Es finden sich tiefenpsychologische Ansätze wie auch sozialpsychologische Theoreme, und selbst lerntheoretische Vorstellungen, die sich Antirassismus als eine Art Dekonditionierung vorstellen, kommen zum Einsatz.

Berechtigte und unberechtigte Kritik hat das antirassistische Engagement seit seinem Vorhandensein begleitet. Der Antirassismus-Diskurs tritt sozusagen immer gleichzeitig mit einem Diskurs des Anti-Antirassismus auf. Kritisiert wurde und wird die einseitige Betrachtung des Phänomens, die Psychologisierung politischer Tatsachen, die Verwässerung des Begriffs Rassismus ebenso wie dessen unzulässige Ausweitung (vgl. etwa Miles, 1991, S. 58). Der Diskurs und die Praxis des Antirassismus umfaßt immer auch den Diskurs um politische Korrektheit. In diesen involviert sind sowohl die, die antirassistisches Engagement zeigen, als auch jene, die ihn kritisch beäugen, weil sie die jeweils praktizierten Strategien als politisch zweifelhaft erachten.

Der vorliegende Beitrag untersucht die unter den Namen «Antirassistische Trainings», «Antirassistische Workshops» bekanntgewordenen Programme und Konzepte antirassistischer Arbeit. Diese Ansätze werden zumeist an einem Wochenende in Workshopform angeboten. Sie beinhalten Übungen wie Rollenspiele, Gespräche und Diskussionen zum Thema Rassismus, in denen es darum geht, die eigene Involviertheit in rassistische Gesellschaftsstrukturen zu erkennen, aufzudecken und mit dem Ziel der Gewinnung einer antirassistischen Haltung zu hinterfragen. Eingesetzt werden die unterschiedlichsten Methoden, wobei die meisten Ansätze von Bewußtwerdung und Sensibilisierung sprechen.

Im folgenden wird es vorrangig darum gehen, psychologische Überlegungen, die in die Ausarbeitung praktischer antirassistischer Modelle münden, näher zu betrachten und die Wirksamkeit und Grenzen, die Risiken und Chancen solcher Modelle zum Thema zu machen.

Antirassismus und Rassismusbegriffe

Will man Rassismus etwas entgegensetzen, so ist eine Auseinandersetzung mit dem Rassismusbegriff ebenso notwendig wie mit dem Phänomen des Rassismus, seiner Erscheinungsweise und seinen Auswirkungen.

Auf einer begrifflichen Ebene ist zunächst die Heterogenität und unterschiedliche Schwerpunktsetzung von Rassismusdefinitionen festzustellen. «Eine adäquate Definition des Begriffs Rassismus sollte brauchbar für das Erkennen von Differenzen sein, also nicht für immer und alles angewendet werden, und unter psychologischen Voraussetzungen eigene Reflexionen möglich machen» (Teo, 1995, S. 27). Bereits hier beginnen die ersten Probleme der Antirassismusarbeit: Wie adäquat sind die verwendeten Rassismusdefinitionen? Wie groß ist der Rahmen, in welchem Reflexionen ermöglicht werden? Wie unterscheidet sich der vermeintliche Konsens von dem tatsächlichen Konsens, wenn es darum geht, das Rassismusmodell zu benennen, welches man für das zutreffende oder geeignete hält?

Nach Rommelspacher (1995, S. 39) basiert Rassismus «auf der Herabsetzung von Menschen, indem ihnen qua Herkunft negative oder positive Eigenschaften zugeschrieben werden, die zugleich die eigenen Ideale von Schönheit, Tüchtigkeit, Intelligenz und die Überlegenheit der eigenen Lebensweise bestätigen». Der Prozeß der Zuschreibung und das darin endgültig festgelegte Verhältnis von Zeichen und Bedeutung ist dabei immer in dem Sinn dynamisch, daß die, die die Definitionsmacht haben, auch die Macht besitzen, immer neu zu definieren, wer etwa als «minderwertig» betrachtet wird und welches die Merkmale sind, die dies begründen. So kommt es zu verschiedenen Erscheinungsweisen von Rassismus, die abhängig sind von Ort und Zeit.

Bezogen auf diese Erscheinungsweisen «gilt es aufzupassen, daß wir nicht in die Falle der falschen Allgemeinheit gehen. Es gibt nicht *den* Rassismus, es gibt *Rassismen*» (Haug, 1992, S. 413). Dennoch ist es möglich, transhistorische und übergreifende Merkmale festzumachen:

1. Bei Rassismus handelt sich immer um biologistische Erklärungsmuster, die sich einer «Rassen»-Konstruktion bedienen.

2. Phänotypische Merkmale, z. B. Hautfarbe, werden zur Erklärung und Rechtfertigung gesellschaftlicher Machtverhältnisse herangezogen. Diese phänotypischen Merkmale sind variabel und ersetzbar durch «kulturelle» oder «ethnische» Merkmale.
3. Es handelt sich um eine stark vereinfachende und selektierende Kosmovision: Bestimmte Differenzen werden konstruiert oder stark überbewertet, während andere übertüncht werden.
4. Die Differenzierungen, auch Rassifizierungen oder «Rasse»-Konstruktionen genannt, dienen immer der Hierarchisierung, d. h., die rassistische «Bedeutungskonstitution» dient der Selektion (vgl. Miles, 1991).
5. Rassismus ist ein Prozeß der Abwehr und Grenzziehung. Er ist immer mit einer Ausschließungspraxis verbunden, die mit einer Einschließungspraxis einhergeht. Zeitgleich mit dem «Fremden» wird ein «Wir» mit dem charakteristischen «Wir-Gefühl» konstruiert und/oder stabilisiert (vgl. etwa Osterkamp, 1989).

Diese Momente, aber auch das Wissen, daß Rassismus nicht nur seit Jahrhunderten fortbesteht, sondern darüber hinaus Teil der gesellschaftlichen «Normalität» ist und diese mit herstellt (vgl. Hall, 1994), verweisen darauf, daß eine antirassistische Strategie schnell zu kurz fassen kann, wenn sie, wie die meisten Ansätze es tun, lediglich einen Aspekt fokussiert. Die Auseinandersetzung mit Rassismus und damit auch das Erarbeiten antirassistischer Strategien erfordert zwangsläufig eine hohe Differenziertheit und einen hohen Grad an kritischer Selbstreflexion, um eine Reduktion zu verhindern, die nicht selten die vorhandenen rassistischen Strukturen stabilisiert, statt sie zu verändern.

Entscheidend ist hierbei, wie rassistische Manifestationen erklärt werden und welches Welt- und Menschenbild dabei vertreten wird. Von den jeweiligen Erklärungsmodellen hängen die verwendeten Methoden und auch die Zielvorgaben der antirassistischen Workshops ab. Zu Recht fragt Cohen (1994, S. 10): «Wissen wir wirklich genug über das Warum und Weshalb des Rassismus? Sind es nicht vielleicht die implizit oder explizit den antirassistischen Praxen und Politikformen zugrundeliegenden Rassismusmodelle, die der Entwicklung besserer und wirksamerer Strategien entgegenstehen?»

Liegt also das eigentliche Problem des Antirassismus in den Rassismusmodellen, die als Vorgabe zu antirassistischen Strategien dienen? Modelle sind notwendig, um Methoden und Strategien zu entwickeln, gleichzeitig bedeuten sie jedoch immer eine Reduktion und Ausschnittsdarstellung der Realität. «Moralischen Gewißheiten und bestimmten politischen Idealen zuliebe hat man den Reduktionismus gepflegt und Komplexitäten geleugnet», beklagt Cohen (ebd.) und verweist damit auf ein grundlegendes Dilemma: Wie kann ein simplifizierendes Weltbild durch ein ebenso simplifizierendes Modell dargestellt und überwunden werden? Wie können mit einer reduktionistischen Vorgehensweise Widersprüche artikuliert werden? Vereinfachende Erklärungen führen zu vereinfachenden Methoden.

Betrachten wir die Reduktionen genauer. Cohen (1994, S. 21) beschreibt fünf häufig zu beobachtende antirassistische Positionen, die unter verschiedenen Bedingungen mit unterschiedlicher Wirkung von Menschen eingenommen werden, die sich antirassistisch engagieren.

1. «Rassismus als institutionalisiertes falsches Bewußtsein». In dieser Reduktion wird die Gesellschaft als durch und durch rassistisch betrachtet. Rassismus ist institutionalisiert, d. h., die staatlichen Institutionen stabilisieren und perpetuieren Rassismus. Rassismus ist damit ein Problem «von oben».

2. «Rassismus als irrationales Vorurteil». Diese Position pathologisiert Rassismus, beschreibt ihn gewissermaßen als ein Gift, welches das rationale Denken angreift und es zuweilen unmöglich macht.

3. «Rassismus als weiße Herrschaft». Rassismus beruht bei dieser Position auf einer Struktur der Herrschaft der «Weißen», und folglich können nur Schwarze den Rassismus beenden.

4. «Rassismus als Klassenherrschaft». Hier wird Rassismus als «Propaganda der herrschenden Klasse» verstanden, deren Ziel es ist, die Einheit der Arbeiterklasse zu untergraben.

5. «Rassismus als rationales Eigeninteresse». Im eigenen Interesse, zur Erweiterung und/oder Stabilisierung der eigenen Privilegien werden Menschen, die zuvor zu «anderen», «Fremden» deklariert wurden, ausgeschlossen, diskriminiert und verletzt. Rassismus wird in dieser Reduktion als bewußtes Vorgehen verstanden.

Rassismus als Folge von Sozialisation

Die dritte wie auch die fünfte Position weisen nach Cohen (ebd.) «auf bestimmte Motive hin, die in der antirassistischen Arbeit Priorität haben sollen». Die zweite Position hingegen, die Rassismus mit irrationalen Vorurteilen gleichsetzt, die oft auch als falsches Bewußtsein bezeichnet werden, ist latent oder augenscheinlich Ausgangsbasis für die meisten antirassistischen Workshops. Hier wird sozusagen ein Kampf um ein «anderes» Bewußtsein und um die Befreiung von Vorurteilen auf der individuell-psychologischen Ebene ausgetragen.

So verwundert es denn auch kaum, daß die meisten Ansätze Rassismus als eine «Einstellung» betrachten und / oder als Sozialisationsproblem beschreiben. Hierbei wird Sozialisation entweder als ein Prozeß angesehen, der in der Kindheit abgeschlossen ist und schließlich das ganze Leben lang nachwirkt, oder Sozialisation wird als lebenslanger Prozeß beschrieben. Die antirassistische Intervention wird infolge dieser letzten Auffassung als Teil der Sozialisation und / oder als sozialisatorisches Einlenken verstanden.

Anja Meulenbelt schreibt (1988, S. 26): «Ich möchte erreichen, daß wir uns unserer Sozialisation stärker bewußt werden und unsere Aufmerksamkeit stärker darauf richten, wie wir miteinander umgehen.»

Wie soll dies vonstatten gehen? Im Rahmen des von van den Broek in den Niederlanden entwickelten «Antirassismus-Trainings» (1988), das auch in der Bundesrepublik Deutschland häufig angewendet wurde und wird, werden Möglichkeiten gesehen, «um Rassismus auch auf der Bewußtseinsebene anzupacken und dadurch eine wirksamere und langfristigere Veränderung zu bewirken. Eine Befreiung von Rassismus muß primär davon ausgehen, daß rassistisches Verhalten auf Konditionierung beruht» (ebd., S. 99).

Kalpaka und Räthzel kritisieren an diesem Modell insbesondere, daß mit diesem Ansatz in erster Linie «Meinungen» verändert werden sollen, «wobei ‹Meinungen› und Verhaltensweisen als unabhängig von gesellschaftlichen Strukturen behandelt werden» (1993, S. 314).

Wir treffen hier auf einen häufig auch bezüglich antirassistischer Erziehung artikulierten Einwand: Kritisiert wird die einseitige Betrachtung von Rassismus als Problem von «Einstellungen» oder der «Sozialisation». Die sich aus diesem Ansatz ergebende individuell-antirassistische Methode, die das Individuum von rassistischen Attitüden, Vorstellungen, Bildern etc. befreien will, um so auch rassistische Handlungen, Verhaltensweisen zu verhindern, verkennt den historischen und gesamtgesellschaftlichen Kontext, in dem Rassismus erst wirksam werden kann.

Bezogen auf den Kontext der antirassistischen Erziehung schreibt Holzkamp: «In diesem Bereich weit verbreitet ist die Vorstellung, ‹Rassismus› sei ein Sammelbegriff für persönliche ‹Einstellungen›, mit denen Minderheiten, ‹Fremde› oder auch nur ‹Andere› diffamiert und ausgegrenzt werden» (1994, S. 8).

Rassismus als Angelegenheit von Einstellungen und Antirassismus als Instrument von Einstellungen zu verstehen, ist jedoch nicht nur wegen der reduktionistischen Simplifikation problematisch. Zu hinterfragen sind auch die sozialpsychologischen Theoreme, die sich hinter der Vorstellung verbergen, Antirassismus sei in erster Linie eine Frage der Einstellungsänderung. Der Zusammenhang zwischen Einstellung und Verhalten wird selbst in der konventionellen Sozialpsychologie – man mag von ihr halten, was man will – als überaus uneindeutig angesehen. Zahlreiche Untersuchungen ergaben eine nur sehr niedrige Korrelation zwischen Einstellung und Handlungserwartung, so daß eine Vielzahl von Autoren sogar dafür plädiert, auf den Einstellungsbegriff ganz zu verzichten, da seine Aussagekraft geradezu nichtssagend sei (vgl. etwa Herkner, 1975, S. 247). «Die Erwartung», bemerkte bereits Manfred Irle, «daß Handlungen unter komplexen Bedingungen sich allein aus solchen Verhaltensdispositionen wie Attitüden beschreiben, erklären und voraussagen lassen, wäre so hoffnungslos wie antiquiert» (1967, S. 214).

Interessant ist jedoch, daß Entwicklerinnen, Anwender und Befürworterinnen von sogenannter praktischer Antirassismusarbeit – auch von sogenannten Trainings – sehr wohl ihre Arbeit als politische verstehen und sehr wohl davon ausgehen, die gesellschaftliche Ebene einzubeziehen. Die Vorstellung dabei ist, daß über die Individuen, die als Multiplikatorinnen für eine antirassistische Haltung betrachtet werden, eine Gesellschaftsveränderung vorangetrieben werde.

Der individuelle Kampf geht dem kollektiven voraus. Für eine breite Organisierung gegen jegliche Form von Unterdrückung, so auch gegen Rassismus, ist die Herstellung eines Zusammenhangs zwischen dem Persönlichen und dem Politischen eine Grundvoraussetzung. Legen wir in unserer Analyse des individuellen Sozialisationsprozesses den Schwerpunkt auf die Herausbildung rassistischen Denkens, werden sich daraus Anknüpfungspunkte zur Entwicklung einer Strategie ergeben, die den kollektiven und individuellen Widerstand gegen Rassismus zum Ziel hat (van den Broek, 1988, S. 45).

Doch obwohl der aktive Widerstand gegen rassistische Strukturen das erklärte Ziel ist, werden in antirassistischen Zusammenhängen sehr viel eher kognitive und affektive Aspekte fokussiert, während die Verhaltensebene nur wenig Beachtung findet (vgl. etwa Kongidou & Tsiakolos, 1992).

Und so äußert Kampmann (1995, S. 253 f) ganz sicher nicht zu Unrecht die Befürchtung, daß, wenn sich die antirassistische Arbeit darin erschöpft, «internalisierte Macht- und Unterdrückungsstrategien» aufzuarbeiten und «die eigenen rassistischen Anteile» zu erkennen, die Gefahr besteht, daß das Ergebnis dieses Vorgehens häufig «eher unkritische Fremdenfreundlichkeit (‹mein Freund ist Ausländer›) anstelle einer wirklichen Durchdringung und Verarbeitung des Gesamtproblems» sei.

Rassismus als Krankheitssymptom

Wie das «Antirassismus-Training» sind das «Racism Awareness» und Variationen dieses Ansatzes eine vielfach angewandte Methode auch im deutschsprachigen Raum. Mittelpunkt dieser Vorgehensweise ist die Auffassung, daß «Rassismus ein Problem der Mehrheitsangehörigen ist und konsequenterweise jede antirassistische Arbeit bei ihnen ansetzen muß» (Kongidou & Tsiakolos, 1992, S. 67). Bei diesem Ansatz geht es ausdrücklich um eine Verhaltensänderung. Diese soll erreicht werden durch eine «sukzessive Bewußtmachung der Diskrepanz zwischen a) Kenntnissen über die Minderheit und den realen Fakten, b) den Fakten und den Einstellungen, c) den Einstellungen und dem Verhalten. Abgeschlossen wird dieser Prozeß der Bewußtmachung durch Einübung in

Fertigkeiten zur Überbrückung der festgestellten Diskrepanzen» (ebd., S. 68).

In seiner Vorgehensweise erinnert das «Racism Awareness» dabei an die kognitive Verhaltenstherapie, in der z. B. sogenannte «automatische Gedanken» sukzessive durch «rationalere» ersetzt werden:

> Die kognitiven Techniken sind aktive, zeitlich begrenzte und strukturierte Methoden, die zur Behandlung einer Vielfalt psychischer Störungen eingesetzt werden. Sie basieren auf der Annahme, daß Affekt und Verhalten eines Menschen unter anderem auch von der Art bestimmt sind, in der er die Welt strukturiert. Kognitionen (verbale und bildhafte ‹Ereignisse› in seinem Bewußtseinsstrom) gehen auf Einstellungen oder Annahmen zurück, die aus vergangenen Erfahrungen entstanden sind. [...] Die Kognitionen und die ihnen zugrundeliegenden Annahmen werden auf ihre Logik, ihre Gültigkeit und Angemessenheit hin diskutiert [...] (Hautzinger et al., 1989, S. 85).

Rassismus erfährt eine ähnliche Behandlung wie psychische Störungen, z. B. Depressionen. Ungewollt wird Rassismus durch die Reduzierung auf eine «Einstellung» zur Behandlung freigegeben, als handele es sich hier um ein pathologisches Symptom.

> In vielen Aussagen [...] wird Rassismus mit einer ansteckenden Krankheit verglichen, die Leute sich bei anderen holen, oder mit einem Krebsgeschwür im Gemeinschaftskörper. Rassismus erscheint als etwas, das man nur aufhalten kann, indem man entweder seine Träger eliminiert oder die anderen, besonders die Kinder, vor Kontakt mit dem Krankheitsherd schützt. Bei weniger drastischen Maßnahmen, so fürchtet man, werden sich die ‹Bazillen des Rassismus› weiter vermehren (Cohen, 1994, S. 31).

Bereits Susan Sontag weist in ihrem Essay *Krankheit als Metapher* (1981) darauf hin, wie Krankheiten und Krankheitsbilder als Metapher für das Schlechte, das Böse herhalten. «Die Bildersprache der Krankheiten wird verwendet, um Besorgnis über die gesellschaftliche Ordnung auszudrücken» (S. 87). Krankheiten wie Krebs und die Pest und Vorstellungen in der Öffentlichkeit über sie dienen als Bilder im politischen Diskurs. Erinnert sei z. B. an Graffitis und Flugblätter aus der linken Szene, in denen Forderungen wie «Nieder mit der Nazipest!» zu finden sind, oder an Aussagen, die Rassismus als «Krebsgeschwür» beschreiben, welches es zu bekämpfen gelte, ehe es sich weiter ausbreitet.

Diese Vorstellung von Rassismus und die daraus sich ergebenden antirassistischen Methoden können bei denen, auf die die Methoden bezogen sind, unmöglich zur Übernahme von Verantwortung führen, welches ja ein erklärtes Ziel antirassistischer Arbeit ist. Denn die Assoziationen und Gedankenketten, die mit «Krankheit» abgerufen werden, kreisen einerseits um «Machtlosigkeit»: Einer Krankheit ist man ausgeliefert, man fällt ihr zum Opfer, man ist auf Hilfe angewiesen. Des weiteren ist «Krankheit» mit Ekel, Abscheu und Angst verbunden: Die Angst, angesteckt zu werden, die Angst vor dem Tod, die Abscheu vor Körperlichkeit. «Krankheit» ist ein Tabu in modernen Industriegesellschaften. «Freilich ist es kaum möglich, seinen Wohnsitz im Reich der Krankheit zu nehmen, ohne vorgeprägt worden zu sein durch die grauenhaften Metaphern, mit denen seine Landschaft ausstaffiert worden ist» (Sontag, 1981, S. 5 f).

Wenn Rassismus also als «schreckliche (vielleicht sogar unheilbare) Krankheit» betrachtet wird, werden Teilnehmer an Antirassismus-Workshops nicht als verantwortlich handelnde Subjekte wahrgenommen. Die Teilnehmerinnen sind dann Patienten, Menschen, die Hilfe brauchen, «Opfer» der herrschenden Verhältnisse und der erlittenen Sozialisation. Oder sie sind «Schuldige», individuell und als Vertreterin einer Gruppe, die Verantwortung an der Entstehung, Ausbreitung, nicht Eindämmung des «Bazillus Rassismus» trägt. Zu vermuten ist, daß dies wahrscheinlich eher ein Gefühl von Ausgeliefertsein, von Machtlosigkeit und Hilflosigkeit generiert und eben nicht ein Bewußtsein der Verantwortung. Pathologisierung führt zu Stagnation und Widerstand, nicht zu Aktion und Veränderung.

Rassismus als Persönlichkeitsstörung

Die Vorstellung, Rassismus stelle eine Störung dar, findet sich auch bei denjenigen, die psychoanalytische Erklärungsmodelle eher unreflektiert und kritiklos übernehmen, um Rassismus zu erklären. Selbst psychoanalytische Vorstellungen können dazu verwendet werden, Rassismus als Pathologie zu verstehen und Antirassismus damit in den Status einer

Therapie zu erheben. So schreibt Horst Eberhard Richter über rechtsradikale Jugendliche (1992, S. 26): «Das Grundübel steckt in der relativen Intoleranz für psychosoziale Belastungen, wodurch eine Regression auf die Stufe archaischer, aggressiver Abwehr von Verunsicherung begünstigt wird.» Rassismus wird hier dargestellt als «Persönlichkeitsstörung» (vgl. Holzkamp, 1994, 10 ff) und beschrieben als «Schwäche». Deutlicher kann eine Pathologisierung kaum ausfallen. Sicherlich kann «die identitätsstiftende oder die narzißtische Funktion von Rassismus, wenn der ‹andere› ausgegrenzt wird» (Teo, 1995, S. 31), herausgearbeitet werden. Rassismus erfüllt gewiß auch psychische Funktionen für das Individuum. Dies ist bereits von vielen Autoren und Autorinnen (etwa Memmi, 1987) herausgearbeitet worden. Darüber hinaus produziert Rassismus «im Denken bestimmte beobachtbare Regularitäten und liefert kausale Erklärungen dieser Beobachtungen. Diese Erklärung gilt als *konsistent* und wird als ‹Lösung› der wahrgenommenen Probleme vorgestellt» (Miles, 1989, S. 360).

Rassismus hat, das steht außer Frage, emotionale und kognitive Elemente, die teils psychologisch erklärbar sind. Verbleibt jedoch Antirassismus auf dieser Ebene, beschränkt sich eine antirassistische Methode also darauf, die individualpsychologische Funktionalität von Rassismus zu analysieren, gehen Aspekte gesellschaftlicher Bedingtheit verloren. Es handelt sich dann, so könnte man überspitzt sagen, um einen Etikettenschwindel: Therapie wird als Antirassismus verkauft, und die Stärkung des eigenen Selbstbewußtseins wird durch politisch korrektes Antirassismus-Training erreicht.

Um «gegen Rassismus effektiv arbeiten zu können, sollte jede(r) mit der Reflexion eigener ‹Rassismen› beginnen – dort aber nicht stehenbleiben» (Teo, 1995, S. 31). Sonst wäre lediglich der Zustand einer gewissermaßen «erkenntnisreichen Erstarrung» zu erreichen, bei dem die Menschen viel wissen, jedoch nichts ändern, schon gar nicht ihr eigenes Verhalten, auch wenn es diskriminierend, ausgrenzend und/oder verletzend ist. Antirassismus verkommt zu einer kosmetischen Behandlung. «Political correctness» entläßt aus der Notwendigkeit der kritischen Reflexion, des differenzierten, analytischen Blicks und der Zweifel. Sie verbleibt bei den einfachen Wahrheiten und Lösungen, die in Anbetracht der sozialen Tatsachen bestenfalls Lügen und Täuschungen sein können. Zweifel dagegen hieße «radikale Lernbereitschaft». Denn «Zweifel durchkreuzen den Identitätsspuk, die Einheits- und Reinheitsideale und das Diktat der dichotomen Konstrukte» (Thürmer-Rohr, 1994, S. 170). «Political correctness» jedoch hat den Vorteil, sichtbar und gewisser Weise meßbar zu sein, das macht ihren Reiz aus.

> Eine Strategie, die dazu dient, Probleme zu vertuschen, ohne sie anzusprechen und sich mit ihnen auseinanderzusetzen, bedeutet, daß man sich mit schwierigen Inhalten eher auf der Ebene der Ursache beschäftigt. Das Problem mit PC [political correctness] liegt m. E. damit nicht in ihrem Programm [...], sondern in ihrem Versagen, die Tragweite der Positionen zu erfassen, die sie zu vertreten scheint (Hall, 1996, S. 80f).

Chancen und Grenzen von Antirassismus-Workshops

Wünschenswert wäre es, die antirassistische Praxis einer Evaluation zu unterziehen. Dafür ist zunächst einmal vonnöten, daß Wirksamkeitskriterien generiert werden und vorliegen. Bisher ist nur wenig darüber nachgedacht worden, was das Ziel, eine «antirassistische Haltung» zu erreichen, konkret bedeutet. Das Problem bei der Verständigung über Wirksamkeitskriterien besteht sicherlich darin, daß kein Konsens über das «richtige» Rassismusmodell geschaffen werden kann. Und auch die einzelnen Modelle zusammengenommen können Rassismus in seiner Ganzheit nicht beschreiben, denn:

> Alle diese Erklärungen haben etwas gemeinsam, ihren *Essentialismus*. Damit meine ich ihre Tendenz, Rassismus als ‹Idealtypus› oder Modell zu erklären, das apriorische Bestimmungen über seine Ursprünge, Ursachen, Bedeutungen und Wirkungsweisen enthält. [...] Leider ergibt eine Zusammenfügung dieser Aussagen jedoch kein mehrdimensionales Modell, das als Grundlage für eine allgemeine Theorie dienen könnte – ihr Essentialismus wird dadurch nur verschärft (Cohen, 1994, S. 30/31).

Aspekte wie etwa das subjektive «Wohlbefinden», welche häufig als Beweis für die Effektivität antirassistischer Trainings angegeben wird, sind als Wirksamkeitskriterien gänzlich untauglich. Das bloße «Wohlbefinden» ebenso wie das positive Feedback nach einem abgeschlossenen antirassistischen Wochenende wird unter anderem dadurch hervorgerufen, daß über ein Tabuthema gesprochen werden konnte, daß eine angenehme Gruppenatmosphäre geschaffen wurde oder daß man sich für eine Weile unter «Gleichgesinnten» wähnte.

Die Generierung von Wirksamkeitskriterien setzt eine fundierte Auseinandersetzung auch mit dem Aufbau, den Methoden und den Argumentationen antirassistischer Workshops voraus und könnte sicherlich zur Verbesserung antirassistischer Ansätze führen. Zweifelsohne ist die Losung des «anything goes» nicht vertretbar, und der bloße Kontakt zu Menschen anderer kultureller Herkunft reicht nicht aus, um antirassistischen Widerstand oder auch nur die Fähigkeit zum Arbeiten in einem interkulturellen Setting hervorzurufen, wie sich dies einige Autorinnen erhoffen (etwa van den Broek, 1988).

Ein Blick auf einige Ziele antirassistischer Arbeit zeigt, welche Wirksamkeitskriterien in Frage kommen könnten. Kalpaka (1994) bezeichnet «das Erlernen der Möglichkeit, in Widersprüchen zu denken, Widersprüche zu erkennen und zu analysieren, anstatt diese zu vereindeutigen und einer dichotomischen Entweder-oder-Logik zu verfallen» (S. 45), als Zielperspektive. Ähnlich äußert sich Heppekausen:

Mehr erfahren über eigene Macht und Ohnmacht und die Wahrnehmung für die Machtverhältnisse schärfen, in denen wir uns in unserem Alltag bewegen [...] mehr Gespür dafür bekommen, wie wir Bilder über ‹andere› und uns selbst einbauen in das (Zusammen-)‹Spiel› von Macht und Ohnmacht [...] mutiger werden beim Einmischen – auch in die eigenen Angelegenheiten (1995, S. 142).

Die Autorinnen arbeiten mit psychodramatischen und theaterpädagogischen Methoden. Diese bieten die Möglichkeit, in verschiedene Rollen und damit auch in verschiedene Perspektiven einzutauchen. Die kognitive, die affektive wie auch die Verhaltensebene können damit betrachtet und bearbeitet werden. Die Teilnehmerinnen verlieren nicht ihren Subjektstatus, sie selbst bestimmen, was sie zum Thema machen wollen und welche Inhalte bearbeitet werden.

Solche Methoden bieten die Möglichkeit, Mensch und Gesellschaft in einer dialektischen Beziehung wahrzunehmen und damit Widersprüche zu artikulieren und erfahrbar zu machen. Offen bleibt gleichwohl auch hier, was tatsächlich bei den Teilnehmerinnen bewirkt wird, welche Voraussetzungen die Teilnehmer mitbringen müssen, damit der Workshop erfolgversprechend ist (einige Leiter nennen hier Kriterien wie «Offenheit», «Dialogbereitschaft» oder die «Bereitschaft, sich einzubringen»), wie heterogen die Gruppe sein kann oder soll und schließlich, über welche Kompetenzen die Leiterinnen verfügen müssen, damit eine Wirksamkeit in ihrem Sinn erreicht werden kann.

Antirassistische Ansätze verfolgen das Ziel, Machtkonstellationen zu verändern, denn die Machtverhältnisse bilden den Ort, von dem aus Widerstand möglich ist. Auch für Foucault «gibt es keine Veränderung der gesellschaftlichen Bedingungen, der globalen Ordnung, des Makrobereichs, ohne die Veränderung der scheinbar belanglosen, weil privaten Praktiken. Für ihn gilt: Das Private ist politisch» (Schroer, 1996, S. 143). Wirksamkeitskriterien für antirassistische Trainings sollten deshalb vor allem die Veränderung des Mikrobereichs der Macht berücksichtigen. Dies zeigt auch, daß antirassistische Maßnahmen nicht losgelöst vom Alltagsleben durchzuführen sind. Die Einbindung in andere Bildungs-, Informations- und Erziehungskontexte (etwa in der Schule, an den Universitäten oder in Betrieben) ist sinnvoll, weil gesellschaftliche Machtkonstellationen sichtbar und spürbar sind, so daß die Analyse und der Bewußtwerdungsprozeß nicht auf einer abstrakten Ebene verbleiben und damit konkretes Handeln in den Vordergrund tritt.

Wenn auch gesellschaftliche Veränderung das erklärte Ziel ist, so sollte das Selbstverständnis antirassistischer Workshops doch insgesamt etwas bescheidener ausfallen. Sie allein können sicherlich nicht die Grundpfeiler der Gesellschaft versetzen.

Es könnte gerade ein Resultat solchen Nachdenkens die Erkenntnis sein, wie wenig es um Ändern von ‹Einstellungen› geht, den ‹Abbau von Vorurteilen› und Ähnliches. Eine fortdauernde gesellschaftliche Praxis der Diskriminierung und Verfolgung ist sich selbst das beste Argument, und das einzige Gegenargument ist, diese Praxis unmöglich zu machen. Die Kontinuitäten müssen durchbrochen werden, denn sie bringen selbst die ‹Einstellungen› hervor (Reemtsma, 1992, S. 319).

Literatur

AG gegen Rassismus und Antisemitismus in der psychosozialen Versorgung (1995). Thesen zur psychosozialen Arbeit in einer pluralen Gesellschaft. *Verhaltenstherapie & psychosoziale Praxis, 4,* 603–607.

Broek, L. van den (1988). *Am Ende der Weißheit. Vorurteile überwinden.* Berlin: Orlanda.

Cohen, P. (1994). *Verbotene Spiele. Theorie und Praxis antirassistischer Erziehung.* Hamburg: Argument.

Hall, St. (1994). *Rassismus und kulturelle Identität. Ausgewählte Schriften 2.* Hamburg: Argument.

Hall, St. (1996). Einige «politisch nicht korrekte» Pfade durch PC. *Das Argument, 213,* 71–82.

Haug, W. F. (1992). Zur Dialektik des Anti-Rassismus. Erkundungen auf einem Feld voller Fallstricke. *Argument-Sonderband 201* (Rassismus und Migration in Europa). Hamburg: Argument.

Hautzinger et al. (1989). *Kognitive Verhaltenstherapie bei Depressionen.* Weinheim/München: Springer.

Heppekausen, J. (1995). Antirassistische Theaterworkshops. In P. Wlecklik (Hrsg.), *Frauen und Rechtsextremismus* (S. 140–153). Göttingen: Lamuv.

Herkner, W. (1975). *Einführung in die Sozialpsychologie.* Stuttgart: Huber.

Hinz-Rommel, W. (1994). *Interkulturelle Kompetenz.* Münster/New York: Waxmann.

Holzkamp, K. (1994). Antirassistische Erziehung als Änderung rassistischer «Einstellungen»? – Funktionskritik und subjektwissenschaftliche Alternative. In S. Jäger (Hrsg.), *Anti-rassistische Praxen. Konzepte – Erfahrungen – Forschung* (S. 8–29). Duisburg: DISS.

Irle, M. (1967). Entstehung und Änderung von sozialen Einstellungen (Attitüden). In F. Merz (Hrsg.), *Bericht über den 25. Kongreß der Deutschen Gesellschaft für Psychologie Münster 1966.* Göttingen.

Kalpaka, A. & Räthzel, N. (1993). Neuere Rassismustheorien. In M. Jafari Gorzini & H. Müller (Hrsg.), *Handbuch zur interkulturellen Arbeit* (S. 303–333). Wiesbaden: WUS.

Kalpaka, A. (1994). Die Hälfte des (geteilten) Himmels. Frauen und Rassismus. In O. Uremovic & G. Oerter (Hrsg.), *Frauen zwischen Grenzen* (S. 33–46). Frankfurt: Campus.

Kampmann, B. (1995). Handlungsebenen und Interventionsstrategien gegen Rassismus. In I. Attia et al. (Hrsg.), *Multikulturelle Gesellschaft – monokulturelle Psychologie?* (S. 248–262). Tübingen: DGVT.

Kongidou, D. & Tsiakolos, G. (1992). Praktische Modelle antirassistischer Arbeit, In R. Leiprecht (Hrsg.), *Unter Anderen. Rassismus und Jugendarbeit* (S. 63–76). Duisburg: DISS.

Mecheril, P. (1996). Auch das noch. Ein handlungsbezogenes Rahmenkonzept interkultureller Beratung. *Verhaltenstherapie & psychosoziale Praxis, 1,* 17–35.

Memmi, A. (1987). *Rassismus*. Frankfurt: Athenäum.
Meulenbelt, A. (1988). *Scheidelinien*. Reinbek bei Hamburg: Rowohlt.
Miles, R. (1989). Bedeutungskonstitution und der Begriff des Rassismus. *Das Argument, 175*, 353–368.
Miles, R. (1991). *Rassismus. Einführung in die Geschichte und Theorie eines Begriffs*. Hamburg: Argument.
Osterkamp, U. (1989). Gesellschaftliche Widersprüche und Rassismus. In O. Autrata et al. (Hrsg.), *Theorien über Rassismus* (S. 113–134). Hamburg: Argument.
Reemtsma, J. P. (1992). Die Falle des Antirassismus. In Ders. (Hrsg.), *u.a. Falun. Reden und Aufsätze* (S. 303–322). Berlin: Edition Tiamat.
Richter, H. E. (1992). Fremdenangst und Fremdenhaß. In J. Collatz (Hrsg.), *Was macht Migranten in Deutschland krank?* (S. 24–34). Hamburg: ebv-Rissen.
Rommelspacher, B. (1995). *Dominanzkultur. Texte zu Fremdheit und Macht*. Berlin: Orlanda.
Schroer, M. (1996). Ethos des Widerstands. Michel Foucaults postmoderne Utopie der Lebenskunst. In R. Eickelpasch & A. Nassehi (Hrsg.), *Utopie und Moderne* (S. 136–169). Frankfurt: Suhrkamp.
Sontag, S. (1981). *Krankheit als Metapher*. Frankfurt: Fischer.
Teo, T. (1995). Rassismus: Eine psychologisch relevante Begriffsanalyse. *Journal für Psychologie, 3*, 24–32.
Thürmer-Rohr, C. (1994). *Verlorene Narrenfreiheit*. Berlin: Orlanda.

Iman Attia

Antirassistisch oder interkulturell? Sozialwissenschaftliche Handlungskonzepte im Kontext von Migration, Kultur und Rassismus

Seit Ende der 80er Jahre ist ein langsamer Wandel in der deutschsprachigen sozialwissenschaftlichen Diskussion über den Umgang mit Migration, Fremdheit und Rassismus zu verzeichnen. Bis dahin fand in der psychosozialen Praxis keine nennenswerte Auseinandersetzung mit diesen Themen statt. Vielmehr bemühten sich Pädagogen seit Anfang der 70er Jahre im Rahmen der eigens dafür eingerichteten «Ausländerarbeit» darum, Eingewanderte und ihre Kinder kulturell an die deutsche Gesellschaft anzupassen. Eine Wende in den pädagogischen und psychologischen Diskussionen wurde durch den Protest der Eingewanderten ausgelöst, der sich gegen die in diesen Zugangsweisen enthaltene Abwertung und Ausgrenzung ihrer Kulturen wendete. Diese hingen wesentlich mit der Verstrickung von Pädagogen und Psychologen in rassistische Diskurse zusammen und haben nach wie vor ihren Einfluß auf Konzepte, die sich unter Mißachtung von Machtverhältnissen von der Vorstellung leiten lassen, ein bloßer Kulturaustausch trage zum Abbau von Rassismus bei.

Die Auseinandersetzung mit Rassismus fällt in Deutschland mit dem «Ende der Nachkriegsära» zusammen. Der gewalttätige und pogromartige Rassismus gegen Minderheiten [1] im Anschluß an die deutsche Vereinigung schien die Zurkenntnisnahme auch von latentem und alltäglichem Rassismus zu ermöglichen. Es wurde immer deutlicher, daß weder die «ausländerpädagogische» Zuwendung noch das Ignorieren der «multikulturellen» Gesellschaft sinnvoll waren. In der Diskussion kristallisierten sich zwei Richtungen heraus, die auch in den USA und in anderen europäischen Ländern üblich sind, welche auf dem Konzept der «Kultur» oder auf dem des «Rassismus» beruhen. Die Vertreter der trans- und interkulturellen Konzepte und jene der antirassistischen Ansätze nehmen jedoch die Arbeiten der jeweils anderen Seite in der Regel nicht zur Kenntnis. Bis auf einige Ausnahmen, die aber entweder Widersprüche verwischend zu harmonisieren versuchen oder trotz Übereinstimmungen die gänzliche Irrelevanz des je anderen Ansatzes postulieren, bleibt eine konstruktive Auseinandersetzung zwischen beiden Diskurssträngen aus. Für eine kritische Analyse der derzeit diskutierten sozialwissenschaftlichen Handlungskonzepte[2] mit dem Ziel, beide Ansätze auf ihre Brauchbarkeit hin zu überprüfen, sollen folgende Kriterien herangezogen werden:

- Welche Situationsbeschreibung liegt dem jeweiligen Konzept zugrunde? Was wird als Problem definiert?
- Welchem Ziel verpflichtet sich das Konzept? Was soll verändert werden?
- Welche Mittel werden als adäquat empfohlen? Wie soll verändert werden?
- An wen richtet sich das Konzept? Wer soll verändern, und wer soll verändert werden?
- Aus wessen Perspektive und in wessen Interesse wird geforscht, entworfen und gehandelt? Wem nützt das Konzept?

Interkulturelle Handlungskonzepte

Im Zuge der theoretischen Ablösung der Ausländerarbeit durch interkulturelle Handlungskonzepte (vgl. Niekrawitz, 1991) wurde versucht, die Kritik an ihr in der Weiterentwicklung bzw. Neukonzipierung der Ansätze zum Umgang mit Migration zu verarbeiten. Richtete sich die Ausländerarbeit noch einseitig an «Ausländer», die in die deutsche Gesellschaft eingepaßt werden sollten, so wenden sich interkulturelle Konzepte an «Eingewanderte» und «Deutsche» und verstehen sich als Beitrag zur Anerkenntnis und Gestaltung der multikulturellen Gesellschaft.

Interkulturelle Überlegungen setzen bei der Annahme kultureller Unterschiede zwischen Menschen an, die durch die Migration sichtbar und in der damit einhergehenden Konfrontation der Kulturen problematisch werden. Dabei wird in erster Linie die Entwicklung der Kinder von Eingewanderten thematisiert. Diese müßten sowohl den Anforderungen der Aufnahmegesellschaft gerecht werden als auch die durch die Herkunftskultur geprägten Werte, Lebensentwürfe und Gewohnheiten berücksichtigen. Die professionellen Bemühungen richten sich dabei an die Eingewanderten selbst, die in der so verstandenen Entwicklung unterstützt werden sollen, wie auch an die Einheimischen, die angeleitet werden, Verständnis für die Situation der anderen aufzubringen und die Kulturen der Eingewanderten zu tolerieren.

Fremdheit

In interkulturellen Ansätzen wird angenommen, daß in der Begegnung zwischen Einheimischen und Eingewanderten aufgrund kultureller Prägung Fremdheitserfahrungen eine große Rolle spielten und Irritationen im Verhältnis zueinander normal seien. Um aber zu verhindern, daß aus der Irritation «Fremdenfeindlichkeit» entstehe, müßten Einheimische und Eingewanderte sich einander annähern und die Fremdheit überwinden. Fremdheit wird hier als beidseitiges Empfinden angenommen, wobei davon ausgegangen wird, daß sich vor allem Eingewanderte (sowie ihre Kinder und Enkel) im Einwanderungsland fremd fühlten. Da aber gerade Eingewanderte mit Einheimischen täglich in Kontakt stehen und es lediglich Mehrheitsangehörigen möglich ist, sich weitestgehend von Minderheiten abzugrenzen, handelt es sich vor allem um Mehrheitsangehörige, die Fremdheit erleben. Unbewältigte Fremdheitserfahrungen sind demzufolge vorrangig ein Problem der Einheimischen.

Exemplarisch für einen kulturbezogenen Ansatz wird häufig Leyer (1991) zitiert. Im Zusammenhang mit ihrer psychotherapeutischen Praxis plädiert sie für eine «Annäherung an die Fremden» (ebd., S. 16). Um mit den Nachkommen der Eingewanderten aus der Türkei in der zweiten und dritten Generation arbeiten zu können, empfiehlt sie, «Grundkenntnisse» über die Türkei einzuholen. Diese seien «für das Verständnis und für die psychotherapeutische Praxis mit türkischen Patienten und Familien unentbehrlich» (ebd., S. 24). Da sie annimmt, daß «zwei Drittel der türkischen Migranten in der Bundesrepublik ursprünglich aus anatolischen Dörfern stammen», schließt sie, daß die «Einstellungen und Verhaltensweisen also noch in diesem dörflich-familiären Lebensraum gewachsen [sind]» (ebd., S. 25). Indem sie sich mit «der türkischen Kultur» beschäftigt, meint sie, Fremdheit überwinden und angemessen auf die Bedürfnisse ihrer Patienten eingehen zu können.

In der Arbeit mit Patienten, die Leyer vor allem als «Türken» wahrnimmt, empfindet sie Fremdheit. Mit ihrer Definition der anderen als Türken und der Beziehung als fremd engt sie von vornherein ihre eigenen Handlungsmöglichkeiten wie auch die ihrer Klienten ein. Leyer erkennt nicht, daß ihre Sicht der Situation nicht zwangsläufig die der Eingewanderten sein muß, sondern verallgemeinert ihre Irritation zum sogenannten Kulturkonflikt und macht ihn zu der zentralen, problematischen Erfahrung von Minderheiten. In dieser Konstellation wird nun tatsächlich Fremdheit auch für Minderheitenangehörige relevant: Aufgrund der Zuschreibung als «Fremde» werden sie ausgegrenzt und erfahren ihrerseits Fremdheit. Anstatt jene Konflikte zu bearbeiten, mit denen der Patient sich an sie wendete, steht nun der von der Therapeutin initiierte Konflikt im Vordergrund.

Indem das eigene Interesse an der Thematisierung des anderen nicht expliziert und reflektiert wird, bleibt der Blick auf die «fremde Kultur» im Eigenen verhaftet, die eigenen Probleme werden nicht als solche erkannt, sondern im Fremden verortet. Wenn aber im interkulturellen Kontext eine Auseinandersetzung mit dem eigenen Fremdheitsempfinden stattfindet, werden üblicherweise im Bemühen, die Bedeutung «des Fremden» für «das Eigene» zu analysieren, die gängigen Klischees über Fremde reproduziert (vgl. Kristeva, 1990). Es wird dann nicht mehr danach gefragt, ob das, was an anderen als fremd empfunden wird, ihnen tatsächlich eigen ist oder wie und warum andere zu Fremden werden. In diesem Kontext interessiert allein, warum «das Fremde» bestimmte Gefühle auslöst und welche Bedeutung es für «das Eigene» hat. Der Konstruktionscharakter «des Fremden» wird damit außer acht gelassen und «das Fremde» als schlechthin gegeben angenommen. Als Projektion eigener Wünsche, Ängste etc. verstanden, geraten zudem gesellschaftliche Dimensionen aus dem Blick. Das «Fremde» wird als Teil des «Eigenen» einverleibt. Die «Fremden» – nun als Teil des eigenen Selbst – können selektiv und voyeuristisch unter die Lupe genommen werden. Die Einheimischen bemächtigen sich als Experten für das Fremde – jenes in sich und an anderen. Erneut rücken die Minderheiten ins Blickfeld, diesmal nicht, um sich ihnen anzunähern, sondern um sich mit sich selbst intensiver zu beschäftigen.

Minderheiten/-kulturen werden derart auf exotistische Elemente reduziert. Aus ihrem Kontext herausgelöst, können sie aber auch als Bereicherung der eigenen Normalität dienen: Fremde Elemente werden in den eigenen Alltag hereingeholt, indem sie mehr oder weniger willkürlich von ihren gesellschaftlichen Bezügen getrennt und auch nicht mit dem neuen Kontext verwoben werden (vgl. van Quekelberghe, 1991). Sie werden additiv den bisherigen Gewohnheiten hinzugefügt, ohne daß diese neuen Elemente die bisherige Lebenspraxis im wesentlichen verändern.

Kulturdifferenz

Dieser Beliebigkeit im Ge- und Verbrauch anderer Kulturen steht die völlige Abstinenz in bezug auf die Vermischung mit fremden Kulturelementen gegenüber. Bedienen sich die einen nach Belieben, so halten die anderen eine Verknüpfung unterschiedlicher Kulturelemente wegen ihrer grundsätzlichen Unvereinbarkeit für absolut unmöglich. Im Zusammenhang mit Gesundheits- und Gesellschaftskonzepten lehnt Erdheim (1993) eine Verbindung von kulturellen Zugangsweisen vehement ab: «Mir geht es vielmehr darum, vor der Vermischung von zwei grundsätzlich verschiedenen Ordnungen zu warnen» (ebd., S. 88). Er hält an einem Kulturkonzept fest, das kulturellen Wandel durch gegenseitige Beeinflussung ausschließt. Das hier zugrundeliegende und für interkulturelle Ansätze übliche statische Verständnis von Kultur konserviert Kulturen und hält Menschen in ihnen gefangen. Jede tatsächliche Interkulturalität muß dann als abnorm oder pathologisch stigmatisiert werden.

«Kultur» als durch Handeln immer wieder neu entstehende Praxis von Menschen(-gruppen), die sich ihre gesellschaftlichen Lebensbedingungen verändernd aneignen (vgl. Clarke et al., 1979, S. 40f), gerät in interkulturellen Kontexten aus dem Blick. Auf dem Hintergrund eines statischen und geschlossenen Kulturbegriffs verwundert es nicht, wenn die (vermeintlich) anatolische Kultur bemüht wird, um das Leben der Enkelkinder von Eingewanderten in Berlin zu verstehen. Zuweilen werden in interkulturellen Ansätzen die Herkunftskulturen der Eingewanderten und die des Einwanderungslandes um eine dritte Kultur erweitert. Die erste, die Herkunftskultur der Eltern, wird nicht mehr als «rückständig», sondern als «traditionell» bezeichnet, die ihre Berechtigung habe, allerdings nicht im «modernen» Deutschland. Die zweite Kultur, die der Aufnahmegesellschaft, gilt weiterhin als die geeignete Form der Auseinandersetzung mit «modernen» Anforderungen. Hinzugekommen ist nun eine dritte Kultur, die der Einwandererkinder, die zwischen zwei Kulturen eine dritte entwickelten, die «noch» Bezüge zur «traditionellen» Kultur habe, aber «bereits nach vorn» orientiert sei (vgl. Auernheimer, 1995). Abgesehen von der Bewertung der unterschiedlichen Kulturen bemühen sich interkulturelle Professionelle trotz Annahme einer eigenen «Migrantenkinderkultur» nicht, diese nachzuvollziehen. Immer noch beschäftigen sie sich vorrangig mit der – zurechtkonstruierten – Kultur des Herkunftslandes der (Groß-)Eltern.

Leyer (1991, S. 150) beispielsweise versucht, die Bedeutung von Ehe und Kindern für Eingewanderte aus der Türkei letztlich mit «der türkischen Kultur» nachzuvollziehen. Sie erklärt die hohe Verheiratungsrate ihrer «türkischen» Klientel damit, daß die Ehe in der Türkei eine hohe Bedeutung habe. Gleichzeitig begründet sie die Kinderlosigkeit einiger Paare damit, daß durch deutsche Ausländergesetze nachziehende Ehepartner Wartezeiten erfüllen müßten; eigentlich würden sich alle «Türken» Kinder wünschen. Leyer läßt allerdings außer acht, daß auch die hohe Heiratsrate durch die Ausländergesetze verursacht sein könnte und daß eventuell andere als die angeführten Gründe eine Rolle für die Kinderlosigkeit der Partner spielen, diese z. B. gewünscht ist. Leyers «Grundkenntnis» über «die türkische Kultur» kann diese Erklärungen nicht zulassen. Statt dessen gelingt es ihr in beiden Fällen, «die türkische Kultur» als das entscheidende Moment für die Verhaltensweisen von

Minderheiten festzuschreiben. Widersprüche zwischen der vermuteten «Kultur» und wahrgenommenen Lebensweisen glättet sie damit, daß deutsche Gesetze Einwanderer in der Ausübung ihrer eigentlichen Kultur behinderten. Gesellschaftliche Verhältnisse, deren Zurkenntnisnahme dem Verständnis der Lebenssituationen von Minderheiten tatsächlich dienen könnten, werden hier selektiv hinzugezogen und dann auch nur, um ihre eigentliche Bedeutungslosigkeit zu belegen. Im Grunde sind die Enkel der Eingewanderten immer noch vor allem «Türken».

Die Kulturalisierung von Minderheitenangehörigen geht hier auch mit einer Psychologisierung von Lebensformen einher. Politische und gesellschaftliche Umstände werden ausgeblendet. So erklärt sich Leyer die hohe Arbeitsbelastung Eingewanderter damit, daß für sie Arbeit identitätsstiftend sei und sie sich deswegen selbst ausbeuten würden (ebd., S. 130). Auch hier zieht Leyer nicht in Betracht, daß die hohe Belastung mit der Ausbeutung der Arbeitskräfte (durch andere) in Kombination mit Ausländergesetzen zu tun haben könnte. Psychologisierung und Kulturalisierung führen hier dazu, gesellschaftliche Macht- und Ausbeutungsverhältnisse zu ignorieren und damit zu bestätigen. Minderheiten, die sich widerständig oder schützend dagegen auflehnen, z. B. indem sie vorsichtig im Kontakt mit Einheimischen geworden sind, weil sie zu häufig Diskriminierungen durch sie erfahren haben, bescheinigt Leyer «Spaltungen» (ebd., S. 254) und hält ihre «Schuldzuweisungen» (ebd., S. 254) für ungerechtfertigt. Die Auseinandersetzung mit Rassismuserfahrungen wird nicht nur nicht gefördert, sondern bereits die Wahrnehmung und Thematisierung von Rassismus wird pathologisiert und als «umgekehrte Diskriminierung» oder «Kulturkonflikt» abgewehrt.

Auch Auernheimer (1995) versucht, sich und anderen die Kulturen von Minderheiten näherzubringen. Obwohl er vom Modell der dritten Kultur der Eingewanderten ausgeht, bemüht auch er sich lediglich um ein Verstehen der Herkunftskulturen. Hierzu beschreibt er auf wenigen Seiten und mit Hilfe altbekannter Klischees «die Kultur» von «ausländischen Arbeiterfamilien» und «Aussiedlerfamilien», die er beide als nationale begreift und als «traditionelle» für miteinander vergleichbar hält. Sinti und Roma ordnet er den «autochthonen Minderheiten» zu.

Damit versteht er sie immerhin und im Gegensatz zu den beiden anderen Gruppen als Teil der bundesdeutschen Gesellschaft. Aber auch sie belegt er aufgrund ihrer «Tradition» mit den traditionellen Stereotypen. Bei der Charakterisierung von Juden als «autochthoner Minderheit» hält er sich allerdings zurück: «Es wäre vermessen, hier auf knappem Raum über die Juden und die jüdische Kultur in Deutschland informieren zu wollen» (ebd., S. 78). Die Aufteilung in ausländische und inländische Minderheiten, ihre Abgrenzung und Eingrenzung untereinander und im Vergleich zu seiner eigenen Zugehörigkeit folgt historischen und gesellschaftlichen Konstruktionsprozessen. Auernheimer reproduziert sie als tatsächlich gegebene.

Toleranz

Hatten die Vertreter der Ausländerarbeit die Kulturen der Eingewanderten offen für rückständig gehalten und nicht weiter berücksichtigt, so hebt der interkulturelle Ansatz diese Kulturen in ihrer Berechtigung für andere hervor. Bei genauerem Hinsehen wird jedoch deutlich, daß auch hier die Bewertung der Kulturen durch die Ausländerarbeit fortgeschrieben wird: So spricht Auernheimer von «modernen Orientierungen» einerseits, «sehr traditionellen Einstellungen», die «noch fortbestehen», andererseits. Da diese «Traditionalismen» sich vor allem «im privaten Bereich» «erhielten», könnten sie aber toleriert werden (1995, S. 120). Diese Großzügigkeit deutet darauf hin, wie abhängig die Berechtigung der «fremden Kulturen» vom Wohlwollen und der Toleranz der Mehrheit ist. Die These vom gleichberechtigten Nebeneinander verschiedener Kulturen entlarvt sich hier als Strategie, die eigene Überlegenheitsposition unhinterfragt und den Dominanzanspruch westlicher Kulturen und Gesellschaften unbehelligt zu lassen.

Integration

Mit ihrem Konzept der Integration beabsichtigen Vertreter der interkulturellen Ansätze, Minderheiten in die deutsche Gesellschaft einzubinden, ohne sie zur Aufgabe «ihrer Herkunftskultur» zu drängen. Private

«Traditionalismen» könnten toleriert werden. Allerdings erfordere das Leben in einem «modernen» Land die Förderung der Eingewanderten in der Weise, daß sie sich im wesentlichen jenen Verhaltensweisen anpassen, die hier notwendig seien. Damit wird Minderheitenangehörigen die Möglichkeit genommen, der eigenen Situation angemessene Wege zu finden.

Mit dem Ziel der Integration greift Prengel (1993) in ihrem interkulturellen Ansatz explizit auf die Ausländerarbeit zurück: «solche assimilierend-kompensatorischen Bemühungen um einwandernde Kinder sind keineswegs Vergangenheit, sondern dauern an, sie sind meines Erachtens bis zu einem gewissen Grad auch unerläßlich für die Lebensbewältigung in der hiesigen Gesellschaft» (ebd., S. 76). Eingewanderte vermeintlich in ihrem eigenen Interesse zu einer Assimilierung an jene Gesellschaft zu veranlassen, die sie herabsetzt und ausgrenzt, macht deutlich, wie wenig solche Ansätze die Perspektive von diskriminierten Minderheiten zur Kenntnis nehmen. Eingewanderte erleben, daß sie auch dann nicht anerkannt werden, wenn sie sich weitestgehend anpassen. Als Folge der Forderung von Einheimischen, sich an deutsche Verhältnisse anzupassen, ohne gleichzeitig die Veränderung deutscher Verhältnisse voranzutreiben, werden vor allem Jugendliche in einen Kulturkonflikt gestürzt, der mit der vielbeschworenen «Unvereinbarkeit der Kulturen» nichts zu tun hat, allerdings aber mit dem Glauben an die Unvereinbarkeit einer «fortschrittlichen Kultur» mit «rückschrittlichen Traditionen». Die Annahme, daß nur eigene kulturelle Normalitäten geeignet seien, die «hiesige Gesellschaft» zu bewältigen, geht von der Vorstellung einer zwangsläufigen Entwicklung aus und schließt andere als die gefundenen Wege als mögliche aus. Minderheitenangehörige werden damit in ihren eigenen Bemühungen behindert, sich in der bundesdeutschen Gesellschaft aktiv und verändernd einzuleben.

Auch Leyer (1991) hält eine Anpassung an deutsche Umgangsformen für notwendig, und auch sie meint, sich zum Wohl der Eingewanderten einzusetzen. So verortet sie die Ursache für die von ihr diagnostizierte fehlende Fähigkeit der Eingewanderten zur Konfliktbewältigung «in der Sozialisation der Emigranten, die keine Autonomie, Eigenständigkeit und Kreativität förderte» (ebd., S. 41). Weder scheint Leyer aufzufallen, daß nicht alle Eingewanderten psychotherapeutische Hilfe benötigen, noch kann sie mit dieser Einstellung wahrnehmen, welche produktiven Konfliktbewältigungsmöglichkeiten in Einwanderungsgemeinschaften entstehen (vgl. Kalpaka & Räthzel, 1990). Gerade in der Entwicklung neuer Fähigkeiten, die weder Umgangsformen aus der Herkunftsgesellschaft unmodifiziert transportieren noch jene der Aufnahmegesellschaft unreflektiert übernehmen, werden die von Leyer vermißten Eigenschaften – Autonomie, Eigenständigkeit und Kreativität – deutlich. Offensichtlich ist für sie aber die Fähigkeit zur Konfliktbewältigung an «deutsche» Lösungen gebunden, ergänzt durch ein «periodisches Eintauchen der ganzen Familie in die Herkunftsgemeinde, [um] das Gefühl für die eigene Herkunft und Eigenart lebendig» (Leyer, 1991, S. 40) zu halten. Auf dem Hintergrund ihres statischen Kulturbegriffs ist es ihr nicht möglich, Dynamik und Wandel im Leben der Eingewanderten wahrzunehmen.

Kulturelle Reflexion

In interkulturellen Ansätzen fällt die Konzentration auf die vermeintlich fremden Kulturen auf, obwohl immer wieder betont wird, beide Seiten sollten sich reflektieren, andere verstehen und tolerieren lernen. So fehlt in Auernheimers (1995) Beschreibung der Kulturen jene der autochthonen Mehrheit ganz. Die Vermutung liegt nahe, daß es ihm weder möglich war, seine eigene kulturelle Zugehörigkeit in gleicher Weise klischeehaft wie die der Minderheiten darzustellen, noch auf eine angemessene Weise die kulturelle Eingebundenheit von Mehrheitsangehörigen zu reflektieren. Auch differenzierte Auseinandersetzungen mit anderen Kulturen und dem Interesse der Mehrheit an Minderheitenkulturen fehlen. Ohne sich seines subjektiven und interessegeleiteten Blicks auf die anderen bewußt zu sein, hebt Auernheimer bei diesen vor allen Dingen jene «Kulturelemente» hervor, die auf seinem eigenen, nicht explizierten Hintergrund von Bedeutung sind.

Den Professionellen der Mehrheit scheint die Explizierung ihrer eigenen Kultur ebensowenig möglich wie interessant. Vielleicht scheuen sie sich aber auch davor, sich mit ihrer kulturellen Gewordenheit kritisch auseinanderzusetzen, denn bereits das Eingeständnis, deutsch zu sein, wird häufig mit einem Bekenntnis zu Faschismus und Nationalismus gleichgesetzt. Zu meinen, nicht deutsch zu sein, weil man nicht deutsch sein will, versperrt aber die kritische Auseinandersetzung mit der eigenen Kultur und damit auch mit jenen Elementen in ihr, die mit der Ausgrenzung, Degradierung und Ausbeutung anderer sowie mit dem Glauben an die eigene Höherwertigkeit und Überlegenheit verwoben sind (vgl. kritisch Rommelspacher, 1995). Indem Mehrheits-Professionelle jeden Zweifel an ihren eigenen Normalisierungsanstrengungen abwehren (vgl. kritisch Kalpaka & Räthzel, 1990, S. 40), verschließen sie sich selbst der Möglichkeit, neue Erfahrungen zu machen, andere Umgangsformen zu erproben und ihr Handlungsrepertoire zu erweitern.

Pädagogen und Psychologen, die ihr eigenes Interesse an den bestehenden Machtverhältnissen leugnen oder gar nicht erst wahrnehmen, stellen diskriminierende kulturelle Praxen nicht in Frage, sondern tragen zu ihrer Stabilisierung bei, nicht zuletzt, indem sie Diskriminierte zur Übernahme der sie diskriminierenden Kultur veranlassen. Statt der eigenen stehen die «Kulturen» der anderen zur Disposition. Was an den anderen nicht gefällt, wird – auch gegen ihren Willen – zum Gegenstand professioneller Eingriffe (vgl. Prengel, 1993, S. 92). Die Kritik an derartigen Zumutungen vorwegnehmend, wird in bezug auf die eigene Gruppe abgewehrt: «Menschen aus allen Kulturen wollen sich schützen vor Verletzungen und Mißachtung» (ebd., S. 94). Dies gilt allerdings nur für Mehrheitsangehörige, dagegen «sollen die Angehörigen von Minderheiten nicht nur Verständnis und Wohlwollen erfahren, sondern wirklich in ihrem Bildungsprozeß gefördert werden» (Auernheimer, 1995, S. 34).

Reflexion der Dominanz

Einen alternativen Ansatz innerhalb der interkulturellen Handlungskonzepte, in dessen Mittelpunkt die Auseinandersetzung mit westeuropäischen Kulturkonzepten und die Selbstreflexion von Mehrheitsangehörigen steht, hat Nestvogel (1991) erarbeitet. Sie geht davon aus, «daß Ethnozentrismus Bestandteil unserer (europäischen) Sozialisation ist» (ebd., S. 87), «daß es sich bei Ethnozentrismus um eine grundlegende Einstellung handelt, die im Laufe der Sozialisationsprozesse erworben wird und das Wertesystem wie auch das Handeln bestimmt» (ebd., S. 100). Mit dem Ziel der «Akzeptanz einer kulturellen Vielfalt auf der Basis von Gleichwertigkeit» (ebd., S. 101) schlägt sie vor, den Schritt von einem bloßen Erwerb von Gewohnheiten hin zu einer kulturellen Selbstreflexion zu gehen, um zu «erkennen, daß wir es sind, die die Welt konstruieren, daß sie unterschiedlich konstruiert werden kann [...]. Interkulturelle Begegnung, Lernen von fremden Kulturen reicht hierzu nicht aus, es sei denn, ich lasse mich darauf ein, meiner Selbstverständlichkeiten beraubt zu werden, ohne gleich neue zu konstruieren» (S. 108). Im Vordergrund stehen dabei «Aspekte kultureller Selbstanalyse oder -reflexion [...] wie Bewußtmachung verinnerlichter kultureller Traditionen, [...] Bewußtmachung abendländischer Höherwertigkeitsvorstellungen, [...] und Bewußtmachung von Ausgrenzungsprozessen» (ebd., S. 104f).

Auch bei Nestvogel steht also die Auseinandersetzung mit Kultur im Vordergrund, allerdings mit jener Kultur, die Menschen anderer kultureller oder ethnischer Zugehörigkeit Lebens- und Entfaltungsmöglichkeiten verwehrt. Anders als in interkulturellen Konzepten sonst üblich, stellt sie die dominante Perspektive zur Disposition.

Interkulturelle Ansätze: Zusammenfassung und Ausblick

Interkulturelle Handlungsansätze gehen von der Annahme unterschiedlicher, in sich geschlossener Kulturen aus. Durch die Migration träfen verschiedene Kulturen aufeinander und lösten Fremdheitsgefühle aus. Würden die Fremdheitserfahrungen nicht bearbeitet und die Unterschiedlichkeit der Kulturen nicht toleriert, träten Konflikte auf. Diese könnten sich in einer Person als Kulturkonflikt oder zwischen Personen als interkulturelle Konflikte manifestieren. Minderheitenangehörige müßten deshalb darin unterstützt werden, sich in die bundesdeutsche Gesellschaft zu integrieren, indem sie sich reflektierten und im wesentlichen anpaßten. Mehrheitsangehörige dagegen sollten lernen, die privaten Traditionalismen von Minderheiten zu tolerieren. Ziel interkultureller Bemühungen ist die Integration Eingewanderter in die deutsche Gesellschaft, ohne daß sich diese verändert.

Aus der Kritik an der Ausländerarbeit haben interkulturelle Ansätze keine wesentlichen Schlüsse gezogen. Zentrale Elemente sind auch in den neueren Ansätzen zu finden: der statische Kulturbegriff, die hierarchische Bewertung der Kulturen, der paternalistische Zugriff auf Minderheiten, die grundsätzliche Zufriedenheit mit sich selbst, die Individualisierung gesellschaftlicher Verhältnisse. In der Regel gelingt es Vertretern interkultureller Konzepte nicht, ihre eigene kulturelle Zugehörigkeit als dominante zu problematisieren und zu reflektieren. Gerade hierin liegt aber die Chance von Handlungsansätzen, die sich primär mit Kultur beschäftigen. Da jedoch gewöhnlich nicht die eigene Kultur in ihrer historischen und gesellschaftlichen Entwicklung und auch in ihrer Beziehung zu anderen reflektiert wird, sondern die Migration und die Anwesenheit von Minderheiten den Ausgangspunkt für interkulturelle Bemühungen bilden, konzentriert sich die Auseinandersetzung auf das «Fremde», ohne allerdings «die Fremden» tatsächlich in den Mittelpunkt zu rücken. Mehrheitsperspektive und -interessen dominieren weiterhin interkulturelle Handlungskonzepte.

Einige Vertreter interkultureller Ansätze haben Einwände gegen ihr Konzept ernst genommen. Ihre Arbeit kritisch reflektierend, haben sich manche aus der Auseinandersetzung mit dem Thema ganz zurückgezogen und möchten es aus den Handlungswissenschaften ganz verbannt wissen (vgl. Hamburger, 1995). Der ethnischen oder kulturellen Zugehörigkeit von Menschen wird nun jede Bedeutung für ihren Alltag abgesprochen. Die Vernachlässigung ethnischer, kultureller oder religiöser Zugehörigkeiten mißachtet jedoch tatsächliche Unterschiede, die aufgrund dieser Merkmale zustande kommen und mit der Diskriminierung einiger Menschen und der Privilegierung anderer einhergehen.

Antirassistische Handlungskonzepte

Antirassistische Handlungsansätze gehen von einem Machtungleichgewicht zwischen Menschen unterschiedlicher ethnischer, kultureller oder religiöser Zugehörigkeit aus. Der Aspekt kultureller Differenz tritt sowohl in der Analyse als auch in der praktischen Arbeit in den Hintergrund. Antirassistische Ansätze konzentrieren sich auf Machtunterschiede zwischen Menschen. Diese werden damit erklärt, daß Angehörige der dominierenden Mehrheit sich konstituieren als Teil einer Gesellschaft, die vermittelt über ihre kolonialistische Vergangenheit und ihre kapitalistische Gegenwart einen ausbeuterischen Zugang zu Menschen aus Ländern der «Dritten Welt» hat. Die Frage danach, warum Mehrheitsangehörige sich diesen gesellschaftlichen Strukturen anpassen, wird allerdings unterschiedlich beantwortet. Und auch die Handlungskonzepte, die aufgrund der Analysen entwickelt werden differieren stark. Im folgenden sollen verschiedene Konzepte diskutiert werden, die sich selbst der antirassistischen Perspektive zuordnen.

Informationsdefizite

Ein in der Bundesrepublik weitverbreitetes antirassistisches Konzept beruht auf der Arbeit von van den Broek (1988). Mit Hilfe der Analyse von Sozialisationsprozessen beabsichtigt sie, Mehrheitsangehörigen jene Diskrepanz in ihrer Wahrnehmung von Minderheitenangehörigen deutlich zu machen, die sich zwischen Informationen und Gefühlen einerseits und konkreten Erfahrungen andererseits zeigt. Ihrem Konzept zufolge besteht Unterdrückung darin, «daß uns systematisch falsche Informationen und damit ein falsches Bild der Wirklichkeit aufgezwungen werden» (ebd., S. 11). Van den Broek geht davon aus, daß falsche Informationen ursächlich für diskriminierendes Verhalten seien und die Vermittlung richtiger Informationen keine Diskriminierung mehr zulassen werde. Mit dieser These unterscheidet sie sich nur wenig von der interkulturellen Vorstellung, wonach das Kennenlernen fremder Kulturen vor Intoleranz bzw. Rassismus bewahre. Der exotistische und vereinnahmende Bezug auf andere Kulturen wird damit nicht überwunden, und die Abhängigkeit der Minderheiten vom Verständnis der Mehrheit bleibt bestehen. Auch dieser Ansatz setzt also nicht grundsätzlich an der Herabsetzung von Menschen an, deren Lebensweise für Mehrheitsangehörige nicht nachvollziehbar oder sinnvoll erscheint. Das Machtverhältnis zwischen Diskriminierten und Diskriminierenden wird damit reproduziert.

Die Mehrheitsperspektive, in deren Interesse dieser Ansatz entwickelt wurde, wird auch an einem anderen Punkt deutlich. Van den Broek insistiert darauf, Diskriminierende würden weder freiwillig noch absichtlich andere benachteiligen: «Anpassung an Unterdrückung resultiert aus der Notwendigkeit zu überleben und beruht keineswegs auf einer freien Entscheidung des einzelnen» (ebd., S. 11). Sie schlägt deswegen vor, die Begriffe «direkte Zielgruppe und indirekte Zielgruppe anstelle von Unterdrückte und Unterdrücker» (ebd., S. 75) zu verwenden, um «von der einseitigen Sichtweise eines Opfers abzurücken und einander nicht länger als Feind und Gegenpartei zu betrachten, sondern als Bündnispartner anzunähern» (ebd., S. 75). Spätestens an dieser Stelle schlagen die ignoranten Harmonisierungsbemühungen in offenen Zynismus um. Die Intention der von ihr beschriebenen Antirassismus-Workshops zielt auf eine Versöhnung von Tätern und Opfern im Interesse der Täter. Die Bedeutung solch einer Versöhnungsforderung für Diskriminierte diskutiert van den Broek ebensowenig wie die Frage, ob sich Minderheitenangehörige eine Versöhnung mit Menschen wünschen, die ihnen schwerwiegende Verletzungen bis hin zu Morden zufügen, oder auch mit Menschen, die ihnen aufgrund struktureller Machtunterschiede vorgezogen werden. In diesem Ansatz scheinen Diskriminierte das Objekt der Versöhnungswünsche der Täter zu sein.

Merkwürdig verharmlosend sind auch Äußerungen wie: «Hinter jeder rassistischen Äußerung steckt eine ‹gute Absicht›. [...] Rassisten sind, so mächtig und gewalttätig sie auch sein mögen, Opfer, und in dieser Rolle müssen wir sie sehen» (ebd., S. 100). Van den Broek sieht Mehrheitsangehörige selbst als Opfer, da sie von Minderheiten abhängig seien. «Das Unterdrückte besitzt potentiell die größere Macht, anders müßte es nicht unterdrückt werden» (ebd., S. 11).

Die Täter-Opfer-Umkehrung ist beliebt, weil sie in der Rekrutierung von Klienten eine erfolgreiche Strategie ist, die im Dienst der Entlastung der Täter steht (vgl. kritisch Rommelspacher, 1992). In antirassistischer Tradition bedient sich van den Broek zwar des Machtaspekts, allerdings indem sie die Macht-Ohnmacht-Beziehung umkehrt und den tatsächlichen Opfern mehr Macht zuschreibt als den Tätern. Hier stellt sich die Frage, warum Opfer ein Interesse an ihrer Diskriminierung haben sollten. Indem ihren Überlegungen jegliches Interesse an der Perspektive der Diskriminierten fehlt, verunglimpft van den Broek im Versuch, Täter zur Arbeit an sich selbst zu motivieren, deren Opfer als eigentliche Täter.

Im Konzept van den Broeks verwischen die Unterschiede zwischen Diskriminierenden und Diskriminierten, indem sie alle zu «Opfern» und zu «Bündnispartnern» macht. Solch ein Ansatz trägt – trotz seines antirassistischen Anspruchs – zur Stabilisierung bestehender Machtverhältnisse entlang rassistischer Merkmale bei.

Umverteilung von Macht

Um Rassismus abzubauen, ist es notwendig, die Machtungleichheit zwischen Mehrheit und Minderheiten auszugleichen. Es stellt sich nun die Frage, warum Mehrheitsangehörige ihren Machtvorsprung aufgeben sollten. Im Rahmen interkultureller Herangehensweisen wird Mehrheitsangehörigen ein Zuwachs an (exotistischen) Informationen und Erlebnissen geboten, ohne daß ihre bisherige Lebensweise grundsätzlich in Frage steht. Antirassistische Ansätze haben es mit der Frage der Motivierung von Mehrheitsangehörigen schwerer. Van den Broek (1988) löst das Problem, indem sie Mehrheitsangehörige zu Opfern macht. Statt Machtverhältnisse umzudefinieren, fordern Kongidou und Tsiakolos (1992) ihre Veränderung. Ihnen geht es nicht darum, Mehrheitsangehörige zu motivieren, sich zu überdenken, sondern primär darum, daß sich Minderheitenangehörige ermächtigen. Aufgrund ihrer Analyse, daß «alltäglicher Rassismus vor allem ungleiche Verteilung von Reichtum und Macht» bedeutet, bei der sich die meisten Menschen «aufgrund ihrer Gruppenzugehörigkeit entweder auf der Seite der Gewinner oder auf der Seite der Verlierer finden», folgern sie, daß Antirassismus konsequenterweise die «Umverteilung von Macht und Abbau von Privilegien in vielen Bereichen und auf mehreren Ebenen» (ebd., S. 70) darstellt. Es liegt in der Sache selbst, daß ein solches Konzept bei Mehrheitsangehörigen unbeliebt ist, während van den Broeks Ansatz schnelle Verbreitung gefunden hat.

Einen Mittelweg haben Kalpaka und Räthzel (1990) gefunden. Sie machen diskriminierende Mehrheitsangehörige zwar nicht zu Opfern, allerdings sehen sie in der «freiwilligen Unterwerfung» (ebd., S. 21) und der Einordnung von Mehrheitsangehörigen in Herrschaftsverhältnisse eine Strategie, an der diese zwar interessiert sind, die ihnen aber im Grunde selbst schadet. In der Konfrontation mit Minderheiten wird Mehrheitsangehörigen deutlich, daß es möglich ist, anders zu leben. Damit wird die Sinnhaftigkeit ihres eigenen Lebens in Frage gestellt und ihre eigene Unterordnung in die Verhältnisse als freiwillig gelebte sichtbar. «Daraus entsteht eine Ambivalenz gegenüber den ‹Fremden›: Einerseits zeigen sie die Möglichkeit eines anderen Lebens, Erfahrungen, die man sich versagt hat, andererseits stellen sie gerade diese Versagung in Frage und damit die Selbstverständlichkeit und Stabilität der eigenen Lebensweise» (ebd., S. 40).

Rassistische Einstellungen und Verhaltensweisen werden somit auch für Mehrheitsangehörige schädlich, da sie sich damit nochmals unterordnen, anstatt die Chance zu ergreifen, Verhältnisse zu verändern, die auch sie beherrschen – wenn auch auf eine andere Art und Weise. Diskriminierte und Diskriminierende werden also auch hier zu Bündnispartnern und sollen für dieselbe Sache kämpfen: für mehr Demokratie, gegen staatliche Ausbeutung und Unterdrückung. Entsprechend betonen Kalpaka und Räthzel die Notwendigkeit, sich gemeinsam zu engagieren, vor allem dafür, daß Eingewanderten mehr Rechte eingeräumt werden. Anders als bei Kongidou und Tsiakolos (1992) werden Mehrheitsangehörige hier allerdings nicht aufgefordert, Macht und Privilegien abzugeben, es wird ein Machtzuwachs für alle gefordert. Damit wird die Ermächtigung für Minderheitenangehörige auf eine unbestimmte Zeit verschoben. Sie sind weiterhin – bis zum Erreichen einer besseren Gesellschaft – auf das Wohlwollen der – zumindest derzeit – mächtigeren Mehrheitsangehörigen angewiesen.

Neben den rechtlichen Veränderungen hält Kalpaka (1992) auch eine «Arbeit mit Deutschen» (ebd., S. 100) für unerläßlich. Mit dem Ziel der Beseitigung von «Hindernissen auf dem Weg eines gleichberechtigten Zusammenlebens von ethnischen Minderheiten und Mehrheit» (ebd., S. 101) plädiert sie für die Bearbeitung der «Rassismen, die sich wie ein roter Faden durch alle Ebenen des gesellschaftlichen und politischen Lebens hier ziehen und auch Bestandteil der eigenen Selbstverständlichkeiten und Kulturen geworden sind» (ebd., S. 101). Ähnlich wie Nestvogel mißt auch Kalpaka der kulturellen Selbstreflexion eine große Bedeutung zu. Die beiden Ansätze unterscheiden sich jedoch darin, daß bei Nestvogel die «abendländischen Höherwertigkeitsvorstellungen» (1991, S. 104), das kulturelle Selbstverständnis die Ursache von Macht ist, während für Kalpaka umgekehrt das gesellschaftliche Machtverhältnis verantwortlich ist für die eigene kulturelle Verortung als höherstehend. Macht und Kultur werden also in beiden Ansätzen als miteinander verknüpft gedacht, jedoch in ihrer ursächlichen Bedeutung entgegengesetzt definiert.

Der kulturelle Aspekt verschwindet also auch aus diesem antirassistischen Ansatz nicht ganz, die «gleichberechtigte Existenz und Entfaltung der verschiedenen Kulturen» (Kalpaka & Räthzel, 1990, S. 54) ist auch hier ein wesentliches Ziel. Allerdings ist «der Weg dahin ein politischer. Ohne die aktive Teilnahme der EinwandererInnen kann er nicht beschritten werden» (ebd., S. 54). Dabei hat das sogenannte Getto für Minderheitenangehörige eine wichtige Funktion, die «über die Hilfs- und Kommunikationsmöglichkeiten hinaus, seinen BewohnerInnen die Sicherheit und die Kraft zum Widerstand gibt» (ebd., S. 53). Statt Minderheiten veranlassen zu wollen, sich an jene Gesellschaft anzupassen, die sie diskriminiert (vgl. Prengel, 1993), unterstützen Kalpaka und Räthzel (1990) diejenigen Wege, die Minderheiten selbst gefunden haben, um sich vor diskriminierenden Verhältnissen zu schützen und sie aktiv zu verändern. Dabei spielt die Unterstützung durch Menschen, die vergleichbare Erfahrungen machen müssen, eine bedeutende Rolle.

Verarbeitung von Antisemitismus- und Rassismuserfahrungen

Im Rahmen antirassistischer Handlungsansätze steht der Machtaspekt im Vordergrund; Umverteilung von Macht leitet sich daraus als Forderung ab. Wie an der Notwendigkeit einer «Arbeit mit Deutschen» deutlich geworden ist, genügt aber die politische Forderung allein nicht, um tatsächliche Veränderungen herbeizuführen. Auch auf seiten der Minderheiten ist es sinnvoll, zusätzlich zum Ringen um politische Ermächtigung sich selbst zum Thema machen. Minderheiten leben «in einem Erfahrungsklima von Rassismus», das «für die Entwicklung ihres Selbstkonzeptes, ihres Selbstwertgefühls und die Entwicklung ihrer sozialen Handlungsbereitschaft von grundlegender Bedeutung» ist (Mecheril, 1995, S. 103 f). Aus der Auseinandersetzung mit ihren alltäglichen Erfahrungen von Rassismus ziehen Minderheitenangehörige verschiedene Konsequenzen, in denen Mecheril gleichermaßen «Chancen und Risiken» (1994, S. 91) aufgehoben findet. Er wendet sich damit gegen ein Konzept, das die Erfahrung von Migration exotisiert, Rassismuserfahrungen verharmlost oder Menschen, die diese Erfahrungen machen, pathologisiert. Dennoch nehmen Minderheitenangehörige pädagogische, psychosoziale oder therapeutische Hilfe in Anspruch – aufgrund von Rassismuserfahrungen, aber auch aus anderem Anlaß. Damit Klienten in der professionellen Arbeit nicht erneut Rassismuserfahrungen ausgesetzt sind, sondern diese möglicherweise sogar verarbeitet werden, schlägt Mecheril (1995) einige professionelle «Handlungsmaximen» vor. Sie laufen darauf hinaus, die Bedeutung des Rassismus im Leben von Minderheiten anzuerkennen und eine Auseinandersetzung damit zu ermöglichen.

Mit dem Ziel, die Erfahrung von Nationalsozialismus und Antisemitismus zu bearbeiten, wurden eine Reihe von Konzepten entwickelt, die aus der Perspektive der Opfer und in ihrem Interesse stehen. Dabei ist eine Verarbeitung der Erfahrung von Ermordung und Vertreibung von Juden und Jüdinnen im Nationalsozialismus häufig nicht möglich, Verdrängung kann für Überlebende zu einer wichtigen Strategie werden. Von den Folgen des Nationalsozialismus sind aber auch die Nachkommen der Überlebenden betroffen. Ermordung, Verfolgung und Erniedrigung und ihre fehlende Verarbeitung wirken sich psychosozial auf die Überlebenden aus und prägen die nachfolgende Generation. Dabei sieht Manu (1995) einen Unterschied in der Erfahrung und im Erleben der Überlebenden und ihrer Nachkommen darin, «daß letztere sekundär von den Extremtraumatisierungen ihrer Eltern betroffen sind und die KZ-Haft eine imaginäre ist, während die Überlebenden selbst diese Extremtraumatisierungen im KZ real erlebt haben» (ebd., S. 78). Er findet aber auch Gemeinsamkeiten darin, «daß für beide Generationen die Shoah nicht mit Ende des Zweiten Weltkrieges aufhört. Die geschichtliche Erfahrung der Shoah ist ebenfalls Bestandteil des Lebens der Nachkommen» (ebd., S. 78).

Ohne diese Erfahrungen zu verharmlosen, kommt Grünberg (1987) zu dem Schluß, daß die «‹Identität der Verfolgung›» den Nachkommen «eine gewisse Stärke» verleihen kann («sensibler gegenüber Ungerechtigkeiten, Verfolgungen und Unterdrückung») bei gleichzeitigem «Getriebensein [...], bei dem es beinahe nur noch um ein Über-Leben geht» (ebd., S. 504). Der zweiten und dritten Generation ist es trotzdem oft eher möglich, ihre Erfahrungen und die über ihre Eltern und Großeltern vermittelten zu verarbeiten. Dabei sind für sie sowohl die Folgen der Vertreibung und Ermordung bedeutsam als auch ihre eigenen Erlebnisse, die sie im Nachkriegsdeutschland bis heute in bezug auf den Umgang der bundesdeutschen Gesellschaft mit den Verbrechen im Nationalsozialismus sowie in bezug auf den heutigen Antisemitismus machen. Die Verarbeitung dieser Erfahrungen zu unterstützen ist hier ebenso wichtig wie die hoch einzuschätzende Bedeutung von «Gemeinden» als Zusammenschlüssen von Menschen mit gleichen oder ähnlichen Erfahrungen.

Rassismusforschung

Menschen, die Diskriminierungen ausgesetzt sind, müssen sich dazu verhalten. Sie können dies allerdings in verschiedener Weise tun: indem sie das Unaushaltbare zu verdrängen versuchen, indem sie den Kontakt zu ihren Unterdrückern meiden, indem sie sich politisch für die Veränderung der Verhältnisse engagieren, indem sie sich mit ihrer eigenen Entwicklung auseinandersetzen, indem sie bemüht sind, auf die Seite der Gewinner zu wechseln. Um sich vor allem der produktiven Bewältigungsstrategien zu bedienen (die für unterschiedliche Menschen und Situationen ganz verschieden sein können), ist für Minderheiten eine Auseinandersetzung mit Rassismus hilfreich, weil «alltäglicher Rassismus eine ‹signifikante› soziale Erfahrung für die davon betroffenen Menschen» (Essed, 1991, S. 11) ist. Rassismus wird von Minderheiten alltäglich erfahren, weil er von Mehrheitsangehörigen «täglich routinemäßig reproduziert wird» (ebd., S. 17), und zwar auf verschiedenen Ebenen: «durch politische Abhandlungen, durch die Medien und auf dem Bildungssektor», aber auch «bei der Sozialisation in der Familie, bei Gesprächen in der Nachbarschaft, unter Freunden und in anderen ‹privaten› Sphären» (ebd., S. 15).

Essed betont, daß an der Reproduktion von Rassismus alle Mehrheitsangehörigen beteiligt sind, insofern sie Rassismus (auch ihren eigenen) nicht bewußt hinterfragen und die «Überzeugung von einer inhärenten Überlegenheit über andere» (ebd., S. 35) nicht ausdrücklich aufgeben.

Rassismusforschung wird meistens damit begründet, daß das Verhalten und die Einstellungen von Mehrheitsangehörigen und die ihnen zugrundeliegenden Strukturen nachvollzogen werden sollen mit dem Ziel, Rassismus zu überwinden. Rassismusforschung dient aber auch Minderheitenangehörigen, weil sie durch die Analyse der sie diskriminierenden Strukturen, Handlungen und Äußerungen die Bedingungen ihres Alltags offenlegen und damit auch ihre eigene Entwicklung, Lebensumstände, Behinderungen, Zuweisungen, Toleranzgrenzen, Widerstandsformen, Frustrationen etc. einordnen können. «Wissen über Rassismus ist ein Mittel zum Überleben der rassisch-ethnischen Gruppen» (ebd., S. 39). Rassismusforschung als antirassistische Praxis für diskriminierte Minderheiten gewinnt seine Bedeutung im Rahmen pädagogisch-psychologischer Ansätze. Politisch sind andere Konzepte notwendig, die jedoch nicht ohne eine individuelle und soziale Aufarbeitung auskommen.

Antirassistische Ansätze: Zusammenfassung und Ausblick

Antirassistische Handlungskonzepte gehen von einem Machtverhältnis zwischen Angehörigen verschiedener kultureller, religiöser und ethnischer Gruppen aus. Dieses zu reflektieren steht im Mittelpunkt der Ansätze. Dabei legen manche Vertreter besonderen Wert auf die Auseinandersetzung mit der Sozialisation von Diskriminierenden, während andere sich der Verarbeitung von Antisemitismus- und Rassismuserfahrungen von Diskriminierten widmen. Manche Ansätze streben einen Machtzuwachs für alle Menschen an, während andere eine Umverteilung von

Macht und Privilegien zugunsten von Minderheiten für notwendig halten. Allen Ansätzen gemeinsam ist eine relative Vernachlässigung des Kulturaspekts: Während einige Vertreter Kulturunterschiede vollständig ignorieren, betonen andere, daß sie aufgrund unterschiedlicher Lebensverhältnisse zwar vorhanden seien, das zu bewältigende Problem zwischen Mehrheit und Minderheiten jedoch nicht im Unterschied zwischen Kulturen liege, sondern in der Ausgrenzung und Diskriminierung von Minderheiten und damit auch ihrer Kulturen. Entsprechend finden im Rahmen antirassistischer Ansätze nur am Rande Auseinandersetzungen mit diskriminierenden und diskriminierten Kulturen statt.

Ohne diese unterschiedlichen kulturellen Selbst- und Fremdverständnisse zu reflektieren, läuft die antirassistische Arbeit Gefahr, Rassismus als ein von Kultur losgelöstes Thema zu behandeln. Dabei werden zwar die Verstrickungen zwischen Staat, Gesellschaft und Individuen in bezug auf Rassismus in ihrer Bedeutung füreinander und für die eigene Sozialisation wahrgenommen; die Wechselwirkung des Glaubens an die eigene Höherwertigkeit und die Verstrickung in kulturelle Traditionen, die nicht direkt als rassistische erkannt werden, geraten dabei jedoch häufig aus dem Blick. Rassismus wird hier weder aus dem kulturellen Selbstverständnis Europas begriffen, noch wird ein Zusammenhang zwischen der europäischen Expansions-, Vernichtungs- und Herrschaftsgeschichte mit dem kulturellen Selbstverständnis der von ihr geprägten Menschen hergestellt. Weder diejenigen, die im Glauben an die eigene Höherwertigkeit aufwachsen und sich als die Subjekte der Geschichte zu begreifen lernen, noch diejenigen, die von Kindheit an erfahren, daß andere über ihr Leben bestimmen, werden in diesen Ansätzen zu einer antirassistischen Auseinandersetzung mit ihrer kulturellen Sozialisation und mit ihren kulturellen Werten und Normen angeregt.

Antirassistische Arbeit als kulturkritische Reflexion bedeutet für sozialwissenschaftliche Ansätze über die punktuelle Beschäftigung mit offensichtlich rassistischen Einstellungen und Verhaltensweisen hinaus, alle ihre Ziele, Methoden, Inhalte, Prinzipien etc. auf Höherwertigkeitsvorstellungen hin zu untersuchen und zu überarbeiten. Für die psychosoziale und pädagogische Praxis bedeutet diese antirassistisch-kulturelle Arbeit: zu reflektieren, wie der Umstand verarbeitet wird, einer Gruppe anzugehören, die diskriminiert bzw. die diskriminiert wird, und wie sich die aktive Aneignung der gesellschaftlichen Verhältnisse und kulturellen Lebensweisen in sozialen Beziehungen und persönlichen Einstellungen und Verhaltensweisen niederschlägt und sie reproduziert.

Antirassistisch oder interkulturell?

Die hier diskutierten sozialwissenschaftlichen Handlungskonzepte weisen Gemeinsamkeiten und Unterschiede auf. Sie unterscheiden sich bereits in der Problemdefinition voneinander. Wird in interkulturellen Konzepten die Einwanderung als Anfang und Anlaß ihres Einschreitens verstanden, so bemühen sich antirassistische Ansätze um eine Situationsbeschreibung und -veränderung, die an den rassistischen Wurzeln westeuropäischer Selbstverständlichkeiten ansetzen. Bis auf jene Ansätze, die sich explizit und ausschließlich damit beschäftigen, ist ihnen die Vernachlässigung von jüdischen Minderheiten und Antisemitismus der Mehrheit gemeinsam.

Entsprechend den Machtverhältnissen, die auch in den Sozialwissenschaften und in pädagogischen und psychosozialen Praxen ihren Niederschlag finden, sind nur einzelne Ansätze vorzufinden, die auch tatsächlich die Interessen von diskriminierten Minderheiten berücksichtigen oder diese in den Mittelpunkt stellen. Es verwundert nicht, daß gerade diese Ansätze hauptsächlich von betroffenen Professionellen erarbeitet werden. Aber auch Mehrheitsangehörige, die sich als Betroffene auf der anderen Seite dieses Machtverhältnisses reflektieren[3], haben Arbeiten vorgelegt, die, auch wenn sie aus der Perspektive von Mehrheitsangehörigen geschrieben sind, die Diskriminierung von Minderheiten und ihre Überwindung zum Anlaß ihrer Untersuchungen nehmen.

Auffällig ist, daß in der interkulturellen und antirassistischen Arbeit Menschen, die Rassismus erfahren, häufig als zu betroffen gelten, um sich kompetent über ihre Lebenssituation und die sie diskriminierenden Strukturen zu äußern (vgl. Auernheimer, 1995, S. 67), während diejenigen, die sich «objektiv» wähnen, gängige rassistische Klischees auch in ihrer professionellen Arbeit re-/produzieren. Ihre eigene Verstricktheit verstecken sie hinter quasi professionellen Attitüden und können so ihre Interessen mit gesteigerter Macht vertreten.

Die Diskussion, ob nun antirassistische oder interkulturelle Handlungskonzepte eher geeignet sind, die Lebenswelten von Angehörigen der Minderheiten und der Mehrheit zu berücksichtigen, ist auf dem Hintergrund der hier diskutierten Konzepte neu zu formulieren.

Handlungskonzepte lediglich danach zu unterscheiden, ob sie von verschiedenen Kulturen oder von einem Machtungleichgewicht ausgehen, benennt zwar einen wichtigen Aspekt des Verhältnisses der Konzepte zueinander. Dieses Kriterium bezeichnet jedoch nicht hinlänglich die relevanten Unterschiede zwischen den verschiedenen Ansätzen. Am Handlungskonzept von Nestvogel (1991) wird deutlich, daß die Konzentration auf Kultur sinnvoll sein kann, wenn sie eine Reflexion der Kultur der Diskriminierung bedeutet. Dieser Ansatz korrespondiert mit jenem von Kalpaka (1992), die diesbezüglich von einer «Arbeit mit Deutschen» spricht. Die Frage danach, ob erst europäische Kulturen sich als höherwertige konstituierten, bevor sie andere dominierten (Nestvogel, 1991), oder ob die Kultur der Dominanz eine Folge der Einordnung von Subjekten in Herrschaftsverhältnisse ist (Kalpaka, 1992), kann für Theoriediskussionen erkenntnisleitend sein. In bezug auf Handlungskonzepte spielt sie allerdings nur eine marginale Rolle, da in beiden Fällen sowohl eine Auseinandersetzung mit Machtverhältnissen als auch mit der Dominanzkultur für notwendig gehalten wird.

Auch die zum Teil vorgenommene Unterscheidung nach den Zielgruppen der interkulturellen oder antirassistischen Bemühungen sagt nicht viel über ihre Wirksamkeit für die Überwindung und Bewältigung der ausgrenzenden Praktiken aus. Hatte die Ausländerarbeit lediglich die Anpassung der Eingewanderten zum Ziel und Inhalt, so schreiben Leyer (1991), Prengel (1993) und Auernheimer (1995) die gleichen Ziele fort, allerdings indem sie nun außer Mehrheits-Professionellen auch andere Mehrheitsangehörige an der Arbeit an den Minderheiten beteiligen. An ihrem Beispiel konnte gezeigt werden, daß in ihrer Hinwendung zu Angehörigen der Mehrheit wie auch der Minderheiten die Mehrheitsperspektive handlungsleitend ist. Dagegen stehen Ansätze wie jener von Essed (1991) oder von Kongidou und Tsiakolos (1992), die sich zwar auch an beide Gruppen wenden, ihre Konzepte allerdings im Interesse von Minderheiten vorschlagen. Aber auch Ansätze wie jene von Grünberg (1987), Manu (1995) oder Mecheril (1994, 1995), die sich ausschließlich mit Antisemitismus- oder Rassismuserfahrungen von Minderheiten beschäftigen, oder das Konzept von Nestvogel (1991), in deren Mittelpunkt die Selbstreflexion von Mehrheitsangehörigen steht, tun dies ganz dezidiert im Interesse von Diskriminierten.

Indem beide Konzepte vom gleichen Problem ausgehen und die gleichen Ziele verfolgen, können sie durchaus nebeneinander bestehen. Hieran wird auch deutlich, daß Interkulturalität beinhalten kann, auf ein gelingenderes Zusammenleben vorerst getrennt hinzuarbeiten. Dies scheint vor allem deswegen sinnvoll, weil das Aufdecken und die Aufarbeitung der Erfahrung von Erniedrigung und Verletzung auf der einen Seite, das Aufdecken und die Überwindung der Ausübung von Erniedrigung und Verletzung auf der anderen Seite häufig nicht im Beisein oder gar in der Zusammenarbeit mit den jeweiligen Gegenparteien möglich sind.

Am Handlungskonzept von van den Broek (1988) wiederum wird deutlich, daß – ähnlich wie in den Ansätzen von Auernheimer (1995), Prengel (1993) oder Leyer (1991) – auch in antirassistischen Zusammenhängen formulierte Ansätze Rassismus reproduzieren können. Dies ist der Fall, wenn die Perspektive und das Interesse der diskriminierten Gruppen unberücksichtigt bleiben.

Aus diesen Überlegungen heraus schlage ich vor, bei der Diskussion der verschiedenen Handlungsansätze zur Überwindung von Rassismus und Verarbeitung von Rassismuserfahrung den Aspekt des Kulturellen bzw. des Antirassismus nicht unvermittelt gegen- oder nebeneinander zu setzen, sondern zu einem «antikulturrassistischen» Ansatz zu verbinden. Die Verschränkung des «Kultur»- und des «Macht»-Aspekts, die über eine bloße Addition beider Ansätze hinausgeht, kann aber nur dann gelingen, wenn sie die vielschichtigen Interessen und Perspektiven der unterschiedlich Beteiligten an der Kultivierung und Durchsetzung von Rassismus, Antirassismus, Mono-, Multi- und Interkulturalität offenlegt und bearbeitet. Soll die Pluralität der Lebenswelten nicht zu einer Akzeptanz von Diskriminierung verkommen, so muß die Analyse der verschiedenen Interessen und Perspektiven handlungsleitend in die Arbeit mit Angehörigen der Mehrheit und der Minderheiten einbezogen werden. Erst wenn ein Ansatz die herrschende Perspektive verläßt, ist er auch in der Lage, ein Konzept vorzulegen, das zur Veränderung der bestehenden Verhältnisse beiträgt.

Anmerkungen

1 «Mehrheit» und «Minderheiten» beziehen sich nicht auf die Anzahl ihrer Mitglieder, sondern auf ihre gesellschaftliche Stellung als soziale Gruppe.
2 Hier können nur einige wenige Ansätze diskutiert werden. Sie wurden deswegen ausgewählt, weil sie einflußreich innerhalb der jeweiligen Richtung sind und/oder pointiert das zum Ausdruck bringen, was die Konzepte verbindet bzw. von anderen unterscheidet. Wichtige Beiträge zur Entwicklung und Kritik einzelner Ansätze finden sich bei Griese (1984), Frigessi Castelnuovo & Risso (1986), Essed & Mullard (1991).
3 Zum Begriff der Betroffenheit vgl. Rommelspacher (1995).

Literatur

Attia, I., Basqué, M., Kornfeld, U., Magiriba Lwanga, G., Rommelspacher, B., Teimoori, P. & Vogelmann, S. & Wachendorfer, U. (Hrsg.) (1995). *Multikulturelle Gesellschaft – Monokulturelle Psychologie? Antisemitismus und Rassismus in der psychosozialen Arbeit*. Tübingen: DGVT.
Auernheimer, G. (1995). *Einführung in die interkulturelle Erziehung*. Darmstadt: Wissenschaftliche Buchgesellschaft.
Broek, L. van den (1988). *Am Ende der Weißheit. Vorurteile überwinden. Ein Handbuch*. Berlin: Orlanda.
Clarke, J., Hall, St., Jefferson, T. & Roberts, B. (1979). Subkulturen, Kulturen und Klasse. In J. Clarke et al., *Jugendkultur als Widerstand. Milieus, Rituale, Provokationen* (S. 39–131). Frankfurt: Syndikat.
Erdheim, M. (1993). Therapie und Kultur. Zur gesellschaftlichen Produktion von Gesundheits- und Krankheitsvorstellungen. In J. Sippel-Süsse & C. Wegeler (Red.), *Ethnopsychoanalyse 3. Körper, Krankheit und Kultur* (S. 75–89). Frankfurt: Brandes & Apsel.
Essed, Ph. (1991). Die Niederländer als Alltagsproblem – Einige Anmerkungen zum Charakter des Weißen Rassismus. In: Ph. Essed & Ch. Mullard, a. a. O. (S. 11–44).
Essed, Ph. & Mullard, Ch. (1991). *Antirassistische Erziehung. Grundlagen und Überlegungen für eine antirassistische Erziehungstheorie*. Felsberg: migro.
Frigessi Castelnuovo, D. & Risso, M. (1986). *Emigration und Nostalgia. Sozialge-

schichte, Theorie und Mythos psychischer Krankheit von Auswanderern. Frankfurt: Cooperative.

Griese, H. M. (Hrsg.) (1984). *Der gläserne Fremde. Bilanz und Perspektiven der Gastarbeiterforschung und Ausländerpädagogik.* Opladen: Leske & Budrich.

Grünberg, K. (1987). Folgen nationalsozialistischer Verfolgung bei jüdischen Nachkommen Überlebender in der Bundesrepublik Deutschland. *Psyche, 6,* 492–505.

Hamburger, F. (1995). Wider die Ethnisierung des Alltags. *neue praxis, 3,* 246–248.

Kalpaka, A. & Räthzel, N. (Hrsg.) (1990). *Die Schwierigkeit, nicht rassistisch zu sein.* Leer: Mundo.

Kalpaka, A. (1992). Rassismus und Antirassismus. In G. Pommerin-Götze, B. Jehle-Santose & E. Bozikake-Leisch (Hrsg.), *Es geht auch anders! Leben und Lernen in der multikulturellen Gesellschaft* (S. 93–101). Frankfurt: Dagyeli.

Kongidou, D. & Tsiakolos, G. (1992). Praktische Modelle antirassistischer Arbeit. In R. Leiprecht (Hrsg.), *Unter Anderen. Rassismus und Jugendarbeit* (S. 63–76). Duisburg: DISS.

Kristeva, J. (1990). *Fremde sind wir uns selbst.* Frankfurt: Suhrkamp.

Leyer, E. M. (1991). *Migration, Kulturkonflikt und Krankheit. Zur Praxis der transkulturellen Psychotherapie.* Opladen: Westdeutscher Verlag.

Manu, R. R. (1995). Psychische Auswirkungen der Shoah bei der «Zweiten Generation». In: I. Attia et al. (Hrsg.), a. a. O. (S. 78–87).

Mecheril, P. (1994). Die Lebenssituation Anderer Deutscher. Eine Annäherung in dreizehn thematischen Schritten. In P. Mecheril & Th. Teo (Hrsg.), *Andere Deutsche. Zur Lebenssituation von Menschen multiethnischer und multikultureller Herkunft* (S. 57–93). Berlin: Dietz.

Mecheril, P. (1995). Rassismuserfahrungen von Anderen Deutschen – einige Überlegungen (auch) im Hinblick auf Möglichkeiten der psychotherapeutischen Auseinandersetzung. In I. Attia et al. (Hrsg.), a. a. O. (S. 99–111).

Nestvogel, R. (1991). Sozialisation und Sozialisationsforschung in interkultureller Perspektive. In Dies. (Hrsg.), *Interkulturelles Lernen oder verdeckte Dominanz? Hinterfragung «unseres» Verhältnisses zur ‹Dritten Welt›* (S. 85–112). Frankfurt: Verlag für Interkulturelle Kommunikation.

Niekrawitz, C. (1991). *Interkulturelle Pädagogik im Überblick. Von der Sonderpädagogik für Ausländer zur interkulturellen Pädagogik für Alle. Ideengeschichtliche Entwicklung und aktueller Stand.* Frankfurt: Verlag für Interkulturelle Kommunikation.

Prengel, A. (1993). *Pädagogik der Vielfalt.* Opladen: Leske & Budrich.

Quekelberghe, R. van (1991). *Klinische Ethnopsychologie. Einführung in die transkulturelle Psychologie, Psychopathologie und Psychotherapie.* Heidelberg: Asanger.

Rommelspacher, B. (1992). Rechtsextremismus und Dominanzkultur. In A. Foitzik, R. Leiprecht, A. Marvakis & U. Seid (Hrsg.), *«Ein Herrenvolk von Untertanen.» Rassismus – Nationalismus – Sexismus* (S. 81–94). Duisburg: DISS.

Rommelspacher, B. (1995). *Dominanzkultur. Texte zu Fremdheit und Macht.* Berlin: Orlanda.

Klaus Weber

Kann Psychologie zur Überwindung des Rassismus beitragen?

Wer eine klare Antwort erwartet, sollte sich seine Frage gut überlegen. Viele gesellschaftliche Phänomene, die uns beunruhigen, scheinen nach kurzer Zeit ihres Auftretens, besser gesagt, ihres öffentlichen Genanntwerdens erklärt und damit auch verschwunden zu sein. Journalisten, Politiker, Wissenschaftler und Intellektuelle teilen sich die öffentlichen Sprach-Räume, in denen sie dafür sorgen, daß die Vorstellung von einem demokratischen Staat Deutschland in den Köpfen erhalten bleibt, und zeigen die Grenzen auf, innerhalb deren Menschen zu denken, zu fühlen und zu handeln haben, um als gute, normale Staatsbürger zu gelten. Bezogen auf rassistisch motivierte Anschläge gegen Arbeitsmigranten und Flüchtlinge werden die Täter in den Mittelpunkt des Diskurses gestellt, und es beginnt die eilige Suche nach den Ursachen und Hintergründen für deren abweichendes Verhalten. Da am Tag der Tat meist schon durch Erklärungen der Ermittlungsbehörden feststeht, daß es sich um Einzeltäter handelt, bewegt sich die Suche nach den Gründen der Tat auf den Einzeltäter zu und in seine Biographie hinein.

An dieser Stelle der arbeitsteiligen Nachbereitung einer Tat werden meist Psychologen aktiv bzw. aktiviert. Am Beispiel des Brandanschlages von Mölln im Bundesland Schleswig-Holstein soll dieser Vorgang kurz geschildert werden: Am 23. November 1992 verbrennen die türkischen Mädchen Yeli Arslan und Ayshe Yilmaz und die türkische Frau Bahide Arslan bei lebendigem Leibe. In diesem Zusammenhang erklärt Generalbundesanwalt von Stahl: «Die Anschläge haben mit Rechtsterrorismus nichts zu tun. Der Rechtsterrorismus ist keine aktuelle Gefährdung. Die Anschläge sind spontane Aktionen von aufgeputschten, fehlgeleiteten Jugendlichen, werden aber nicht von Organisationen verübt» (zit. nach

Schmidt, 1993, S. 231). Von Januar 1992 bis zum 22. November waren bereits 500 Brandanschläge bekanntgeworden. Die Ermittlungsbehörden bezeichnen die mutmaßlichen Mörder Michael Peters (25 Jahre) und Lars Christiansen (19 Jahre) als Einzeltäter, die spontan gehandelt haben sollen. Gegen Peters wurde bereits wegen Beteiligung an anderen Brandanschlägen ermittelt und von der Staatsanwaltschaft ein dringender Tatverdacht festgestellt. Die Politiker äußern, daß sie empört und betroffen seien und das Ansehen Deutschlands in der Welt durch solche Anschläge herabgesetzt werde. Bundeskanzler Kohl bringt die Anschläge mit der hohen Kriminalitätsrate in Zusammenhang und erklärt kurz darauf, daß er an den Trauerfeiern nicht teilnehme, da es nicht an der Zeit sei, in Beileidstourismus auszubrechen. Der SPIEGEL beginnt die nun einsetzende Erklärungswelle für die Taten mit dem Hinweis auf das Alter der Täter: «Auch der bislang brutalste Anschlag geht wohl auf das Konto von jungen Leuten. Kein Zweifel: Die neue Gewalt von rechts ist vor allem von Kindern, Jugendlichen und Heranwachsenden» (zit. nach ebd., S. 214). Jugendliche und ihre psychosoziale Situation wird ins Visier genommen. So gibt der Erziehungswissenschaftler Klaus Hurrelmann im SPIEGEL zum besten, diese könnten «sich verbal nicht so toll artikulieren [und ihr] eigentlicher Antrieb ist eine tiefsitzende Verunsicherung» (zit. nach ebd., S. 215). Der Psychotherapeut Julian Bielicki weiß in einem kurz nach dem Anschlag erscheinenden Buch über «den rechtsextremen Gewalttäter» zu berichten:

> Typisch für rechtsextreme Gewalttäter sind z. B. die schwachen Väter der beiden Attentäter aus Mölln: Der Vater von Lars Christiansen war aufgrund eines Rückenleidens als Beamter berufsunfähig geworden. Wenn der Vater von Lars ihn von der rechten Ideologie abbringen wollte, hat Lars ‹die Ohren auf Durchzug gestellt›. Es hätte Lars mehr geholfen, wenn sein Vater sich rechtzeitig bei ihm mehr Respekt verschafft hätte (Bielicki, 1993, S. 72).

Der Psychologieprofessor Reinhard Tausch deutet die rassistischen Übergriffe als naturgegebene menschliche Überlastungsreaktion: «Die Aufnahme von Hunderttausenden Einwanderern führt naturgemäß zu deutlichen Streßreaktionen bei denjenigen, die in der Nähe großer Gruppen von Einwanderern wohnen. Diese Streßreaktionen als Ausländerhaß zu bezeichnen bedeutet, die Realität nicht wahrzunehmen» (zit. nach Schmidt 1993, S. 231). Die Psychologen machen ihre Arbeit. Sie deuten ökonomische, soziale und gesellschaftliche Phänomene im Rahmen ihres auf das Subjekt begrenzten Forschungsfeldes. Verlieren sie damit nicht den Zusammenhang aus den Augen, den es zu erklären gilt?

«Rassismus», «Psychologie», «Subjekt»

Rassenkonstruktion

Rassismus bezeichnet eine Haltung, die Angehörige einer Gruppe von Menschen «1. als genetisch oder kulturell bedingt *anders* zur Kenntnis nimmt, 2. diese Andersartigkeit *negativ (oder positiv) bewertet* und dies 3. aus der *Position der Macht* heraus tut [...]» (Jäger & Jäger, 1992, S. 685). Auf die Anschläge gegen Migranten übertragen bedeutet dies, daß eine Gruppe von Menschen aufgrund gewisser körperlicher Merkmale in der Wahrnehmung ausgegliedert wird, wobei diese Merkmale oft negativ bewertet sind. Die machtvolle Position, aus der heraus Ausgrenzung und Bewertung geschehen, ist die des eingeborenen Deutschen, der über die anderen befinden will. Worin die Andersartigkeit z. B. von Einwanderern genau besteht, spielt dabei keine Rolle und wechselt je nach Argumentationslinie in der rassistischen Haltung. Dies entspricht dem Sachverhalt, daß Rassen soziale Konstrukte sind, «sozial *imaginierte*, keine biologischen Realitäten» (Miles 1989, S. 355). An diesem Punkt wäre es möglich, die Psychologie als Subjektwissenschaft ins Spiel zu bringen: Wenn Menschen sowohl ihre Beziehungen zueinander als auch die institutionellen und gesellschaftlichen Verhältnisse in sozial imaginierten Wirklichkeiten ausdrücken, kann Psychologie die Frage nach der Funktion der jeweiligen Imagination und dem Gehalt derselben stellen. Doch zuerst soll der Ort bestimmt werden, den Psychologie als Wissenschaft und diskursive Macht in arbeitsteiligen Gesellschaften einnimmt.

Psychologie

Das Fach Psychologie gibt sich an den Universitäten und Forschungsinstituten als «Grundlagenwissenschaft mit beschränkter Haftung für den Gegenstand aus» (Sonntag, 1993, S. 14), während Praktiker der Disziplin vor lauter Verantwortungsübernahme für die Wichtigkeit ihres Berufs oft die Grundlegung ihrer Wissenschaft vergessen. Tatsache ist: Den praktischen Vertretern von Psychologie werden seitens der Gesellschaft Kompetenzen und Orte eingeräumt (wie Betriebe, Kliniken, Beratungsstellen, Schulen, Gefängnisse und therapeutische Praxen), an denen diese Wissenschaft angewandt werden soll. Psychologie als diskursiver Ort wird von den Konsumenten in steigendem Maße deswegen aufgesucht, weil sie scheinbar Zugänge und Erklärungsweisen für historische, soziale und ökonomische (auch ökologische) Sachverhalte anbietet – ohne sich jemals dadurch ausgewiesen zu haben, daß sie in Theorie oder Praxis auch nur ansatzweise Möglichkeiten der Veränderungen in den obengenannten Bereichen anbieten konnte.

Insofern ist die gesellschaftlich zunehmende Nachfrage nach Psychologie als Erklärungsinstanz ein Indiz für die Verwahrlosung dieser Gesellschaft in intellektueller, bildungspolitischer und kultureller Hinsicht: Psychologie als Diskursstätte der Selbst-Thematisierung soll die Welt erklären können, obwohl sie erklärt, dafür im Grunde nicht zuständig zu sein. Die Verwendung des psychologischen Paradigmas zur Deutung sozialer Phänomene setzt zwei Annahmen voraus, die kritisch zu hinterfragen sind.

Erstens: Psychologische Erklärung «ordnet Handlungen und Situationen so an, daß sie sich *von innen nach außen* erklären» (Haug, 1987, S. 100). Damit werden Verantwortung und Schuld für gesellschaftliche Verhältnisse als individuell zu erlebendes «Schicksal» ins Subjekt verlagert, es wird genötigt, die Verhältnisse auf der Folie individueller und zwischenmenschlicher Beziehungen zu leben und zu verantworten und wird damit restlos überfordert.[1] Zweitens: Wenn Psychologen an Subjekten erklären, wie, warum und wann diese z. B. rassistisch sind, nehmen sie eine Position ein, die sie selbst und ihre Wissenschaft außerhalb eines gedachten Rassismus stellt. Diese Position impliziert, daß man/frau selbst eine richtige Theorie sowie ein richtiges Bewußtsein hat und die anderen, die «Rassisten», ein falsches. Stuart Hall kritisiert diesen Standpunkt zu Recht als Mißachtung subjektiver Lebensäußerungen:

> Ich lehne die Theorie des falschen Bewußtseins insgesamt ab, und zwar aus einem ganz einfachen Grund: [...] Das ist keine Form, den Rassismus als Phänomen ernst zu nehmen. Statt dessen müssen wir lernen zu begreifen, inwiefern Rassismus eine authentische Form sein kann, in der untergeordnete soziale Gruppen ihre Unterordnung leben und erfahren. Wir müssen begreifen, wie Gruppen, die von den Reichtümern unserer Wohlstandsgesellschaft ausgeschlossen sind, die aber gleichwohl zur Nation gehören, sich mit ihr identifizieren wollen, im Rassismus eine authentische Form der Identitätsgewinnung und des Selbstbewußtseins finden können (Hall, 1989, S. 916).

Will also Psychologie als Subjektwissenschaft etwas zur Klärung des Phänomens Rassismus beitragen, so hätte sie zuerst über ihre Funktion (und Funktionalisierung) in einem kapitalistischen Staat nachzudenken, gleichzeitig die eigene Verwobenheit in eine rassistische gesellschaftliche Struktur wissenschaftstheoretisch zu klären und zudem die Beschränktheit ihrer Methoden und Denkweisen aufzuzeigen. Diesen interdisziplinär zu klärenden Fragen gesellen sich Fragen zu, die mit der Heterogenität des Fachs an sich zu tun haben.

Subjekt

Geht die traditionelle und akademische Psychologie immer noch davon aus, daß das Subjekt einen bewußt handelnden, ganzen, einheitlichen Menschen meint, so gibt es im weiten Feld von Philosophie und Psychologie keine Übereinstimmung darüber, was «Subjekt» bezeichnet. Selbst die am grundlegendsten ausgearbeitete psychologische Subjekttheorie von Klaus Holzkamp ist vor allem auf die Vernunft des Individuums fokussiert. Sie unterstellt die «Einheit des sich zur Welt und zu sich selbst verhaltenden Subjekts» (Holzkamp, 1983, S. 332). Diese Sicht auf das Individuum als Einheit wird von Frigga Haug zu Recht als inadäquat kritisiert: «In seinen unvernünftigen Seiten handelt es noch als Kopf, nicht als Bauch. Es lebt keinen Widerspruch, der nicht im Denken lösbar wäre; es ist selbst nicht widersprüchlich» (Haug, 1995, S. 864). Am weitestgehenden und fruchtbarsten im Zusammenhang mit der Frage nach der Konstitution eines «rassistischen Subjekts» scheint mir der Ansatz eines nichtsubstantiell gedachten Subjekts im Sinne von Foucault (etwa 1985, S. 18). Diese Konzeption spricht von einem Subjekt, das durch seine «Selbsttätigkeit *und* plurale institutionelle Konstituiertheit» (Haug, 1987, S. 94) in die gesellschaftliche Ordnung eingelassen ist. Es ist also nicht konstituiert durch sein Wesen, seine Persönlichkeit, seinen Charakter oder ähnliche Konstrukte, die eine Substanz innerhalb der Person behaupten. Vielmehr ist das Subjekt tätige Schnittstelle in einem vielfach determinierten gesellschaftlichen Raum: «Ebenso Produkt dieses Raumes wie Produzent seiner selbst darin» (Weber, 1996a, S. 16). Mit dieser Setzung des Subjektbegriffs ist es möglich, Rassismus als eine Form zu verstehen, mit der sich die fragmentierten, mit sich zerfallenen Individuen eine Identität erarbeiten. Eine Identität, mit der sie sich als einheitlich repräsentieren (Hall, 1994, S. 207) und als ganze Personen, als Subjekte erleben.

Barrieren – historisch

Psychologie und das «rassistische Dreieck»

Foucault (1986) und Miles (1991) zeigen, daß der biologische Rassediskurs im 19. Jahrhundert eine radikale Umstrukturierung erfuhr, eine neue Bedeutung bekam:

> ‹Rasse› bezog sich nun in zunehmendem Maße auf einen biologischen Menschentypus, und die Wissenschaft gab vor, nicht nur die Anzahl und die jeweiligen Charakterzüge der Rassen, sondern auch eine hierarchische Beziehung zwischen ihnen nachweisen zu können. [...] Darüber hinaus glaubte die Wissenschaft nachweisen zu können, daß die biologischen Charakterzüge jeder ‹Rasse› Bestimmungsmomente einer ganzen Reihe psychologischer und sozialer Fähigkeiten jeder Gruppe darstellten, aufgrund derer sie in eine Rangordnung gebracht werden könnten (Miles, 1991, S. 44).

Es ging nicht mehr um die verschiedenen historisch artikulierten *«Rassen»* wie Normannen, Franken oder Angelsachsen, sondern um die *eine* «Rasse», «die die wahre und einzige ist, die die Macht hat und die Norm vertritt» (Foucault, 1986, S. 26). Diese «Rasse» wird biologisch-medizinisch artikuliert, ihr optimaler Zustand als der der absoluten Gesundheit ausgegeben, und die Techniken des neuen Rassen-Staates liegen nun auf «der Ebene der ständigen Norm-Kontrollen, der Isolierung der abweichenden und kranken Elemente, ihrer ‹Therapie› und ‹Vernichtung›» (Magiros, 1995, S. 26). Diese neue Artikulation des politischen Staates und der Paradigmenwechsel in den Wissenschaften führten zu dem, was Angelika Magiros das «rassistische Dreieck» nennt. Die Seiten dieses Dreiecks werden gebildet von den Begriffen «Wahrheit», «Gleichheit/Identität» und «Biologie/Medizin». Die *Wahrheit* des Menschen seit dem 19. Jahrhundert ist demnach er selbst als Objekt des Wissens und autonomes Subjekt seines Erkennens. Die «Existenzform als arbeitender, sprechender, lebender Mensch» (ebd., S. 51) mit der Hoffnung, sich die Endlichkeit als Grenze des Seins aneignen zu können, bestimmt das Feld der *Gleichheit*. Krankheit ist plötzlich «nicht mehr die Voraussetzung für den Tod, sondern umgekehrt: Weil das Leben sich abnutzt, sich ständig dem Tod nähert, wird man krank» (ebd., S. 58). *Biologie und Medizin* als Wissenschaften, die den «Weg zur Wahrheit aller Wahrheit, zur idealen Menschheit» (ebd., S. 59) bilden, weil sie einzig in der Lage sind, die Grenze der Endlichkeit und des Todes verschwinden zu lassen, schließen das Dreieck, in dessen Strukturen der abendländische Mensch gefangen ist. Glaubt man den Rassisten, so sprechen sie von denselben Dingen wie der aufgeklärte, abendländische Mensch: «Erstens versichert der Rassismus [...] objektiven, empirischen Wahrheiten zu folgen» (ebd., S. 30), zweitens geht es ihm um das Ziel einer Gemeinschaft der Gleichen, und drittens bildet er beides, Wahrheit und Gleichheit, auf der Folie eines biologisch-medizinischen Weltbildes ab, indem die Ungleichen krank und pathologisch in Distanz gehalten und letztlich vernichtet werden müssen.

Nicht zufällig ist die Entstehung der Psychologie als Wissenschaft und paradigmatische Zugangsweise für das Verständnis der Menschen zur gleichen Zeit zu verorten. Der Staatsrassismus besorgt nicht nur die biologisch-medizinische Normierung der Subjekte über die Ausgrenzung kranker Elemente, er regelt auch die selbsttätige Unterstellung der Subjekte unter die Macht durch die Anwendung psychologischer Theorie und Praxis. Psychologie hat somit denselben Entstehungszusammenhang wie der biologisch argumentierende Rassismus aufzuweisen. Medizin und Psychologie versprechen, das Innerste des Menschen zu erforschen und zur Kenntnis zu bringen, was «Leben» angesichts des permanent drohenden Todes ist. Und wie der Tod in der Medizin, die Abweichung in der Psychologie das negative Andere darstellen, so ist für den abendländischen Menschen (und Rassisten) der Andere der, durch den er sich erkennen kann:

> Wenn also der Rassist seinen Feind erkennt, erkennt er auch sich selbst; wenn er weiß, was krank ist und daß der Andere krank ist, weiß er dadurch, was gesund ist und daß er selbst gesund ist. [...] Und er selbst steht auf seiten der Gemeinschaft, der er sich zugehörig fühlt; wenn es Feinde gibt, die die Funktionsweise des [...] Systems stören und nicht in es hineinpassen, dann muß der Rassist selbst – der ja meint, das genaue Gegenteil des Feindes zu sein – ein wertvolles Mitglied dieser Gemeinschaft sein (ebd., S. 68).

Psychologie als Wissenschaft muß sich also im klaren darüber sein, daß ihre Entstehung, ihre Methoden und die Inhalte ihrer Disziplin in eben den gesellschaftlichen und sozialen Veränderungen wurzeln, aufgrund deren sich der moderne Rassismus entwickelte.

Psychologische Erklärungen

Aus der Flut von Erklärungsansätzen zum Rassismus und zur sogenannten Ausländerfeindlichkeit seien beispielhaft einige Ansätze herausgegriffen, die sich selbst als in politischen und gesellschaftlichen Zusammenhängen denkend verstehen. Julian S. Bielicki (1993) versucht eine «Psycho-Analyse» des rassistischen Gewalttäters, Hiltrud Matthes (1996) will Rassismus bei Jugendlichen mit Konzepten von Spaltung und Projektion erklären. Bielickis Vorannahme bei der Analyse heißt:

> Der erste und wesentliche Schritt ist meines Erachtens die Einsicht, daß wir es beim rechtsextremen Gewalttäter mit einem Menschen zu tun haben, der mörderische Haßgefühle hegt, die er selbst nicht kontrollieren kann und die er gegen andere Menschen, die ihm ‹nicht passen›, ohne jegliches Mitleid, ohne geringste Schuld- oder Schamgefühle, wenden wird (Bielicki, 1993, S. 187).

Der idealtypisch konstruierte «rechtsextreme Täter» wird durchgängig eingeordnet, festgezurrt, kategorisiert und abgestempelt mit allen psychologischen und psychopathologischen Etiketten, die mindestens eine Langzeittherapie erfordern, aber ebenso eine Einweisung in die psychiatrische Anstalt rechtfertigen würden. Es bestätigt sich scheinbar die These Foucaults zur Psychologie als Normierungs- und Disziplinarmacht. Dazu ein weiteres Beispiel aus der Feder des Psychologen:

> Die Vernunft aber gebietet, daß wir gegenüber den Rechtsextremen aggressiv werden *müssen*, wenn wir von ihnen nicht ermordet werden wollen. Der Rechtsradikale versteht *nur* konkrete Handlungen; Appelle und verbale Proteste helfen *nichts*. Der demokratische Staat muß *konkret* und nicht nur *deklamatorisch* tätig werden und eine konsequente standhafte Haltung bewahren. Er muß dem rechtsradikalen Gewalttäter fortwährend durch *Härte* klarmachen, welche *Grenzen* er nicht überschreiten darf. Ist der rechtsradikale Gewalttäter nicht fähig, diese Grenzen selbst zu erkennen, dann muß ihm zu dieser Erkenntnis verholfen werden, das fehlende innere Leitsystem muß durch ein *äußeres* ersetzt werden (ebd., S. 188).

Zudem erfahren wir außer über die biographischen Grundlagen «rechtsextremer Gewalttäter» (keine funktionsfähige Familie, eine unempathische Mutter, zu wenig dominante Väter) und ihre «psychische Störung» (Borderline-Persönlichkeit und Über-Ich-Pathologie) kaum etwas über den Weg, auf dem sie zu Rassisten wurden. Die Identifikation des Psy-Agenten[2] mit dem vergemeinschaftenden Staat wird ebenso deutlich wie die Dysfunktionalität des Rassisten für dieses System, dessen Grenzen er nicht anerkennt.

Hiltrud Matthes identifiziert sich keineswegs mit dem Staat, übt vielmehr Kritik an den «ökonomischen und gesellschaftlichen Verunsicherungen» (Matthes, 1996, S. 82), die in der Bevölkerung tiefgreifende Ängste verursachen würden. Verunsicherung und Angst führen nun dazu, daß sich «frühinfantile Lösungsmuster wie Spaltungs- und Projektionsneigungen reaktivieren und sich in gewalttätigen Reaktionsformen entladen» (ebd., S. 83). Gespalten wird in Gute und Böse, mit den Guten das eigene labilisierte Selbst aufgewertet und auf die Bösen der eigene, nicht zugängliche negative Anteil projiziert. Im Rückgriff auf Kernbergs Borderlinetheorie wird behauptet, Rassisten hätten schwache Ich-Grenzen, die sie leicht zu Projektion und Aggression greifen ließe. Die Lösung des Problems wird psycho-logisch ebenfalls auf der Ebene des Subjekts verortet:

> Aus psychologischer Sicht ist es wichtig, die Jugendlichen darin zu unterstützen, die frühinfantilen Spaltungs- und Projektionsneigungen zugunsten realistischer Wahrnehmungsmöglichkeiten aufzugeben. [...] Hier ist interdisziplinäre Jugendarbeit nötig, bei der u. a. LehrerInnen, SozialpädagogInnen und PsychologInnen in gemeinsamer Arbeit mit den Jugendlichen den Fremdenhaß und die Fremdenfeindlichkeit abzubauen suchen (ebd., S. 87).

Die Vorschläge bleiben widersprüchlich: Der jugendliche Rassist soll unterstützt werden, seine vielleicht gerade gefundene Identität in der Gemeinschaft der Guten wieder zu verlassen. Er erscheint in der Darstellung von Matthes als zurückgeblieben und seinen regressiven Mechanismen verhaftet. Matthes betont ausdrücklich, daß sie die jugendlichen Rassisten nicht pathologisieren wolle, sondern deren Mechanismen als notwendige Inhalte auf dem Wege zum Erwachsenwerden sehe. Aber was ist dann mit den erwachsenen Rassisten? Die Veränderung wird von innen nach außen gedacht, so, als müßte statt eines Zahns das kindliche Psychoinstrumentarium aus dem Körper des Jugendlichen gezogen werden. Zudem wird das psychoanalytische Setting, in dem Kernberg seine Thesen entwickelte, umstandslos auf ein soziales, gesellschaftliches Phänomen angewendet. Dieses «Überstülpen» setzt die von Stuart Hall kritisierte scheinbare vernünftige Distanz zum Subjekt voraus, das selbst unvernünftig ist und ein falsches Bewußtsein, eine falsch organisierte Psyche hat. So erscheint der Jugendliche als passives Objekt seiner regressiven Wünsche und Mechanismen. Das psychoanalytische Setting zu übertragen bedeutet, «daß die Psychoanalyse die ‹Seiten› der Subjektivität, die das Individuum zum Akteur seiner eigenen Lebensführung machen, seine Möglichkeit, aufgrund der ‹Eigenlogik› der Lebensführung auf die Umweltbedingungen in relativer Autonomie aktiv zu antworten und diese ggf. zu beeinflussen, systematisch wegleugnen muß» (Holzkamp, 1995, S. 830). Obwohl Bielicki und Matthes einen politisch-psychologischen Beitrag zur Klärung (und Überwindung) des Rassismus[3] leisten wollen, scheitern sie.

Nicht anders verhält es sich mit dem Versuch akademischer Psychologie, zum Phänomen Rassismus etwas beizutragen. Schneewind (1987) bearbeitet in seinem Beitrag zum Rassismus im Rundfunk dessen Entstehungsweise. Er behauptet, ein «alternatives theoretisches Konzept» (Schneewind, 1987, S. 184) dazu entwickelt zu haben: Personen würden im Laufe ihrer Geschichte bestimmte Erwartungshaltungen entwickeln, die in Kompetenzerwartungen (welche Kompetenzen habe ich, die zu einem Ziel führen) und Instrumentalitätserwartungen (welche Handlungen führen zum Ziel oder auch nicht) zu unterteilen seien.

> Die verschiedenen Erwartungshaltungen werden im Laufe des Lebensgangs einer Person in unterschiedlichen Kontexten und unter unterschiedlichen sozialen Bedingungen gelernt und bestimmen somit das Verhalten, das eine Person in gewissen Situationen äußert. Wenn beispielsweise eine Person die Erfahrung gemacht hat, daß in zwischenmenschlichen Konflikten aggressives Verhalten zu dem Ergebnis führt, daß die andere Person sich zurückzieht und dieses obendrein noch positive Folgen hat [...], dann wird diese Person vermutlich auch in Zukunft soziale Konflikte durch aggressives Verhalten zu lösen versuchen (ebd., S. 185).

Eine ungenügende Kompetenzerwartung (Schneewind verweist auf ein niedriges Ausbildungsniveau), verbunden mit einer Ichbedrohung (z. B. Verlust des Arbeitsplatzes), würde nun zu «einer emotionalen Erregung und einem daraus resultierenden Handlungsdruck» (ebd.) führen. Bei einer externen Ursachenzuschreibung würde sich nun unter Umständen «Ärger oder Haß gegenüber einer als ‹Sündenbock› fungierenden Bevölkerungsgruppe» (ebd., S. 186) ergeben. Mittel der Wahl für eine «Taktik beim Umgang» (ebd., S. 188) mit einem Rassisten sind demnach, diesem seine Inkompetenz deutlich vor Augen zu führen, die starken Affekte zum Abklingen zu bringen, damit es zu einer «differenzierteren und einsichtigeren Argumentationsweise» (ebd., S. 189) komme, um ihn als Individuum von seiner eventuell vorhandenen Gruppe zu separieren.

An diesem der sozial-kognitiven Lerntheorie entlehnten Erklärungsversuch ist ebenfalls eine – eher mechanistische – Beschreibung des subjektiven Innenlebens abzulesen, das in «gewissen Situationen» die Person dazu bringen kann, rassistisch zu werden. Die Außenwelt wird hierbei nicht einmal mehr als gesellschaftliche wahrgenommen, nur einige wenige Einzelfaktoren (z. B. ein Arbeitsplatzverlust) wirken punktuell auf psychische Mechanismen. Zugleich wird so getan, als wäre das Problem des Rassismus mit der ökonomischen Stellung des Subjekts und seiner Bildung gekoppelt, als gäbe es nicht auch einen wissenschaftlichen Rassismus oder einen «Rassismus der Eliten» (van Dijk, 1991). Es entsteht der Eindruck, vernünftige, affektkontrollierte Menschen mit höherer Bildung müßten bei der Entstehung von Rassismus nicht mitgedacht werden.

Süllwold (1994) geht es in seiner quantitativ ausgerichteten Forschung darum herauszufinden, wie Probanden «Völker» beurteilen und inwieweit diese Versuchspersonen in ihren Beurteilungen aufgrund vorgegebener Merkmale «Völker» als ähnlich, näher oder weiter auseinanderliegend betrachten. Der Autor behauptet, «daß sich der von uns beschrittene methodische Weg von den traditionellen Verfahren zur Ermittlung von Vorstellungen über vorherrschende ‹Eigenschaften› einzelner Völker fundamental unterscheidet» (ebd., S. 48). Ergebnisse sind: Die Polen sind in der Vorstellung der Versuchspersonen die Dreckigen, Unehrlichen und Faulen, die Deutschen sind die Besten in fast jeder Sparte (Fleiß, Höflichkeit, Toleranz, Intelligenz, Ehrlichkeit, Sauberkeit, Tapferkeit usw.), und je nach Alter sind die Engländer beliebter oder unbeliebter. Die dargestellte Untersuchung kann nur als blinde Reproduktion vorherrschender Stereotype bezeichnet werden, die bereits in die Fragestellungen eingehen: Wie kann man ein «Volk» beurteilen bzw. sinnhaft eine Frage stellen wie diese: «Welches der beiden Völker zeichnet sich [...] durch mehr Sauberkeit aus?» (ebd., S. 38)? Der Autor versucht anfangs, den Gegenstand seiner Untersuchung, das «Volk», zu definieren: «Unter den individuellen Bezugsgruppen kommt dem Volk als Sprach-, Kultur- und Abstammungsgemeinschaft eine besondere Bedeutung zu. Psychologisch sind mit der individuellen Volkszugehörigkeit oft Einstellungen im Sinne von gefühlsbestimmten Grundhaltungen verbunden» (S. 35). Davon abgesehen, daß Süllwold sich damit außerhalb des Rahmens des Grundgesetzes bewegt, weil dort als «formales Kennzeichen der Zugehörigkeit zum Staatsvolk [...] das Rechtsinstitut der Staatsangehörigkeit oder ein vergleichbarer Status» (Franz, 1992, S. 237) angegeben ist, stellen sich durch seine Definition Fragen, die er methodisch erst klären müßte: Ab wann wird wer blutsmäßig (und was ist Abstammung anderes?) als Deutscher bezeichnet? Ist ein ungarischer Großvater Anlaß dafür, einen deutschen Staatsangehörigen aus dem Staatsvolk auszugliedern? Wie wird die Grenze etwa zwischen Südostoberbayern und Tirol oder dem Salzburger Land gezogen, wo doch dort Sprache, Kultur und «Abstammung» kaum auseinanderzuhalten sind? Ist den Versuchspersonen die Unterscheidung zwischen Staatsvolk und dem abstammungs- und kulturbedingten Volksbegriff erläutert worden? Ist bei Engländern Großbritannien als Staat gemeint gewesen, und sind damit walisische und schottische Großgruppen ausgeschlossen worden? Ist der Unterschied zwischen Nation und Volk erläutert worden?

Die Fragen zeigen, daß Süllwold mit seiner Definition nichts anderes gelungen ist, als einen Begriff von Volk fortzuschreiben, der Grundlage für Ein- und Ausschließungsprozesse ist, unter denen Menschen seit der Bildung von Nationen leiden. Mehr noch: Er re-etabliert einen Volksbegriff, der aktuell im völkisch-nationalen Lager zu finden ist.

Am Schluß der Darstellung wird von Süllwold spekuliert und politisch Standpunkt bezogen: «Im Vergleich zu anderen Völkern sind die Deutschen mit ungewöhnlicher Häufigkeit [...] Gegenstand kollektiver Beschuldigungen [...]» (S. 49). Was dem Psychologen als ungewöhnliche Häufigkeit erscheint, wäre mit der Tatsache der von deutschen Staaten vom Zaun gebrochenen Weltkriege zu erklären. «Erwägenswert ist die Hypothese, daß sehr ethnohostile Personen der Herrschaft des von ihnen wenig geschätzten Volkes eher ablehnend gegenüberstehen» (ebd.), ist eine der wenigen Hypothesen des Autors, die erforscht und erhärtet wurden. Anders ausgedrückt: Wenn ich die Polen schmutzig, faul und unintelligent etc. finde, will ich nicht, daß sie die Macht über mich haben. Daß es psychologischer Forschung solcher Art nicht bedarf, erklärt sich von selbst.

Holzkamp (1994) kritisiert die verschiedenen hier gezeigten Ansätze im Sinne des schon erwähnten Stuart Hall, wenn er schreibt:

> Im gegenwärtigen Diskussionskontext wird deutlich, daß die mit dem Einstellungs-Konzept einhergehende ‹Individualisierung›, ‹Subjektivierung› des Rassismus-Problems keineswegs bedeutet, daß der *Subjektstandpunkt der Betroffenen* berücksichtigt wird. [...] Niemand redet von sich selbst als ‹Rassi-

sten›, sondern es werden dabei immer bestimmte ‹andere› konstruiert, denen rassistische Vorurteilshaftigkeit zugeschrieben wird, die aber selbst als Subjekte im wissenschaftlichen Diskurs nicht vorkommen (ebd., S. 42).

Davon ausgehend, daß Rassismus eine Struktur ist, die neben anderen gesellschaftlichen Aus- und Einschließungsstrukturen (Klassenfrage, Geschlechterverhältnis etc.) wirkt, zeigt Holzkamp, daß Schüler nicht nur Subjekte (also Täter) von rassistischen Ausgrenzungs- und Diffamierungsbewegungen gegenüber ethnischen Minderheiten sind, «sondern als Jugendliche, Mädchen, Behinderte etc. selbst auch potentielle Opfer der Ausgrenzung und Diffamierung durch andere» (ebd., S. 54/55) sein können. Für die antirassistische Arbeit mit Jugendlichen ergibt sich daraus, daß es nicht darum geht, die je anderen besser zu verstehen, ihre Kultur kennenzulernen usw., sondern die je eigenen Bedürfnisse artikulieren, fordern und durchsetzen zu können und, um sich selbst nicht zu schaden, nicht daran mitzuwirken oder zuzulassen, «daß irgendwelche Menschen, also auch ‹Ausländer› oder ‹Schwarze› im herrschenden Diskurs als Menschen minderen Wertes und Rechtes ausgegrenzt werden» (ebd., S. 57).

Resümee

Psychologie kann nichts zur Überwindung des Rassismus beitragen, sie ist in dessen Entstehungsstruktur innerhalb der abendländischen Kultur und Wissenschaft eingewoben. Dieser Satz stimmt insofern, als Rassismus nicht überwunden werden kann, und er stimmt auch nicht, weil Psychologie durchaus ihren Beitrag dazu liefern kann, die eigenen Verbindungen mit der rassistischen Struktur der abendländischen Gesellschaft offenzulegen und in die Spiele der Macht, von denen eines der Rassismus ist, einzugreifen. Dazu bedarf es allerdings einer Psychologie, die es nur in Ansätzen gibt: einer Subjektwissenschaft, die in kritischer Reflexion die eigene Geschichte im Rahmen der Geschichte der Wissenschaften sieht; einer Wissenschaft vom Subjekt, die erst noch in Auseinandersetzung mit ihrer Funktion im gesellschaftlichen Kontext dem Individuum zur Subjektwerdung verhelfen könnte; einer Wissenschaft, die im Kampf der Individuen ums Überleben in schrecklichen Produktions- und Lebensweisen deren Glück[4] und (Selbst-)Liebe zum Thema hätte; einer Subjektwissenschaft, die die Spiele der Macht besser kennen und sich entscheiden würde, ihre Regeln und Mechanismen den einzelnen zu erklären, anstatt sie zu verdoppeln. Den Zusammenhang von Subjektivität und rassistischer Struktur einer Gesellschaft zu denken, wäre die Aufgabe dieser Psychologie – einer Psychologie, die es freilich (noch) nicht gibt.

Anmerkungen

1 Eine Vertreterin dieser Psycho-Logik par excellence ist die Psychoanalytikerin Thea Bauriedl. Mit der Kategorie der «zwischenmenschlichen Beziehungen» werden sowohl alle politischen Vorgänge erklärt als auch Veränderungsmöglichkeiten im politischen Raum postuliert (vgl. Weber, 1994).
2 Psy-Agenturen meint alle «Gesundheitsinstitutionen, die auf die Psyche einwirken» (Haug, 1986, S. 70). Der Begriff ermöglicht, das Spannungsfeld von staatlichem Auftrag und subjektiver Selbsttätigkeit, in dem sich Psy-Agenten tummeln, zu verdichten.
3 «Rechtsextremismus» wird von mir als Kategorie abgelehnt, weil sie inhaltlich nicht benennen kann, wovon sie spricht (vgl. Weber, 1996b).
4 Glück meint hier nicht das «eingeimpfte Glück über ein neues Auto» (Jacoby, 1980, S. 148), sondern die vorscheinende Möglichkeit eines Gefühls, das in herrschaftsfreien Verhältnissen die Beziehungen der Menschen (nicht nur einiger weniger) durchzieht und nicht im Gegensatz zur Erkenntnis steht.

Literatur

Bielicki, J. S. (1993). *Der rechtsextreme Gewalttäter. Eine Psycho-Analyse.* Hamburg: Rasch & Röhrig.
Dijk, T. A. van (1991). *Der Diskurs der Elite und seine Funktion für die Reproduktion des Rassismus* (DISS-Texte Nr. 14). Dortmund: Pädagogische Arbeitsstelle.
Foucault, M. (1985). *Freiheit und Selbstsorge.* Frankfurt: Materialis.
Foucault, M. (1986). *Vom Licht des Krieges zur Geburt der Geschichte.* Berlin: Merve.
Franz, F. (1992). Das Prinzip der Abstammung im deutschen Staatsangehörigkeitsrecht. In *Rassismus und Migration in Europa.* Hamburg, 26. bis 30. September 1990, (S. 237–245). Hamburg: Argument.

Hall, St. (1989). Rassismus als ideologischer Diskurs. *Das Argument. Zeitschrift für Philosophie und Sozialwissenschaften, 178*, 913–921.
Hall, St. (1994). *Rassismus und kulturelle Identität. Ausgewählte Schriften 2*. Hamburg: Argument.
Haug, F. (1995). Arbeitsfreundschaft. Erinnerungen an Klaus Holzkamp. *Das Argument. Zeitschrift für Philosophie und Sozialwissenschaften, 212*, 857–866.
Haug, W. F. (1986). *Faschisierung des Subjekts. Die Ideologie der gesunden Normalität und die Ausrottungspolitiken im deutschen Faschismus*. West-Berlin: Argument.
Haug, W. F. (1987). Die Frage nach der Konstitution des Subjekts. In Haug W. F., *Pluraler Marxismus. Beiträge zur politischen Kultur* Band 2, (S. 81–100). West-Berlin: Argument.
Holzkamp, K. (1983). *Grundlegung der Psychologie*. Frankfurt: Campus.
Holzkamp, K. (1994). Antirassistische Erziehung als Änderung rassistischer «Einstellungen»? Funktionskritik und subjektwissenschaftliche Alternative. *Das Argument. Zeitschrift für Philosophie und Sozialwissenschaften, 203*, 41–58.
Holzkamp, K. (1995). Alltägliche Lebensführung als subjektwissenschaftliches Grundkonzept. *Das Argument. Zeitschrift für Philosophie und Sozialwissenschaften, 212*, 817–846.
Jacoby, R. (1980). *Soziale Amnesie. Eine Kritik der konformistischen Psychologie von Adler bis Laing*. Frankfurt: Suhrkamp.
Jäger, M. & Jäger, S. (1992). Rassistische Alltagsdiskurse. Zum Stellenwert empirischer Untersuchungen. *Das Argument. Zeitschrift für Philosophie und Sozialwissenschaften, 195*, 685–694.
Magiros, A. (1995). *Foucaults Beitrag zur Rassismustheorie*. Hamburg: Argument.
Matthes, H. (1996). Sozialpsychoanalytische Überlegungen zu «rechten» Gewaltausschreitungen bei Jugendlichen: Spaltung, Projektion und Fremdenhaß. *Psychologie & Gesellschaftskritik, 77/78*, 81–89.
Miles, R. (1989). Bedeutungskonstitution und der Begriff des Rassismus. *Das Argument. Zeitschrift für Philosophie und Sozialwissenschaften, 175*, 353–367.
Miles, R. (1991). *Rassismus. Einführung in die Geschichte und Theorie eines Begriffs*. Hamburg: Argument.
Schmidt M. (1993). *Heute gehört uns die Straße ... Der Inside-Report aus der Neonazi-Szene*. Düsseldorf: Econ.
Schneewind, K. (1987). Ausländerfeindlichkeit im Rundfunk: Überlegungen zum Umgang mit einem schwierigen Thema. In M. Grewe-Partsch & J. Groebel (Hrsg.), *Mensch und Medien. Zum Stand von Wissenschaft und Praxis in nationaler und internationaler Perspektive. Zu Ehren von Hertha Sturm* (S. 181–191). München/London/New York: K. G. Saur.
Sonntag, M. (1993). Maßlos normal. Zur gesellschaftlichen Genese und Funktion von Psychologie. In H. Zygowski (Hrsg.), *Kritik der Mainstream-Psychologie* (S. 13–29). Münster: Bessau.
Süllwold, F. (1994): Die multiple Präferenzfrequenz (MPF) als Indikator gruppenbezogener Einstellungen. *Zeitschrift für Politische Psychologie, 1/94*, 35–50.

Weber, K. (1994). Die Unterdrückten gegen die Herrschenden. Erwiderung auf Thea Bauriedl. *Psychologie & Gesellschaftskritik, 69,* 5–19.
Weber K. (1996a). Die Veränderung der Welt hat kein Subjekt. Im Gedenken an Klaus Holzkamp. *Psychologie & Gesellschaftskritik, 80,* 5–20.
Weber, K. (1996b). *Was ein rechter Mann ist ... Subjektive Konstruktionen rechter Männer.* Pfaffenweiler: Centaurus.

Zu den Autorinnen und Autoren

Iman Attia, Dipl.-Sozialpäd., geb. 1963, wissenschaftliche Mitarbeiterin am Fachbereich Erziehungswissenschaften der Technischen Universität Berlin; Arbeitsschwerpunkte: Rassismus, Antirassismus, Interkulturalität, Feindbild Islam, lebensweltorientierte Sozialwissenschaft. Veröffentlichungen im Bereich von Devianzpädagogik, Feminismus und Rassismus.

Herbert Beckmann, Dipl.-Psychologe und Autor, geb. 1960, wissenschaftlicher Mitarbeiter am Institut für Prävention und psychosoziale Gesundheitsforschung der Freien Universität Berlin. Arbeitsschwerpunkte: Gewalt- und Rassismuserfahrungen von Minderheiten, Gesundheit von Migranten, sozialwissenschaftliche Aidsforschung, Väter. Buchveröffentlichungen u. a.: Angegriffen und bedroht in Deutschland (1993), TöchterVäter (1996).

Gerhard Benetka, Mag. Dr., geb. 1962, Lektor am Institut für Psychologie der Universität Wien. Lehr- und Forschungstätigkeit zur Geschichte der Psychologie, Psychoanalyse, Wissenschaftstheorie und Forschungsmethodik. Zahlreiche Publikationen vor allem zur Geschichte der Psychologie in Österreich.

Veronica Caspari, geb. 1965, Dipl. Psych. an der Westfälischen-Willhelms Universität Münster. Diplomarbeit (1995) mit dem Thema «Theoretisch-empirische Perspektiven auf ‹birassische› Identitäten».

Maria del Mar Castro Varela, Dipl.-Psych., Dipl.-Päd., Lehrbeauftragte der FH Köln für Interkulturelle Sozialarbeit und der Universität Oldenburg FB Interkulturelle Pädagogik. Arbeitet zur Zeit an ihrer Promotion

Zu den Autorinnen und Autoren

zum Thema «Utopiediskurse migrierter Frauen». Schwerpunkte: Rassismus, Interkulturelle Kompetenz, Feminismus, Migration.

Zack Z. Cernovsky, Dr. phil., geb. 1947, Forschungsdirektor der Drogensucht-Abteilung der psychiatrischen Klinik in St. Thomas, Kanada, und Associate Professor der Psychiatrie an der Universität von Western Ontario in London, Kanada.

Pascal Grosse, geb. 1962, Historiker. Wissenschaftlicher Mitarbeiter am Fachbereich Humanmedizin der Freien Universität Berlin; Schwerpunkte: Sozial- und Wissenschaftsgeschichte des deutschen Kolonialismus, Migrationsgeschichte, Medizingeschichte.

Siegfried Jäger, Prof. Dr., geb. 1937, Hochschullehrer für Sprachwissenschaft an der Gerhard-Mercator-Universität GH Duisburg, Leiter des Duisburger Instituts für Sprach- und Sozialforschung (DISS); zahlreiche Buch- und Zeitschriftenpublikationen zu den Themen Rechtsextremismus und Rassismus. Buchveröffentlichungen u. a.: BrandSätze. Rassismus im Alltag (4. Aufl. 1995), Die vierte Gewalt. Rassismus und die Medien (hrsg. zus. mit J. Link, 1993); Aus der Werkstatt: Anti-rassistische Praxen (1994); Baustellen. Beiträge zur Diskursgeschichte deutscher Gegenwart, Duisburg 1996 (hrsg. zus. mit M. Jäger).

Paul Mecheril, Dipl.Psych, Dr. phil, geb. 1962, wissenschaftlicher Assistent an der Fakultät für Pädagogik der Universität Bielefeld. Forschungsschwerpunkte: Auswirkungen von Rassismus- und Stigmatisierungserfahrungen, Identitätsentwicklung im Kontext von Multi- und Interkulturalität, konzeptuelle Aspekte Interkultureller Beratung.

Ute Osterkamp, PD Dr., geb. 1935, wissenschaftliche Angestellte am Institut Kritische Psychologie im FB Erziehungswissenschaft, Psychologie und Sportwissenschaft der FU Berlin. Arbeitsbereich: Persönlichkeitspsychologie, Rassismus.

Klaus Ottomeyer, geb. 1949, Dr. rer. pol., Diplom-Psychologe und Diplom-Sozialwissenschaftler, war von 1975 bis 1981 Assistenzprofessor am Psychologischen Institut der FU Berlin und ist seit 1983 Professor für Sozialpsychologie am Institut für Psychologie der Universität Klagenfurt. Er arbeitet als Psychotherapeut und Supervisor mit der Methode des Psychodrama. Derzeitige Arbeitsgebiete: Minderheitenkonflikte, Psychologie und Sozialarbeit, Rechtsradikalismus.

Birgit Rommelspacher, Prof. Dr. phil. habil., Dipl.-Psych., geb. 1945; Professorin für Mädchen- und Frauenarbeit an der Alice Salomon Fachhochschule in Berlin. Forschungs- und Arbeitsschwerpunkte: Feministische Psychologie, Rassismus und Antisemitismus. Neuere Buchveröffentlichungen: Schuldlos-Schuldig? Wie sich junge Frauen mit Antisemitismus auseinandersetzen (1995). Dominanzkultur. Texte zu Fremdheit und Macht (1995).

Klaus Weber, Dr. phil., geb. 1960, Erzieher, Diplompsychologe, beschäftigt an einem Sozialpsychiatrischen Dienst in München und als Verkehrspsychologe. Zur Zeit Lehrbeauftragter der Universität Innsbruck. Arbeitsschwerpunkte: Psychologiegeschichte, Sozialpsychologie des Faschismus/Rassismus, Subjekttheorien. Mithg. der Zeitschrift «Psychologie und Gesellschaft».

Namenregister

Adams, H. 206, 217
Adorno, Th. 11, 158
Aguirre, D. O. 206
Aichhorn, A. 115
Ajami, M. 86
Allport, G. 158
Altemeyer, B. 160
Aly, G. 64f
Appel, S. 238
Arlow, J. 121
Ash, M. 44f
Atkinson, R. C. 77
Atkinson, R. L. 77
Attia, I. 202
Auernheimer, G. 264–266, 268f, 281–283
Augoustinos, M. 103

Baaba Folson, R. 210f
Bade, K. 24
Bales, St. 178
Banks, C. 114
Baron, R. 77
Battaglia, S. 178
Bauman, Z. 96f, 102, 105, 107f, 127
Beals, K. L. 79f
Beckmann, H. 202, 207, 210, 212–214
Bem, D. J. 77
Benetka, G. 44f, 57–59
Berghold, J. 119
Bergler, R. 158
Berker, Th. 167
Bettelheim, B. 114
Beuchelt, E. 32

Bielicki, J. 287, 293
Boas, F. 38f
Bodenschatz, U. 210
Bogaert, A. F. 86f
Bohleber, W. 115f, 122f
Bouchard, T. 82–84
Bourne, E. J. 103
Bradshaw, C. 228, 231, 233
Brody, N. 88
Broek, L. van den 248, 250, 255, 272–274, 283
Brown, R. 162
Broszat, M. 46
Bühler, Ch. 57, 62f
Burt, C. 73, 75f, 84, 88
Byrne, D. 77

Campt, T. 38
Capron, C. 76
Caspari, C. 202
Caspari, V. 179, 222
Cernovsky, Z. 81, 85
Chroust, P. 50
Clarke, J. 264
Classen, G. 207
Cohen, P. 235, 246–248, 251, 254
Crusio, W. E. 76

Demirovic, A. 167
Dernburg, B. 25
Dijk, T. van 140, 145, 179, 297
DiLorenzo, T. M. 88
Dollase, R. 163
Duckitt, J. 159f, 162, 165

Eckert, M. 102f
Eckert, R. 166
Eco, U. 208
Elias, N. 96–99, 104, 120, 123, 164f
Elkind, D. 195
Erdheim, M. 156, 263
Erikson, E. H. 127, 129
Essed, P. 278f, 282
Eyferth, K. 223
Eysenck, H. 75, 88, 157

Fancher, R. E. 75, 84
Fanon, F. 19, 23, 39
Farin, K. 209, 211f, 214
Farkas, L. 86
Finot, J. 28
Fischer, S. 86
Flynn, J. 83f
Foucault, M. 132f, 139, 234, 256, 291f, 294
Franke, E. 33
Frankenberg, R. 161
Franz, F. 297
Frenkel-Brunswik, E. 158
Freud, S. 99, 112, 115, 118f, 122, 125, 154f

Gaserow, V. 207
Geuter, U. 42, 44f, 48–50, 53, 56, 59f, 62, 64
Gilman, S. L. 100, 106
Goffman, E. 104, 208
Goller, P. 44
Gould, S. J. 32
Grant-Henry, S. 83
Graumann, C. F. 45
Grosse, P. 38
Grünberg, K. 278
Grüttner, T. 115, 118
Gurris, N. 206

Hagemann-White, C. 163
Hall, St. 237, 246, 254, 290f, 298
Hamburger, F. 271

Haney, C. 114
Hartmann, D. 215
Haug, F. 46, 49, 54, 245, 289–291
Hausser, K. 180
Hautzinger, M. 251
Heim, R. 124
Heinemann, E. 115, 117f
Heitmeyer, W. 161, 166f
Held, J. 168
Heppekausen, J. 255
Herkner, W. 249
Herskovits, M. J. 80
Hetzer, H. 57, 60–64,
Hewstone, M. 103
Hinz-Rommel, W. 243
Hoffmeister, D. 168
Holzkamp, K. 249, 253, 290, 295, 298f
Horgan, J. 84
Horn, H. 168

Irle, M. 249

Jaensch, E. R. 47f, 50
Jäger, M. 288
Jäger, S. 47, 132, 179, 234, 288
Jain, S. P. 86
Jensen, A. 79, 83, 88
Jones, J. M. 83

Kalpaka, A. 179, 226, 248, 255, 268f, 275f, 282f
Kamin, L. 75, 83f, 88
Kampmann, B. 182, 223, 229, 250
Kantowitz, B. H. 77
Kershaw, I. 107
Kienreich, W. 45
Kim, U. 162
Klee, E. 65
Klein, M. 117
Kongidou, D. 250, 274f, 282
Koopmans, R. 166f
Kristeva, J. 155, 262
Krogman, W. M. 79
Kroh, O. 55

Laugstien, Th. 44, 47
Lederer, G. 167
Leiprecht, R. 168
Lenhardt, G. 208, 218
Leontjew, A. 132, 137
Lersch, Ph. 53 f
Leuninger, H. 205
Lewin, K. 101
Lewin, R. 81
Levinson, D. J. 158
Leyer, E. 261 f, 264 f, 267 f, 283
Link, J. 132–137, 144, 179
Litmann, L. C. 85
Loewenstein, R. 111, 115, 118
Lorber, J. 81
Lundgren, P. 45, 52
Lykes, M. B. 103
Lynn, R. 79–83, 87 f

Magiros, A. 292
Mannoni, O. 19, 23, 39
Manu, R. 277 f, 283
Marvakis, A. 168
Matthes, H. 293 f
Mecheril, P. 176–182, 202, 224, 227, 229, 231, 238, 243, 277, 283
Mehrtens, H. 51
Memmi, A. 19, 23, 39, 253
Mesut K. 210, 213, 215
Metzger, W. 43
Meulenbelt, A. 248
Miles, R. 179, 225, 244, 246, 253, 288, 291
Milgram, S. 114
Miller, J. G. 103
Monahan, J. 85
Monckeberg, F. 78
Mordhorst, G. 63

Nadig, M. 128
Neckel, S. 97 f, 107
Nestvogel, R. 269 f, 276, 282 f
Niekrawitz, C. 260

Oetker, K. 26
Oguntoye, K. 223, 225
Opitz, M. 227, 229
Osterhammel, J. 19, 21
Osterkamp, U. 96, 106, 179, 183, 246
Ottomeyer, K. 119

Pandey, H. 223
Potter, J. 97, 104 f, 108
Prengel, A. 267, 269, 276, 282 f
Probst, P. 25, 28

Quekelberghe, R. 263

Rammstedt, O. 51
Räthzel, N. 141, 179, 226, 248, 268 f, 275 f
Rauchfleisch, U. 115, 118
Reemtsma, J. P. 256
Reich, W. 126
Richter, H. E. 253
Richter, J. 27
Richter, St. 51
Ridley, C. R. 105
Robins, L. N. 87
Rodenwaldt, E. 35
Rommelspacher, B. 245, 269, 273
Root, M. P. P. 223
Rosenthal, R. 82 f
Roubertoux, P. L. 76
Rubin, D. B. 82
Rushton, J. P. 78–88

Samelson, F. 32
Sander, F. 50
Sandford, R. N. 158
Sartre, J.-P. 103, 105, 108, 112
Saxena, S. K. 86
Scheerer, E. 49
Scheuerer, F. 104
Schmidt, M. 287 f
Schnapka, M. 85
Schneewind, K. 296
Schönemann, P. 76, 83

Schroer, M. 256
Scotson, J. 96–99, 104, 164f
Seidel-Pielen, E. 209, 211f, 214
Sherif, M. 162
Shweder, R. A. 103
Siegler, B. 112
Sill, O. 168
Sloterdijk, P. 129
Smith, E. E. 77
Smith, W. D. 32
Sonntag, M. 289
Sontag, S. 251f,
Spickard, P. R. 225
Stachon, A. 179
Streeck-Fischer, A. 167
Süllwold, F. 297
Swietlik, G. 179

Tajfel, H. 162
Tavris, C. 74, 76
Taylor, H. F. 76, 83
Teo, Th. 176f, 193, 196, 223–227, 231, 238, 245, 253
Thelen, M. 88
Thürmer-Rohr, C. 254
Thurnwald, R. 27, 31, 33, 36
Tobias, P. V. 78f

Traxel, W. 56, 58
Triandis, H. C. 162
Tsiakolos, G. 250, 274f, 282

Vowinckel, E. 63

Wacker, A. 114
Wade, C. 74, 76
Wahlsten, D. 83
Weber, K. 291
Weber, M. 120
Weingart, P. 60
Weizmann, F. 68f
Wellek, A. 42
Wellmer, M. 167
Wendt, A. 179
Westermann, D. 34, 36
Wetherell, M. 97, 104f, 108
Wicklund, R. A. 102f
Wiesel, E. 207
Willems, H. 166
Wundt, W. 32
Würtz, St. 166

Zilian, H. G. 113, 128
Zimbardo, P. 114
Zuckerman, M. 88

Sachregister

Abstammung 38, 43, 180, 222–227, 230, 236–238, 298
Abwehr 11, 97, 100, 113, 115, 120, 122, 164, 187 f, 246, 253
Abweichung 101, 141, 175–177, 183, 190, 208, 220, 293
Aggression 97 f, 102, 114, 116 f, 119, 123 f, 144, 154 f, 159, 161 f, 216, 219, 232, 295
Alltag 132 f, 140 f, 182, 196, 208, 210, 224, 255, 263, 271, 279
Anderssein 14, 224 f
Anerkennung 97, 187, 192, 194 f, 203
Angst 15, 77, 99, 101, 112, 114, 117, 126, 128 f, 155, 206, 213 f, 217, 219, 229, 252, 294
Anomie / anomisch 97, 167
Anpassung 38, 48, 95, 159, 165, 267, 273, 282
Antidiskriminierungsgesetz 197, 238
Antirassismus / antirassistisch 8, 11, 119, 243–250, 252–256, 259 f, 271–274, 276, 279–283, 299
Antirassismus-Workshops / -Training 11, 243 f, 246, 248–250, 252, 254, 256, 273
Antisemitismus / antisemitisch 48, 50, 100, 105, 107 f, 111, 115 f, 121, 125, 143, 145, 156, 159, 243, 276–279, 281, 283
autoritäre / r Charakter / Persönlichkeit 111, 114, 130, 154, 157–161
Assimilation 14, 20, 30, 34
Asyl 132 f, 136, 140 f, 144–148, 165 f, 204–206, 209, 215

Asylsuchende / «Asylant(en)» 116, 123, 144, 203–219
Ausgrenzung 97, 99, 101 f, 104–109, 143 f, 153, 165, 179, 190, 203, 219, 229, 237, 259, 269, 280, 288, 292, 299
Ausländer / Ausländerin 85, 104, 117, 120–123, 126–129, 136, 142–144, 147, 163, 168, 178, 185 f, 188, 190, 193–196, 203, 207, 210 f, 218, 235, 250, 260, 299
Ausländerarbeit 259 f, 266 f, 271, 282
Ausländerpolitik 104, 148
Aussehen 175, 181–185, 190, 192–195, 224, 227–233, 237
Außenseiter 97 f, 100–102, 106, 129

Betroffene / betroffen 10, 13–15, 62, 106, 176–179, 181, 197, 202 f, 207–210, 212, 214, 217–219, 223, 227, 229, 237, 278, 281, 298
Bewußtsein, falsches 247 f, 290, 295
Biologie / biologisch 8, 28–31, 33 f, 36, 38, 48, 61 f, 78, 141, 225–227, 235, 245, 288, 291–293

Denken, rassistisches 108, 250
Deutsche 25 f, 47, 107, 116, 118, 127, 142, 175, 177–179, 181–183, 185, 190 f, 195–197, 210, 214, 222, 224 f, 227–229, 231, 235, 237 f, 260, 275 f, 282, 288, 297 f
Deutschland 7, 10, 14, 20, 23, 27, 31–39, 44, 47 f, 60, 85, 111, 122 f, 126, 132, 134, 140, 142, 145, 147, 158, 164–166, 170, 175, 177–185, 190,

194–196, 202, 204–213, 217, 223–226, 228 f, 233, 237 f, 248, 259, 264, 266, 286

Diskriminierung/diskriminieren 13, 95, 98, 103, 105, 106, 144, 157 f, 162, 169, 189 f, 202, 209–211, 214, 216 f, 230, 232, 236, 247, 253, 256, 265, 267, 269, 271–276, 278–283

Diskurs, Macht des 234, 288, 299
 –, Verstrickung in 139, 148, 234, 236–238, 243

Diskursanalyse/diskursanalytisch 132 f, 139 f, 142, 148, 179, 234

Dominanz 25, 46, 49, 169, 190, 266, 269, 282

Einwanderer(in) 137, 141, 143 f, 153, 168, 264 f, 276, 287 f

Einwanderung 132 f, 140 f, 144 f, 147 f, 264, 281

Erziehung 51, 54, 56 f, 73, 84, 108, 123, 133, 140, 145, 159–161, 248 f, 287

Einstellung, individuell 84, 95, 153, 157, 162, 165, 187, 249, 251, 256, 262, 266, 270, 281, 298
 –, rassistisch 105, 161, 165, 168 f, 248 f, 250 f, 275, 279, 280

Ethnie/ethnisch 9, 19, 22, 27, 31, 33, 85, 89, 97, 123, 156 f, 161, 163 f, 175–177, 223, 232, 234–238, 243, 246, 270 f, 275, 279, 299

Ethnozentrismus 112, 122, 160, 162, 167, 269

Euthanasie 59, 64 f, 100

Faschismus/faschistisch 46, 48–51, 66, 106 f, 116, 159, 208, 269

Flüchtlinge 104, 116, 121 f, 124, 137, 140 f, 143 f, 168, 204–211, 213, 215–218, 286

Fremde/fremd 36, 103 f, 106, 111, 115, 120–122, 124–126, 144, 153–156, 162–164, 167, 169, 177, 195, 206, 209, 218 f, 229, 247, 249, 261- 263, 266, 268, 270–272, 275

Fremdenangst 112, 153

Fremdenfeindlichkeit 184, 195, 261, 295

Fremdenhaß 184, 295

Fremdheit 154 f, 164, 169, 208, 219, 259, 261 f, 270
 –, Konstruktion der 157, 178, 190

Gewalt 16, 47, 77, 99, 122, 128, 137, 143, 147, 153 f, 156, 166 f, 169, 170, 175, 177, 179–181, 183 f, 186, 196 f, 202 f, 209–212, 216, 217–219, 243, 287, 293

Gewalterfahrungen 180 f, 211, 214, 216

Gruppen 9, 15, 22, 30 f, 33, 38, 76, 80, 84–87, 89, 95 f, 98, 103, 106, 125, 129 f, 153, 156, 158, 162–167, 169 f, 194, 208, 217–219, 225 f, 255, 263, 266, 274, 279, 282 f, 290, 297

Hautfarbe 78, 84, 87, 97, 126, 153, 156, 180, 185, 187, 189, 193 f, 196, 208, 226 f, 229, 235, 246

Heimat 45, 123, 125, 155, 205–207, 209

Herrschaft 13, 19, 20–22, 24, 33–35, 37, 49, 96, 115, 139, 148 f, 179, 190, 226, 247, 275, 282, 298

Identität 12, 14, 34, 124, 127–129, 144, 176, 178–180, 223, 225, 227 f, 231, 235 f, 278, 290–292, 295

Identifikation 15, 38, 111, 115, 121, 160, 168, 227, 229, 231, 294

Inländer(in) 112, 121, 124 f, 127, 193

Intelligenz 63 f, 73–79, 81, 83 f, 157, 245, 297

interkulturell 11, 140, 238, 243, 255, 259–264, 266–272, 274, 281–283

Juden/Jüdinnen/jüdisch 47 f, 50, 100 f, 105, 107, 111, 115 f, 118–121, 123, 125, 143, 145, 156, 184, 266, 277, 281

Jugendliche 57, 63, 117, 122, 127, 128 f,

163, 166–169, 203, 208, 210, 214f,
217–219, 253, 267, 286f, 293, 295,
299

Kategorisierung 102, 107, 158, 193
Kolonialismus/Kolonisierung 9, 19f,
22–25, 29, 33, 36, 39
Kolonialpolitik 19, 22–24, 28, 30,
34–36, 39
Kolonialpsychologie 19f, 22f, 26–29,
31, 33, 36
Kollektivsymbol 134–137, 144
Konflikte 22, 25, 28, 111f, 117,
120–122, 126, 155, 158, 262, 265,
267f, 270, 296
Konstruktion von Fremdheit 156f, 178,
190, 262
 – von «Rassen» 12, 141f, 222, 224f,
226f, 237, 245f, 288
 – von Unterschieden 178, 196
Körper 32, 61, 77, 84, 123–125, 128f,
176, 192, 194, 212, 215, 226, 252,
295
Krankheit 73, 76f, 82, 87f, 124, 163,
191, 250–252, 292
Kultur 22, 25, 27, 30–35, 38, 49, 103,
115f, 137, 144, 162, 177f, 194, 206,
223, 227, 229, 234f, 237, 259–272,
276, 280, 282f, 298f
kulturell 23, 25, 28–36, 38f, 49, 73, 103,
136, 141, 144, 158, 161, 164, 168, 170,
175f, 178, 182, 207f, 225, 227, 229,
231, 234f, 238, 246, 255, 259–261,
263f, 267–271, 276, 279–281, 288f

Leid 103, 111, 116, 195

Macht 9, 11–13, 37, 45, 49f, 98, 100,
138f, 149, 159, 190, 216, 234, 245,
255f, 273–276, 279, 282, 288, 291f,
298f
Machtlosigkeit 107, 252
Majorität/Mehrheit 85, 104, 106, 266,
268, 272, 274f, 280–282, 284

Medien 122, 125, 132f, 140, 144f, 148,
166, 197, 202, 235, 237, 279
Menschenrechte 140, 149, 216
Migrant(in) 112, 155, 211, 262, 288
Migration 179, 206, 259–261, 270f, 277
Minderwertigkeit/minderwertig 50,
61f, 64, 78, 83, 98, 102, 129, 175, 179,
181, 183, 191, 236, 245
Minorität/Minderheit, gesellschaftliche
202, 259, 274, 276–281
 –, ethnische 87, 236, 275, 299
 –, kulturelle 202f, 223, 266, 268,
270–272, 280f
 –, «rassische» 238

Nation/national 20, 22–25, 32, 34, 43,
49, 65, 106, 115, 122, 130, 164, 178,
194, 208, 227, 235, 265, 290, 298
Nationalismus 104, 122, 145, 269
Nationalsozialismus 7, 9, 35, 37f, 42, 44,
46f, 52, 59, 114, 117, 223, 277f
Naturalisierung 235
Nazi 43, 46, 118, 123, 127
Normalität/normal 14, 61, 101, 105f,
122, 141, 163, 175f, 181, 208, 216,
246, 261, 263, 267, 286
Normierung 292, 294

Opfer 9–11, 42, 65, 100, 115f, 177, 196f,
202, 218, 252, 273–275, 277, 299
Opfer-Täter-Umkehr 142, 273
Orientierungslosigkeit/orientierungslos
114, 166f, 206

Pädagogik/pädagogisch 11, 21, 27, 44,
58, 62, 119, 255, 259, 277, 279–281
Persönlichkeitsstörung 130, 252f
Phänotyp/phänotypisch 62, 226f, 230f,
246
Physiognomie 15, 178, 186, 193, 196
Politik 35, 45, 49, 65, 83, 109, 112, 119,
132f, 140, 145, 205, 224, 246, 286
Psychoanalyse 9, 42f, 111, 117, 120,
124, 153–158, 252, 293, 295

Sachregister

Psychotherapie / (psycho)therapeutisch 14, 103, 196, 239, 244, 261, 268, 287

«Rasse» 12, 15, 23, 26, 28–32, 34 f, 37–39, 49 f, 73, 83–89, 101, 104, 125 f, 129, 141, 157, 182 f, 197, 222–227, 234 f, 237, 243, 288, 291 f
Rassediskurs 31, 223, 227, 237, 291
Rassenkonstruktion 141, 224–227, 245 f, 288
Rassenpolitik 23 f, 35–39, 59, 64 f
Rassenpsychologie 23, 28 f, 31 f, 48
«rassisch» 30 f, 34–36, 39, 61 f, 97, 175, 190, 196 f, 227, 229, 231, 234, 238, 279
Rassist / Rassistin 101, 104, 114, 117, 119, 141, 273, 290, 292–297
Rechtsextremismus 116, 165 f, 217

Schwarze / schwarz 14, 73, 77–83, 85–87, 119 f, 125, 156, 160 f, 197, 210, 214, 223, 225, 227, 229 f, 235, 247, 299
Selbsthaß 100, 123, 229
Selbstwert 12, 180, 195, 229, 277
Segregation 36, 160, 163
Sexismus / sexistisch 13, 145
Sexualität 86, 125 f
Sozialisation 99, 158, 163, 177, 229, 237, 248–252, 267, 269 f, 272, 279 f
Stereotyp / Stereotypisierung 116, 125, 127, 143 f, 158, 229–230, 232, 266, 297
Stigma / Stigmatisierung 98–101, 106, 109, 183, 191, 208, 243
Subjekt 9, 12, 28, 39, 108, 112, 120, 123, 132 f, 136–140, 145, 147 f, 155 f, 203, 216, 234, 252, 280, 282, 288–292, 295, 297, 299
Subjektwissenschaft 288, 290, 299, 300
Sündenbock 153, 156, 296

Täter(in) 9, 11, 115–117, 161, 166, 196 f, 202 f, 212, 216–219, 273 f, 286 f, 293 f, 299
Tätigkeitstheorie / tätigkeitstheoretisch 132, 137
Tod 212, 215, 252, 292 f
Toleranz 113, 266, 279, 297
Trauer 188, 287

Über-Ich 111 f, 115–119, 124, 130, 294
Ungleichheit 28, 157, 182, 208 f

Verantwortung 39, 47, 102, 106, 118, 206, 216, 252, 289
Verbrechen 37, 59 f, 84 f, 115, 117, 122, 158 f, 278
Verdrängung / verdrängen 7, 11, 83, 102, 154, 164, 277 f
Verletzung 10, 124, 129, 149, 187–190, 212 f, 215, 269, 273, 283
Verstrickung / Verstricktheit 139, 142, 147 f, 281
–, rassistische 132, 148 f
Volk 32, 38, 47–50, 111, 118, 297 f
Vorurteil 83, 89, 95, 100, 154, 156–159, 170, 185, 190, 219, 247 f, 256

Wahrheit 28, 132, 253, 292
Wehrmachtspsychologie 54, 56
Weltkrieg, Erster 24, 33, 35, 37, 39, 52, 118
–, Zweiter 19, 36 f, 39, 74, 116, 118, 123, 158, 278
Wissen 9 f, 25, 52, 54, 59, 64 f, 119, 132 f, 138, 145, 149, 246, 279, 292
Witze, rassistische 118 f
Würde 10, 140
Wut 15, 129, 188, 229

Zugehörigkeit 13–15, 99–101, 106, 128, 155, 166, 169, 179, 192, 225, 229, 266, 268, 270 f, 274, 297

rowohlts enzyklopädie

Eine Auswahl

Aristoteles
Metaphysik (544)
Politik (545)

Kurt Bayertz
GenEthik
Probleme der Technisierung menschlicher Fortpflanzung (450)

Kurt Bayertz (Hg.)
Praktische Philosophie
Grundorientierungen angewandter Ethik (522)

Hartmut Böhme / Klaus R. Scherpe (Hg.)
Literatur und Kulturwissenschaften
Positionen, Theorien, Modelle (575)

Eberhard Braun / Felix Heine / Uwe Opolka
Politische Philosophie
Ein Lesebuch. Texte, Analysen, Kommentare (406)

Herbert Bruhn / Rolf Oerter / Helmut Rösing (Hg.)
Musikpsychologie
Ein Handbuch (526)

Erica Burgauer
**Zwischen Erinnerung und Verdrängung –
Juden in Deutschland nach 1945** (532)

Martin Damus
Malerei der DDR
Funktionen der bildenden Kunst im Realen Sozialismus (524)
Kunst in der BRD
1945–1990 (543)

Jean Delumeau
Angst im Abendland
Die Geschichte kollektiver Ängste im Europa
des 14. bis 18. Jahrhunderts
(kulturen und ideen 503)

Andreas Diekmann
Empirische Sozialforschung
Grundlagen, Methoden, Anwendungen (551)

Andreas Dörner
Politischer Mythos und symbolische Politik
Der Hermann-Mythos: Zur Entstehung des
Nationalbewußtseins der Deutschen
(kulturen und ideen 568)

Ferdinand Fellmann
Symbolischer Pragmatismus
Hermeneutik nach Dilthey (508)
Lebensphilosophie
Elemente einer Theorie der Selbsterfahrung (533)

Ferdinand Fellmann (Hg.)
Geschichte der Philosophie im 19. Jahrhundert
Positivismus, Linkshegelianismus, Existenzphilosophie, Neukantianismus,
Lebensphilosophie (540)

Uwe Flick
Qualitative Forschung
Theorien, Methoden, Anwendung in Psychologie und
Sozialwissenschaften (546)

Uwe Flick (Hg.)
Psychologie des Sozialen
Repräsentationen in Wissen und Sprache (536)

James George Frazer
Der Goldene Zweig
Das Geheimnis von Glauben und Sitten der Völker
(kulturen und ideen 483)

Gebauer / Kamper / Lenzen / Mattenklott / Wulf / Wünsche
Historische Anthropologie
Zum Problem der Humanwissenschaften heute
oder Versuche einer Neubegründung (486)

Gunter Gebauer / Christoph Wulf
Mimesis
Kultur – Kunst – Gesellschaft (497)

Arnold Gehlen
**Anthropologische und sozialpsychologische
Untersuchungen** (424)

Manfred Geier
Das Sprachspiel der Philosophen
Von Parmenides bis Wittgenstein (500)
Das Glück der Gleichgültigen
Von der stoischen Seelenruhe zur postmodernen Indifferenz (586)

rowohlts enzyklopädie

Hans-Jürgen Goertz
Umgang mit Geschichte
Eine Einführung in die Geschichtstheorie (555)

Rolf Grimminger / Jurij Murašow / Jörn Stückrath (Hg.)
Literarische Moderne
Europäische Literatur im 19. und 20. Jahrhundert (553)

Siegfried Grubitzsch / Günter Rexilius (Hg.)
Psychologische Grundbegriffe
Mensch und Gesellschaft in der Psychologie
Ein Handbuch (438)

Heiner Hastedt / Ekkehard Martens
Ethik
Ein Grundkurs (538)

Gerhard Hauck
Geschichte der soziologischen Theorie
Eine ideologiekritische Einführung (401)

Peter Ulrich Hein
Die Brücke ins Geisterreich
Künstlerische Avantgarde zwischen Kulturkritik und Faschismus
(kulturen und ideen 521)

Hartmut Heuermann
Medienkultur und Mythen
Regressive Tendenzen im Fortschritt der Moderne
(kulturen und ideen 549)

Anton Hügli / Poul Lübcke (Hg.)
Philosophie im 20. Jahrhundert
Band 1: Phänomenologie, Hermeneutik, Existenzphilosophie
und Kritische Theorie (455)
Band 2: Wissenschaftstheorie und Analytische Philosophie (456)
Philosophielexikon
Personen und Begriffe der abendländischen Philosophie
von der Antike bis zur Gegenwart (453)

Johan Huizinga
Homo Ludens
Vom Ursprung der Kultur im Spiel (435)

Andreas Huyssen / Klaus R. Scherpe (Hg.)
Postmoderne
Zeichen eines kulturellen Wandels (427)

Harald Kerber/Arnold Schmieder (Hg.)
Handbuch Soziologie
Zur Theorie und Praxis sozialer Beziehungen (407)
Soziologie
Arbeitsfelder, Theorien, Ausbildung. Ein Grundkurs (445)
Spezielle Soziologien
Problemfelder, Forschungsbereiche, Anwendungsorientierungen (542)

Geoffrey Stephen Kirk
Griechische Mythen
Ihre Bedeutung und Funktion (444)

H. H. Lamb
Klima und Kulturgeschichte
Der Einfluß des Wetters auf den Gang der Geschichte
(kulturen und ideen 478)

Roland Lambrecht
Melancholie
Vom Leid an der Welt und den Schmerzen der Reflexion (541)

Dieter Lenzen
Mythologie der Kindheit
Die Verewigung des Kindlichen in der Erwachsenenkultur.
Versteckte Bilder und vergessene Geschichten (421)
Vaterschaft
Vom Patriarchat zur Alimentation (551)

Dieter Lenzen (Hg.)
Pädagogische Grundbegriffe
Band 1: Aggression bis Interdisziplinarität (487)
Band 2: Jugend bis Zeugnis (488)
Erziehungswissenschaft
Ein Grundkurs (531)

Ekkehard Martens / Herbert Schnädelbach (Hg.)
Philosophie
Ein Grundkurs. 2 Bde. (457)

Eugene J. Meehan
Praxis des wissenschaftlichen Denkens
Ein Arbeitsbuch für Studierende (519)

Klaus E. Müller / Jörn Rüsen (Hg.)
Historische Sinnbildung
Problemstellungen, Zeitkonzepte, Wahrnehmungshorizonte,
Darstellungsstrategien (584)

Elaine Pagels
Adam, Eva und die Schlange
Die Geschichte der Sünde (kulturen und ideen 548)

Dietmar v. d. Pfordten
Ökologische Ethik
Zur Rechtfertigung menschlichen Verhaltens gegenüber der Natur (567)

Platon
Sämtliche Werke
Band 1 (561), Band 2 (562), Band 3 (563), Band 4 (564)

Martina Plümacher
Philosophie nach 1945 in der Bundesrepublik Deutschland (571)

Manfred Pohlen / Margarethe Bautz-Holzherr
Psychoanalyse – das Ende einer Deutungsmacht (554)

Hilary Putnam
Von einem realistischen Standpunkt
Schriften zu Sprache und Wirklichkeit (539)

Robert von Ranke-Graves
Griechische Mythologie
Quellen und Deutung (404)
Die Weiße Göttin
Sprache des Mythos (416)

Robert von Ranke-Graves / Raphael Patai
Hebräische Mythologie
Über die Schöpfungsgeschichte und andere Mythen aus dem Alten Testament (441)

Stephen Read
Philosophie der Logik
Eine Einführung (581)

Stefan Rohrbacher/Michael Schmidt
Judenbilder
Kulturgeschichte antijüdischer Mythen
und antisemitischer Vorurteile
(kulturen und ideen 498)

Samuelson, Norbert M.
Moderne jüdische Philosophie
Eine Einführung (558)

Klaus R. Scherpe (Hg.)
Die Unwirklichkeit der Städte
Großstadtdarstellungen zwischen Moderne und Postmoderne (471)

Nicole D. Schmidt
Philosophie und Psychologie
Trennungsgeschichte, Dogmen und Perspektiven (556)

Sabine Schülting
Wilde Frauen, fremde Welten
Kolonisierungsgeschichten aus Amerika (558)

John R. Searle
Die Konstruktion der gesellschaftlichen Wirklichkeit
Zur Ontologie sozialer Tatsachen (587)

Klaus-Jürgen Tillmann
Sozialisationstheorien
Eine Einführung in den Zusammenhang von
Gesellschaft, Institution und Subjektwerdung (476)

Karl Vorländer
Geschichte der Philosophie
mit Quellentexten (495)
Band 1: Altertum (492)
Band 2: Mittelalter und Renaissance (493)
Band 3: Neuzeit bis Kant (494)

Benjamin Lee Whorf
Sprache – Denken – Wirklichkeit
Beiträge zur Metalinguistik und Sprachphilosophie (403)

Lambert Wiesing
Die Sichtbarkeit des Bildes
Geschichte und Perspektiven der formalen Ästhetik (579)

Siegfried Zielinski
Audiovisionen
Kino und Fernsehen als Zwischenspiele in der Geschichte
(kulturen und ideen 489)

Volker Zotz
Geschichte der buddhistischen Philosophie (537)

Hans Zygowski (Hg.)
Psychotherapie und Gesellschaft
Therapeutische Schulen in der Kritik (440)